Vocabolario Del Dialetto Tarantino in Corrispondenza Della Lingua Italiana

Domenico Ludovico De Vincentiis

VOCABOLARIO

DEL

DIALETTO TARANTINO

in-corrispondenza della lingua italiana

COMPILATO

DAL SACERDOTE

DOMENICO LUDOVICO DE VINCENTIIS

LETTORE DOMENICANO

DI

TARANTO

Opera dedicata al Consiglio municipale di Taranto
qual rappresentante del paese

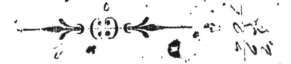

TARANTO, 1872
TIP. SALV. LATRONICO E FIGLIO
Direttore Francesco Chirico

PREFAZIONE

*Il primario e più natural vincolo di nazionalità
fra' popoli c una stessa razza egli è certo esser la
favella, come precipuo bisogno nella vita sociale perchè i popoli possano comunicare insieme ed in-
tendersi a vicenda ne' mutui rapporti. E pure questi
rapporti vennero bene spesso alterati dalla forma-
zione di tanti idiomi bastardi, i quali alterando la
pura favella di una nazione si resero inintelligibili
nonchè agli stranieri ma pur tra loro stessi. Difatti
la dotta lingua de' Tullii e dei Cesari, che era l'in-
terprete delle nazioni cadde dal suo lustro e cessò
di esserlo, quando orde di barbari invadendo l'Eu-
ropa ed in essa le belle contrade d'Italia, manomi-
sero con la loro efferata dominazione non le cose
e le persone soltanto ma eziandio la pura lingua
del Lazio. Nacquero da questo tramestio tanti lin-
guaggi novelli per quanti essi ne introdussero non*

meno, che per quanti luoghi essi profanarono calpe-
stando, i quali ebbero la nomea di lingue neo-latine
perchè miste di barbaro e di latino. Il clima il
commercio e l'accento de' popoli limitrofi concorsero
a gara a queste trasformazioni, sebbene da quelle
sorgesse per opera di dotti governanti e di letterate
intelligenze la dolce e bella lingua di Dante e di
Macchiavelli. Pertanto, cosa mirabile, ne' peculiari
dialetti osservasi un'armonia costante di leggi e di
filologia per l'uso e pronunzia qual se fossero lingue fondamentale, onde ci sentimmo invogliati al-
l'ardua fatica di compilare il vocabolario del nostro patrio dialetto il tarantino.

Per venire al particolare del nostro còmpito uopo
è far parola delle vicende varie cui soggiacque la
terra e gli abitanti, de' quali tessiamo lessicamente
il modo di favellare, premettendovi le diverse for
dipendenti da certe e stabili leggi grammaticali e
foniche.

QUESTA PARTE DEL CIEL CADUTA IN TERRA, come
enfaticamente l'appellò un poeta, per amenità di
sito, per mitezza di clima, per feracità di suolo e
per abbondanza di prodotti de' due mari, attraeva
da secoli remoti dalle lontanissime plaghe dell'Asia
minore una colonia di tirii che accomunandosi coi
nativi sparsi quà e là per le campagne edificarono
presso un fiumicello una città dando ad entrambi
dal loro il nome di Tiras, converso poscia l'i in
a per dialetto dorico, come si opina, o forse da

Taras loro duce. Questa colonia di nazione siriaca col suo dominio v'introdusse pure la sua lingua e fu la prima che in Taranto parlossi. Eran corsi parecchi secoli e la salubrità di miglior sito vi richiamava a poco a poco i cittadini, quando sopravvenuti i dori o partenii di Sparta sotto la guida di Falanto, la vecchia città fu distrutta, i tirii cacciati via, ed una novella città, la Taranto spartana fu edificata al sito opposto alla prima che non Taras ma Tarentos fu appellata. I nuovi sopravvenuti formaron co' tarantini un sol popolo e v'introdussero i loro usi e la lingua, ma non riusciron però a svellere affatto la primitiva lingua siriaca, che già parecchie voci sussistono tuttora di quella come in Chioma — Serra — Saturo — Mesole — Rasca — ed altre di luoghi particolari. Divenuta la città metropoli di estesa repubblica fu sì forte potente e temuta che giunse a soggiogare e dettar leggi ai popoli vicini, ma troppo vanitosa di sè, fidandosi de' soccorsi stranieri osò resistere alla potenza romana, e soggiacque dopo pruove durissime al dominio di quella, alla quale però fece pagar caro l'onore del trionfo. Lunga pezza durò la dominazione de' romani, i quali se giunsero a spogliarla de' suoi tesori e de' capilavori di arte, non valsero a far attecchire del tutto la loro lingua, ma poche voci soltanto passarono in patrimonio del comun favellare. Nè il mantovano poeta che sdraiato al fresco rezzo sulle sponde del Galeso improvvisava

*le sue ecloghe con dolce e sonora armonia di metro;
nè il venosino Orazio con la profusione di lodi nei
suoi carmi o co' frizzanti rimbrotti, o co' suoi diu-
turni diporti in questi luoghi ameni; nè le decan-
tate celebrità de' fasti, dei pregi e della storia che
di lei lasciarono ad eterna ammirazione de' posteri
Appiano, Livio, Marziale, Plinio e Polibio; nè i
romani patrizii con le loro lussuose ville, conviti e
spassi; nè lo stesso Augusto con l'imperial sua pre-
senza; nè l'appagente benevolenza de' successivi imperatori valsero a destar la simpatia ne' tarantini
alla madre lingua latina; che anzi nella divisione
de' due imperi non vollero essi far parte di quello
d'Occidente. Difatti durò Taranto ad esser capo-
luogo della Magna Grecia fino a che le greche non cessaron per le incursioni dei barbari
e peculiarmente de' saraceni che distrussero la città
spartana disperdendosi i cittadini negli anfratti dei
luoghi circostanti al di là del mar piccolo. Cessata
la barbarie turchesca eglino si ridussero nella rocca, l'odierna città, e seguitò ad esser città greca
dipendente dall'impero orientale e proseguì già pure
a parlare il suo greco, e molte voci, sebbene alterate, son tuttora conservate nel suo dialetto. Nè la
protezione degli orientali imperatori le venne meno
che Niceforo fece ingrandire la città terrapienando
lungo e largo spazio di mare e facendovi edificare
un palagio di sua rappresentanza. Solo il greco
linguaggio cominciò a declinare con le conquiste ed*

occupazioni de' normanni, svevi ed angioini i cui principi presero pure il titolo di principi di Taranto. Ignoriamo per altro se voci di questi popoli si fossero mescolate al dialetto a sostituire le disusate greche. Al cader dell'impero greco già gli aragonesi scavalcati gli angioini aveano invaso il mezzodì d'Italia, ed in continuazione Carlo V, costituita il vicereame di Napoli e la dominazione di costoro di oltre due secoli connaturalizzò gran parte del loro linguaggio e della flessione, e spagnuole son veramente le voci apprittare, apprietto, lazzaro, lazzarieddo ed altre mollissime; spagnuole son quelle che hanno nel radicale un ue invece di o come in muerto, puerto, tuesto e simili, e le voci in iento come viento, parmiento ecc. e quelle che convertono l'e in ie come tiempo, tiesto e simiglianti. Sullo scorcio finalmente del passato secolo successe l'invasione francese ed avvegnacchè non avesse avuto lunga durata, nondimeno lasciò pure i semi della sua lingua e le voci ròina, ciminera, vragio, otro ed altre appartengono ad essa.

Con la mescolanza però di tante voci di derivazione straniera Taranto non dimenticò mai essere una città italiana, avvegnachè questo favellare fosse guasto, come da per ogni dove, da voci che non hanno riscontro nè con la lingua nazionale nè con le straniere. Non per tanto il tarantino dialetto ha molte voci dell'uso toscano e mollissime italiane, e queste ultime essendo proprie della comune lingua abbiam tralasciato di registrarle, non ostante che in parecchie siavi alcun lieve cambiamento ma non tale da alterarne sostanzialmente la forma.

Notisi altra specialità del dialetto tarantino. È noto per esperienza che i paesi confinanti con altre provincie partecipano con quelle nell'accento, nella pronunzia e nelle voci, ma in Taranto non così. Sita al confine delle provincie leccese e barese non ha nè l'accento, nè la pronunzia, nè le voci di quelle sebbene a cinque chilometri al sud cominci a sentirsi il dolce accento leccese, e a dieci chilometri al nord l'aspro barese.

Avvezzi pertanto al comunale linguaggio del dialetto, avviene non di rado dovere svolgere i dizionarii con laboriosissimo studio per rinve...re una voce corrispondente al significato di quella di uso del proprio paese e talvolta senza profitto. E così c'interveniva quando richiesti fummo da onorevolissimo cittadino come si appellasse in italiano il pirruezzolo, ed altra fiata da una illustre dama quale fosse la voce propria delle fiuriere di cristallo. Grave sarebbe l'imbarazzo se dovessimo ogni volta svolgere un intero dizionario per rinvenirla. Ad ovviare a tanto inconveniente ci surse in mente l'idea di raccogliere le sparse voci del dialetto e formarne un vocabolario, in cui a ciascuna voce corrispondesse la propria italiana con la sua definizione, e la derivazione di quelle che l'avessero, aggiungendovi gl'idiotismi è concettosi proverbii tarantini. A questa ricerca fum-

mo *gentilmente coadiuvati da buoni ed intelligenti amici, i quali considerando l'utile del paese, di buon grado si assunsero la cura di farcene tener larga collezione.*

L' opera dunque che imprendiamo a pubblicare sarà utile al cittadino che senza molta fatica saprà il valore di ciascuna voce del dialetto; utile al forestiero che con essa interpreterà un linguaggio da lui non più inteso, nè facilmente capibile; utilissima infine alla discente gioventù che potrà avvezzarsi di buon ora a parlar bene smettendo il comunale, e potrà esser mezzo e causa nell'attuale sviluppo dell'intelligenza che smesso ogni cenismo la madre lingua italiana addivenga l'unica e sola del paese. Il lettore nello svolgere questo vocabolario vi scorgerà le voci del comune dialetto e quelle del basso popolo: rinverrà un corredo di notizie storiche ed interessanti e de' luoghi adiacenti ed interni della città, e de' prodotti speciali marini ed alcune proprietà di oggetti e di varii pesci. Queste osservazioni sebbene non convenissero in un vocabolario, pure le abbiam messe per far manifesto ai cittadini ed ai forestieri l'eccellenza di questa città privilegiata dalla natura ed abbellita dall'arte, affinchè accrescendosi in essi l'amore possano vieppiù elevarla a quel grado di civiltà che le compete. Da ultimo abbiamo usato la diligenza in parecchie voci di riunire insieme quelle che si riferiscono a ciascuna come sue parti per aversi sott'occhio insieme la voce e quanto le appartiene. Inoltre abbiam creduto utile aggiungnervi in fine un indice metodico italiano-tarantino, per materie, di tutte le voci contenute nel vocabolario affinchè più facile ne fosse la ricerca.

Nella piena fiducia che venga benevolmente accolto questo lavoro promettiamo aggiugnervi un supplemento quantevolte si avranno altre voci sfuggite alla presente raccolta.

Turanto luglio 1872.

OSSERVAZIONI

GRAMMATICALI E FONICHE

===

CAPITOLO I.

§ 1.º DELL'ARTICOLO

Gli articoli che servono d'indicazione al nome sono di due specie determinati ed indeterminati.

I determinati sono *u*, il, lo, ed *a*, la, se i nomi comincino per consonante od *s* impura: es. *u cappieddo* il cappello, *u sculavo* lo scolare, *a mamma* la madre. Cominciando poi per vocale l'articolo è *l'* per ambi i generi come *l'uevo l'arte*, l'uovo l'arte. Al plurale *li* per ambi i generi come *li cappeddiri* i cappelli, *li sculari* gli scolari, *li mamme* le madri: ed apostrofati seguendo vocale come *l'uevi* le uova, *l'arti* le arti.

Gl'indeterminati sono *nu* uno, *na* una, ed apostrofati innanzi a vocale: es. *nu taiddo* un assero, *na torre* una casina, *n'aco* un ago, *n'angidda* un'anguilla.

— 12 —

Declinazione degli articoli.

S. N.	*u*	*a*	*l'*	*nu*	*na*
G.	*du*	*da*	*di l'*	*di nu*	*di na*
D.	*au*	*aa*	*a l'*	*a nu*	*a na*
Ac.	*u*	*a*	*l'*	*nu*	*na*
Ab.	*da u*	*da a*	*da l'*	*da nu*	*da na*

Al plurale gli articoli determinati si declinano *li*, *di li*, *a li*, *li*, *da li*, ed apostrofati innanzi a vocale.

§ 2.º DEL NOME

Come nell'italiano i nomi sono distinti in proprii, comuni e collettivi.

Tutti i nomi proprii e quelli che indicano stato di persona al vocativo sono tronchi ed accentati, es. *Pà* Paolo, *Antò* Antonio, *Francì Francè*, Francesco Francesca, *cumpà* compare, *can ì* cognato e simili: se il vocativo poi è seguito da un aggettivo possessivo non si tronca, esem. *Francisc mio* Francesco mio.

I comuni hanno le seguenti variazioni di numero.

Alcuni fanno al plurale in *iri* breve perdendo e talvolta mutando una vocale della radice . così *acijddo* uccello, *pirtuso* foro, *piuno* pugno, *muntone* macca, fanno *aceddiri*, *pirtòsiri*, *piòniri*, *mintòniri*. Altri prendono al plurale un *i* di giunta al radicale come *verme viermi* ecc.

Quelli che in italiano cominciano in *già* si convertono in *scia*, come giardino, giamberga, giava in *sciardino*, *sciammerga*, *sciaia;* quelli in *gio* in *sciu* come giornata, giovedì in *sciurnata*, *sciuvidio:* questa mutazione è in *giu* se la parola è dissillaba come da giorno *giurno.*

Quelli che hanno un *o* al singolare lo mutano in *u* al plurale, così da *monte, votte*, monte, botte, *munti, vutti.*

§ 3.º DELL'AGGETTIVO

L'aggettivo che modifica il nome è pure come in italiano qualificativo, indicativo, numerale e possessivo.

Circa i qualificativi che esprimono una qualità del nome null'altro si osserva che alcuni terminati in *o*, al femminile mutano in *a* la desinenza, e mutano pure l'*ue* di forma spagnuola in *o* del radicale, onde *stuedico*, stupido, fa *stodica*, *stuerto*, storto, *storta*, *muerto*, *morta*. Lo stesso accade dei participii nel cambiar genere: al plurale poi si seguono le regole generali.

Gl'indicativi i quali mostrano precisa l'indicazione dell'oggetto sono *stu* e *sta*, questo questa, ed al plurale *sti* per ambi i generi : *quid* e *quedda*, quello quella, ed al plurale *chiddi* per ambedue i generi.

I numerali determinati sono *uno* e *una, doi,*

treli ec., ed indeterminati come *assei* molti, *picco*, *picca* ed al plurale *picchi* poco, poca, pochi poche, *nquarcuno* qualcuno e simili.

Uno e *una* si usano interi collocandosi dopo o immediatamente innanzi al verbo: es. *uno jè*, *una jè*, uno è, una è, *jè uno*, *jè una*: quando poi si usano come articoli indeterminati si troncano in *nu*, *na*, come si è detto sopra. *Doi, treti, sei* seguiti da nomi si troncano in *dò, trè, sè*, es. *dò soldi, trè lire, sè carrini*.

I possessivi sono *mio* e *meà*, *tuvo* e *tova*, *suvo* e *sovà*, *nuestro* e *nostra*, *vuestro* e *vostra*; al plurale *mii* e *meje*, *tuvi* e *tove*, *suvi* e *sove*, *nuestri* e *nostre*, *vuestri* e *vostre*.

§ 4.º DEL PRONOME

I pronomi parole che si usano invece del nome sono i personali *i* io, *tu* e per paragoge *tune* tu, al plurale *nu* e *nui*, *vu* e *vui* noi voi. *Ci* chi, *cincata* e *ciunche* chiunque, *nisciuno*, *nquarcuno*, nessuno, qualcuno.

Si riferiscono a persona e cosa *quist* e *questa*, questi, questo, questa, al plurale *chisti* questi, queste: *quid* e *quedda*, quegli, quello, quella, al plurale *chiddi*, quelli, quelle; *id* e *jedda*, egli, ella, esso, essa, al plurale *loro* per tutti i casi.

I relativi *qua* e *cc*, quale, quali, che, sono indeclinabili.

I pronomi *quid* e *quist* possono usarsi pure neutralmente e valgono ciò, questo, quello, *quid ci* quel che.

Ci e *ce* differiscono tra loro, il primo si usa qual relativo, come *quid ci dici*, quel che dici, *ce* usasi assolutamente, come *ce dici*, che cosa dici.

Le particelle pronominali *mi, ti, si, nci, vi* seguite da *lo* o *la* si apostrofano seguendo una vocale, come *mi l'avivi ditto* me l'avevi detto, *si l'ave pigghiato*, se l'ha preso. Se poi a *lo* siegue una consonante si contraggono in *mu, tu, su, nciu, vu*, es. *mu disse*, me lo disse, *tu dico*, te lo dico e simili, ed in *ma, ta, sa, ncia, va*, se è *la*, es. *ma dice*, me la dice, *ta disse*, te la disse, ecc.

La particella *ni*, vale *ne* cioè di ciò, a noi.

§ 5.º DEL VERBO

Due sono le coniugazioni de'verbi in *are* ed in *ere*, e questi ultimi quali in *ere* lungo e quali in *ere* breve.

I verbi che in italiano cadono in *ire* si convertono alcuni in *ere* lungo, altri in *ere* breve, così *vinère, guarère* da venire guarire, *sèntere, pruibèscere* da sentire, proibire.

Spesso la sillaba finale dell'infinito si tronca ne'verbi in *are* ed *ère* lungo, onde rimangono accentati, così da *amare, vinère, amà, vinè*. Per quelli in *ere* breve le due *e* brevi sono mute, così da *sèntere sentr*, come si dirà più sotto nella pronunzia. Questo troncamento avviene quando l'infinito sta dopo un verbo finito: es. *vogghio vidè, è da scè, ruè sentr* — voglio vedere, devi andare, vuoi sentire.

Alcuni verbi che all'infinito nella radicale hanno un *i* alla 1.ª e 3.ª singolare e'3.ª plurale del presente dell'indicativo lo mutano in *e*, e quelli che hanno *u* lo mutano in *o:* es. *vinère, trumpàre*, venire, impastare, fanno *vegno, vene, vènino, trompo, trompa, tròmpino*.

Il passato rimoto dell'indicativo ne'verbi regolari in *are* fa *evi* e *abbi*, così da *iatare, abbuscare*, fiutare, lucrare, fa *iatevi* e *iatabbi, abbuschevi* e *abbuscabbi*. Quelli in *ere* fanno *ivi* e *ibbi*, così da *vinère, sèntere*, venire, e sentire, *vinivi* e *vinibbi, sintivi* e *sintibbi*. Però le voci in *abbi* ed *ibbi* l'usa il volgo.

La prima voce dell'imperativo preceduta dalla negazione che in italiano si esprime coll'infinito, nel dialetto si esprime coll'infinito tronco del verbo *scere* andare, e col gerundio semplice del verbo: es. non andare, non rare, non sentire, nol vedere, *no scè scenno, no scè facenno, no scè sintenno, no u scè videnno:* ma se evvi una particella pronominale si può togliere l'infinito *sce* ed il gerundio si converte in infinito, onde si dice *non ngi scè scenno* e *non ngi scè, no u scè facenno* e *no u fà*, e simili.

Il participio di *are* è in *ato,* quello di *ere* in *uto*: es. *iatato, vinuto, sintuto.*

I gerundii che in. italiano finiscono in ando ed endo fanno in *anni* ed *enni,* così *iatanni, vinenni, sintenni.* La voce del gerundio presente dopo il verbo stare di tempo presente e futuro si esprime pure col presente: es. sto leggendo, starà studiando, sta mangiando, stiamo lavorando ecc. *sto lescio, sarà ca ste studia, ste mangia, ste lavuramo* ecc. ove al plurale il verbo stare si esprime colla 3.ª singolare.

Il presente del congiuntivo è simile a quello dell'indicativo, solo che si premette la congiunzione *cu* che. I tre verbi *essere, avere* e *putère,* hanno voci proprie.

Manca il dialetto de'seguenti tempi:

1.º del trapassato rimoto dell'indicativo;

2.º del futuro dell'indicativo il quale è espresso con una circumlocuzione, così *agghio da fà,* per farò, *ci fazzo,* se farò, *è da sentr,* sentirai ecc. Vi sono le sole terze voci *sarà* e *saranno, avrà* e *avranno,* ma *sarà* e *avarrà* usansi assolutamente, come *sarà accussì,* sarà così, le altre voci si usano come ausiliarii del futuro anteriore. Vi sono pure le prime voci come *sarragghi, saparragghi, sciragghi* ed altre, ma queste sono voci composte della circumlocuzione *agghio da essere, agghio da sapè, agghio da scè;*

3.º del futuro dell'imperativo;

4.º del perfetto del congiuntivo il quale è sostituito dal passato prossimo dell'indicativo: es. *no saccio ci l'ono saputo*, non so se l'abbiano saputo.

5.º del passato e del futuro dell'infinito che si risolvono sempre col *ca* che all'indicativo: es. *creggio ca l'agghio visto*, credo averlo visto, *penso cu voco*, penso di dover andare;

Le persone de'verbi sono *i*, io, *tu*, tu, *id*, egli *nu*, noi, *vu*, voi, *loro*, eglino.

Diamo ora il prospetto delle coniugazioni de'verbi ausiliarii, de'regolari e di alcuni irregolari.

ESSERE   AVERE

MODO INDICATIVO

Tempo presente

sò	sono	*agghio*	ho
sì e *sint*	sei	*è*	hai
è, jè, ete	è	*ave* e *à*	ha
simi	siamo	*avimi*	abbiamo
siti	siete	*aviti*	avete
so e *sont*	sono	*avini* e *ono*	hanno

Tempo imperfetto

era	era	*aveva*	aveva
iri	eri	*avivi*	avevi
era	era	*aveva*	aveva
erimi	eravamo	*avevimi*	avevamo
irvi e *irivi*	eravate	*avivvi*	avevate
erini ed *erni*	erano	*avevini*	avevano

Tempo passato rimoto

fuevi e *fuebbi*	fui	*avivi* e *avibbi*	ebbi
fuesti	fosti	*avisti*	avesti
foi	fu	*avii*	ebbe
fuemmo	fummo	*avemmi*	avemmo
fuestivi	foste	*avistivi*	aveste
forno	furono	*averni*	ebbero

Tempo futuro

sarragghi e sarà ca sò	sarò	agghio da avè	avrò
sarà ca sì	sarai	è d'avè	avrai
sarà ca è	sarà	avarrà e ave d'avè	avrà
sarà ca simi	saremo	avimì d'avè	avremo
sarà ca siti	sarete	avìti d'avè	avrete
sarà ca sò o saranno	saranno	ono d'avè	avranno

MODO IMPERATIVO

Tempo presente

siisci	sii	agghi	abbi
cu sia	sia	cu agghi	abbia
cu simi	siamo	avìmi	abbiamo
cu siti	siate	avìti	abbiate
cu siini o siiscini	siano	cu agghini	abbiano

MODO CONGIUNTIVO

Tempo presente

sia	sia	agghio	abbia
sìi e siisci	sii	agghi	abbi
sia e siisci	sia	agghia	abbia
cu simi	siamo	cu avimi	abbiamo
cu siti	siate	agghiàti	abbiate
cu siini e siiscini	siano	agghini	abbiano

Tempo imperfetto

fossi	fossi	avissi	avessi
fuessi	fossi	avissi	avessi
fosse	fosse	avesse	avesse
fossimi, jemme	fossimo	avessimi	avessimo
fuessivi, jissivi	foste	avissivi	aveste
fossero	fossero	avessero	avessero

MODO CONDIZIONALE

Tempo presente

sarìi	sarei	avrìi	avrei
sarissi	saresti	avrissi	avresti
sarebbe, sarìa	sarebbe	avrebbe e avrìa avriimi e avrissimi	avrebbe
sariimi	saremmo		avremmo
sarissivi	sareste	avrissivi	avreste
sariini	sarebbero	avriini	avrebbero

TEMPI COMPOSTI

Ind. passato pross.— si compone del presente e de'participii stato e avuto — *so, si, è stato* ecc. *agghio, è, ave avuto.*

Trapassato — si compone dell'imperfetto e de' participii — *era stato,* ecc. *aveva avuto* ecc.

Cong. trapas. — si compone dell'imperfetto e de'participii —
fossi stato, ecc.   *avissi avuto, ecc.*

Futuro anteriore

saragghi stato	sarò stato	*avarragghi avuto*	avrò avuto
sarà ca si stato	sarai stato	*sarà ca è avuto*	avrai avuto
sarà stato	sarà stato	*avarrà avuto*	avrà avuto
sarà ca simi stati	saremo stati	*sarà ca avim'avuto*	avremo avuto
sarà ca siti stati	sarete stati	*sarà ca avit'avuto*	avrete avuto
saranno stati	saranno stati	*avranno avuto*	avranno avuto

Condizionale passato — si compone del presente e de'participii —
sarii stato, ecc.   *avrii avuto, ecc.*

Gerundii—*essenni, essenni stato*   *avenni, avenn'avuto*

VERBI REGOLARI

VUTARE voltare — **SAPÈRE** sapere — **SÈNTERE** sentire.

MODO INDICATIVO

Tempo presente

voto	volto	*saccio e sciaccio*	so	*sento*	sento
vuéti	volti	*sè*	sai	*siünti*	senti
vota	volta	*sape*	sa	*sente*	sente
vutàmi	voltiamo	*sapìmi*	sappiamo	*sintìmi*	sentiamo
vutàti	voltate	*sapìti*	sapete	*sintìti*	sentite
vòtini	voltano	*sàpini*	sanno	*sèntini*	sentono

Tempo imperfetto

vutàva	voltava	*sapèva*	sapeva	*sintèva*	sentiva
vutàvi	voltavi	*sapìvi*	sapevi	*sintìvi*	sentivi
vutàva	voltava	*sapèva*	sapeva	*sintèva*	sentiva
vutàvimi	voltavamo	*sapèvimi*	sapevamo	*sintèvimi*	sentìvamo
vutàvvi	voltavate	*sapìvvi*	sapevate	*sintìvvi*	sentivate
vutàvini	voltavano	*sapèvini*	sapevano	*sintèvini*	sentivano

Tempo passato prossimo

agghi	ho voltato		ho saputo		ho sentito
è	hai				
à e ave	ha				
avìmi	abbiamo				
avìti	avete				
ono	hanno				

(vutato) (saputo) (sintuto)

Tempo passato rimoto

vutèvi e vu-tàbbi	voltai	*sapìvi e sa-pìbbi*	seppi	*sintìvi e sin-tìbbi*	sentii
vutàsti	voltasti	*sapìsti*	sapesti	*sintìsti*	sentisti
vutòi	voltò	*sapìi*	seppe	*sintìi*	sentì
vutàmmi	voltammo	*sapèmmi*	sapemmo	*sintèmmi*	sentimmo
vutàstivi	voltaste	*sapìstivi*	sapeste	*sintìstivi*	sentiste
vutàrini	voltarono	*saperini*	seppero	*sintèrini*	sentirono

Tempo trapassato

avèva	aveva vol-tato				
avìvi	avevi				
avèva	aveva				
avèvimi	avevamo				
avìvvi	avevate				
avèvini	avevano				

(vutato) (saputo) (sintuto)

Tempo futuro

agghio	volterò	saprò		sentirò
è	volterai	saprai		sentirai
à e ave	volterà	saprà		sentirà
avìmi o imi	volteremo	sapremo		sentiremo
avìti o iti	volterete	saprete		sentirete
ono	volteranno	sapranno		sentiranno

(da vutà) (da sapè) (da sentì)

Vi sono pure le voci *saparragghi, vutarragghi, sintiragghi*

saparrà *vutarrà*
saparranno *vutaranno*

ma sono poco in uso e solo si odono dal volgo.

MODO IMPERATIVO

Tempo presente

vuèti	volta	*sacci*	sappi	*siinti*	senti
cu voti	volti	*cu sacci*	sappia	*cu senti*	senta
vutàmi	voltiamo	*sapìmi*	sappiamo	*sintìmi*	sentiamo
vutàti	voltate	*sapìti*	sappiate	*sintìti*	sentite
cu votini	voltino	*cu saccini*	sappiano	*cu sentini*	sentano

Congiuntivo presente

cu voti	volti	*cu sacci*	sappia	*cu senti*	senta
cu vuèti	volti	*cu sacci*	sappi	*cu siinti*	senta
cu vota	volti	*cu saccia*	sappia	*cu senti*	senta
cu vutàmi	voltiamo	*cu sapìmi*	sappiamo	*cu sintìmi*	sentiamo
cu vutàti	voltiate	*cu sapìti*	sappiate	*cu sintìti*	sentiate
cu votini	voltino	*cu saccini*	sappiano	*cu sentini*	sentano

Tempo imperfetto

vutassi	voltassi	*sapessi*	sapessi	*sintessi*	sentissi
vutassi	voltassi	*sapissi*	sapessi	*sintissi*	sentissi
vutasse	voltasse	*sapesse*	sapesse	*sintesse*	sentisse
vutassimi	voltassimo	*sapessimi*	sapessimo	*sintessimi*	sentissimo
vutassivi	voltaste	*sapissivi*	sapeste	*sintissivi*	sentiste
vutassero	voltassero	*sapessero*	sapessero	*sintessero*	sentissero

Tempo trapassato

avissi	avessi vol- tato	saputo		sentito
avissi	avessi			
avesse	avesse			
avessimi	avessimo			
avissivi	aveste			
avessero	avessero			

Futuro anteriore

avarragghi	avrei vol- tato			
quann'è avrà	avrai avrà			
quann'avì- mi	avremo			
quann'avìti	avrete			
avaranno	avranno			

MODO CONDIZIONALE

Tempo presente

vutarìi	volterei	saprìi e saparrìi	saprei	sintarrìi	sentirei
vutarrissi	volteresti	saparrissi	sapresti	sintarrissi	sentiresti
vutarìa	volterebbe	saparrìa	saprebbe	sintarrìa	sentirebbe
vutariimi e vutarissimi	volteremmo	saparrìimi e saparrissimi	sapremmo	sintarrìimi e sintarrissimi	sentiremmo
vutarrissivi	voltereste	saparrissivi	sapreste	sintarrissivi	sentireste
vutarrìini	volterebbero	saparrìini	saprebbero	sintarrìini	sentirebbero

Tempo passato

avrìi	avrei voltato		saputo	sintuto
avrissi	avresti	vutato		
avrìa	avrebbe			
avriimi	avremmo			
vvrissivi	avreste			
avriini	avrebbero			

GERUNDII

vutanni avenni vutato	voltando avendo voltato	sapenni avenni saputo	sapendo avendo saputo	sintenni avenni sintuto	sentendo avendo sentito

VERBI IRREGOLARI

SCERE andare — **FARE** fare — **PUTÈRE** potere — **VULÈRE** volere

MODO INDICATIVO

Tempo presente

voco	vado	fazzo	fò	pozzo	posso	vogghio	voglio
vè	vai	faci	fai	puezzi e può	puoi	vuèli e vuè	vuoi
vè	va	face	fa	pote e pò	può	vole e vò	vuole
sciàmi	andiamo	facìmi	facciamo	putìmi	possiamo	vulìmi	vogliamo
sciàti	andate	facìti	fate	putìti	potete	vulìti	volete
vono e vonno	vanno	facìni	fanno	potìni	possono	vòlini	vogliono

Tempo Imperfetto

sceva	andava	*faceva*	faceva	*puleva*	poteva	*vuleva*	voleva
scivi	andavi	*facivi*	facevi	*putivi*	potevi	*vulivi*	volevi
sceva	andava	*faceva*	facɐva	*puleva*	poteva	*vuleva*	voleva
scevimi	andava-mo	*facevimi*	faceva-mo	*putevimi*	poteva-mo	*vulevimi*	voleva-mo
scivvi	andavate	*facivvi*	facevate	*putivvi*	potevate	*vulivvi*	volevate
scevini	andava-no	*facevini*	facevano	*putevini*	potevano	*vulevini*	volevano

Tempo passato prossimo

so	*sciuto* — sono an-dato	*agghi* — ho fatto	ho potuto	ho voluto
sì	*è*			
è	*à*			
simi	*avimi* — *fatto*	*pututo*	*vuluto*	
siti	*sciuti* — *aviti*			
sò	*ono*			

Tempo passato rimoto

scivi e scìbbi	andai	*facìvi, fìci e facìbbi*	feci	*putìvi e putìbbi*	potei	*vulìvi e vulìbbi*	volli
scisti	andasti	*facisti*	facesti	*putisti*	potesti	*vulìsti*	volesti
scìì	andò	*facìì*	fece	*putìì*	potè	*vulìì*	volle
scemmi	andam-mo	*facemmi*	facemmo	*putemmi*	potem-mo	*vulemmi*	volemmo
scìstivi	andaste	*facìstivi*	faceste	*putìstivi*	poteste	*vulìstivi*	voleste
scerini	andaro-no	*fèciri*	fecero	*putèrini*	potettero	*vulerini*	vollero

Tempo trapassato

era	*sciuto* — era an-dato	*aveva* — aveva fatto		
iri	*eri*	*avivi*		
era	*era*	*aveva*		
erimi	*eravamo*	*avevimi* — *fatto*	*pututo*	*vuluto*
irvi	*sciuti* — *eravate*	*avivvi*		
erini	*èrano*	*avevìri*		

Tempo futuro

agghi	*andrò*	*farò*	*potrò*	*vorrò*
è	*andrai*	*farai*	*potrai*	*vorrai*
ave	*andrà*	*farà*	*potrà*	*vorrà*
avimi	*andremo*	*faremo*	*potremo*	*vorremo*
aviti	*andrete*	*farete*	*potrete*	*vorrete*
ono	*andranno*	*faranno*	*potranno*	*vorranno*

(da scè) — (da fà) — (da puté) — (da vulé)

MODO IMPERATIVO

Tempo presente

va e vatinni	va	*fa*	fa	*puezzi*	possa	*vogghi*	voglia
cu vè e vasci	vada	*cu fazza*	faccia	*cu pozza*	possa	*cu vogghi*	voglia
sciami	andiamo	*facìmi*	facciamo	*puzzàmi*	possiamo	*vulìmi*	vogliamo
sciàti	andate	*facìti*	fate	*puzzàti*	possiate	*vulìti*	vogliate
cu vono	vadano	*cu fazzini*	facciano	*pozzini*	possano	*cu vogghìni*	vogliano

MODO CONGIUNTIVO

Tempo presente

Simile al pres. dell'indicativo colla congiunzione *ca*

Tempo imperfetto

scessi	andassi	*facessi*	facessi	*putessi*	potessi	*vulessi*	volessi
scissi	andassi	*facissi*	facessi	*putissi*	potessi	*vulissi*	volessi
scesse	andasse	*facesse*	facesse	*putesse*	potesse	*vulesse*	volesse
scèssimi	andassimo	*facessimi*	facessimo	*putèssimi*	potessimo	*vulessimi*	volessimo
scissivi	andaste	*facissivi*	faceste	*putissivi*	poteste	*vulissivi*	voleste
scessero	andassero	*facessero*	facessero	*putessero*	potessero	*vulessero*	volessero

Tempo trapassato

Si compone di *fossi* e) Si compongono dell'imperfetto *avessi* e de' participii *fatto*, *pututo* e *vuluto* del participio *sciuto*

Tempo futuro

sarrag-ghi sarà ca sì sarà } sciuto sarà an-dato	avar-ragghi sarà ca è avarrà } fatto	avrò fat-to	
sarà ca simi sarà ca siti saranno } sciuti	sarà ca avimi sarà ca aviti avranno } fatto	*pututo*	*vuluto*

MODO CONDIZIONALE

Tempo presente

sciarìi	andrei	farìi	farei	putrìi	potrei	vurrìi	vorrei
sciarissi	andresti	farissi	faresti	putrissi	potresti	vurrissi	vorresti
sciarìa	andreb-be	faria	farebbe	putrìa	potrebbe	vurrìa	vorrebbe
sciarriimi e sciaris-simi	andrem-mo	farissimi e farriimi	faremmo	putriimi e putris-simi	potrem-mo	vnrriimi e vur-rissimi	vorrem-mo
sciarris-sivi	andreste	fvrrissivi	fareste	putrissivi	potreste	vurrissivi	vorreste
sciarriini	andreb-bero	farriini	farebbe-ro	putriini	potreb-bero	vurriini	vorreb-bero

Tempo passato

sarìi sariss saria } sciuto sarei andato	avrìi avrissi avrìa } fatto avrei fatto	*pututo*	*vuluto*
sariimi e saris-simi sarissivi sariini } sciuti	avriimi è avris-simi avrissivi avriini } fatto		

GERUNDII

scenni	facenni	putenni	vulenni
andando	facendo	potendo	volendo
essenni sciuto	avenni fatto	pututo	vuluto
essendo andato	avendo fatto	avendo potuto	avendo voluto

§ 6.º DELL'AVVERBIO

Questa parola invariabile che modifica la significazione dell'aggettivo o del verbo è di tre specie come in italiano, di tempo, cioè, di luogo e di modo.

Sono avverbii di tempo *sempe*, sempre, *mò* e *mone* ora, *osci* oggi, *crei* domani, *piscrèi* l'indomani, *nusterza* l'altro ieri, *quàn* quando ecc.

Sono di luogo *quà* quì, *addà* là, *addò* dove, *addonca* e *addoncàta* ovunque ecc.

Sono di modo tutti gli altri, *nò* non, *aibò* oibò, *assei* assai, *manco* neppure, *quànt* quanto ecc.

Oltre a questi vi sono gli avverbii composti e le maniere avverbiali. I primi sono formati di una preposizione ed un avverbio, o di due avverbii, es. *abbàscio* a basso, *a chian'a chiano* pian piano, *arrend'arrenda* appena appena. Le altre sono unioni di parole aventi tra esse un nome che insieme valgono un avverbio, come *abbunisinno* a buon senno, *aggrittura* a dirittura, *all'ammersa*, al rovescio, *vissivogghia* avessi voglia, e simili.

§ 7.º DELLA PREPOSIZIONE

È questa la parola che indica le relazioni tra le parti primarie del discorso, es. *cu* con, *pi* per, *sobba* sopra ecc.

La preposizione *in* suolsi incorporare con le parole a cui sta innanzi perdendo l'*i*, come *mpri-*

gione in prigione, *ncunto* in conto, *mbrazzo* in braccio e simili.

Sonovi pure le preposizioni dipendenti, quelle cioè che dipendono da un altra preposizione come *mpign'a* sino a, *ngocchi'a* vicino a, *sobb'a* sopra a ecc.

Le articolate sono *cuu* col collo, *cua* con la, *int'u* nello, *int'a* nella, *pu* pel, *pa* per la: le altre si veggano nell'articolo.

§ 8.º DELLA CONGIUNZIONE

La congiunzione non esprime idea ma il legame delle idee, de'giudizii e de'concetti: *ci* se, *po* poi, *piccè* e *purcè* perchè, il secondo quando la proposizione è interrogativa, *cu*, *ca* che. Il *cu* si usa col congiuntivo, il *ca* coll'indicativo.

§ 9º DELL'INTERPOSTO

L'interposto che non già un idea ma un giudizio esprime si rapporta à' movimenti dell'animo, cioè di dolore, allegrezza, compassione, dispregio, meraviglia e simili, es: *mara* guai, *nanà* oh! *pù* puh! ecc.

CAPITOLO II.

DELLA PRONUNZIA

1.º Tutte le vocali in fine delle parole sono mute,

e se le parole sono sdrucciole ambe le vocali brevi sono mute, onde *sèntere, sentr.* Se poi sono piane la penultima si pronunzia aperta come quelle segnate coll'accento circonflesso de'greci.

Se alla penultima vocale succedono due consonanti simili si pronunzia coll'accento grave, così da *piccinno, vuagnedda, piccìn, vuagnèd;* se le consonanti sono diverse conserva il suo suono, così da *mestro, muerto, mestr, muert.*

Spesso il troncamento per aferesi si fa in principio della parola, così *mbracchio* per ombracchio, *mbrazzo* per in braccio, *ngiurare* per ingiuriare.

2.º Le consonanti e le sillabe patiscono queste mutazioni.

b in *m* — es. *mammoccio* per bamboccio, ove per eufonia il secondo *b* è convertito in *m*, ciò succede in poche voci.

b in *v* — es. *vocca, vava* per bocca, bava.

cc in *zz* e viceversa — es. *fazzo, vrazzo, paccio* per faccio, braccio, pazzo.

d in *r* — es. piede in *pede* e *pede* in *pere,* ridere, vèdere contratto in *rirre, verre:* questa mutazione l'usa il basso popolo.

ga in *ia* — es. pagare in *paiare.*

gge in *sce* — leggere, friggere in *lescere, friscere.*

gl in *ggh* — es. paglia, voglio in *pagghìa, vogghio.*

gu in *vu* — es. guaio, guagnone, guerra in *vuaìo, vuagnòne, vuerra.*

l in *r* — es. palmo, scalmone in *parmo, scarmone;*

questo scambio l'usano pure i toscani abitanti nel piano,

ll in *dd* — es. folla, furnacella in *fodda, furnacedda,* ma questo è in uso in tutta la provincia leccese.

pì seguito da vocale in *chì* — es. piano, piove, più in *chiàno, chiove, chiù:* sono eccettuate alcune voci le quali ritengono la pronunzia naturale come in *piuno, piacere.*

v in *f* nelle parole fave, favarùlo in *fafe, fafarùlo,* ma dal basso popolo.

z in *c* in pochissime voci — es. pazienza in *pacenzia* e *pacienza.*

3.° In molte parole comincianti da *s* seguite da *c* o *q,* ed in alcune anche in mezzo, questa si pronunzia come il *ch* de'ırancesi; così *scarola, squasciare, scoscia* si pronunziano come se fossero scritte *chcaròla, chquachare, chcocha.* Per conoscersi a ciascuna abbiam posto l'avvertenza „ *s* suona come il *ch* francese.

VOCABOLARIO

ABBREVIATURE

art.   vale articolo.
np.   "   nome proprio, e neutro passivo.
nc.   "   nome comune.
ag.   "   aggettivo.
pron.   "   pronome.
part.   "   participio.
va.   "   verbo attivo.
vn.   "   verbo neutro.
vnp.   "   verbo neutro passivo.
v. dif.   "   verbo difettivo.
avv.   "   avverbio.
mo. avv.   "   modo avverbiale.
prep.   "   preposizione.
cong.   "   congiunzione.
int.   "   interposto.
id.   "   idiotismo.
prov.   "   proverbio.
met.   "   metaforicamente.
t. pisc.   "   termine piscatorio.
t. mar.   "   termine marinaresco.
t. agr., t. cam. " termine agricolo, ter. campestre.
v.   "   vedi.
dim.   "   diminutivo.
accr.   "   accrescitivo.
propr.   "   propriamente.
prett.   "   prettamente.

A

A, *art. la*, e *prep.* che vale *a*, *in* — A' molto aperta, *arri*, è la voce che si dà all'animale da soma per incitarlo al cammino: ripetuta stretta ed accentata dinota il nuovo incitamento.

Abbabbàre, *vn. fermarsi alla babbalà*, dicesi di chi si ferma come babbeo per via per vedere alcuna cosa strana.

Abbarracàre, *va. abboracciare*, far male una cosa per fretta — *met.* temere trista conseguenza di una cosa per propria colpa.

Abbàscio, *avv. abbasso*.

Abbatto, *nc. rimbatto*, *(t. mar.)* colpo di vento nelle vele dalla parte contraria.

Abbinghiarsi, *vnp. saziarsi*, *satollarsi*.

Abbisacchiàto, *ag. gonfio*, dicesi di quantità di umori sierosi nel corpo umano. Se il gonfiore è generale la voce pretta è *anasarca*, se parziale in alcun membro *edèma* — *id.* **uecchi abbisacchiati**, *occhi gonfi*, propriamente *saccaie degli occhi*, ed è il gonfiore delle palpebre inferiori.

Abbivèscere, *vn. rivivere*, riprender forza o vigore; participio, **abbivisciuto**: deriva dal latino *reviviscere* — *id.* **piducchio abbivisciùto**, chi da umile sale in alto stato.

Abbranculàto,*agg. infreddato* dicesi di chi é intirizzito dal freddo e si

unisce a'verbi **stare, o sentersi** *sentirsi*.

Abbrazzamiìnto e **abbràzzo**, *nc. àbbracciamento, abbraccio*, sono voci tutte spagnuole.

Abbrazzàre, *va. abbracciare*, stringer nelle braccia e si riferisce a persona e cosa: deriva dallo spagnuolo **abrazar**.

Abbrucàto, *agg. rauco, roco*, chi è affetto da raucedine.

Abbruscàre, *va. abbruciacchiare, strinare*, dicesi degli uccelli spennati che si passano sulla fiamma per bruciar la peluria. — *Abbronzare*, leggermente bruciare ed è de'pannilini che si abbronzano per ferro o liscia che si passa troppo caldo. L' s, suona come il **ch**, francese.

Abbrusciàre, *v.* **asquàre**.

Abbuffulàre, *vn. gonfiare*, dicesi di pane o altra materia atta.

Abbuffulàto, *agg. boffice*, di pane morbido e ben lievitato che in italiano dicesi *pan buffetto*.

Abbunisìnno, *mo. avv. a buon senno, veramente*.

Abbuscàre, *va. accivire, accivanzare, lucrare* — *met.* aver busse.

Abbuttàre, *va. gonfiare* — *np. satollarsi* di cibo o di bile, e deriva da botte per similitudine.

Abbuzzàre, *vn. tacere*, ed usasi più spesso imperativamente. In Toscana nel significato di dissimulare tacendo dicesi pure **abbozzare**.

Abbuzzatùro, *nc. martello a bocca dolce*, col quale gli orefici tondeggiano i metalli.

Abitino, *nc. breve*, piccolo involto con entro figurine e divozioni che si tiene o appeso al collo o attaccato in petto alla sottoveste.

Abrèje, *ag. ebreo*. In Taranto nella contrada del Vasto rimpetto l'isola della Pace eravi il ghetto degli ebrei che furon cacciati da Carlo 3.º Borbone, ed agli abitanti di quella contrada è rimasto l'appellativo tuttora di popolo ebreo.

Acarùio, *nc. agoraio, bocciuolo*, arnese ove si ripongono gli aghi: quello degli spilletti poi dicesi prettamente *spilliera*.

Accalummàr'a cima, *id. calumare* (*t. mar.*) allentare una fune adagio adagio tirandola da uno in altro luogo della nave.

Accamuffàre, *vn. piacere*, parlandosi di cibi o bevande — *intendere, capire*, in rapporto all'intelligenza, ma usasi più sovente colla negazione in significato opposto al già detti donde l'*id.* **no l'accamuffa**, *non gli piace o nol capisce*.

Accappàre, *va. incappare*, parlandosi di cose specialmente di abiti che si attaccano a chiodi o altro — *intervenire, vn.* inciampare in alcuna beffa, insidia, pericolo o somiglianti.

Accapuzzàre, *vn. tracollare*, l'alzare ed abbassare di continuo il capo per sonno — *obbligare* alcuno alla fatica e dicesi o per celia o dispregio.

Accarràre, *va. radunare*, il raccogliere mandre o greggi e farsele camminar d'avanti: *met.* di fanciulli o persone di fatica: La voce deriva dalla spagnuola **accarrarse**, radunarsi.

Accattàre, *va. comperare*, parlandosi di cose mobili; *rinvestire* di cose immobili; *acquistare* di oggetti di valore.

Accatt'e vinne, *nc. barullo, treccone, rivendugliolo* è colui che compra merci all'ingrosso e vende al minuto per far guadagno. Chi rivende vestimenta vecchie o masserizie dicesi in pretto *rigattiere*.

Accattusàre, *vn. tonfolare*, proprio de' nuotatori che si tuffano col capo in giù nel mare.

Accattùso, *nc. tonfo*, l'atto del tonfolare.

Accètta, *nc. cuneo*, strumento di ferro per spaccare legne. *Id.* **darsi l'accetta sobb'a li piedi**, vale accusar se stesso, ed è simile all'*id.* toscano darsi la zappa sù piedi.

Acchialòne, *nc. canocchiale*, strumento con più tubi metallici e varie lenti, il quale si allunga adattandosi alla vista per veder chiari gli oggetti lontani.

Acchiancàre, *vn. ammassarsi*, dicesi di paste casalinghe che scaldate e condite si ammassano.

Acchiàre, *va trovare, rinvenire, np. trovarsi presente*: *id.* **acchiarsi**

vincnno *giungere casualmente.*

Acchiatùro, *nc. tesoro,* ripostiglio sotterra di monete od oggetti preziosi che si rinviene.

Accia, *nc. sedano,* specie di ortaggio

Acciaffàre, *va. afferrare, accaffare* e *aggaffare.*

Acciaiardo, *nc. pestarola,* strumento di cucina.

Acciatùro, *nc. mezzaluna,* coltello tagliente dalla parte convessa con due manichi di legno verticali al coltello.

Acciavattàre, *va. racciabattare,* l'accomodar cosa alla grossa e malamente.

Accièsso, *nc. eccesso.*

Accippunàrsi, *vnp. seder fermo ed immobile* qual se fosse il ceppo di vite: *part.* **accippunato** — *id.* **accippuneseìt'a na vann' e fatii,** vale *siedi* e *fatichi,* e dicesi imperativamente e con stizza.

Accirràto, *agg. arcigno,* chi mostra il viso corrucciato.

Acciuncàrsi, *vnp. sedersi,* ma si dice ai fanciulli inquieti con dispetto ed impero — *id.* **acciunca- r'u puzo,** *bassar le mani,* detto con minaccia.

Accògghiere, *va.* questa voce ha due significati di *raccogliere* ed *aggerare* cose sparse, e *colpire* nel segno: *part.* **accugghiàto** e **acquèto** — *np.* ritirarsi in° casa.

Accòmmere, *va. posare, poggiare,* il porre un oggetto sopra di un altro.

Accucchiàre, *va. accoppiare, unire* — *prov.* **Crist ll face e u diàvulo l'accocchia,** vuol dire che i ribaldi facilmenle si uniscono ad altrui danno.

Accùcchio, *nc. unione,* ma usasi in senso poco onesto.

Accucciàre, *va. coprire,* ed usasi tanto di persona coricata per cautelarsi, quanto per cosa. La voce deriva da *cucciare* il coricarsi de' cani — *id.* **accuccia- r'u fueco,** *rammontarlo* e *coprirlo di cenere.*

Accufanàre, *va. ricorcare, coprire* dicesi di piante ed erbe mangerecce che si cuoprono di terra per bianchire ed intenerirsi: — *part.* **accufanato,** aggiunto di chi giace a letto tutto coperto.

Accultarsi, *vnp. acquietarsi, calmarsi,* por giù l'ira.

Accujèscersi, *vnp. accomodarsi rimediando alla meglio.*

Accuminzàre, *va. incominciare.* Questa voce ebbe nel trecento la corrispondente **comenzare.**

Accùmmo, *nc. appoggio,* — *id.* **dare accummo,** dicesi di chi ricetta od è connivente con autori od agenti di opere triste.

Accummughicàre, *va. coprire,* e si usa tanto di cose materiali scoverte, quanto per scusare od attenuare i difetti altrui.

Accùnto, *nc. avventore* di bottega.

Accunzàre, *va. accomodare, conciare, rattoppare, rabberciare* secondo le cose alle quali si rapporta: usasi pure nel senso di fare stare cioé alcuno a dovere minacciandolo con segni — *id.* **accunzare graste rotte**, vale *risprangar cocci e stoviglie* unendo i pezzi con fili di ferro — *rimpedulare*, rifare il pedule delle calze rotte — *id.* **accunzàre uno pi li fisti**, *fargli danno.*

Accurmatòra, *nc. colmatura,* l'eccesso di misura sul recipiente.

Accurtèscere, *va. accortare,* far più breve, diminuire una lunghezza.

Accussì, *avv. così,* questa voce è simile all'**accossì** di uso toscano.

A chian' a chiano, *avv. a piano, adagio, posatamente.*

Acijddo, *nc. uccello,* al *pl.* **aceddiri.**

Àcino, *nc. granello, chicco,* ciascuno de' semi del grano, caffé, pepe, uva e simili.

Acìto, *nc. aceto,* il vino acido e forte.

Aco, *nc. ago,* il cui foro dicesi *cruna — aguglia,* specie di pesce commune e sapido.

Acquagelàta, *nc. ghiacciatina,* è la bevanda di acqua raffreddata col ghiaccio o neve.

Acquaiuòlo, *nc. acquacedrataio,* il venditore di ghiacciatine.

Acquamèle, *nc. idromele* bevanda di acqua cálda e miele.

Acquaquaghiàrsi, *vnp. acchiocchiolarsi, rannicchiarsi,* chi si abbassa in modo da **sembrare** star seduto su' calcagni.

Acquariccia, *nc. rugiada, brinaiuola,* è quella che cade la **mattina** pria del sorger del Sole.

Acquarùlo, *nc. acquaiuolo, acquaruolo* e *acqueruolo,* chi **vende** l'acqua in barili per la **città.**

Acquasanta, *nc. acqua benedetta — id.* **acquasanta alli muerti,** vuol dire rimedio inefficace.

Acquasantèra, *nc. piletta.* secchiolina ove si tiene l'acqua benedetta.

Acquàta, *nc. vinello, acquerello, posca,* è il secondo vino fatto con acqua posta nelle vinacce.

Acquèto, *avv. insieme,* unito al verbo **scere** ha forza di aggettivo, onde l'*id.* **scere acqueti** vale andare *insieme* o *uniti.*

Acristigno, *ag.* di ogni cosa che ha dell'agresto o selvatico, come uccelli di mare o di rapina, pesci mastini, quadrupedi quali sono le volpi, i cignali e simili.

Adàsci, *avv. adagio, a piano — prov.* **adàsci merula ca a via è pitrosa,** *adagio merlo che la via è colma di pietre:* e si allude ad un cattivo cacciatore.

Addà. *avv. là,* in quel luogo ed indica stato.

Addacquàre, *va. annacquare, inaffiare,* il dar acqua alle piante; *innacquare* quando la si mescola con vino.

Addicriarsi, *vnp. ricrearsi*, ed usasi così per satollarsi con soddisfazione che di ogni altro dilettevole ricreamento.

Addilissàre, *va. lessare*, proprio di carne e vegetabili; di pesce poi in dialetto dicesi **far'a bianco**.

Addivinàre, *va. indovinare*.

Addò, *avv. dove*, ed indica stato e moto a luogo-

Addònca e addoncàta, *avv. ovunque, in qualunque luogo* —*id.* **addoncata l'acchi**, *ovunque il trovi*.

Addòre, *nc. odore*.

Addubbàre, *vn. contentarsi*, venire a transazione —*ornare* con ricchi paramenti case o chiese. Nel primo significato è voce di uso del popolo.

Addunarsi, *vnp. avvertirsi*, ed è l'avvertenza de'sensi e l'accorgimento della mente.

Adduràre, *vn. odorare, ridolere* dicesi dell'oggetto che tramanda odore; *fiutare; annasare va.* l'attrarre l'odore.

Addurmescersi, *vn. intormentire*, il perder per poco la forza e l'uso di alcun membro del corpo— *addormentarsi*, il prender sonno e si usa pure attivamente; il *part.* è **addurmisciùto** —*id.* **addurmescers' u pede**, *indolenzire il piede.*

Affdàre e affrràre, *va. sposare*, quasi affidarsi alla fede scambievole.

Affio, *agg. afro*, di sapore aspro, come della melegranata non dolce, e della melacotogna.

Affiscersi, *vnp. arrestarsi, venir meno* —*prov.* **marzo chiova chiova e abrile cu no s'affisce**, vuol dire che marzo sia piovoso, ed aprile non si arresti, cioè piova ad intervalli.

Affitèscere, *vn. pulire, divenir puzolente:* la voce deriva dal latino **feteo**.

Affittare, *va. vedere, scorgere*, ed usasi per cèlia.

Affraiàto, *agg. afato, affralito* dicesi di frutte e delle messi che perduta la forza vegetativa non crescono.

Affrizzilàre e aggrappilàre, *va. gualcire, sgualcire, accincignare, ammencire* è il piegarsi male panni o tele. Il *part.* **affrizzilato** vale pure *rugoso, grinzoso* parlandosi del viso corrugato dall'età; che in Toscana dicesi viso rinfrignato.

Affrutticare, *va. rimboccare*, l'arrovesciare le maniche delle vesti.

Affùnno, *avv. a fondo, profondamente* —**affunno affunno** *profondissimamente.*

Africo e africiíddo, *nc. orlo, orlatura*, l'estremità de' pannilini indentro ripiegata e cucita.

Agghio, *nc. aglio*, bulbo a spicchi della pianta di simil nome —*prov.* **sape d'agghio a minestra**, vale inutile pentimento del mal fatto. È pure prima persona di avere, ho—*id.* **agghi pace,** *abbi pace, vatti con Dio,* modo di accommiatare gli accattoni.

Aggiustàre e agghiustàre, *va.* adattare, accomodare, rattoppare — *np.* adattarsi, accomodarsi, il primo ha rapporto a luogo cioè stretto e sprovvisto, l'altro a transazione d'interessi — *id.* **agghiustare uno pi li feste,** *conciarlo per le feste* o con parole e vale *rimproverarlo,* o con delazione e vale *accusarlo,* o con percosse e vale *bastonarlo.* La seconda voce l'usa il popolo.

Aggrappllàre, *v. affrizzilare.*

Aggrittùra, *avv. a dirittura, direttamente.*

Aguanno, *avv. in questo anno:* in Toscana nello stesso significato dicesi **uguanno.**

Aibò, *avv. oibò, nò certamente.* In Toscana dicesi **ibbò** e **ibòia.**

Àino, *nc. agnello,* il parto della pecora infra un anno.

Alànca, *interp. di risentimento,* che vale all'**anca tua,** cioè *ti colga il malanno.*

Alàre, *vn. chiassare (t. mar.)* dicesi delle ancore che solcano il fondo del mare per difetto di ostacoli a cui aggrapparsi.

Alèa alèa, *interp.* Questa voce pare che abbia riscontro con l'idiotismo toscano, **alè alè** indovina quel ch'egli è, che credesi accorciata dall'*aleppe* di Dante, *(Inf. c. VII)* per indovinare la cosa di cui si parla. I monelli tarantini in ogni fatto straordinario si affollano gridando **alèa alèa,** chiamando altri ad unirsi, quindi sembra corrisponde a *correte correte,* e così deriva dal greco verbo *ἀλε'ω* che vale *radunarsi.* Or col radunarsi nasce la curiosità di vedere ed appurarne l'oggetto, così questa voce è in corrispondenza della greca e della toscana.

Alla, *nc. uliva,* frutto dell'ulivo — *id.* **alie a u capitieddo,** *ulive indol.cite —* Quando le ulive cominciano ad annerire dicesi, *vajare* e *vaiolare.*

Allei, *nc. acciughe,* pescioli squisiti La voce deriva da **halec.** La fragaglia di questi appellasi in dialetto **questuma** da **quœstus,** *guadagno,* degli altri pesci **minoscia,** *minutaglia,* delle sarde **faloppa,** *fragaglia.*

Allàmpato, *agg. goloso, vorace nel mangiare.* In Toscano dicono **allampanato.**

Allascàre, *va. allentare,* il rallentare le ligature strette alle persone — *diradare, (t. cam.)* togliere le piante superflue, lasciando le sole che il terreno possa alimentare: delle canne dicesi *scannellare.*

Allattimàto, *agg. latticinoso,* aggiunto de' muscoli (cozze nere) e delle ostriche e pesci quando nelle proprie stagioni son pieni di sostanza simile al latte.

Allesso, *agg. lesso,* di carne bollita, e di murici.

Allàre, *va. incrocicchiare*, piegar le braccia l'un sull'altro. Usasi spesso imperativamente ai fanciulli per farli docili e attenti — *allegare*, spiacevole sensazione che produce ai denti il succo di limone o frutta acerba — *id.* **stare cu li mani alliate**, vale *star cortese*, e *met.* non poter agire a proprio talento.

Alliecàre, *va. leccare*, fregar leggermente con la lingua alcuna cosa.

Alluchèscere, *vn. farsi giorno*, il cominciare a chiarire il giorno, e deriva dal latino **lucescere**.

Alluzzàre, *va. sbirciare*, *osservare* e dicesi ad alcuno per dispregio.

Alòsa, *nc. cheppia*, *laccia*, sorta di pesce insipido, ed è voce propria spagnuola. In Ispagna la *cheppia* si noma **alosa** e **sàbalo**.

Alùmmiro, *nc. mora* frutta del rovo il quale in dialetto dicesi **scrascia**.

Amarèscere, *vn. incollerirsi* — parlandosi poi dell'atmosfera vale *intorbidarsi* e *divenir freddo*.

Ambròme, *nc. embrione (t. mar.)* è propr. la melma di mare che contiene molto feto di pesci che spesso và a galla.

Ambròne, *ag. inetto*, *stupido*, è voce del popolo.

Amènola, *nc. mandorla*, frutto del mandorlo — *id.* **amènola verde**, *catera*, è quella racolta ancor tenera — **amenola cazzarola**, *mandorla specarella*.

Ammaccatòra, *nc. fitta*, è l'ammaccatura de' metalli.

Ammagnarsi, *vnp. adombrarsi*, dicesi del cavallo.

Ammannàre, *vn. incatorzolire*, *imbozzacchire* parlandosi di frutte patite: *part.* **ammannàto**, *floscio*, *flaccido* e relativamente a frutta dicesi *annebbiato*, di semi poi *afato* — *id.* **milone d' acqua ammannato**, *cocomero melato*, o *melaggine* ed è quando s'imbianca per malattia.

Ammarràre, *va. socchiudere*, e vale di porta o finestra.

Ammarrunàre, *vn. abboracciare*, fare colpevole sbaglio.

Ammasuèno, *nc. mutile*, legno posto per appollaiarsi le galline.

Ammasunàrsi, *vnp. appollaiarsi*, ed è de' polli *met. coricarsi* detto per celia, donde *l'id.* **scer' all' amma' suèno**, *andarsi a coricare*.

Ammattulàto, *ag. rannicchiato*, ed è di persona mesta in volto per indisposizione di salute.

Ammazzèscere, *vn. dimagrire*, *part.* **ammazzisciuto.**

Ammersa (all') *mo avv. al rovescio*, *al contrario*, *all'opposto*.

Ammèstere, *va. indovinare*, vale pure *investire alcuno* per carpigli alcuna cosa — *part.* **ammistùto.**

Ammezzàre, *va. istruire*, *additare*.

Amminizzàre, *va. minacciare*.

Ammuccàto, *agg. abboccato. (t. mar.)*

aggiunto di nave che ha ricevuto acqua di sopra al bordo.

Ammuddàre, *va. dimoiare, rammollire,* il porre in umido i pannilini prima d'imbucatarli: *part.* **ammuddàto,** *acquastrino,* che vale *inzuppato d'acqua.*

Ammuèddo, *agg. in umido.*

Ammuìna, *nc. sollecitudine, briga.*

Ammuinarsi, *vnp. affacendarsi,* darsi briga, mostrarsi affacendato.

Ammulàre, *va. arrotare,* affilare i ferri sulla cote.

Ammulatòre, *nc. arrotino,* chi affila i ferri sulla cote.

Ammullicàto, *ag. piccatiglio,* dicesi di carne lessa e fatta in minuzzoli soffritta con pane grattuggiato, sugna, pepe, e sale. — **Cozze ammullicàte, o a menza scorza, o arracanàte,** vivanda di muscoli marini aperti e coverti di pan grattuggiato, olio, pepe, aglio e prezzemolo, e cotte al forno o sulla gratella.

Ammuntunàre, *va. abbarcare, ammontonare,* l'ammassare insieme legne, pietre od altro.

Ammurràre, *vn. abbordare,* l'urtare che fa una persona con altra in cui s'avviene o per fretta o spensieratezza.

Ammusarsi, *vnp. appressar le labbra* ad un vaso qualunque per bere.

Ammusciàre, *vn. ammencire,* chi facilmente si piega all'altrui volere o per persuasione o condiscendenza.

Ammuzzo, *mo. avv.* il comprare a corpo e non a stima cosa qualunque, parlandosi di quantità discrete.

Amuscìddo, *nc. piccolo amo* che si attacca alla lenza per pescare.

Anca, *nc. gamba,* è voce propria spagnuola.

Ancarotta, *nc. grappino, (t.mar.)* piccola ancora di cui è diminutivo, strumento marinaresco a cinque marre.

Anchetta, *nc. anchina,* tela gialletta che viene dall'India, e deriva da Nankin città della Cina ove si fabbrica.

Ancina, *nc. stranguglioni,* è il gonfiore delle glandule della gola: è voce latina.

Andriàna, *nc. filetto o smerelli,* giuoco fanciullesco consistente in un quadrato su cui son tirate due linee diagonali ai quattro vertici, ed una parallela a' due lati opposti la quale passa pel punto d'intersezione delle diagonali. I due giuocanti pongono ciascuno tre pezzetti di un sol colore, ma diverso per distinguersi. Chi nel giuoco situa i suoi pezzi in linea sia sù lati, che sulle diagonali o linea media vince il giuoco.

Àngelo, *v. trappito.*

Anghìère, *va. empire,* dicesi di liquidi o semiliquidi in recipienti — *id.* **inghi li pote,** *empisci le tasche* che vale *saziati pure.*

Angìdda, *nc. anguilla,* sorta di pesce squisito — *prov.* **far'u serpe**

int' a l'angidde, vale *il saggio tratta co' semplici.*

Annancàto, *ag. goloso;* la voce deriva dall'altra di dialetto **nanca,** il filo interno della coda del gatto percui credesi che essa sia golosa.

Annascàre, *va. fiutare,* e significa accostare alcuna cosa alle nari per fiutarla, le quali in dialetto diconsi **nasche,** ma usasi per celia

Annettàre, *va. nettare, forbire, pulire.*

Annettarècchie, *nc. stuzzicorecchi,* strumento col quale si toglie il cerume dalle orecchie.

Annighiàre, *vn. annebbiare,* divenir floscio parlandosi di frutte: *met.* di fanciullo che non cresce nella statura.

Annizzàre, *va. misurare esattamente i liquidi* sino al segno che in dialetto dicesi **nizzo.**

Annùcere, *va. portare, condurre;* la voce è alterata dalla latina **adducere** — *part.* **annutto.**

Anticòre, *nc. anticore,* malattia del cavallo per gonfiore al petto — *metaf.* è *interp.* d'imprecazione

Antipàsto, *nc. ammorsellato,* vivanda di carne in piccoli pezzi con uova dibattute.

Anùro, *agg. ignudo, a.* dicesi di persona o figura umana spoglia di vesti.

Apìto, *nc. lapazza (t. mar.)* pezzo di legno col quale si rinforzano gli alberi e le antenne di una nave.

Appaddàre, *vn. arrabbiare,* dicesi di cosa non ben cotta come pane, vivande ecc. — *met.* il participio vale *ubbriaco* — *np. addormentarsi.*

Appampanàre, *va. coprir di pampini* ceste o paniere pieni di uva o frutte.

Appampanatùra, *nc.* la covertura con pampini.

Appapagnarsi, *vnp. appisolarsi, addormentarsi,* il dormir leggermente.

Apparàre, *vn. postare,* mettere una posta al giuoco: deriva dallo spagnuolo **parar.**

Appennarròbbe, *nc. attaccabbiti,* arnese di legno o ferro a cui si appendono gli abiti.

Appènnere, *va. appendere* — *id.* **appennere nu lucigno,** vale *divenir petulante* — **appenner' u muso;** *fare il broncio.*

Appesa, *v.* **imposta**

Appicciàre, e **appizzicàre,** *va. accendere, affocare,* e dicesi di lume o fuoco — *met. suscitar liti.*

Appierso, *avv. appresso,* di tempo, e *prep. con.*

Appirnicàrsi, *vnp. arrampicarsi, inerpicarsi.*

Appirnicolo, *mo. avv. a perpendicolo,* aggiunto di chi s'inerpica ad alberi, muri od altro.

Appitito, *nc. appetito,* desiderio di mangiare = *met. bisognoso, id.* **perdere l'appitito,** *aver l'anoressia.*

Appizzicalìte, *ag. attaccabrighe, beccalite, litigioso, riottoso.*

Appizzutàto, *ag. coccoloni*, dicesi di persona piegata indecentemente.

Appòsta, *avv. appositamente* — **appost'apposta**, la voce raddoppiata ha un valore contrario cioè *fintamente*.

Appriètto, *v.* **apprittàre**.

Apprittàre, *va. stimolare*, è lo stuzzicare altrui con gesti o parole. La voce deriva dalla spagnuola **apritar**, *stimolare*, così pure **appriétto**, l'atto dello *stimolare* dallo spagnuolo **aprieto**. In questo senso usasi il *prov.* **tuccar'u cul'a cicàla**, che vale *non stimolare altrui per non esser rimbeccato*, poichè la cicala quand'è stimolata canta.

Appuggiàre, *v.* **virare**.

Appunitòra, *nc. còmpito*, lavoro determinato che si assegna alle fanciulle.

Apritùro, *nc. spiccatoia*, specie di pesca che si apre con le mani in due lasciando nudo l'osso: deriva dalla spagnuolo **abridèro**.

Àpuio, *ag. di uovo col panno* cioè senza guscio.

Aràta, *nc. orata*, pesce squisitissimo così detto da certe macchiette color oro. Tre sono le specie appellate in dialetto **arata** e **aurata** la grande, **chiomarola** la mezzana, **infanticedda** la piccola,

Aratizza, *nc. campiccio, (t. cam.)* è la terra coltivata di fresco con l'aratro.

Archi, *nc. arcovàta*, è un fabbricato a due chilometri dalla città al lato nord-est, tutto ad archi in numero di 203, nella lunghezza pure di due chilometri, costruiti nel 1543, sopra de'quali son collocati i doccioni conduttori dell'acqua alla fontana della città.

Arcimèsa, *nc. artemisia, targoncello, canapaccia*, erba medicinale per le donne.

Arciòla, *nc. lupino*, sorta di pesce squisito. Grande è la pesca che si fa di questo pesce al tempo delle orate di cui è ghiotto.

Arcuèvo, *nc. alcova, arcova*, parte della camera da letto da cui è divisa per un grand'arco e che suolsi chiudere con tenda.

Aréfice, *nc. orefice* - *met. imbroglione*.

Arènga, *nc. aringa*, noto pesce salato.

Arènzia, *nc. udienza, ascolto* — *id.* **dare arenzia**, vale *rispondere*, è parola del basso popolo.

Arieno, *nc. origano*, erba aromatica campestre.

Aristiiddo, *nc. rastrello, ventilabro, (t. camp.)*, strumento campestre di varii usi, così per ventilare le biade dopo trebbiate, come per torre le erbe divelte dal terreno coltivato.

Aristóne, *nc. steccone*, lègno piano col quale si fanno i laterali delle finestre, i cancelli e le stecconate.

Arma, *nc. anima*, è voce del popolo.

Armière, *nc. armaiuolo, armaiolo*, artefice di armi.

Armulèdde, *nc. animelle*, sono le glandole degli animali che forniscono ottimo cibo.

Arracanàto, *v. ammullicato*.

Arraggiàto, *ag. iroso*, proprio di persona scortese e sgarbata — *idrofobo*, parlando di animali rabbiosi.

Arraiamiinto, *nc. rissa*, riotta di fatti e parole. La voce è di cadenza spagnuola.

Arraiarsi, *vn. altercare, litigare*, rissarsi con parole o fatti. — *prov.* **Li ciucci s'arràjni e li varrili si squascini**, *gli asini si altercano e' barili si rompono*. Questo proverbio corrisponde al latino di Fedro « **humiles laborant dum potentes dissident**, *i grandi litigano e' minori soffrono*.

Arràggia arràggia, *mo. avv. lima lima*, usasi pronunziare questo *id.* battendo un pugno sull'altro e storcendo la bocca quando si vuol far dispetto od ingiuria ad alcuno.

Arramàre, *vn. indurire*, dicesi di frutti che sull'albero s'induriscono per gelo e non giungono a maturazione, come pure di altri oggetti. Il frutto così indurito appellasi prettamente *carpolito*.

Arranc'arrànca, *mo. avv. grapparíglia*, il tor via aluna cosa improvvisamente nella confusione e fuggire: deriva dallo spagnuolo **arranque** che vale *moto impetuoso*.

Arrancàre, *va. torre con violenza*: deriva dallo spagnuolo **arrancàr**, *svellere* che in senso traslato corrisponde al significato della parola.

Arranciàre, *rimediare alla meglio*.

Arrappàre, *vn. aggrinzare*, dicesi della pelle rugosa; se parlasi della bocca la parola pretta è *allappare* — *id.* **faccia arrappata**, faccia raggrinzata o increspata.

Arravugghiàre, *va. gualcire, aggrovigliare*, ravvolgere confusamente.

Arrazzàre, *vn. far razza* — *met.* vincere più volte al giuoco.

Arrend' arrènda, *avv. appena appena*.

Arrengàre, *va. ordinare* in fila cose minute come piccole paste, o pesci da salarsi a strati, o gruzzoli di monete ecc.

Arrèta, *avv. di nuovo*, un altra flata.

Arrignàre, *vn. digrignare, far greppo*, il mostrare i denti con smorfie o per freddo, o per istizza o per celia.

Arripàre, *va. conservare*, dicesi di oggetti da porsi in custodia. Differisce da **astipare** che vale conservare in armadio in dial. **stipo**.

Arripizzàre, *va. rattoppare*, e dicesi di abiti, donde **arripiezzo**, *pottiniccio*, l'atto del rattoppare.

Arrisicàre, *va. rischiare* — *prov.* **cl arrisica rosica**, vale sotto il rischio sta il guadagno.

Arrisidiàre, *va. rassettare*, mettere in assetto mobili o masserizie di casa — *np. consumare vivande* o comestibili.

Arrisinàto, *ag. dimagrito* come un assiderato.

Arriva, *v.* **sarsiame**.

Arrizzàto, *ag. aggrovigliato*, il filo ritorto che si ravvolge in se.

Arrizzicàre, *vn.* dicesi dell'improvviso risentimento nervoso prodotto da paura o altra causa.

Arruccàre, *va. accantonare*, mettere in disparte: *part.* **arruccato** — *met.* di persona negletta e non considerata.

Arrullèsce, *nc. rullio (t.mar.)*, il barcollamento della nave in mare da parte a parte.

Arrunghiàre, *vn. aggranchire*, rattrarre le membra. Nelle isole di Toscana usasi *arronchiare* negli stessi significati = *np. accoccolarsi, rannicchiarsi.*

Arrunzàre, *va. racciabbattare*, il far male un lavoro per fretta. All'*ovest* di Toscana e nelle sue isole usasi **arronzare** nel medesimo significato.

Arruspàre, *vn. divenir stizzoso*, per similitudine dal rospo.

Arrussàre, *va. arroventare*, parlandosi di ferro; *rosseggiare* di frutte che hanno tal qualità, e del volto umano onde l'*id.* **teneri li scacchi russi** — *rosolare*, delle vivande che si cuociono con fuoco sotto e sopra.

Arruzàre, *vn. arrugginire*, dicesi di ogni cosa che si cuopre di ruggine.

Arsiculo, *nc. assiculo, acciarino*, per-

netto, chiodo conficcato a traverso della testa della sala dei carri per mantenere la ruota.

Artètica, *nc.* questa voce si usa per additare una persona inquieta che si muova o tocca le cose di continuo; presa la similitudine da chi è affetto da tal malattia, onde l'*id.* **tenere l'artetica**, *esser inquieto.*

Arùcula, *nc. erùca, ruchetta*, erba piccante buona a mangiarsi.

Arùnghiole, *nc. aliosse*, giuoco della gente plebea, consistente in tre nodi ossei che trovansi alle rotelle delle ginocchia degli animali fessipedi ovini. L'aliossa ha quattro facce alle quali i tarantini han dato i nomi di **venta**, *vincita*, alla parte scanalata alta, **perdùta**, *perdita* all'opposta, **chita**, alla convessa, e **nesa** all'opposta concava. Dalla combinazione delle tre aliosse nasce il giuoco. Antichissimo é questo giuoco e vien citato dagli scrittori, se non che gli antichi alle quattro facce invece de' cennati nomi diedero ad ognuna la denominazione di un numero quasi fossero dadi. — *Prov.* **arunghiole tutte nu cuerno**, indica le tre aliosse tutte del destro o tutte del sinistro ginocchio nelle quali le orecchie sono dalla stessa banda, e *met.* vale l'uniformità di volère di due o più persone a danno altrui.

Arvulo, *nc. albero; dim.* **arvullechio** *arboscello.*

Asca, *nc. schiappa, cepperello*, pezzo di legna spaccata da ardere, il quale se è piccolo dicesi *scheggia*, se minuta scheggiuzza. Usasi pure come interposto di affermativa esclamazione, onde l'*id.* **asche di cinc fili**, che vale *oh ! si, nientemeno che cinque figli.* L's, suona come ch, francese.

Ascia capistro, *nc. asce,* strumento di ferro usato dai bottai per attondare le doghe internamente.

Asciaiàre, *vn.* dicesi delle ulive quando han preso il tanfo del camino o della **sciaia,** *giava ,* che prett. diconsi *ulive incaminate.*

Ascimo, *ag. mazzero,* aggiunto di pane mal lievitato o mal cotto, che in dialetto dicesi pure **pane ncatuffato.**

Asciòne, *nc. asce larga* de'bottai simile ad un cilindro spaccato il cui taglio è semicircolare.

Asciummàre, *vn. curvarsi* sotto la gravità di un peso.

Asciunicchiarsi, *vnp. inginocchiarsi.*

Asquàre, *vn. bruciare, scottare,* che arreca bruciore: *idiot.* **star' alla privitina** o **asquato,** *star senza quattrini,* e corrisponde al toscano essere abbruciato di denari. Il *part.* **asquante** si usa come aggiunto di ricotta piccante. = **Uschit' a capa** *ben ti sta.* Questo verbo irregolare cambia la forma della radicale dell'a e q in u, c ne' tempi finiti presenti come **usco, uschi usca, uscano.** L's, in tutte le variazioni e forme suona come il ch. francese — *id.* **asquar' a capa,** *esser indisposto per bruciore alla testa,* onde **asquòre** vale *bruciore.*

Assa, *imper. accorciato* del verbo lasciare, donde gl'. *id.* **assa dà, assa fà, assa scè, assa stà** che valgono *lascia dare, lascia fare, lascia andare, lascia stare.*

Assaccàre, *vn. manteggiare,* essere in agonia, è l'affannosa respirazione de' moribondi.

Assannàre, *vn. desiderare,* ma dicesi per dispregio.

Assimigghiàre, *vn. somigliare.*

Asso, *nc. sala,* è l'asse de' carri o veicoli.

Assèi, *avv. assai, molto.*

Assère, *vn. irreg. uscire,* part. **assuto.** I presenti si coniugano nel modo che segue: *ind.* **1 esso, tu Jissi, id esse , nu assimi, vu assiti, loro essini** — *Imper.* **Jissi tu, essa id,** *al plur. come l'indic.*

Assittàto, *ag. strozzato,* dicesi di vestito molto serrato e stretto addosso alla persona.

Assucapànni, *nc. trabiccolo,* arnese di cerhi in forma di tronco di cono per asciugar panni: quello poi cilindrico coverto come stufa con rete al di dentro dicesi prettamente *tamburlano.*

Assucàre e **assuttàre,** *va. asciugare,* di ogni cosa asciutta a sole.

Assuppàre, *va. inzuppare, intingere,* il tuffar nell'acqua i pannilini perchè s'inzuppino.

Assurmàrsi, *vnp. impaurirsi:* la voce deriva dalla spagnuola **asom·brarse,** *spaventarsi, sbalordire,*

Assuzzàre, *va. agguagliare*, dicesi di due teli o altre cose che combacino insieme: parlandosi di legnami la voce pretta è *ragellare*.

Astipàre, *va. conservare*, riporre oggetti in alcun luogo, e deriva da stipo.

Astittàre, *va. aspettare, attendere*, voce usata dal popolo.

Astrico, *nc. battuto, terrazzo, pergolo* è la parte più alta e scoperta della casa il cui piano sia battuto di calce e tegola.

Asulo. *ñc. manico*, e dicesi di quelli tondi, e deriva dallo spagnuolo **asa** che pur vale manico.

Attaccatòra, *nc. legacciolo, calciamento, usoliere*, qualunque nastro che liga calze, brache o simili: le funicelle onde si ligano i sacchi pieni diconsi prettamente *comandole*.

Attàne, *nc. padre, genitore*.

Attantàre. *va. ruspare, tastare, palpare*, il cercare col tatto alcuna cosa.

Attantùni (all') — *mo. avv. a tentoni*, dicesi di chi va brancolando all'oscuro.

Attassàre, *vn. stordire*, sorpresa di avvenimento o notizia infausta.

Attattr' attatra, *v. curruculo*.

Attàzio, *nc. burbanza*, atteggiamento borioso, maniera non comune di esprimersi, propria degli oratori. È voce usata dal popolo.

Attruppicàre, *vn. inciampare*, intoppare in alcun corpo.

Attuccàre, *vn. impers. spettare, appartenere*.

Attummàre, *vn. (t. mar.)* i pescatori usano questa voce quando la Luna è perpendicolare alla barca che passa e comincia a declinare.

Attumpagnàre, *va. coperchiare*, mettere il coperchio, il contrario è **stumpagnare**, *scoperchiare*.

Attunnatùra, *nc. tondatura (t. agr.)* il *rotondar* le viti in primavera sulla potatura già fatta prima di sbucciare.

Attus' attuso, *agg. adatto, serio*, e *curioso*, aggiunto di persona seria nella sua lepidezza: la voce è raddoppiata per dar maggior forza all'idea modificata.

Auce, *agg. tortone*, dicesi di frutte immature.

Auro, *nc. spirito familiare*, dim. **auricchio** si usa questa voce per far paura ai bambini.

Ausàto, *ag. usato*.

Auso, *nc. rialzo*, pezzo di cuoio che i calzolai pongono tra la forma ed il tomaio per gonflar questo sul collo del piede. La voce è guasta da **alzo** usata da' toscani vale pure *ficcatoia v.* **sarola**.

Avasclàre, *va' abbassare*, abbreviar l'altezza, *met.* diminuir la quantità oralmente.

Avastàre, *vn. bastare*, essere sufficiente.

Avuantàre, *va. agguantare, afferrare*.

Avucchio, *nc. coviglio, arnia, alveare*, cassa delle pecchie.

Avvuzzàto, *ag. ottuso*. che dicesi pure in dialetto **scugnato**, è lo scalpello dei legnaiuoli che ha perduto il filo.

Azàre e
Azarsi) *va. alzare, levare in alto* — *np. torsi da sedere, levarsi di letto* — *id.* **azar' u lietto**, *abballinare il letto*.

Azatùra, (all') — *mo. av.* dicesi del pane crudo che s'inforna appena estratto il cotto senza riscaldare il forno.

Azza, *nc. accia*, refe filata e ritorta.

Azzaràre, *va. inacciaiare*, unire il ferro coll'acciaio per essere più saldo.

Azzàro, *nc. acciaio, calibe*, ferro purificato.

Azziccàre, *va.* questo verbo ha triplice significato di *afferrare* parlandosi di persona fuggente, o cosa qualunque prendendo con mano: di *unire* pezzi con colla, mastice o filo, e di *cominciare*.

Azzicchit'a me, *nc. forbicina*, erba campestre i cui semi detti in dialetto **rizzliddi**; si attaccano alle vesti de'passanti.

Azzirersi, *vnp. sedersi*.

Azzugni, *v.* **currucuio**.

Azzuppare, *vn. urtare*, ed usasi per persona e cosa — **strosciare** il cader fragoroso della pioggia — **battacchiare**, il batter delle imposte spinte dal vento.

Azzuèppo, *nc. urtata, urtatura* —

risacca, *(t. mar.)* ripercussione delle onde sulli scogli.

B

Babbiòne, *agg. stupido, sciocco* — Questa voce è pure usata da' toscani e deriva dal greco βx'βxʒ uomo vano e garrulo.

Bacchetta, *nc. scamato*, bastone sottile di canna d'India per battere i vestiti e torre la polvere.

Bacucco. *nc. frugnolo*, fornuolo arnese in cui si mette la lucerna nella caccia terrestre di notte: la lucerna dicesi *testa* o *botta*, l'ombrello impaniato, *diavolaccio*, tutto l'arnese col lume acceso *frugnolo*.

Bagnaròla, *nc. tinozza*, vasca di legno o rame per bagni.

Bai, *nc. traversi (t. mar.)* pezzetti di legno posti a traverso di alcune parti della nave.

Balaccòne, *v.* **vela**.

Balice, *nc. valigia*, specie di sacco foderato di pelle per viaggio.

Ballaturo, *riposatoio, ripiano, pianerottolo*, piccolo spazio piano a capo di ciascuna branca delle scale degli edifizii.

Baiurdone, *nc. orzuolo*, sorta di mal caduco del cavallo.

Banca, *nc. tavola*, mobile di legno retto da piedi per uso domestico.

Bancariiddo, *nc. bischetto*, è la panchetta dei calzolai.

Barbuglia, *nc. frastuono*, strepito

confuso di voci; deriva dallo spagnuolo **barbulla** che ha lo stesso significato.

Barrucca, *nc. parrucca,* capellatura posticcia — *met. ubbriachezza.* — *id.* **Lunä cua barrucca,** *luna col cerchio vaporoso, propr. alòne.*

Barrucchetto, *v.* **vela.**

Bartino, *nc. cuffiotto,* berretto a cuffia da notte senza legacci che usano gli uomini. — *mastrozio,* quello usato da' campagnuoli e vetturali sotto la berretta.

Bascio a puppa o a prua, *nc. pagliotto (t.mar.)* camera nella nave ove si colloca lo scrivano e si tiene il biscotto.

Basciuschi, *nc. busse;* l'ultima s, suona come ch francese.

Battendieri, *v.* **vattinnieri.**

Bazariòto. *agg. vagabondo, scioperato, scostumato, tristanzuolo,* parlandosi di persona,

Biancaria, *nc. biancheria. lingeria,* tutte le specie di pannilini d'uso familiare.

Biàva, *nc. biada, avena,* specie di reáli che si dà in cibo agli animali da soma, ed adoprasi pure nella fabbricazione della birra — **biava sarvàgia,** *logliola, avena fatua* è quella che nasce spontanea fra le biade ed è a queste nociva.

Biddezza, *nc. bellezza,* venustà ed armonia di forme di qualunque oggetto materiale ed intellettuale. Ironicamente vien così appellata una donna litigiosa a *sfogo* di bile.

Biddizzo, *ag. screanzato,* parlandosi di giovine non bene educato per eufemismo.

Birbone, *nc. figuro, briccone,* persona cattiva e di brutto aspetto.

Bistori, *nc.* è uno strumento dei maniscalchi per fare taglio alle unghie delle bestie, quasi simile a quello de' chirurgi da cui si è improntato il nome.

Bivegna e **bovegna,** *avu. comp. benvenga, sia il ben venuto.*

Blussa, *nc. camiciotto,* veste corta usata da' cocchieri in està quando faticano: deriva dal francese bluse.

Bocchetta, *v.* **nzirragghia.**

Bolo, *nc.* voce bambinesca additante una lieve graffiatura o altro piccolo malore.

Bonaficiata, *nc. lotto, beneficiata,* il giuoco del lotto.

Bonanime, *nc. trapassati,* così si appellano o per suffragarle o per rispetto, onde gl' *id. la bonanima, la felice memoria,* **la benettanima,** e simili.

Borro, *nc. bozza,* sceda minuta di uno scritto per ricopiarsi.

Botta, *nc. picchiata, scappellotto* — *met. rimbrotto acre.* — *id.* **scere a caccia a botta,** vale *aspettare l'opportunità per l'utile proprio* — *bot.* **t'e rispostà,** *ripicco, rimbeccata* prontezza a rispondere ribattendo colpo contro colpo.

Bracciàle, *nc. bracciante, giornalie-ro,* chi lavora per la sussistenza. Anche *bracciale* dicesi in Toscana.

Brachettòne, *nc. saetta,* ferro dei legnaiuoli col quale fanno il minor membro della cornice.

Bregamotta, *nc. bergamotta,* specie di melarancia odorosa appellata da Virgilio *(Geor. 2.° v. 88.)* pyrus syria, e da altri scrittori pyrus tarentina, perchè in Taranto la prima volta fu portata da' Tirii.

Brigalla, *nc. percàle,* tela fina oltramontana molto in uso per camicie e lenzuoli.

Brittelle e cruscelle, *nc. bertelle, stracche,* due strisce che tèngono sollevati i calzoni.

Brudèse, *v.* **sarsiàme.**

Brudòne. *v.* **vrigghia.**

Brusca, *nc. bossola,* scopetta di setole o crini per pulire i cavalli. L's, suona come ch francese.

Brustulatúro, *nc. tamburlano,* arnese di ferro laminato di forma cilindrica in cui si tosta il caffè.

Bucchiere, *nc. bicchiere,* vasetto di cristallo di uso commune, il grande appellasi propriamente *bellicone.*

Buenghìle, *avv. sì veramente, proprio* così detto in senso ironico, pronunciandosi con una smorfia di bocca e tentennamento di capo. — *id.* **buènghil'e sbuènghil'a sorta tova,** che vuol dire, *chi sa come hai fatto fortuna!*

Bufania, *Np. Epifania,* festa dell'apparizione di G. Cristo ai 6. gennaio. — La sera della vigilia di questa solennità a tarda ora sogliono le zitelle del volgo superstiziosamente prendere l'oroscopo sul loro avvenire canticchiando sul terrazzo la segente strofe:

Santa nott' e santa dia *(giorno)*
Santa Pasca Bufania
Fàm vidè la sorta mia,
Mprinsiòna *(in visione)*
Cu la cont' a ogni pirsona *(per manifestarla a tutti).*

Bufòne, *nc. caria,* malattia delle biade e contagiosa onde parte dei grani della spiga si converte in polvere nera.

Bùgia, *nc. carnaiuolo,* o carniera de' cacciatori.

Bulenno, (a no) — *avv. inaspettatamente, all'impensata,* e corrisponde a non volendo.

Bunetto. *nc. berretto,* quello usato da' soldati per testa, deriva dal francese ponnet.

Burnàle, *nc. stella (t. mar.)* incavatura nella nave per cui l'acqua può scorrere da prua a poppa.

Burràccia, *nc. borraggine,* pianta di luoghi coltivati buona per insalata o fritta con intriso di fior di farina.

Buscia, *nc. bugìa, menzogna* assertiva falsa: *al pl.* nel dialetto sono indicati que' puntini bianchi che escono sulle unghie.

Busciàre, *vn. (t. mar.)* rappezzar le reti.

4

Butti, *np. spinte, urtoni, colpi.*

Buttita, *nc. imbottita,* |coltrone, coperta da letto ripiena di bambagia e trapunta.

Buttuncino, *nc. oricanno,* vasettino a bocca stretta per tenere acque di odore, essenze od altre medele.

Buttunèra, *v.* **carcapia.**

Bùzara, *nc. inezia,* cosa da nulla.

Buzaràre, *va. burlare, truffare,* — *id.* **ce mi ste buziri,** *che mi stai burlando.* In Toscana dicesi **buggerare** nello stesso significato.

C

Ca, *cong. che,* si usa coll'indicativo, e trovasi usato da alcuno scrittore trecentista: col congiuntivo usasi **cu.**

Cacamargiàle, *nc. cingallegra,* uccelletto grazioso.

Cacaredda, *nc. cacaiuola, scorrenza, andata, squacchera,* è il flusso ventrale.

Cacazza, *nc. timidezza, paura* e dicesi per celia.

Cacazzòne, *nc. cacacciano,* uomo timido anche per poco.

Caccavedda, *nc. pentolo,* tegame di terra cotta — *id.* **spiare il caccaviiddi,** *spiare i segreti di alcuno.*

Càccavo e caccolo, *nc. càccavo,* caldaia grossa cilindrica stagnata di dentro, e fabbricata d'intorno in un muro con fornello di sotto entro di cui si bolle il latte rimescolandolo con un matterello detto in dialetto **vuzzulaturo,** per condensarsi e fare il cacio.

Cacciamosche, *nc. moscaiuola,* arnese di carte tagliuzzate a liste strette e legate in cima ad un bastone per cacciare le mosche.

Cacciàta, *nc. germoglio,* è il primo ramicello che esce dalla gemma delle piante. Quella degli ulivi dicesi prettamente *mignolatura,* e *mignoli* le boccioline: quella delle viti *cacchio.*

Cacciatumpàgno, *nc. tirafondi,* ferro curvo in cima col quale i bottai tirano i fondi delle botti.

Caccolo. *v.* **caccavo.**

Cacòne, *nc. cocchiume,* la buca della botte per ove s'intromette il vino.

Caconàra, *nc. cocchiumatoio,* strumento di ferro concavo laminato simile ad un cono spaccato con manico di legno col quale i bottai fanno il cocchiume alla doga.

Cadàra, *nc. caldaia, paiuolo, dim.* **Catarotto:** il basso popolo storpia la parola in **caràra.**

Cadaràro, *nc. calderaio, ramaio* chi fa e vende lavori di rame come caldaie casseruole e simili.

Caddo, *nc. callo,* induramento del cuoio alle dita dei piedi o alle ginocchia per pressione di corpi esterni — *id.* **far' u caddo,** *assuefarsi a sopportare le avversità.*

Cadduzzo, *nc. fiaccagota, cernecchio* è la ciocca dei capelli che scende dalle tempie alle orecchie

Cagiàna, *nc. gabbiano*, uccello marino — *id.* far' a **cagiana**, dicesi di zittella che sta di continuo allo specchio o alla finestra per cercare amanti, prettamente *accattamori*.

Cagiòla, *nc. gàbbia* per uccelli e *trappola* per topi. Le parti della gabbia d'uccelli sono gli *staggi* o regoletti di legno, canne o vimini che formano l'ossatura; i *gretoli* fili di ferro o cannucce che chiudono gli spazii vuoti; *assicina*, la tavoletta al fondo — *Stia* è la gabbia grande in cui si tengono i polli per ingrassarli — id. **scere ncagiola**, *andare in prigione*.

Cagnavòla, *nc. cilecca*, il mostrare di dare una cosa senza darla.

Caguliscio, *nc. schifo*, aborrimendi alcuna cosa.

Cagnisciàre, *va, abborrire*, avere a schifo, schifare. Il popolo dice pure **scagnisciare**.

Cagno, *int. capperi, catta, cappita;* in Toscana dicesi **cagna**.

Cagnùlo, *nc. cagnuolo* e *cagnolino* dim. di cane.

Cagnuòlo, *nc. rimbalzo*, il mettere che fa il cavallo la gamba al di fuori della tirella.

Caionza, *nc. sterco*.

Cala, *nc. fortiere (t. mar.)* luogo scoglioso in mare pieno d'alghe che serve di pastura ai pesci.

Calamàro, *nc. calamaio, totano, lolligine*, pesce mollusco delicato. Ha questo nome per un involucro contenente un liquido nero simile all'inghiostro col quale intorbida l'acqua per sottrarsi al pescatore. La sua pesca si fa con un pezzetto cilindrico di piombo quanto l'indice della mano appellato *fuso*, alle cui estremità da una parte sono attaccati in giro varii ami con l'esca, e dall'altra una cordicina che lo sostiene: il mollusco corre all'esca e vi resta preso.

Calandra, *nc. avina*, sorta di uccello di bel canto.

Calapricio, *nc. peruggine*, pero selvatico.

Calàri, *nc. (t. mar.)* funicelle di pelo di capra e becco attaccate alle reti della **sciabica**. La fune lunga di giunco onde si tendono o tirano le reti dicesi in dialetto **zoca** e propriamente *spilorcia*, delle altre reti da pesca *sferzina*, in dial. **zuculiddi**.

Camarda, *nc. camarra*, striscia di cuoio che regola bene la testa del cavallo e non fa parte della briglia.

Camàre, *nc. (t. mar.)* segnale delle reti da pesca, e delle gabbie o nasse.

Camascia, *nc. paturnia*, tristezza d'animo, o stanchezza per ambasciosa indispoizione.

Camàstra, *nc. catena da fuoco;* è formata di una serie di anelli innestati insieme con una asticciuola di ferro uncinato da un capo per allungarla o diminuirla e curvo dall'altro in cui si appende il paiuolo, ed un'altra asticciuola di sopra con rampo per attaccarsi al legno o ferro che deve sostenerla.

Cambiatùra, *nc. aggio,* è il dippiù che si dà o riceve nel cambio di monete di diverso metallo o di cambiali in moneta.

Camera di cuverta, *nc. tuga, (t. mar.)* stanzino sul cassero della nave dove alloggia il capitano.

Caminatùra, *nc. andatura, incesso* modo di caminare.

Camino, *nc. calcinaio,* fossa dove si spegne e cura la calce — *fumaiuolo*. vano per cui passa il fumo che pur dicesi *camino.*

Camisòla, *nc. corpetto, camiciolina,* è quella di lana che si porta sulle carni; quella che si porta sulla camicia dicesi propriamente *camiciuola* , ed è per lo più di cotone.

Cammisa, *nc. camicia,* veste bianca di tela o pannolino che si porta sulle carni. Le parti principali in dialetto sono **il cuddaro**, *goletta* — **li puzi**, *solini* — **quatrilddi**, *gheroni* — **spaccato** , *sparato* La voce è dalla spagnuola **camisa**: il dim. è **cammisodda**, *camicina,* quella de'bambini — *id.* **sudare na cammisa**, vale *fare una camiciata.*

Campanedde, *nc. gallozza , gallozzola,* sono i globetti che fanno i liquidi per l'aria che vi passa.

Campaniddo, *nc. ornitogalo, (t. cam.)* flore bianco che apre col levarsi del sole e si chiude al tramonto — *al pl.* **bubboli**, sonagli che si ligano ai collari delle bestie da soma, i piccoli poi a globetti al collare dei gatti.

Campanisciàre, *vn. scampanare,* prolungato suono di campane.

Campanisciàta , *nc. scampanata,* atto dello scampanare.

Campàre, *vn. vivere,* è il tempo della vita e dicesi pure in rapporto ai mezzi di sussistenza — *prov.* **ci vè dritto camp' affritto,** *il vivere onesto non fa fortuna* — **ci campa tutto l'anno vede tutti li feste** — *chi vive tutto l'anno vede tutte le feste.*

Càmpio, *nc. bruco,* vermicciuolo di color verde o larva che rode le fronde degli ortaggi.

Campumilla, *nc. camamilla,* erba campestre medicinale che fa floretti gialli con fogliuzze bianche al principio di primavera.

Camulàre, *vn. aspettare* lungamente con ansia e sofferenza.

Cana, *nc. cagna,* la femmina del cane.

Canàle, *nc. doccione,* dicesi di ogni condotto d'acqua, quello di pietra situato a terra ove corre l'acqua per mezzo di macchine idrauliche dicesi *gora,* e *gorna* quello di pietra incavata che dà e-sitò alle acque piovane dagli e-difizii. — *Verguccio*, è un ferro concavo in cui gli orefici versano i metalli liquefatti per fare le verghe.

Canàto, *nc. cognato*, grado di affinità.

Cancedda, *nc. ferrata*, lavoro di ferri per impedire l'entrata a certe aperture.

Canciddo, *nc. cancello*, imposta d'entrata fatta di regoli di ferro; se di stecconi di legno poco ed egualmente distanti fra loro dicesi *rastrello*.

Cancriàre, *va. rabuffare*, fare aspro rimprovero.

Cancriàta, *nc. rabuffo, riconvenzione* é l'atto del rimproverare.

Candéllizza, *v, sarsiame*.

Canècchia, *v. sciugo*.

Canestredde, *v. sarsiame*.

Canigghia, *nc. crusca*, il grosso della cernitura della farina.

Canigghiàta, *nc. pastone*, intriso di crusca e acqua che si dà alle bestie e a' polli.

Canigghiòla, *nc. forfora*, polvere che si genera sotto i capelli sulla cute.

Canigghiùlo, *nc. tritello*, é la crusca più minuta della seconda stacciata.

Canilicchio, *nc. cannolicchio, coltellaccio*, in latino **tubulus**, specie di mollusco bivalve, simile al **disetto**, *soiène*, ma più lungo: il

mollusco è sapido e si mangia crudo.

Canilòra. *np. candellaia*, festa della Purificazione della SS. Vergine a' 2 febbraio, così detta dalle candele che in quel dì si dispensano.

Caniluéngi, *v. cefalo*.

Canistro, *nc. canestro, paniera*, cesta di vetrici sottili e bianchi.

Canna, *nc. esofago*, canale della gola per ove passa il cibo; *laringe, trachèa* per ove si respira, ed esce la voce.

Cannàmilo, *goletto, scolla*, detto per dispregio dal popolo.

Cannanòce, *nc. asperarteria, gorgozzule, esofago, gola*. L'organo della voce o trachea dicesi in dialetto **cannicchio**.

Cannarile, *nc.* lo stesso che **cannanoce**, al *pl.* le tonsille mascellari.

Cannaruèzzili, *nc. cannoncetti*, paste casalinghe per minestra forate nel mezzo e corti.

Cannarùto, *ag. ghiotto, goloso* ma usasi per rimprovero.

Canna spaccàta, *nc. broccia*, è la canna fessa in cima per coglier frutte.

Cannaturìa, *nc. golosità*.

Cannavazzòne, *nc. invoglia, terzone*, è la tela grossa per imballar mercanzie.

Cannazza, *nc. cannuzza, caleggiolo*, erba nociva ai campi.

Cannedda, *nc. zipolo*, arnese che si mette alla spina della botte per cavarne il vino. È pure nn verme *v.* **piducchio.**

Cannèia, *nc. falcola*, candela di cera.

Cannicchio, *v.* **cannanoce.**

Cannizza, *nc. cannaio, canniccio, cannato*, canne unite e ligate con giunchi e canne traverse per uso di seccar frutte; e quelle intessute per lungo per coprir tetti — *Stuoia*, intessuto di canne spaccate per lamie finte — *Stola, (t. mar.)* fascio di canne posto al parapetto delle piccole paranze — *graticcio*, l' intessuto di vimini.

Cannutto, *nc. grondaia, basto*, condotto che dà esito alle acque piovane dagli edifizii sulle vie. La voce è alterata da condotto.

Canodda, *nc. camojardo*, grosso pannolano di pelo di capra.

Canolo, *nc. cereo*, grossa candela di cera — *canone*, pagamento annuale delle enfiteusi al padrone diretto, ed in questo significato l'usa il popolo — cannello di canna senza i nodi, il cui *dim.* è **canilecchio** in dialetto — *fumaiuolo*, condotto del camino del fumo detto pure in dialetto **vucculo** — parte della chiave *v.* **chieja.**

Canòscere, *va. conoscere, part.* **canusciùto** — *prov.* **Pi canoscere uu latro nei vole nu latr' e milinzo**, vale, *il più conosce il meno.*

Cantaràno, *nc. cassettone*, mobile di stanza detto pure *cumò.*

Cantarijddo, *nc. bigoncioletto, cantarello*, brocca di terra cotta di forma cilindrica con piccol cono in fondo ed avente al di sopra due occhi pe' quali passano i vimini che jlo lega all'intessuto detto **cuenzo**, il quale sta appeso alla ruota della macchina idraulica. Con questo si attinge l'acqua da inaffiare i campi. La voce deriva dalla spagnuola **cantarillo** che ha lo stesso significato.

Cantina, *nc. canova, bettola*, luogo ove vendesi il vino a minuto, ed il luogo sotterraneo ove si conserva il vino nelle botti od altri vasi.

Canto, *nc. reggetta, orbe*, piastra di ferro che cerchia le ruote de' veicoli.

Cantòne, *nc. cantuccio, lato*, angolo di alcun luogo — *prov.* **u cantone di casa addora**, vale: *vita privata vita beata.*

Cantùni, *nc. poma*, giuoco fanciullesco in cui quattro si pongono ciascuno a' singoli angoli della stanza ed uno in mezzo. Quei degli angoli si scambiano destramente il posto e quegli di mezzo si studia nel muoversi gli altri di occuparne uno; quando ciò gli riesca colui ch'è rimasto senza posto va in mezzo e cerca a sua volta occuparne un altro e così di seguito.

Canzirro, *nc. muletto, bardotto*, figlio di asina e cavallo.

Canzo, *nc. cassino,* il¦ cerchio del crivello e dello staccio.

Capa, *nc. capo, testa,* e dicesi dᵢ tutti gli animali, e per similitudine de' bulbi delle piante onde **na capa d'accia,** *sedano,* **na capa d'àgghio**, *aglio* e simili.

Capanna, *nc. felze, (t. mar.)* copertura di tenda che si fa nelle barche per commodo dei passaggieri.

Capàno, *nc. gabano.* specie di grosso mantello.

Capàsa, *nc.* vaso cilindrico di terra cotta senza coperchio, e servibile per conservar oggetti come legumi, frutte secche, e simili; quello de'pescatori è più basso ed alquanto più stretto all'orlo; *dim.* **capasedda.** La voce deriva dalla spagnuola **capacha,** sorta di paniera o cesta da cui è traslata.

Capascirràta, *nc. capello,* uomo stravagante.

Capasóne, *nc. coppo, orcio,* vaso grande e tondo di creta, più stretto all'orlo con due manichi dalla bocca alla pancia ed invetriato dentro e fuori ad uso di tener vino, — *met. ubbriaco, babbeo* che in pretto dicesi *capassone.*

Capiechio, *nc. capezzolo,* la papilla della poppa della donna.

Capiddi (ia) *nc. capaia (t. cam.)* il lasciare più tralci della vite in cima al tronco.

Capiddo, *nc. capello* — *id.* **capiddi rizzi o lisci,** *capelli crespi* e ricciuti, o *stesi* e *diritti;* i radi poi diconsi in dialetto **cragnili.**

Capiduègghio, *nc. capidoglia,* grosso pesce da cui si ricava molto olio; anche **capiduegghio** appellano i pescatori il *fissale* che sbuffa acqua dalle narici.

Capijàtto, *nc. capogatto, flemone,* tumore inflammatorio alla faccia — *propr. resipola flemonosa;* l'enflagione alle mascelle è il vero *capogatto.*

Capisciòla, *nc. nastro, bindella, fettuccia.*

Capisòtto, *ag. bigotto,* dicesi così dal modo d'incedere col capo chino.

Capitàle, *nc. dossiere, dorsale, capoletto,* la parte posteriore del letto.

Capitànie, *nc. scorte, (t. cam.)* quantità di bestiame, semenze ed altro che il padrone del podere da al fittaiuolo come dote per restituirle al termine della conduzione.

Capitisciare, *va. orlare,* unire orlo ad orlo due teli del lenzuolo.

Capituesto, *agg. caparbio, provano.*

Capocanàle, *nc. capponata,* festa de'campagnuoli nelle sposalizie, nascite di figli e raccolte: questa voce è alterata dalla latina **baccanalia.**

Capòne *nc. cappone,* il gallo castrato — *prov.* **tinèr' u capòn' in tr' e l'agghi da fora,** *tenere i cappone dentro e li agli di fuori* vale far mostra di povertà mentre si è ricco.

Capostuèdico, *nc. testudine*, infermità alla testa del cavallo.

Capoverde, *nc. mergo oca*, uccello marino la cui femmina in dialetto dicesi **rògica**.

Capozza, *v.* cefalo.

Cappa, *nc. ferraiolo*, sopravveste de'preti — *v.* **ciminèra**.

Cappellètto, *v.* **nzirragghia**.

Cappiddaccio, *nc. capperone*, copertura del capo di pannolino insaldato che usano le figlie della Carità.

Cappiddèra, *nc. portacappello*, arnese in cui si conserva il cappello.

Cappiddo, *nc. cappello*, arnese che copre la testa; quello da prete dicesi *nicchio*.

Cappiddo di mare, *nc. medusa*, zoofito descritto dal Lesson col nome di *fisalia a galera*. È formato di una vescica natatoria con filamenti che allunga e raccorcia onde va sempre a galla, epperciò ebbesi tal nome da'pescatori taranlini — Esso contiene un succo acre che produce in chi lo tocca uno scottante prurito che dura molti giorni. Il suo comparire è tenuto come indizio di vicina tempesta, la quale lo spinge al lido non avendo la vescica la forza per resistere agli urti de'marosi.

Cappùccio, *nc. gambugio*, specie di cavolo notissimo — *primacciuolo*, *(t. cam.)* fascetto di paglia che si mette attorno alle piante od agl'innesti per preservarli dalla pressione della legatura.

Capuèzzolo, *nc. torzone*, laico di frati mendicanti — *torsolo*, radice degli sterpi e fascine da ardere.

Capuzzàta, *nc. capata*, urto dato ad altrui col capo.

Capuzziddo, *ag. tristarello*, dicesi di persona impertinente e male educata che cerchi soverchiare gli altri per forza.

Carachizzo, *ag. vizzo*, aggiunto di fichi che avvizziscono e secchi sono di cattiva qualità.

Caracò, *nc. faggiolo caracola*, pianta che fa i fiori odorosi, è come una chiocciola e di color bianchiccio misto a violetto con lungo filamento spirale.

Caraquèro, *nc. troco*, *nacchero*, conchiglia univalve che si attacca tenacemente allo scoglio seperata dalle altre ed appartiene alla famiglia muricea. Varie sono le sue forme e svariatissimi i colori i quali cadono passandovi l'acido nitrico, ed allora apparisce la lucente madreperla in tutta la sua vaghezza e diviene sì pregiata da essere incastonata in oro: il frutto però è insipido.

Caravàgghi, *nc. naliche*, *chiappe*, ma usasi come espressione di ira stizzosa.

Caravitla', *nc. aliusta*, sorta di granchio marino — *v.* **cauro.**

Carcapia e buttunèra, *nc. bottoniera*, arnese di metallo da orefice in cui si batte l'oro e l'argento per dare a questi oggetti la forma.

Cardo e carduncliddo, *nc. spellicciosa*, cardo selvatico che dicesi pure prettamente *scalera e scardiccione*.

Carlòla, *nc.* l'incassato del carro.

Carisciòla, *nc.* striscia che fanno per terra i liquidi o gli aridi versandosi a poco a poco da fessure di vasi o da buche di sacchi.

Carizzo, *nc. ganascino*, atto carezzevole ai bambini stringendo lievemente con le dita il mento o le guance.

Carlo, *nc. lupicante*, grosso granchio marino simile alla locusta in dial. **ragosta** — *v.* **caùro.**

Carna, *nc. carne*, *id.* **carna crisciuta**, *carnosità*, quella che nasce nelle piaghe — **carna salàta**, *misalta*, carne porcina che si salà prima di diseccarsi.

Carnàle, *nc. catriosso*, ossatura della schiena de'polli spoglia di carne — *carcame*, scheletro dell'animale.

Carnetta, *agg. briccone, crudele, furbo* — *met.* fiero e coraggioso.

Caròuno, *nc. birbantello*, *dim.* **caruguliddo**, voce di rimprovero stizzoso a'fanciulli.

Carpa, *nc. garpa*, malore ai piedi del cavallo.

Carpicàto, a, *ag. butterato, a*, dicesi di chi ha le impressioni del vaiuolo.

Carràra, *nc. scorciatoia, callaia, calla* è il viottolo ne'campi.

Carràte, *nc. panchette, (t. mar.)* sono gli orli superiori della barca da prora a poppa inchiodati sugli schermotti e sopra di cui si poggiano i remi.

Carrèscia, *nc. trasporto*, e dicesi di cose che si portano da luogo a luogo o su carri o a spalla d'uomo. La voce deriva da **carro.**

Carrettàro, *nc. carpentiere*, artefice di carri.

Carrisciàre, *va. trasportare* — *met.* trarre alcuno al proprio volere.

Carrizza, *nc. doglio*, botte lunga con cui si trasportano liquidi sù carri.

Cartastrazza, *nc. carta sugante*, è quella senza colla.

Cartedda, *nc. cartolina*, quella in cui si mette la medicina.

Cartiddàte, *nc. zughi*, paste intrise di saime, spianata col matterello e tagliate a liste che friggendosi s'increspano. In greco diconsi αρτολαγχνι, in Toscana **frascarelle.**

Cartulàro, *nc. quaderno*, più fogli di carta messi l'un nell'altro e cuciti nella piegatura per uso di scolari, per far conti, memorie od altro.

Carusàre. *va. tosare*, il tagliar rasi i capelli.

Carusàto, *agg. tosato*, chi ha i capelli rasi.

Carusedda, *nc. tosetto, calvello, nutica* è la spiga del grano senza reste.

Carvòne, *nc. carbone*, al *pl.* **carvàni.**

Carvunedda, *nc. carbonella*, carbone minuto, il quale quando è acceso dicesi *brace e brusta* — quella di nocciuolo franto di ulive dicesi *sansa e sansena*.

Casalino, *nc. vicano*, abitante di villaggio che in dialetto dicesi **casale.**

Cascavedda, *v.* **pumo.**

Cascetta, *nc. seggetta*, arnese o mobile da stanza entro cui si pone il vaso per gli agiamenti — *ceppo, bossolo*, è una piccola cassetta in cui raccolgono le limosine i questuanti.

Càscia, *nc. cassa, accr.* **casciòne,** *cassone:* anche **cascione** dicesi in Toscana.

Cascino, *nc. maestrella*, legno posto in alto del telaio il quale porta le girelle che sostengono i licci.

Cascitilddo, *nc. scatolino*, arnese per metter tabacco od altri piccoli oggetti.

Casicavaddo, *nc. caciocavallo*, pre-

vatura, cacio fatto con **latte** di bufala.

Casoricotta, *nc. cacioricotta*, è il latte rappreso ma non assodato come il cacio.

Càspita, *interp. capperi, poffardio:* voce tutta spagnuola.

Cassizzo, *nc. crivello, vaglio*, arnese grande per vagliare il frumento.

Castagna, *nc. ugnella*, escrescenza cornea al piede del cavallo — Come frutto la **castagna allessa** dicesi prettamente *succiola* — **Castagne du previte,** *anseri.*

Castagnòle, *nc. zoccoli*, due grossi pezzi di legno che poggiano sulla sala de'carri.

Castarliddo, *nc. sparviere*, uccello di rapina, detto pure in dialetto, **aciddo di male canto** e tiensi di male augurio, il suo becco uncinato dicesi *rostro*.

Castellàna, *nc. catafalco*, macchina che si fa in chiesa ne' funerali nobili.

Castliddi, *nc. nocino, castellina*, giuoco fanciullesco e consiste nel fare i castellini di noci, mandorle od ossi di pesche ciascuno di quattro, cioè tre sotto ed una sopra. Ogni giuocante tira con un altra noce o mandorla od osso detto **padda,** *bocco*, e vince quanti ne colpisce. I castellini di ossi di pesche diconsi prettamente *nocciolini.*

Casulàro, *nc. formaggiaria*, luogo ove si tiene il formaggio.

Cataratto, *nc. cateratta*, luogo segreto nelle case per ripo rre masserizie, la cui buca dicesi *bodola* e *ribalta* lo sportello che la chiude.

ra calci — *metaf.* dicesi di un illegittimo nato che fa atti riprovevoli — *id.* **cavaddo caucinaro**, *montone*, dicesi del cavallo che s'impenna e scalcia co'piedi di dietro, ciò che si appella

[annotazione manoscritta]

piccolo tino: quello de' muratori che serve a trasportare la calcina appellasi propriamente *schifo e vassoio*.

Cattivàre, *vn. vedovare, invedovare*, e dicesi così dell'uomo che della donna.

Cattivo, *a. ag. vedovo, vedova*.

Càucia, *nc. calce*.

Càucio, *nc. calcio. id.* **minare cauci**, si dice di persone di servizio che reagiscono contro i padroni che le han beneficato.

Caucinàro, *ag. recalcitrante, che ti-*

gosta *astaco* e *aliusta* il **gàmmaro** o **jàmiro** *gambaro*, ed altri granchi così detti con nome collettivo di cui quattro specie si appellano in dialetto dalla diversità delle forme e delle chele **sonno, dottore, cicala e morte**; quest'ultimo ha il pretto nome di *càrabo*. Si è osservato dai pescatori che questi crostacei sono armati di ossee mascelle o chele quali a foggia di cesoie quali semplici. Le caurelle son prive di guscio e cercano i nicchi vuoti per introdurvisi, *id.* **camminare com'u cauro**, *arrancare*.

Cavaddo, *nc. cavallo*, quadrupede notissimo — **Cavàddo di mare**, *ippopotamo* che corrisponde a *cavallo marino*, è un piccolo zoofito avente la forma di cavallo dall'addome in su e terminante in angue: Coperto di una cute nera e rasposa, salta scherzevolmente sulle onde — *prov.* **A cavaddo lastimato luce u pilo**, vale, a chi nasce fortunato corre sempre dietro la fortuna.

Cavadduzzo, *nc. tenereto*, è il ramo tenero della piante.

Cavazzo, *nc. gozzo*, lo stomaco de'polli e degli uccelli.

Cavigghièra. *nc*, è la forma in cui i legnaiuoli fanno i chiodi di legno.

Cavigghio, *nc. cavicchio*, chiodo di legno col quale si uniscono ed inchiodano i pezzi d'opera dai legnaiuoli.

Cavito, *nc. caldo*, il calore naturale o del fuoco, quello del sole dicesi *stellone* — *id.* **no ti face no càvit' e no friddo**, si appropria a chi di nulla si cura o nulla teme.

Càvo, *v.* **livoria**.

Cavullecchio, *nc. cavolino*: cavolo ed è diminutivo di cavolo.

Cazetto, *nc. calza*.

Cazunetti, *nc. mutande, brache, brachetto*,

Cazuni, *pantaloni. calzoni;* parte del vestito esterno di uomo dalla cintola in giù — *raviuoti, of-*

felle, ripieno di uova, ricotta ed altro in una veste di pasta laganata che sono grata vivanda fritti o scaldati e conditi. Se il ripieno è di carne trita, uova ed altro diconsi *tortelli*, se sono più piccoli *agnellotti*.

Cazza, *nc. cucchiaio* piano di latta per prendere il latte rappreso.

Cazzacarne, *agg. fuggifatica*, di uomo vagabondo, che sfugge la fatica.

Cazzafitta, *nc. intonaco*, la copertura di calcina che si fa ai muri — *calcinàccio*, pezzo d'intonaco screpolato e caduto.

Cazzafittare, *va. immaltare*, intonacar muri con malta.

Cazzàme, *v.* **sarsiame**.

Cazzapede (a) *mo. avv.* prestamente, *adagino*, a piè pari usasi come sfogo ti minaccia.

Cazzàre, *va. rompere*. infrangere cose dure con martello od altro, *calpestare*, deriva dailo spagnuolo **cascar**, *rompere* — *id.* **ci iri noce mo ti cazzava**, *se fossi noce ti romperci;* ed usasi quando inaspettatamente s'incontra una persona per la quale si andava o di lui parlavasi. — **Cazzare il mpodde**, questo idiotismo allude ad una superstizione delle donne volgari segretiste di strofinare fortemente sui polsi di chi soffre ingorgo tonsillare, credendo e tal fiata con effetto, di sciogliere il malore e risanar l'infermo.

Cazzaròla, *v.* **muddisco**.

Cazzàta, *nc. schiacciata, focaccia pane inferigno*, è un pezzo di pasta di cruschello che si fa insieme col pane: talvolta stesa in teglia versandovi olio, pepe sale e qualche altro aroma e cotta al forno è gustosa, e questa dicesi prettamente *guaccino*.

Cazzatedda, *nc. confortino*, pasta stemprata col miele e ripiena di conserve di frutte — *interp. di risentimento, oh !*

Cazzatòra, *nc. carreggiata*, la pesta sulla via delle ruote de'carri — **cazzatòra d'alle**, *v.* **trappito**.

Cazzimarro, *nc. cibrèo*, specie di manicaretto di coratelle di polli o agnelli ravvolte con le budella ed arrostite infilzate allo schidione.

Cazziniiddo e cazzinedda, *nc.* voci giocose indicanti bamboli graziosi e diligenti.

Cazzotto, *sommommo, cosotto*, colpo dato col pugno chiuso sotto il mento; ed è pure voce italiana.

ce, *pron. neutr. che, quale cosa* — Usasi pure come particella interrogativa ed equivale al **ne** de'latini — *idiot.* **ce t'avivi vist mò tune** — vale *credevi tu toccare il cielo*, e dicesi per rimbeccata.

Ceccia e seccia, *nc. seppia*, specie di mollusco o pesce molliccio — *dim.* **cecettedda.** Si osserva in questo mollusco che quando è unito al maschio il lanciatore deve prima vibrare il colpo alla femmina in opposto essa versa l'inchiostro volgarmente **melana** ed intorbida l'acqua onde entrambi si sottraggono. Ma quando la femmina è stata percossa il maschio esce a galla seguitando la compagna ed il pescatore fa doppia preda. Vago simbolo d'affetto è questo. La voce deriva dal latino **sepio**, nascondere perchè sotto il suo inghiostro si nasconde per liberarsi secondo l'attesta Cicerone (de Nat. Deor. lib. 2.°) con queste parole « *sepia quia sepit, et circumvallat se suo atramento.*

Cèfalo, *nc. cefalo, muggine*, pesce molto comune, deriva dal greco κεφαλη *capo* per la grossezza del suo. In dialetto si noverano sette specie di cefali appellate **capozza** *cavedine* ch'è il vero cefalo, **vranza, vrigolo, caniluengo, linno, pizzùto** e **labbrùto**, i quali diversificano tra loro per alcune specialità di forme. Quando sono piccoli appellansi con nome collettivo **pedarùll** ed appartengono a tutte le *specie*. La **capozza** femmina attira per simpatia il maschio onde il pescatore tarantino la trascina in mare appiccata all'amo e prende quanti maschi la seguono. Il **vranza** quando le reti son tese ha l'istinto di liberarsi saltando. Il **vricano** stando sull'arena salta, ma si nasconde nelli scogli. Il tarantino Giovan Giovine rinomato scrittore delle patrie antichità chiama i cefali co' seguenti nomi latini: *capitones* le **capozze,** *chelones* i **vrigoli,** *cestres* i **pizzuti,** *myxini* i **vranzi,** *banchi* i **caniluengi,** *leuchisti* i **linni** e *labeônes* i **labbruti.**

Cegghia, *nc. ciglio,* arco de'peli che sta al di sopra dell'occhio.

Centòni, *nc. grue (t. mar.)* legnami sporgenti fuori della nave.

Centra, *nc. chiodo,* sono quelli usati da'legnaiuoli; quelli de'calzolai diconsi *bullette:* deriva dal greco κεντρον, *pungiglione* e per traslazione cosa che punge: *dim.* **cintreddà,** *chiodetto.*

Centràre, *va. inchiodare,* unire con chiodi cosa con cosa.

Cera, *nc. piglio, guardatura* — *id.* **brutta cera,** *cipiglio* guardatura bieca, truce o irosa.

Cercinàre, *va. tosare,* il tagliar la lana alle pecore.

Cèrnere, *va. stacciare,* separare con lo staccio la farina dalla crusca: lo staccio in dialetto appelasi **sutazzo,** *v.* vale pure *vagliare,* separare il grano dalla mondiglia vagliandolo.

Cervàro, *np.* flumicello di tal nome di brevissimo corso che sbocca in mar piccolo *v.* **Vattinniri.**

Chià, *v.* **Zà.**

Chiacchiariàre, *nc. cicalare. ciarlare,* il lungo discorrere in conversazione o in crocchi.

Chiacchiariàta, *nc. cicaleccio, parlantina,* l'atto del cicalare.

Chiacchiera, *nc. fandonia,* bugia per lo più giocosa.

Chiacchiaròne, *ag. buggiardo, loquace, panurgo, vendifrottole.*

Chiacco, *nc. cappio,* rannodamento di fune o nastro che stringe a forma di nappa.

Chiàja, *nc. piaga, ulcere.*

Chiamintàre, *va. cementare,* coprire le unioni delle lastre o pietre degli edifizii col cemento di malta in dial. **chiamiinto.**

Chianca, *nc. lastra,* pietra lisciata per coprir pavimenti, sepolcri od altro. Quelle che servono per lastricar le vie diconsi *lastroni* — *v.* **pierso.**

Chiancaredde, *nc. campanelline,* paste casalinghe incavate, piane e tonde per minestra.

Chiancàta *nc. lastricato,* suolo coperto di lastroni propriamente delle vie, androni. porticati e simili.

Chiancatàro, *nc. lastricatore,* chi lastrica le vie, quegli che le selcia dicesi *selcino, stradino,* cioè chi le copre di ciottoli.

Chiàngere, *vn. piangere, lagrimare,* preso attivamente vale deplorare — *id.* **accuminzar'a chiangere,** vale *levare il pianto,* porsi a *piangere* — **scappar'u chianto** *dar nelle lagrime* — **chiangere'uno,** *compassionarlo.*

Chiangiùso, *agg. maccherone, piagnolone,* fanciullo che piange di continuo per poco o senza causa

Chiangistèrio, *nc. piagnisteo, rammarichio*, ma usasi sovente per dispregio.

Chiàno, *nc. boccatura (t. mar.)* è la larghezza della nave.

Chianola, *nc. pialla*, strumento de' legnaiuoli — **Chianola appustata**, *piallone* è la piàlla grossa fissa a terra col ferro tagliente di sopra usata da'legnaiuoli e bottai.

Chiànta, *nc. pianta*, voce collettiva delle erbe e de'fiori.

Chiantàre, *va. piantare*. metter le piante dentro terra per germogliare — *met. l'id.* **chiantare uno** vale *abbandonarlo*.

Chiantaruèlo *nc. brocchetta*, piccol chiodo sottile, senza testa ma con piccolo ingrossamento per tener fermo.

Chiantedda *nc. soletta, tramezza*, sottilissima suola che copre al di dentro della scarpa la pianta del piede: — *met.* questa parola vale *commettere disonestà*.

Chianto, *nc. pianto*, atto del piangere; quello che si fa ai morti dicesi in pretto *corrotto*.

Chianuèzzolo, *nc. pialletto. dimin.* di **chianola** e vale piccola pialla: quello stretto ad angoli retti dicesi *sponderuola*.

Chianuzzuiare, *va. dollare, piallare*, il lisciare il legname con la pialla.

Chiapparini, *nc. capperi*, frutti verdi che si curano in salamoia e poi si condiscono con aceto per conservarsi.

Chiappo, *nc. cappio, calappio, capestro*, laccio insidioso — *lacciaia*, fune lunga con cappio onde i butteri accalappiano l'animale che vogliono prendere — *sagola*, fune a cui è appeso lo scandaglio: a *pl. peneri* lacci di crini per prender tordi e merli.

Chiariiddo, *v.* **monaco**.

Chiarima, *nc. chiarezza*, il farsi chiaro parlandosi di serenità del cielo, ed è voce usata dai pescatori, onde l'*id.* **addà face chiarim'e a quà amaresce**, e vale il *cielo là si chiarisce e qui s'intorbida*.

Chiarisciàre, *va. chiarire*, parlandosi dell'atmosfera — *va. bianchire, chiareggiare*, dicesi di lingerie sciorinate dopo il bucato — *met. far risplendere, illustrare*.

Chiaròlo, *nc. (t. mar.)* vasetto di terra cotta in cui i pescatori metton l'olio che spruzzandolo sul mare chiarisce il fondo.

Chiàtro e chiatròre, *nc. ghiaccio e brina*, quella che cade la mattina e si congela per raffreddamento de'corpi: il primo usasi pure per la neve ghiacciata.

Chiattiddo, *nc. piattone*, insetto schifoso che annida ne' peli dell'anguinaia.

Chiatto, *agg. grosso, pingue* parlandosi di persona.

Chiauto, *nc. ataùto, cataletto, feretro*, è la cassa mortuaria in cui

si ripone il cadavere: deriva da
ιβωτος, *cassa*.

Chiàve, *nc. chiavarda*, perno di ferro con anello fisso in capo ed imperniato di sotto che si avvita
nella bardatura, con vite che prettamente dicesi *chiocchiola*.

Chiavica, *nc. lupa*, fossa nelle vie
che riceve le acque torbide.

Chiavino, *nc. boncinello*, ferro forato in punta che s'introduce nel-
l'ago della stanghetta della toppa per aprire voltando.

Chiàzza, *nc. piazza*, luogo pubblico
ove si vendono i comestibili — *id*.
fare la chiazza vale *fare baldoria*, o impertinenze, proprio di
fanciulli, presa la similitudine
metonimica di causa per effetto.

Chichera, *nc. chicchera, tazza da
caffè* — *id*. **pigghiare na chichera**, *ingannarsi in un giudizio*,
prendendo una cosa per un altra
— **ridùcere int' a na chichera,**
met. stringere alcuno o col ragio-
namento o col tenerlo a segno.

Chiddi, *pron. quelli e quelle*, al *sing*.
fa **quid** e **quedda,** voci alterate
latine.

Chieca, *nc. piega*, il raddoppiare in
se panni, carte e simili — al *pl*.
crespe, le pieghe di ornamento
alle vesti, camicie, ecc. — *dim*. **chi-
culedda,** *orlo*, piccola rimboccatura cucita.

Chiecàre *va. piegare* dicesi di cose
— *np*. l'inchinarsi della persoua
— *met*. annuire, condiscendere —
id. **chiecare uno** vale tirarlo al
proprio sentimento.

Chièia, *nc. chiave*, arnese di ferro
per chiudere e aprire serrature.
Le sue parti sono il **nassiddo**,
ingegno, la parte che apre —
cànolo, *fusto*, ed è quello della
chiave mascolina, *canna* della
femminina — **mànica,** *anello*, la
parte che si tiene in mano — La
chiave dell'orologio dicesi *quadrello* — **chièia di scrofole,** *copiglia*. chiavetta di ferro che
s'infila nel perno per mante-
nerlo più saldo che dicesi pure
giavetta.

Chigghiòua, *nc. coglionella, derisione, beffa, burla*, l' usa il popolo; nel comune dialetto dicesi **cugghiòua.**

Chijsiòla, *nc. chiesola* (*t. mar.*)
cassetta sulla nave ove si ripongono le bussole.

Chjmilio, *nc. furto id.* **minar'a chi-
milio,** *rubare con destrezza*.

Chjno, *agg. pieno, colmo*.

Chiòma, *nc flusso di mare, alta marea* (*t. mar.*) dicesi della corrente di mar piccolo che entra nel
grande nel periodo di sei in
sei ore. L'opposta è la **serra**
v. La voce deriva dalla siriaca
ke-omi che vale flusso di mare
in lat. *confluentia aquarum*.

Chiomaròia, *v. arata*..

Chioppa *nc. paio, coppia* — *id*.
na chioppa di càuci, un paio di
calci.

Chiòvere, *nc. piovere; part*. **chiu-
vùto,** *piovuto*. La pioggia che
cade con sole cocente dicesi in

dial. **psciaturo du diàvulo** *urina del diavolo*, e propr. *melume*, perchè dannoso alle piante e frutte in ispecie alle uve·

Chirazzà· *nc. milleria*, pianta campestre da cui i tintori càvano il color giallo.

Chirichiddi, *nc. quelle, smorfie, lezii*, sovente scherzi di mani ed è voce ibrida da **chiddi**, *quelle* e χειρ, mano — *id.* **tenère li chirichiddi**, *tener le quelle*, fare smorfie,

Chiricomma, *nc.* voce scherzosa tenendo per mano i bambini saltellandoli leggermente e canticchiando per avvezzarli a tenersi ritti e per bamboleggiarli. Deriva dalle due greche voci χειρ, mano, e κομβειν, *render suono*·

Chisti, *pron. plur. questi, queste* e si riferisce a persona e cosa. Usato come aggettivo indicativo si accorcia in **sti**.

Chiù, *avv.* di quantità, *più* — *id.* **nò a fàzzo chiú**, *mo. interiettivo di esclamazione e vale *non mi fido più* — *Prov.* **Quànt chiù fort chiove, chiù subitu scampa**, vale: *i mali quanto più ci premono più presto finiscono.*

Chiuddèa, *nc.* così appellasi la classe de' pescatori per celia, e vuol dire *rozza ed ignara.*

Chiúddo, *agg. di pescatore rozzo*

Chiuèvo, *nc. chiodo, aguto*, grosso chiodo con testa tonda o triangolare: quando sono molti appellansi con nome collettivo *agu-*

tame, quello di ferro con testa d'ottone dicesi *farfalla*: il chiodo curto e grosso dicesi *tozzetto* — *met.* dolore acuto di capo.

Chiumazzo, *nc. pezzetta, piumacciuolo, compressa*, pannolino ravvolto a più doppii in se per uso chirurgico.

Chiummàra, *nc. piombino (t. pis.)* piombo delle reti da pesca, perchè postandosi le facciano scender giù in mare.

Chiummariddo, *nc. piombino*, uccello marino che si tuffa a piombo nel mare.

Chiummo, *nc. piombo*, specie di metallo sia grezzo o lavorato.

Chiùppo, *nc. peso in massa*, — **chiuppo di stòmico**, *peso sullo stomaco* — *met.* peso morale, *id.* **tenère u chiuppo**, dicesi per celia ad uomo denaroso — *pioppo*, specie di albero.

Chiuvizzicàre, *vn. pioviscolare, piovigginare, spruzzolare*, *v.* **nziddicàre**.

Ci, *pron. pers. chi*, e *cong. se.* — *Prov.* **am' a ci t'ama e rispunn' a ci ti chiama**. Vale *sii grato al benefattore, e cortese con le persone*·

Ciacciolo, *v.* **flocco**.

Ciaddiscìare, *vn. vagare, andar vagando.* detto per dileggio.

Ciamillio, *nc. zimbello*, uccello che si tien ligato alla zimbelliera per servir di richiamo di altri uccelli nella caccia.

Ciammuerro, *nc. cimurro*, raffred

dore del capo per cui scorre dal naso un umore acqueo.

Ciampa, *nc. zampa*, propria degli animali unghiati. Anche in Toscana dicesi **ciampa**.

Cianfróne. *ag. commodo* dicesi di persona agiata; l'usa il popolo per dileggio.

Ciappètta, *ag. ganghero*, piccolo gancetto metallico con piegatura per affibiare, la femminina dicesi *gangherella*..

Ciaramella, *nc. cennamella*, sampogna dei pastori. Al plurale le *cennamelle* sono i piattini delle bande musicali.

Ciarlóne, *nc. anfanatore*, uomo loquace.

Ciatedda, *nc. pappa*, vivanda di pan bollito con olio, pepe, sale ecc.

Ciavattone, *nc. ciabattone*, chi poco perito nella sua arte abborraccia il lavoro: così pure di ognuno che fa male un servizio.

Cicaróla, *v. vela.*

Cieàto, *agg. cieco, miope*, chi ha nulla o poca vista: sovente usasi per ingiuria, e deriva dallo spagnuolo **cegado**.

Ciciuliddo, *nc. mazzocchio*, capelli delle donne intrecciati e ligati — specie di pesci v. **culluudi**.

Ciciri, *nc. ceci*, specie di legumi notissimi.

Ciciriiddo, *nc. cipolla*, il ventriglio de' polli.

Cicogna, *nc. mozzo*, grosso pezzo

di legno in cima della campana che la mantiene sospesa: dicesi pure *cicogna*.

Cicòra, *nc. cicoria, radicchio*, erba buona a mangiarsi cotta.

Cirri, *nc, granfie*, le branchie di polipi, seppie e calamai.

Cifèca, *nc. cerboneca*, vino pessimo; il guasto dicesi *cercone* — *met.* ogni cosa cattiva suolsi appellare cifeca quelle cioè che non dilettano i sensi del gusto e dell'odorato.

Cifra, *nc. puntiscritto*, sono i segni o le sigle fatte con inghiostro indelebile o refe colorato sulle lingerie per indicarne il padrone.

Cigghiàre, *vn. impiolare, tallire*, il vegetare di bulbi o grani ammassati per riscaldamento od umidità.

Cigghio, *nc. prurito, prudore*, forte pizzicore che si sente sulla persona.

Cigghiùto, *ag. accigliuto*, chi ha le ciglia co'peli allungati, o chi le inarca guardando bieco.

Cignóne, *nc. dossiera*, cigna a più liste di cuoio cucite e terminanti in due occhi capace a ricevere le stanghe de'carri.

Cijlo, *nc. cielo* — *prov.* **Ci spula nciljo nfaccia ll vene.** *chi sputa in Cielo gli viene in faccia, e vale a chi desidera il male altrui il suo è imminente* — **mal' e bene da u Cijlo vene,** *il male ed il bene dal cielo viene.*

Cijntipiidi, *nc. filatessera*, insetto a molti piedi, deriva dallo spagnuolo **cientopiès.**

Cijnto, *ag. numerale, cento*, dallo spagnuolo **ciento.**

Cijrco, *nc. cerchio*, lunga lista di legno di castagno flessibile per cerchiar botti — *ferza, sferza*, pezzo di cerchio, o lista di legno che si usa come strumento di punizione de' fanciulli. — *prov.* **u chiù brutto cijrco da votte scatta**, *il più cattivo cerchio della botte crepa*, e vale, il ribaldo si manifesta in ogni suo atto.

Cilòna *nc. testudine, chelidro, galana*, crostaceo grossissimo marino dal cui guscio si fa la tartaruga; la terrestre appellasi *testudo e bizzuca;* il guscio d'entrambi dicesi prettamente *cova*. Deriva dal greco χελωνη, in lat. **testudo.**

Cima, *nc. grumolo, garzuolo*, é il cuore dolle erbe mangerecce come cavoli, lattughe, indivie e simili: le foglie interne unite diconsi *cesto*, quelle della rapa *pollezzola.*

Cimamaredda, *nc. amarella, amareggiola*, erba campestre buona a mangiarsi scaldata.

Cimare, *vn. tallire, semenzire*, dicesi delle piante quando giungono al loro completo sviluppo·

Cimilli, *nc. capreoli*, filetti spirali di certe piante sermentose che si ravvolgono agli altri tralci della pianta. Quelli delle viti diconsi *viticci.*

Ciminèra, *nc. fumaiuolo*, camino del focolare per ove passa ed esce il fumo; la parte del camino che riceve immediatamente il fumo dicesi *capanna*, ed in dialetto **cappa.** La voce deriva dalla francese **cheminee**, ed in Toscana dicesi pure **ciminèa e ciminajuolo.**

Cimòsa, *nc. cimossa, tirella, vivagno*, la parte estrema e ruvida del panno di diverso colore.

Cinco, *agg. numer. cinque*, deriva dallo spagnuolo **cinco.**

Cincàta, *pro. chiunque*, qualunque persona.

Cinifes, *nc. culice*, insetto simile alla zanzara ma più piccolo e più molesto, deriva dallo spagnuolo. **cinife.**

Ciniràta, *nc. ceneraccio*, è la cenere che si pone sul bucato.

Ciniratòro, *nc. ceneracciolo*, telo di cannavaccio che si mette sul bucato.

Cinquina, *nc.* antica moneta napoletana, corrispondente a due soldi

Ciòffa, *nc. soffice*, ferro quadro su cui i fabbri-ferrai mettono il ferro infuocato per bucarlo.

Ciòla, *nc. taccola, cornacchia, corvo*, uccello noto — *met.* al plurale donne ciarliere e vaganti.

Ciòza, *gelsa*, frutto del gelso — **cioza rossa**, *mora, aprone, morola, morajuola*, frutto del gelso moro.

Ciòzo, *nc. taradore, cerasta*, bacherozzolo che rode le viti ed altre piante.

Cipodda canina e cipuddazza, *nc. scilla, squilia,* specie di cipolla selvatica e medicinale.

Cippo, *nc. toppo,* grosso pezzo di legno su cui è l'incudine de'ferrai — *descheria,* è quello su cui i beccai tagliano la carne.

Cippòne, *nc. ceppo della vite,* e la vite stessa — *Prov.* **vijsti cippone ca pare barone,** corrisponde al *prov.* toscano, *vesti un ciocco pare un fiocco,* per significare che l'ornamento fa comparire appariscente la bruttezza.

Ciràsa, *nc. ciliegia,* frutto del ciliegio.

Circhilitti, *nc. pendenti a cerchietti;* ornamento femminile delle orecchie.

Cirnitùro. *nc. cernitoio,* arnese di legno per dimenare lo staccio sulla madia — *colo,* grosso crivello per cernere le biade.

Cirvilddo, *nc. cervello,—prov.* **capa grossa, cirvilddo mazzo,** *bel capo, cervello magro.*

Cjrvùni, *v.* **giamfarruchi.**

Cisso, *nc. gesso,* solfato di calce servibile a varii usi.

Cista, *nc. lavario,* canestro di vimini per metter pesce.

Cistòne, *nc. cestone, bugna,* grosso cesto cilindrico di paglia cucito con giunchi per riporvi frumento — *dimin.* **cistuncilddo, bugnola.**

Citatedda, *nc. Cittadella,* è un altissima torre già fortificata sul ponte detto di Napoli in fondo alla gran piazza della Città, edificata dall'undecimo principe di Taranto Raimondello Orsini nel 1404, per difesa della città e del porto dal lato nord-ovest.

Cit-cit, *avv. zitto-zitto,* ed usasi pure come aggettivo — *id.* **cit ca mo ti nasce a varva,** *taci diversamente ti nascerà la barba,* detto per spauracchio o rimprovero a fanciulli loquaci.

Citrezze, *np* così appellasi una contrada campestre in Taranto al nord-est dell'odierna città luogo di antiche delizie e piena di sorgenti. Questo luogo era l'antica *Ebalia,* come l'attesta Virgilio, in prossimità del fiume Galeso chè gli spartani chiamarono Eurota da un fiumicello di Sparta, ed Ebalia, la contrada da una contrada della Laconia. La voce deriva dal greco κυθρινος *sorgente, rigagnolo,* ed essendo plurale vuol dire luogo di molti citri. L'appellazione datale di Leggiadrezze non le conviene perchè voce italiana, la cui lingua non esisteva quando gli Ebalii abbandonata quella sede si trasferirono nell'attuale città; onde il nome *Citrezze* é il più adatto si perchè determina il luogo, si perchè trovasi in tutte le scritture antiche.

Citrilddo, *np. Citrello,* da χυτρα, *olla,* è una peschiera del mar piccolo dal cui fondo sorge un getto di acqua dolce sino alla superficie del mare che sembra in continua ebollizione. Quivi con la lenza e con le nasse, *gabbie*, si pescano sapidissimi pesci tra i quali i muggini o cefali, ed è il miglior punto per la coltivazione delle **cozze nere**, *muscoli*, che sono ricercati a preferenza per la loro squisitezza.

Citrùlo, *nc. cetrijuolo, citriolo, e cedriuolo*, frutto d'una pianta cucurbitacea molto nota, i cui bernoccoli diconsi *cossi*.

Cittadina, *nc. fiacchero*, vettura a nolo nelle gite in città, quella a due stanghe tirata da un cavallo dicesi *timonella*.

Ciuccio, *nc. asino*, quadrupede notissimo da soma — *dim.* **ciuccia. riiddo**, *bricco; met.* uomo ignorante — *prov.* **attacc' u patrùn'addò vo' u ciuccio**, vale *contra la forza non val ragione*, e vuol significare che talvolta si è costretto seguire il volere altrui non volendo, al *pl.* **ciucci e ciocciri**.

Ciùnque, *pron. pers. chiunque*, qualunque persona.

Ciuppunisciàre, *va. dar busse.*

Ciuppunisciàta, *nc. bastonatura*, ma dicesi con stizza.

Civatòra, *nc. innescatura*, la polvere che si mette nel focòne dello schioppo per iscaricarlo.

Còcchia, *nc. coppia, paio*, parlandosi di cose e persone. Al plurale *id.* **passàr' int'a li cocchie**, *in-*

corsare, è il far passare i fili dell'ordito nelle staffe de' licci, propr. de' tessitori.

Còccoro, *nc. cranio*, il cocuzzolo del capo.

Cocia, *nc. palla*, di ferro o legno che si usa ne' giuochi, ed anche qualunque obbietto sferico: *dim.* **cuculècchia**, *piccola palla* e *met.* di giovinetta ben tarchiata.

Codaviànca, *nc. codibugnolo*, sorta di uccello noto.

Coda di vorpa, *nc. muscia*, la coda di volpe che usasi per ispolverizzare.

Codda caravedda, *nc. silocolla*, la colla forte di cui fanno uso i legnaiuoli.

Cògghiere, *va. raccogliere, carpire con astuzia*, onde *l'id.* **cogghiere nu riato**, *carpire un regalo*. Nel significato di colpire *v.* **accogghiere**.

Colapiscatore, *nc. alcione, martin pescatore*, uccello marino di bella forma.

Colàre, *vn. percolare*, e dicesi dei liquidi stillanti da vasi per fessure. Il percolare delle botti dicesi prettam·nte *gemere*.

Collepazzo, *np.* è il nome di una contrada campestre a poco oltre 4. chilometri al *Sud-est* dell'odierna città. Qui cominciavano le mura dell'antica città la spartana, al lato orientale ov' eravi la porta Temenida di fronte al promontorio la Penna.

Conca, *nc. moia*, pozza di acqua salata da cui si fa il sale.

Conca di li pittàri, *nc. tellina*, conchiglia bivalve bianca, grossa, gracile divenuta rara, e si rinviene sull'arena del lido di mar grande. È così appellata per la forma simile all'assicella dei pittori non meno, che dall'uso che gli antichi facevano del mollusco nell'impasto dei colori.

Conca di Vènere, *nc. conca*, in latino *concha Cytheriaca gra'a Veneri*, conchiglia bivalve di cui si rinviene sul lido tarantino il solo guscio onde il mollusco è ignoto. Narra Plinio che il mollusco era produttore di finissime perle, e che navigava a flor d'acqua aprendo le sue valve. La forma è simile ad una pellegrina biconvessa di fuori con acute punte e di color bianco marmo.

Conche e pacche, *nc. mele, natiche, chiappe*, parte deretana del corpo umano.

Contraròta, *nc. trigante (t. mar.)* ultima trave che tien salda la poppa della nave — *contraruota*, pezzo di legno che rinforza la ruota della nave.

Conzagraste, *nc. conciabrocche*, artefice che rattoppa i cocci, le brocche e simili con fili di ferro.

Conzascarpe, *nc. ciabbattino*, chi raccomoda scarpe rotte.

Còppola, *n.c berretto, caschetto*, arnese che si usa per copertura del capo — *dim.* **cuppulecchia**, *mon-*

tiera, piccolo berretto per bambini.

Cora, *nc. coda*, qualunque cosa penda di dietro, l'usa il volgo.

Corcia, aggiunto di castagna che ha la pellicola tenacemente attaccata alla polpa, contrario di **nzerta** che si distacca. Mancano le voci italiane esprimenti questi aggiunti.

Core, *nc. cuore*, membro vitale di ogni vivente — *id.* **tiràr'u core**, *muovere la compassione*.

Cornacòpia, *nc. cornucopia, viticcio*, specie di candelliere fisso al muro per ficcarvi una o più candele secondo il numero de' bocciuoli.

Còrnola, *nc. carruba, carata* è la siliqua del carrubo i cui semi diconsi *carati*.

Corve, *nc.* voce der. da *corbame (t. mar.)* complesso delle coste formanti l'ossatura della barca; i marinai l'usano per gli spazii vuoti tra pezzi orizzontali del madiere, in dial. **matèra**.

Cosche, *nc. gherigli*, è la divisione delle parti di una frutta come noci e simili. L's, suona come il ch, francese.

Còscia, *v.* **mamozio**.

Còsere, *va. cucire*, deriva dallo spagnuolo **coser**: le cuciture si dicono in dial. **mienzo punto**, *impuntura*; **retipunto**, *punto indietro*; **sobramàno**, *sopraggitto*.

Cotta cotta, *nc. terremoto*, dicesi

così dall'effetto ondulatorio o sussultorio.

Cott' e cavite, *nc. bruciate,* sono le castagne intaccate e arrostite in padella bucherata: in Toscana si dicono **marroni.**

Cozzagglagnacula, O **di S. Giacomo** — *nc. pettine,* in latino *pecten,* è una conchiglia bivalve, aspra e scannellata a guisa di raggi al di fuori, levigata di dentro con frutto sapidissimo. Due sono le sue specie ad una orecchia e di color bruno l'una, a due orecchie e bianca l'altra. L'ortica marina piccolo mollusco le fa guerra di notte quando apre le sue valve per cibarsi, che allora l'ortica la intorpidisce stillandole un succo caustico, onde resala inerte l'uccide e se la mangia. Oltre le mentovate evvi la pellegrina del cui guscio fregiano il loro sarocchino i pellegrini, donde il nome, ed è assai più grossa delle precedenti.

Cozzagrossa, *nc buccino. martinaccio,* è lla chiocciola terrestre.

Cozzammummola, *nc. lumaca nuda* ed è quella che si genera ne'luoghi umidi — *buccina,* grossa conchiglia univalve e turbinata della famiglia de'murici. Essa è la più grossa di tutte ed ha avuto tal nome da'pescatori per la somiglianza che ha con la bombola specie di fiasca dei marinai, cui uniron la voce generica **cozza,** *chiocciola,* e la voce composta corrotta col tempo riuscì a **questa.** Bella è la sua forma, bellissimo il colore e la lucidezza interna, il testaceo non è considerato.

Cozzanèra o **gnora,** *nc. muscolo,* dal lat. *musculus,* è una preziosa conchiglia bivalve di cui si fa gran traffico esportandosi ovunque per l'abbondante copia che si coltiva, poichè cresciuto il feto s'innesta ai libani e soghe e si appendono a soghe ligate tra pali in un recinto di mare chiamato da'marinai **quadro.** Alcune si attaccano alle pareti del ponte ove crescono a dismisura e chiamansi in dialetto **cozze di parète** le quali sono pienissime, ed in alcune trovasi la perla. Le valve nella parte concava sono di color cilestro perlato, ed il frutto ha delle barbe uscenti di fuori quando la conchiglia è chiusa onde rimane attaccata alle altre. Il frutto è bianco ma nell'inverno gran parte di essi divengon rossi e questi sono più squisiti, e credesi per fermo essere le femmine. I turbamenti del mare danneggiano immensamente i muscoli e molti vi periscono. L'arte del pescatore addetto, che in dialetto appellasi **cozzarulo** li ripulisce di continuo da una melma detta **patata** che loro è nociva.

Cozzanùda, *nc. chiocciolino,* piccola chiocchiola terrestre comune nei campi che essendo dannosa alle piante si raccoglie in grandissima quantità e si seppellisce in apposite fosse.

Cozzapilòsa, *nc. mitolo*, in latino *mytulus* ed in greco μυτλος, conchiglia bivalve simile al muscolo nella forma ma più piccola e coperta di una peluria biondiccia. Il frutto quando è pieno è squisitissimo ed innocuo, di quelli però che si alimentano alle dolci sorgenti del mar piccolo, al contrario sono magri, salsi ed insipidi quelli di mar grande, i quali trasportati nel mar piccolo riprendono la squisitezza. Questa specie di conchiglia ha comune il nome di *mytulus* col tulipano così appellati indistintamente dagli antichi latini v. **Tulipàno**.

Craguili, *nc capelli radi*, e dicesi per celia a chi ne ha pochi.

Crapatuèzzolo, *nc. capitombolo*, caduta con urto alla testa.

Cràpia, *nc. verricello, martinello*, argano per sollevar pesi, deriva dallo spagnuolo **cabria**.

Crapiòla. *nc. capitondolo*, salto col capo in giù

Crapòne, *nc. becco*, il maschio delle capre.

cregglo, *va. credo*, è la prima voce del verbo credere: il volgo dice pure **crescio** e **crenzo**.

Crei, *avv. domani*. dal latino *cras*.

Cremmatina, *avv, domattina*, dal latino *cras mane*.

Crepazza o fauzoquarto, *nc. rappa, crepaccio*, malattia ai piedi del cavallo.

Crerre, *va. credere*, l'usa il volgo.

Crèspola, *nc. crespa, grinza, ruga*, son quelle nel volto umano che mostrano il declinar dell'età: talvolta si usa come pron. neutrale e vale *nulla*, quando non si voglia risponder altro.

Criatùro, *a nc. fanciullo, a* ed anche *giovine*, dalla voce generica *creatura*.

Crima, *nc. calunnia*, dal lat. *crimen*, onde l'*id.* **azàre na crima**, vale *calunniare*.

Cripintàto, *a agg. malandato in salute*, parlandosi di persona od animale; *rotto o guasto* di stoviglie — *idiot.* **cripintare li viscere a uno**; *bastonarlo crudelmente*.

Crisclto e criscitùro, *nc. lievito*, pasta producente fermentazione.

Criscitòra, *nc. cresciuto*, il crescere il numero delle maglie nel far calze: quando si restringe poi il numero di esse in dialetto dicesi **mancatora**, e prettamente *stretto*.

Crispill, *nc. sassefrica, cicerbita*, pianta o erba nota con fili sottilissimi a barbe che cotta si mangia in insalata. In Toscana dicesi **crispignolo**.

Cristallo, *nc. scorpione*, insetto marino.

Cristiàno, *agg.* di uomo giudizioso e destro.

Critarùlo, *nc. vasaio, lutifigolo*. artefice che fa lavori di argilla.

Croce di puppa, *nc. schiocca, (t.*

mar.) la parte superiore esterna della poppa della nave ov'è la scultura.

Crona, *v.* **sarslame.**

Crosca, *nc. complotto* di più persone che macchinano alcun disegno sinistro a danno altrui. L's, suona come il ch, francese.

Crostalatta, *nc. lattime*, è la crosta che viene ai bambini lattanti.

Crucèra, *nc. crociera. (t. mar.)* corda di libàni ligata a croce a quattro pali sulla **sciaja**, *giava.*

Crudivolo, *ag. crudele*, dicesi di legumi di non facile cottura.

Crudo di prura, *v.* **sarslame.**

Cruscelle, *v.* **krittelle.**

Crusciulo. *nc. guiggia, coreggiuolo*, lista sottile di cuoio per allacciar le scarpe.

Crustino, *v.* **feddarossa.**

Cu, *prep. con*, e *cong. che*, col congiuntivo.

Cucchiàra, *nc. cucchiaio*, arnese di metallo per uso di tavola; quello di cucina dicesi *mestolo*, e quello de'muratori *cazzuola*.

Cucchiaredde di l'anima, o **Gribbe**, *nc.* sono le ultime coste vere del corpo umano—*id.* **azare il cucchiaredde**, si dice quando le donne volgari e superstiziose fanno sedere a terra il paziente cui le coste siensi abbassate, ed esse con ambe le mani le sollevano di forza, poscia col pugno pieno di sale fregano fortemente col produrvi escoriazione e pu-

stole credendo così risanare l'infermo.

Cucchiarisciàre, *va. tramestare*, il dimenar le fave nella pentola col mestolo perchè si sciolgano e facciano grata vivanda.

Cucchiaròne, *nc. cucchiaione*, grosso cucchiaio da tavola di cui è accrescitivo.

Cucellicchio, *nc. chiocciolino*, voce generica di tutti i piccoli crostacei univalvi a forma di chiocciola.

Cùccio, *nc. cagnolino*, così vien detto dai bambini. In Toscana lo dicono **cucciolo**.

Cùcco, *nc. cuculo*, uccello rapace detto pure **cucco** in Toscana — **Cucco di notte**, *strige* uccello notturno e rapace.

Cuccuvàscia, *nc. cuccoveggia, civetta*, uccello notturno di cui i cacciatori si servono per zimbello.

Cucedda, *nc. quadrello, agucchiotto*, grossissimo ago per trapuntare i materassi — *Ago da guaine* — strumento di ferro o legno biforcato agli estremi per far reti *modano*, legnetto pure per far reti.

Cucinàto, *nc. cucino, cotto*, vivanda cucinata; se è una minestra rozza dicesi *basina*.

Cucivulo, *ag. cottojo*, dicesi di legumi facili a cuocersi.

Cucivulina, *ag.* di terra ferace,

Cueo, *nc. uovo*, così detto da'bambini, ed in Toscana **cocco**.

Cueòmero, *nc. mellone*, frutta comune delle cucurbitacee; quello lungo e grosso dicesi *anguma*.

Cueòsa, *nc. cutrettola o coditremola*, uccello notissimo.

Cucuma, *nc. cogoma, bricco*, grosso vase metallico per iscaldare il caffè.

Cucumiddo, *nc. favagello*, pianta campestre che fa i fiori gialli al principio di primavera.

Cucummaríno, *nc. elaterio*, frutto di una pianta cucurbitacea il cui succo è un violento purgante.

Cucuruzzo, *nc. cantuccio o cocuzzolo del pane*.

Cucuzza, *nc. zucca*, frutto di una pianta notissima che in Toscana pur dicesi **cocuzza**: *dim.* **cucuzzedde**, *zucchettini* — *met.* il capo.

Cucuzzo, *nc. giacchio (t. pis.)* sorta di rete da pesca che si stende in forma circolare.

Cuddàro, *nc. collare*, striscia di cuoio la quale si mette al collo de'cani; il quale se è dentato dicesi *mello; guinzaglio* è poi la striscia, la catenella o il laccio che si liga o s'infila al collare per condurlo a mano — *Collare* è pure quello che portano al collo i preti.

Cudedda, *nc. cannone*, la parte posteriore del collottolo del **capo**; il volgo dice **curedda**.

Cudino, *nc. codino, cipollotto*, capelli intrecciati dietro il collottolo che portavano tempo fa gli uomini secondo l'usanza spagnuola.

Cudòne, *nc. groppiera, posolino*, è il cuoio attaccato alla sella che passa sotto la coda dell'animale.

Cuècciolo, *v.* **quècciolo**.

Cuèco, *nc. cuoco*, voce di cadenza spagnuola.

Cuèddo, *nc. collo*, — *idiot.* **noce di cueddo**, *alla nuca del collo*, è interposto d'imprecazione — **Dare ncueddo a uno**, *dargli addosso*, corrergli appresso.

Cuènzo, *nc. filaccione (t. pis.)* lunghissimo filo di refe ritorto a vente a piccole distanze altri corti fili detti propr. *bracciuoli* che pendono con ami ed esca per pescar le triglie. Questo filo dicesi pur *palamite* — **cuenzo** dicesi pure la cordellina che si ravvolge alla trottola per farla rotolare — vale anche condimento di vivande onde **cunzare**, *condire*, *v.*

Cuerno, *nc. corno*, voce propria spagnuola.

Cuèro, *nc. cuoio*, la pelle dell'animale, i cui ritagli diconsi *cojattolo* e *cojazzuolo* — *id.* **tirar'u cuero a uno**, vale *farlo lavorare sino alla stanchezza*. La voce è spagnuola.

Cuèrpo, *nc. corpo,* vale propriamente la parte interna dell'addome nell'animale, ed anche tutto il corpo: al pl. **cuerpi,** *busse.* La voce è pure spagnuola.

Cuèvo, *nc. chiovolo (t. camp.)* la parte del giogo a cui si attacca la stanga dell'aratro.

Cùfia, *ag. flaccida,* dicesi di carne, onde l'*id.* **carna cufia,** vale *carne non sana.*

Cùfio, *nc. corba, (t. camp.)* arnese con cui si prende il grano ne'magazzini.

Cùgghia, *nc. coglia, ernia* — *idiot.* **scènner'a cugghia,** *sbonzolare,* quando gl'intestini scendono nello scroto.

Cugghiàniro, *nc. confetto,* dicesi delle mandorle, pinocchi od altro coperti di zucchero. La voce sembra derivare da coriandolo forse dalle confetture che cuoprono i semi del coriandolo.

Cugghiòna, *v.* **chigghiona.**

Cugghiunàre e **cugliunàre,** *va. soiare,* l'adulare alcuno beffandolo.

Cugghiùnculo o **spiculo,** *nc. rocchio,* uno de'pezzetti di salsiccia ligata con filo — *spicchio,* uno della melarancia.

· Cugiòne, *nc. mazzone, gobbietto,* sorta di pesce noto e dilicato: esso è di due specie appellate. in dialetto **mugghiaruìlo** e **grivaruìlo,** il primo perchè pescasi nel fango, l'altro detto pure **var-** varùlo si pesca nel **grivo** specie d'erba marina della famiglia delle alghe. Questo pesce vien detto in francese **goujon,** ed in latino **gobio.**

Cugnàto *nc. scure,* strumento dei taglialegne — *dim.* **cugnatiddo,** *piccozza,* martello tagliente da una sola parte.

Cugno, *nc. ernia incarcerata* — *bietta,* pezzetto di legno sgrossato da una sola parte per rinforzare altri legnami di contrasto.

Cuièto, a, *ag. quieto, a,*

Culàcchio, *nc. squarcio,* questa voce si usa per celia quando si vuol rimbeccare alcuno che narra cose antiche e rancide, coll'*id.* **quist è culacchio di storia.**

Culagnùlo, *nc. cuneo,* pezzo di legno che si conficca nel muro perchè i chiodi o altri ferramenti afferrino forti.

Culàta e **vucata,** *nc. bucato,* il nettare le biancherie con cenere e liscia calda, e deriva dallo spagnuolo **colada** — il tuffare i pannilini nell'acqua prima d'imbucatarli dicesi *dimojare,* ed in dialetto **metter'a mueddo.**

Culatùro, *nc. colatoio,* sgabello che si pone sotto il colatoio perchè il ranno scenda nella conca sottoposta.

Culiniìddi o **cicinuìddi,** *nc. pesci nudi, bianchini, bianchetti,* in lat. *engraules, cobites,* sono pesciolini bianchi e gustosi che si pescano in ogni stagione: anche nell'isola d'Elba si fa tal pesca appellati quivi bianchetti.

Culo d'aco, *nc. cruno* e *cruna*, il foro dell'ago ove s'infila il refe.

Culùmmiro, *nc. fico fiore, fiorone*, sono i primi che maturano al cominciar l'està.

Cumànni, *v.* **sarsiame.**

Cummàttere, *vn. quistionare*, affacendarsi in servizii domestici, deriva da combattere.

Cummùne, *nc. cesso, aggiamento, bottino*, **pozzonero**—la materia che d'indi si estrae per concime alle terre dicesi propr. *cessino.*

Cumò, *nc. cassettone*, mobile pulito da camera per riporvi biancherie, e suol essere da due sino a quattro cassettini.

Cumpanaggio, *nc. companatico, edulio, companaggio*, ciò che si somministra per camangiare alla gente di fatica.

Cumpunnère, *vn. confondere*, è voce usata dal volgo nel significato di esser colmato di gentilezze: *part.* **cumpunnàto.**

Cuncrurre, *va. conchiudere, ultimare*, è voce del volgo.

Cunèdde, *nc. perditempo*—*id.* **fare il cunedde**, dicesi a chi va girovagando per isprecar tempo. La voce deriva dal nome latino **icon, ònis**, che sono le zane nei muri esterni degli edifizii in cui son pittate imagini di santi, quasi si dicesse, perder **tempo** in visitare le *iconelle.*

Cunflitto, *nc. confetto, bericoccolo.*

Cunfortini, *nc. diavolini*, piccoli confetti con acuto sapore di menta.

Cunigghio, *nc. coniglio*, animale notissimo.

Cunocchia, *nc. rocca*, arnese su cui s'avvolge il pennecchio per filarsi.

Cuntantizzi, *nc. allegrie domestiche id.* **salùte, sanità' e cuntantizzi**, sono questi gli augurii tra le persone volgari.

Cuntignùso e **cuntignòsa**, *ag. schifiltoso, a*, aggiunto di chi mostra apparente e forzato contegno e sussiego.

Cunto, *nc. racconto*, narrazione di storielle finte — vale pure *conteggio.*

Cunzàre, *va. incaciare*, condir le vivande con cacio grattuggiato— nel significato di *accomodare v:* **accunzàre.**

Cupèta, *nc. nocellata, cupata, torrone, marzapane*, specie di dolciume di mandorle trite cotte nel zucchero giulebbato e ridotte a forme lunghe e sottili.

Cuppino, *nc. romaiolo*, coppa di metallo o legno per prender brodo: dicesi pure di ogni arnese concavo per prendere cose liquide.

Cuppulàro, *nc. berrettaio*, chi fa o vende berretti.

Cuquigghi o **scognadienti**, *nc. telline, conche,* sorta di conchiglie bivalvi più piccole delle arselle o gamadie. La voce è marinaresca corrotta da conchiglie.

Curaddo, *nc. corallo*, in lat. *coralium* — credesi essere un zoofito della specie de'polipi, altri dicono essere una pianta che vegeta nel mare, fuor del quale s'indura e petrifica e serve d'anello tra il regno vegetabile e minerale. Il corallo ne'paraggi tarantini è di cinque specie chiamate in dialetto **nero, rosso, bianco, villano** e **cornacchiùlo**. Il **rosso** è pregiatissimo, il **villano** è friabile e senza colore, il **cornacchiùlo** è la quantità de' rantumi che nella pesca del corallo cadono in mare e si alterano. Il corallo ha la forma di un alberetto sfrondato verde con le punte bianche che fuori dell'acqua cangiansi in rosso. Le piantieine che allignano nelle fessure delle rocce marine diconsi prettamente *berberi*. — Al' plurale, *bargigli*, la carne rossa sotto il becco de'galli e tacchini — **Curaddi** in dial. pur diconsi i *pippori* o *pallottoline* bucate di cui si fanno le corone de'rosarii.

Curatèdda, *nc. coratella, frattaglie, corazzuolo,* visceri degli animali cioè cuore, polmone, fegato ecc.

Curàtolo, *nc.* chi ha cura delle piscine di olio.

Curazzòne, *ag. magnanimo, cortese, disinteressato* parlandosi di persona, ed è accresc. di cuore·

Curciùlo, *nc. guascherino*, uccelletto tolto dal nido — *met. semplicione.* facile ad esser uccellato.

Curdedda, *nc. cordella*, piccola corda — quella di due soli fili ritorti dicesi *lezzino* e *merlino* — *v.* **chiappo.**

Curdóne, *nc. legnuolo*, unione di più fili ritorti onde si formano i *canapi* — al pl. **curdùni**, *vibici,* strisce nerastre sulla pelle per frustate ricevute.

Curedda, *v.* **cudedda.**

Curèscia, *nc. scoreggia*, striscia di cuoio.

Curio, *nc. curro, rullo*, grosso cilindro di legno per fare scorrere pesi: in Toscana dicesi **crullo.**

Curmatòra, *nc. colmatura*, tutto quanto è posto fuori l'orlo dello staio o del paniere come frumento, frutte verdi ecc.

Curmòne, *nc. talea, ceppatella*, ramo d'albero che si trapianta — *met. uomo sciocco* — dim. **curmunciiddo** o **vuviiiiddo** , *glaba,* ramicello tagliato d'ambe le parti per piantarsi.

Curnùto, *ag.* di uomo svergognato per infedeltà della consorte — *Prov.* **vattùto, curnùto** e **cacciato da casa**, suol dirsi a chi avendo ragione sperimenta il torto e le contrarietà.

Curnacchiùlo, *nc. asello*, porcellino terrestre notissimo appellato communemente porcello di S· Antonio.

Curnàle, *nc. janchetto*, pesce piccolissimo, bianco e trasparente simile ai **cullnàdi**, *bianchetti*.

Currente, *nc. stamaiuola*, la traversa superiore del telaio.

Curràculo, *nc. trottola*, pezzo di legno arrotondato a forma di una pera con un ferruzzo col quale si trastullano i fanciulli facendolo rotolare per mezzo di una cordicina onde la ravvolgono, la quale in dial. dicesi **cuenzo**. Il *ruzzolare*: **quagghiare**, **e scacare** il cessar di ruzzolare: **azzùgni**, *butteri* sono i colpi che si danno col ferruzzo su di altra trottola —**Attattr'attattra**, *barberare*, è il rotolare saltellando.

Curtì, *nc. ovile, greggia*, è il luogo ove stabbia il gregge ; *caprile*, quello ove sono raccolte le capre.

Curtiiddo, *nc. coltello*, arma da tagliare, *filo* è la parte tagliente, *costola* la parte opposta, *codolo* la parte sottile piantata nel manico —*trincetto* quello de'calzolai —*id.* a **curtiiddo**, *coltro*, vomero tagliente da una sola parte —*Prov.* **addò vè a manica, vé u curtiiddo**, vale *giuocar tutto per tutto*.

Curvedda, *nc. bugnolo*, cesta di paglia a cordoni per metter la crusca.

Curviiddo, *nc. crovello, ombrina*, sorta di pesce.

Curvisèa, *np. Corvisea*. È questo il nome di una contrada campestre e casina lungo la via nuova di Lecce a quattro Chilometri al sud dell'odierna città. Gli scrittori delle antichità tarantine tengon fermo essere stato questo luogo l'antico arsenale marittimo del porto in mar piccolo, e credono la voce derivata da *curvus sinus*, poichè in quelle vicinanze eravi in antico un gran seno di mare, ch'era il porto, terrapienato dal tempo.

Cuscinetto, *nc. torsello*, guancialino ove le donne appuntano gli aghi e gli spilletti.

Cuscino, *nc. capezzale*, guanciale da letto.

Cuscitàre, *nc. dottare*, temer danno per alcuno.

Cusitòre, *nc. sartore*.

Cussiprino, *nc. cugino*, grado secondo di affinità, cioè tra figli di fratelli o sorelle de' genitori der. dal lat. *consobrinus*.

Custaròia, *nc. foccata (t. camp.)* é il tralcio che nasce fra due braccia della vite: quella che nasce dal piede dicesi in dialetto **pedarola** — estremità di due pani *v.* **panedda**.

Custìpo, *nc. caldana, scalmana*, indisposizione per riscaldamento morboso che altera il traspirabile.

Custòdia, *nc. ciborio*, il tabernacolo ch'è sull'altare entro cui si custodisce la pisside con le particole consacrate.

Cutichino o nàgghia, *nc. cotighino* sono le estremità e lo scarto degl'intestini del majale ridotti in pezzi minutissimi e posti in budello, i quali secchi ed appesi al fumo servono di condimento alle minestre di verdure.

Cutra, *nc. coltrone,* grossa coperta da letto ripiena di bambagia e trapunta.

Cuttàna (alla). *mo. avv.* dicesi di chi esercitando soperchierie si rende di peso ai soggetti.

Cuttòne, *nc. cotone,* è il filato e ritorto.

Cutàgno, *nc. melacotogna,* specie di frutta.

Cutulamiinto, *nc. tentennamento:* voce di cadenza spagnuola.

Cutulannìzzo, *nc. tentennio.*

Cutulàre, *va. tentennàre, concussàre,* muovere un oggetto senza spostarlo dal suo sito.

Cutulàta, *nc. tentennata* — met. *terremoto.*

Cuturno, *nc. calzare,* stivaletto a mezza gamba, la voce è derivata dal coturno dell'antica tragedia.

Cuturso, *nc. dorso,* parte superiore della spalla e la spalla istessa.

Cuverta, *nc. tolda (t. mar.)* il tavolato superiore della nave.

Cuvlirchio, ed al pl. **cuverchìri** — *nc. rottami di stoviglie:* der. da coprire perchè con essi soglion-

si coprire le pentole che bolliscono al fuoco.

Cuzzetto, *nc. nuca o cipite,* parte superiore del collo.

D

Da, *prep. da.*

Dare ncueddo — *id. dare addosso,* inseguire uno — cercare un pronto ed efficace rimedio — affrettarsi nel mandare a termine una faccenda.

Dàttilo, *nc. giumma,* è la midolla della palma ravvolta in un guscio che si appella *spata,* la scorza dicesi *elàta,* e la parte tenera *cefaglione.*

Dàttilo di mare *nc. gongola, balano,* conchiglia bivalve così appellata dalla forma e colore preciso del dattilo terrestre. Cresce ne'sassi da cui sùgge l'alimento e ne' quali formasi la sua casa, la qnale si allarga mirabilmente come cresce. È chiuso interamente ed il frutto è così sapido che per la sua squisita delicatezza vien detto il re de'frutti marini. Bello è il vedere uno di tali sassi nel rompersi; l'osservatore rimane sorpreso dalla maravigliosa industria di questi crostacei e non resta dall'ammirare la regolatrice Provvidenza.

Delfino. *v.* **Trappito.**

Dentàle, *nc. bomberaia,* parte dell'aratro ove si mette il vomero.

Dentàto, *nc. dentice,* pesce squisito, der. dal lat. *dentex* perchè ha i denti prominenti.

Dentètto *nc. saetta*, strumento dei legnaiuoli col quale si fa il più piccol membro. della cornice.

Dìa, *nc.* giorno, voce tutta spagnuola ed antiquata italiana.

Diavulicchio, *nc. peperone.* una delle sue specie ed è lungo, rosso, sottile e bruciante — *met. diavoletto*, fanciullo vispo e brioso.

Dicchiùne, *avv. dippiù*, usasi pur talvolta come *pron.* neutrale coll'art. **u**, il e vale il *dippiù* il *superante*.

Difènnere, *va. difendere*, prendere le parti altrui ne'pericoli, o nelle offese sia spontaneamente sia con richiesta: part. **difinnùto**, *difeso*.

Difèsa, *nc. menzina. (t. camp.)* voce generica che indica la terra in riposo la cui erba serve di pastura al bestiame. Se l'erba nasce spontanea dicesi *pascolo*, se la terra è seminata ad erbaggio si appella *prato*: — *aggina* è poi uua porzione di pascolo assegnato ad una mandra o gregge.

Difriscàre *va. suffragare i morti vn. rinfrescarsi.*

Difriscàta, *nc. rinfrescatura*, stagione che con le piogge rinfresca l'aria nel principio di autunno.

Difrisco, *nc. suffraggio ai morti — susseccivo*, è il tempo che avanza alle occupazioni faticose del giorno.

Digghi, *v. dif. Che possa tu*, si usa nelle seconde e terze voci dell'imperativo per imprecazione. Queste voci sono **digghi, degghia, digghiàte, degghini**, in unione di altre voci onde *l'id.* **cu digghi scè spilerto e dimiìerto**, *che possa tu andar ramingo e povero*.

Dimiìrto, *ag. povero*, usasi nella proposizione imprecativa.

Dìnio, *v.* **Iaddidìnio**.

Dirrùtto, *nc. rutto, eruttazione*, vento che si manda fuori per la bocca. Le eruttazioni più forti derivanti da indigestione espresse dall'*id.* **tenere l'ove ncanna** diconsi prettamente *fortori*.

Discitàle, *nc. ditale*, anello cilindrico di metallo che si mette alla punta del dito nel cucire: *ditali* pur si appellano i cannoncetti di canna che i mietitori si pongono alle dita per difenderle dalla sega.

Discitarsi e **Riscitarsi**, *vnp. svegliarsi, destarsi*, rompere il sonno — *met.* far senno.

Discitiìddo, *nc. dito mignolo*, e sono così quelli delle mani che de' piedi.

Discito, *nc. dito.* deriva dal lat. *digitus* — *solène*, conchiglia bivalve simile al dito indice della mano, donde in dialetto il nome. Questo crostaceo si addentra nell'arena, da cui deve cavarsi con ferro piatto, ma il pescatore deve gir cheto, poiché ad ogni rumore esso più s'interna nell'arena. Il suo sapore è grato.

Disciùno, *nc. digiuno*, astinenza dal cibo, e si usa come nome e come aggettivo — *Prov.* **u sazio no cred' u disciuno**, vuol dire il ricco non calcola le privazioni del povero.

Discurso, *nc. discorso*, voce tutta spagnuola.

Disenza, *v.* **Livòria.**

Ditticaredda, *nc. parlantina*, smodata loquacità.

Dittieàro, *agg. loquace*, ciarliero.

Ditto, *nc. detto*, motto; usasi pure in Toscana — *id.* **no sia pi ditto**, *non sia per detto*, così dice chi richiama la sua parola.

Diùlo, *np.* Nome di un picciol colle adiacente al mar piccolo alla riva occidentale di esso e al sud dell'odierna città. Nel seno di questo colle eranvi in antico grandi caverne ove si conservavano i vasi vinarii come luoghi freschi anche d'estate, i quali vini servivano pe' conviti mensili che il Magistrato imbandiva al popolo per usanza. Al presente queste caverne son colme di terra e ghiaia. La parola **diulo** è di origine greca quasi ιυλος, *corsa*, poichè in quei giorni di sollazzo si facean le corse nel piano, luogo quivi contiguo secondo la costumanza greca.

Doce, *nc. cocchiume*, turacciolo della botte — *agg. dolce.*

Dociinto, *agg. num. duecento*, dallo spagnuolo **docientos.**

Dògghia, *nc. doglia*, dolore, così dei fisici che dei morali — al *pl. doglie*, dolori del parto propriamente il *nicchiare.*

Doi, *agg. num. due:* presa assolutamente si pronunzia intera, ma seguìta da nome si tronca in **do** come **do soldi**, *due soldi*, **do vote**, *due volte* ecc.

Dolica. *nc. moco*, *lero*, *rubiglia*, pianta delle leguminose.

Douladinia, *nc. squilla*, piccolissimo gambero marino.

Dretta, *avv. direttamente. per diritto* — *Prov.* **torta va dretta vegna**, che vuol dire: *venga quel che venga.*

Drizza, *v.* **sarsiame.**

Du, *prep. art. del*, voce francese.

Duàna, *nc dogana.* I tarantini distinguono **duana** da **ruana**, con la prima intendono la regia dogana, coll'altra la pescheria luogo ove si vende il pesce. L'appellano **ruana** da'dritti di esazione sul pesce e crostacei nel cui luogo evvi l'officina. La voce deriva dalla spagnuola **aduana.**

Dublo, *ag. doppio*, dalla spagnuola **doblo.**

Dulòre, *nc. dolore*, e dicesi dei fisici e morali — **dulore di ven-**

tre, *tormini*, i dolori addominali—di **capa**, *accapacciamento*, quei della testa—di **recchia**, *cosso*, quei delle orecchie.

Dùrici, *agg. num. dodici*, l'usa il popolo.

Durmèscere, *va. cullare*, l'addormentare i bambini. *part.* **durmisciuto** —*np. addormentarsi*, vale pure *intormentire*, espresso dall'*id.* **durmescers' u pede, a jamma**, e simili.

Durmùta, *nc. dormita*, il dormire senza interruzione.

Duttòre, *v.* **cauro**.

Duviniiddo, *nc. indovinello*, detto enimmatico perchè altri indovini il significato.

E

Eccutid, *avv. ecco giá.*

Ela *avv. eccola*, voce propria spagnuola, e si usa per additare una cosa che sia presente alla vista ad altri che non la vede.

Enacida, *nc. anguinaia, inguine*, l'usa il volgo.

Encite, *nc. occasione, opportunità*, l'usa il volgo.

Era, *nc. aja*, luogo campestre selciato su cui trebbiasi il grano, ed é voce spagnuola: la parte dell'aia non selciata ove si ammassano i covoni dicesi *barcone*—vale pure *in aria*, onde l'*id.* **azare all'era**, *sollevare in aria.*

Erbaggio, *nc. pastura*, ogni sorta d'erba di pascolo agli animali: la quale se nasce spontanea dicesi *pascolo*, se da semina *prato*.

Erva, *nc. erba*, ogni sorta di piante basse. L'erba minuta che come peli copre il campo dicesi prett. *cotica*, quella che rinasce dopo la prima falciatura, *guaime*—**Erva di viento**, *parietaria, muraiuola, vetriuola*, specie d'erba che nasce ne'muri e si usa in medicina, e per rigovernare le stoviglie—**Erva d'assame**, *giusquiamo bianco*, erba medicinale.

Essere, *v. irr.* questo verbo oltre al proprio significato, nel futuro vale *andare* onde l'*id.* **agghio da essere**, vale *andrò, debbo andare*—*Prov.* **nò ti mangià quant'è, e no dicere quànt sè**, vale *non mangiar quanto hai, nè dir quanto sai.*

F

Facciàro, *nc. simulatore*, chi dice o promette di fronte e poi misdice od opera al rovescio—*id.* **da nnanzi m'alliscia e da reto mi piscia**, dicesi di chi si mostra amico con le parole e nemico co'fatti—*Prov.* **ti face l'amic' e pò l'attacc' u cavadd' a u sole**, vale dimostrazione di finta amicizia, come chi onora il cavaliere e non cura il suo cavallo.

Faccinfrònte, *mo. prepositivo*, di

fronte, dirimpetto, frontista; questa parola ha relazione a luogo o altro che sia di fronte all'oggetto cui si rapporta.

Facidda, *nc. favilla, facella, facellina;* —quelle che schizzano da legne o carboni che si accendono diconsi propr. *loiola.*

Fadda, *nc. falla (t. mar.)* casuale apertura nel bastimento per cui entra l'acqua.

Fàdduto, *ag. fallito,* dicesi di persona a cui mancano i mezzi di soddisfare i debiti di negozio alle scadenze designate—*id.* **stare com'a nu fadduto,** *essere infatuito,* similitudine dell'effetto che prova un negoziante fallito.

Falcina, *nc. verme,* malattia cutanea del cavallo prodotta da pustole.

Faloppa, *nc. frugaglia, calcide e fragaglia,* pesce minutissimo feto delle diverse specie di pesce.

Faluètico, *agg. falotico,* di uomo fantastico—*id.* **stuetico faluetico,** *stupido fantastico.*

Faluticaria, *nc. scempiaggine, inettezza.*

Fangotto, *nc. fagotto,* fardello di cose diverse.

Faniddo, *nc. fanello,* uccellino notissimo.

Fanòlo, *nc. falò, tortoro, capannello,* quantità di paglia, sterpi o trucioli che si accendono per allegria o baldoria fanciullesca —*met. agg.* di uomo vanitoso e millantatore donde il nome **fanulata** nel significato di *millanteria* — *id.* **fanolo e bampa,** vale *fuoco di paglia,* e dicesi di un millantatore.

Fantiscòne, *nc.* accrescitivo di fantesca, e dicesi di uomo che fa azioni di fantesche, per dispregio; al femm. **fantiscazza,** peggiorativo di fantesca.

Fanulàta, *v.* **fanòlo.**

Farballà, *nc. balzana, guarnizione,* e dicesi per celia degli ornamenti muliebri cuciti alle vesti sia a crespe, a festoni, o sgonfielli.

Fàrfo , *nc. farfaro , tossillaggine, (t. camp.)* erba nociva alle piante leguminose, specialmente ai ceci, ma però è medicinale; dicesi pur prettamente *piè d'asino.*

Farfugghi, *nc. brucioli, trucioli, tacchie,* striscette sottilissime del legno che si pialla.

Farnariddo , *nc. cappellina,* sorta d'imbuto di terra cotta che riceve le acque piovane e le fa scendere pe'doccioni ne'pozzi.

Farnàro, *nc. crivello, vaglio,* arnese di pelle bucherato per pulire il frumento: il cerchio a cui è attaccata la pelle in dial dicesi **canzo** e prettam. *cassino.*

Fascetto, *nc. lattizio ,* pelle degli animali ovini lattanti.

Fasòla, *nc. orbola,* specie di uliva grossa e tonda.

Fasòlo , *nc, faggiuolo,* frutto di

questa pianta, il cui baccello dicesi *cornetto*, e degli altri legumi *gagliuolo*.

Fata, *ag.* di donna bella e sanitosa a simiglianza di una fata, onde l'*id.* **stare com' a na fata**, essere di vigorosa sanità e di belle sembianze.

Fatia, *nc.* *fatica*, lavoro.

Fatiàre, *vn.* lavorare, *faticare*—*id.* **torcersi il carne**, *faticare oltre l'usato*—*Prov.* **ci fatia no more pizzente**, corrisponde all'italiano, *il lavoro é tesoro*.

Fatticilddo, *nc.* *fattarello*, breve racconto di curioso aneddoto.

Fatiimio, *ag.* sorbone, egoista, *suista*, aggiunto di uomo cupo e furbo che bada solo al suo utile.

Fattizza, *nc.* *brughiera, erpicaia, sterpeto (t. camp.)* la terra incolta.

Fattizzòne, *nc. capitagna (t. camp.)* striscia di terra in capo al campo che non potendosi arare per dritto si lascia incolto o si ara per traverso.

Fattòne, *nc. tuello*, parte tenera dell'unghia del cavallo.

Fattòre, *nc. capoccia*, soprastante ai poderi vasti di un proprietario.

Faugno *nc. vento caldo*, der. da favonio.

Fauzoquarto, *v.* crepazza.

Fava fresca, *nc. bagiana*, frutto della fava sgranata dal baccel-

lo—*Fava* o *palatina* è un tumoretto al palato delle bestie causato dall'erba che mangiano, quale si spunta col frenello che in dialetto si appella **spontammocca**.

Favàie, *nc. favaio*, campo seminato di fave: dopo il ricolto dicesi *favule*, e i gambi secchi *favuli*.

Favarùlo, *nc. gorgoglione, tonchio*, insetto alato che annida nelle fave.

Favuzzi, *v.* **nzirragghia**.

Fazzàme, *avv. come*, *a mò d'esempio*.

Fedda, *nc. crostello*, fettuccia di pane—**fedda rossa**, *cresentina*, è la stessa fettuccia abbrustolata.

Fele, *fiele, cistifellea*, borsetta della bile nel corpo dell'animale.

Fèmmina, *v.* **vugghia**.

Femmina di fore *nc. fante*, donna che lavora ne'campi.

Feròne, *nc. salvadanaio*, arnese di terra cotta chiuso con una piccola fessura appellata in dial. **sgarrazza** per ove s'introducono le monete che i fanciulli vi pongono per farne un cumulo.

Ferracavaddi, *nc. ferratore*, fabbro chè mette i ferri alle bestie da sòma.

Ferretto, *nc. gancetto*, ferro ad anello da un capo per essere sostenuto da altro anello conficcato nel muro o nelle imposte, ed uncinato dall'altro per ritenere, appuntandosi ad un altro ferro ad anello le imposte o le finistre. — al pl. *forcine*, sottili filetti di ferro ricurvi co' quali le donne si appuntano le trecce.

Ferriata *nc. ringhiera*, lunga serie di quadrelli di ferro o balaustri che pongonsi ai lati delle scalinate o terrazzini per riparo in in vece di muri.

Fersa, *nc. telo*, striscia di tela da lenzuolo — **fersa di lardo**, *mezzina*, è la mettà del lardo di un maiale — *(t. mar.) ferzo*, il telo della vela e ciascuna delle sue liste.

Fersiature, *nc. ragàdi*, sono le fessure e crepacci verticali che si fanno alla piegatura del ginocchio del cavallo, le orizzontali e trasversali diconsi propr. *raffe*. Questi tagli si fanno in certe malattie degli animali da soma per dar esito agli umori guasti.

Fesca, *nc. fistella*, tessuto di giunchi di forma cilindrica con una sola base entro cui si coagula il latte rappreso per fare le formelle del cacio — **fiscariiddo**, *fistellina*, di-giunchi o di terra cotta a figura di cono tronco, o cilindrico di latta entro cui si pone la ricotta — *id.* **a ce fesca mitt' u caso ?** vale *come puoi cavartela da questo imbroglio ?* L's, del nome e del dimin. suone come il *ch*, francese.

Fetere, *vn. puzzare, putire, allezzare* esalazione ingrata all'odorato che emana da oggetti corrotti: deriva dal latino *fetere*.

Fetico, *nc. fegato, epate*. parte interna del corpo animale. La voce è alterata dal volgo per metatesi dal cangiamento di sillabe e vocali

Fezza, *nc. feccia, fondaccio*, sedimento del vino nelle botti od altri vasi.

Fianchi di prura e puppa, *nc. babordo* e *tribordo (t. mar.)* sono i due fianchi della nave, il primo a sinistra l'altro a destra di chi s'incammina da poppa.

Fiato, *nc.* questa voce si usa per compagnia, onde l'*id.* **avere nu fiato**, vale *essere in compagnia con alcuno.*

Fibbie, *nc. anse*, sono le fibbie delle scarpe de'preti.

Ficatale, *ag, ruggine*, dicesi di pera o mela che diviene del colore del fegato.

Ficchitimmiiazo, *nc. ficchino, entrante*, chi entra ne' discorsi altrui non chiamato — *Prov.* **mo esse (esce) Nziiddo** (nome ideale) **cu a cadara ncueddo**; questo prov. accenna ad un ficchino.

Ficchitinfrotta, *nc.* lo stesso del precedente, *ficchino, ficcanaso,* espresso l'atto dall'*id.* **putrisino ogni minestra**, che vale *come il prezzemolo in ogni minestra.*

Ficco, *nc. burla*, dicesi di burla frodolenta, onde l'*id.* **fare nu ficco**, *trappolare destramente alcuno.*

Fichidinia, *nc. agave*, frutto notissimo la cui buccia è spinosa.

Ficozza, *nc. frugone*, bussa con le

falangi chiuse che si da in testa con quella del dito medio sporgente; se le falangi sono chiuse egualmente dicesi in dial. **pirròzzola.**

Ficuzzìàta, *nc. carpiccio,* sgrugnoni che si danno a vicenda due persone.

Fierro e **firro,** *nc. ferro,* voce tutta spagnuola.

Fiezzo e **fizzo** *nc. puzzo, sito, lezzo, fetore* — **fiezzo d'asquato,** *abbruciaticcio,* quello di materie arse — *leppo,* puzzo di materie untuose accese — *ozena,* puzzo ch' esala dal naso per ulcerazione — *tanfo,* quello di materia muffita.

Figghiàre, *va. infantare, partorire,* il dare alla luce che fa l'animale un essere della sua specie.

Figghiàta, *ag. infantata,* dicesi di donna che ha partorito.

Figghiazza, *nc. foglia di verdura,* dicesi propr. delle esterne onde la voce è peggiorativa di foglia, quasi fogliaccia.

Figghietta, *nc. foglietta,* sorta di misura di vino circa un terzo di litro.

Figghiùli, *nc. cesti,* figlioli che si moltiplicano sulle radici di alcune piante.

Filannègna, *nc. giorni di lavoro.*

Filàti, *nc. flati,* gas rinchiuso negl'intestini che si emette per bocca — *id.* **tenere li filati,** *stare adirato,* o *afflitto.*

Filazzùlo, *nc. cordellino,* fune sottile di canapa ritorta a più fili.

Filo, *avv. poco,* onde dicesi **nu filo di sale** per un poco di sale e simili — *piccola parte di refe* — *parte tagliente del coltello* — *id.* **scere sobb'a nu filo di curtiddo,** *andare sopra un filo di coltello,* dicesi a chi avendo commesso un fallo è in rischio di passarsela male alla prima ricaduta. — **Filo da lenga,** *frenulo,* ligatura membranosa sotto la lingua.

Fimminedda, *nc. femminella, gangherella,* specie di ferramenti per unire gli usci al telaio, che terminano ad anello e conficcati uno dentro l'altro, i cui chiodi conficcati e ribaditi uno per ciascun pezzo da unirsi fan sì che possa aprirsi e chiudersi su'gangheri.

Finèta, *nc. termine (t. camp.)* contrassegni che additano confini di possessioni, per lo più di pietre con le sigle incise del proprietario — der. da finire.

Finnuèsso, *nc. fosso,* leggiero scavamento, od anche cavità di alcuna cosa.

Finucchiètto, *nc. camato,* bacchetta onde si battono i panni per ispolverarli.

Finùcchio, *nc. finocchio,* sorta di pianta mangereccia — dimin. **finucchiddo,** *anice,* seme del finocchio.

Fiocco e **ciàccolo,** *nc. piumino,* è un bioccolo di seta, lana, cotone e simili: il **ciacciolo**, *festello*, sono i bioccoli ritorti e formati a nastri per ornamento, ma spesso usansi promiscuamente, onde **fiocco di campanieddo**, *nappa*, l'estremità a fiocchi del cordone del campanello sieno o no ritorti.

Fiòma, *nc. mucosità*, è la parte vischiosa o mucosa che hanno nell'esterno i molluschi e certi pesci.

Fiscàre, *vn. fischiare*, mandar fuori il fischio —*metaf.* fare il delatore. L's, si pronunzia come il ch, francese.

Fiscarìddo *v.* **fesca.**

Fiscarùlo, *nc. fischietti*, sorta di paste casalinghe come i cannelloni, ma corti e bucati. L's, come il ch, francese.

Fiscàta, *nc. fischiata*, disapprovazione degli atti altrui con fischi. L's, suona come il ch, francese.

Fischetto, *nc. chioccolo*, fischio di ottone che usano i cacciatori per imitare quello del merlo. L's, suona come il ch, francese.

Fischittòne, *nc. rifilatore, delatore, spione*, chi va spiando i fatti e detti altrui e li riferisce con mala intenzione. L's, ha pure il suono del ch, francese.

Fisco di recchie, *nc. cornamento, rombo*, è il sibilo che si sente nelle orecchie —*Prov.* **fisco di recchie a mani manc'u cor'è franco, a mani destra cor'a tempesta**, vale il fischio all'o-

recchio sinistro non è simbolo di male, come lo è quello del destro. L's, suona come il ch, francese.

Fiscolo, *nc. gabbia*, tessuto d'erba a maglia per ispremere le vinacce o le ulive infrante; quella delle ulive dicesi pure *busco* e *buscola*. In Toscana dicesi **fuscolo**. L's, suona come il ch, francese.

Fisculàro, *nc. gabbiaio*, artefice che fa gabbie. L's, suona come il ch, francese.

Fisicùso, *ag. sofistico*, dicesi di chi indaga con soperchieria e petulanza fin nelle minutezze.

Fissaria, *nc. minchioneria, seccheria*, cosa da nulla —*capacchione*, sproposito madornale.

Fisticedda, *nc. altarino*, giuoco fanciullesco nell'imitare gli ornamenti e le funzioni chiesastiche.

Fitecchia, *nc. leggiera scorreggia*, —*bazzecole*, cosa da poco.

Fitìlini, *nc. capellini*, paste sottilissime e lunghe.

Fito, *nc. feto*, propr. quello dei frutti marini.

Fitùro, *nc. antenitorio*, turacciolo di sughero.

Fiùra, *nc. figura*, immagine di santi in carta.

Fiurière *nc. piattelli, padelline*, e sono di cristallo o metallo che si pongono su'bocciuoli de'can-

dellerl perchè vi cadano le sgoc-
ciolature delle candele e non
andassero fuori.

Fiure, *nc. fiore*, produzione delle
piante da cui generalmente si
cuoprono i semi —**Fiùro di notte**, *gelsomino di notte e marave-
glia*, fiore a campanellini rossi,
bianchi o misti i quali aprono
di sera e col Sole si chiudono
—**Fiùro di l'Angelo Rafaele**,
matricaria indica, specie di pianta così appellata in botanica —
Fiuri si appellano pure i lavori artificiali, e quelli di conchiglie bivalvi propr. *telline*.

Foca, *nc. cocciuola*, piccole macchie sulla cute prodotte da scot-
tature o da morsi di zanzare e
pulci.

Foce, *nc. falce*, strumento curvo
di ferro con manico di legno
col quale si falciano le erbe,
quello che sega le biade dicesi
sega.

Focere, *va. intasare, rinzeppare,
turare*, stoppar le fessure—*par.*
fociùto—*id.* **focersi li recchie**,
turarsi le orecchie.

Fodera, *nc. guscio*, è quello di
materassi, guanciali e simili.

Fogghia, *nc. fogliame*, verdura
mangereccia cotta.

Foggia, *nc. arca*, luogo sotterra in
cui si conserva il grano.

Forchia, *nc. tana della volpe*—
piccol vano chiuso con pietra
alla bocca entro cui s'ingrassa-

no gli agnelli detti in dial. **aino
nfurchiato**, *agnello sagginato*.

Forgia, *nc. affinatoio, atanor*, fornello di riverbero degli orefici:
der. dal francese **forge**, *fucina*.

Forma, *nc. centina*, legno arcuato
col quale si armano e sostèn-
gono le volte in costruzione.

Foscia, *nc. fiocina (t. pisc.)* strumento a cinque rebbii di ferro
con lunga asta di legno con la
quale i pescatori lanciano i pesci.

Fosse (fare li), *va. cafagnare, (t.
camp.)* il far le buche nel terreno per piantarvi alberi: le
buche scavate diconsi propriamente *formelle*, quelle per le
viti *fossatelle*.

Frabicatòre, *nc. muratore*, artefice.

Fracazzàna, *nc. fico domestico*, è
sapido e matura coll'esser fe-
condato dall'insetto del caprì-
fico.

Fragaglia, *v.* **faloppa**.

Fragna, *nc. ghianda*, frutto della
quercia.

Frajasso, *nc. gargagliata*, tumulto
di voci, canti ed atti —*baccano*,
quello che risulta dallo scherzare sconciamente—*gavazza*, lo
strepito per allegria.

Fraio *nc. fagro*, pesce squisito e
voracissimo il quale si pesca col
filaccione in dial. **cuenzo.**

Francata, *nc. brancata*, quantità di cose che può tenersi in un pugno.

Franciddo, *nc. fringuello*, uccelletto noto.

Franfilliceo, *nc. pennito*, pasta di farina d'orzo e zucchero per la tosse.

Frascèra, *nc. braciere , caldano*, arnese di rame rosso entro cui si pone il fuoco per scaldarsi.

Frasca *nc. ciocca*, intreccio di fiori e foglie artefatti che si pongono sugli altari tra' candelieri, la cui base si appella *vaso*.

Frasciannipulo *nc.* pianta del ginepro.

Frate, *nc. fratello*, è pure usato in Toscana —*id.* **fratima mio**, *mio fratello*.

Frattijscio, *nc.* il ronzar d'attorno che fa alcuno con fine sìnistro.

Frattisciàre, *vn. ronzare d' attorno*, e dicesi di colui che con fine di rubare va spiando d'intorno per cercarne l'opportunità.

Fravola, *nc. fraga, fràgola*, frutto della pianta di simil nome.

Frecàre, *va. burlare, truffare*.

Frècole, *nc. prurito di mani*, e dicesi per rimprovero e risentimento, onde l'*id.* **tenere li frecole**, *essere inquieto con le mani*.

Freva, *nc. febbre*.

Friceddàre, *va.* incavare la pasta casalinga col ferrolino.

Friciddo, *nc. ferrolino*, ferruccio lungo e sottile per incavar le paste casalinghe.

Friddo, *nc. freddo — ag. gingillone* aggiunto di persona che impiega molto tempo in fare alcuna cosa.

Friddùra, *nc. freddura*, effetto del freddo: *met.* fatto o detto senza brio o vivezza, cosa da nulla.

Frischèra, *nc. rinfranto, (t. mar.)* tenda di cannavaccio usato nell'està sulle navi.

Friscere, *va. friggere, part.* **frisciuto**, *fritto —met.* burlato —*id.* **friscèn mangiàn**, vale *detto fatto*.

Frisco, *nc. fresco, rezzo*, luogo riparato dal sole ove puolsi respirare, ed anche venticello soave nell'està —*maestra*, liscia fortissima per fare il sapone.

Frisedda, *nc. brigidino*, pasta con farina, zucchero ed anici, cotta al forno —*cantucci*, quelli fatti con farina, zucchero ed albume d'uova.

Frivulito, *nc. sobbollito*, eruzione alla parte superiore del petto e delle spalle che esce a'bambini in està.

Frizzillo, *nc. lardinzo*, frammenti che rimangono del grasso sciolto di maiale —*id.* **farsi qùant' a nu frizzillo**, vale *rannicchiarsi*,

Frizzòla, *nc. padella*, arnese di rame o ferro ad uso di friggere vivanda con olio o grasso.

Frizzuliiddo, *nc. frugnulo, fornuolo, (t. mar.)* arnese di ferro a liste di forma cilindrica con lunga asta, entro cui si accendono legna resinose per la pesca di notte.

Frolla, *agg. bioscia*, dicesi di neve appena caduta.

Frummicola, *nc. formica*, insetto noto.

Frùnchio, *nc. foruncolo, fignòlo, chiodo*, tumore flemonoso e duro.

Frunticela, *nc. bandella*, specie di lama di ferro posta nell'arpione delle imposte o finestre per unire un pezzo all'altro.

Frura, *ag. (t. mar.)* i pescatori usano l'*id.* **scet frura**, che vale *tira sù*, ed è quando il pesce è incappato all'amo della lenza o trafitto dalla fiocina, e l'atto stesso del lanciare il colpo.

Frussiòne, *nc. flussione, catarro, corizza*, lo scolo del moccio liquido dal naso.

Frutto, *nc. bulbo*, proprio dell'occhio.

Frùsculo a, nome generico degli animali quadrupedi. L's. suona come il ch. francese.

Fràvolo, *nc. razzo, serpe*, fuoco pirotecnico che si eleva e scoppia in aria.

Fucarile, *nc. focolare, camino*, luogo di cucina ove s'accende il *fuoco*; quello delle stanze dicesi *cominetto*. In Toscana dicesi pure, *fòcarile*.

Fucarùlo, *nc. artificiere*, chi fa fuochi artificiali.

Fuchisciàre, *vn. dar fuoco*, met. dissipare le sostanze.

Fuchisto, *nc. razzaio*, chi fa razzi pirotecnici, e chi dà fuoco ad essi.

Fucìùto, *part.* da **focere**. *v.*

Fucòne, *nc. guardafuoco, focone, (t. mar.)* ordigno in cui si fa il fuoco sulle navi.

Fuèco, *nc. fuoco*, der. dallo spagnuolo **fuègo** — **Fuèco di pàgghia**, *nc. floraglia*, fiamma di ogni leggiero combustibile.

Fuègghio, *nc. foglio*, propr. di carta.

Fuèrfici, *nc, forbici, cesoie*, arnese di ferro per tagliare.

Fuèsso, *nc. covaccio*, covo o fosso fatto nel letto per lunga giacitura — *np. Fosso*, è il canale di mare in Taranto sotto il castello che unisce il mar grande al piccolo ove si fanno le belle pesche de'sarghi (**sarli**) de'mormilli (**goscioli**) e delle orate (**arate**), e molto atto alla coltivazione de'muscoli (**cozze nere**). Anticamente questo luogo era il pomerio della fortèzza o rocca, mo nel 1480, sotto il regno di Alfonso d'Aragona fu scavato ed in seguito Filippo 2.º lo rese navigabile; finalmente nel 1755 fu di nuovo cavato da Carlo 3.° Bòrbone e ridotto come è di presente.

Fuína, *nc. faina*, animale rapace simile alla donnola.

Fumèca, *nc. cometa, cervo volante, aquilòne*, è un giuoco fanciullesco consistente in un quadrato di carta di varie grandezze tesa ed incollata ad un ossatura di canne spaccate, cioè una lunga lista per linea diagonale ed un archetto che tocca gli altri due vertici avente per corda un filo di spago; indi un altro filo di spago ligato al vertice superiore ed al centro della lista in dial. **spina**, e dal mezzo di questo filo ricurvo è ligato un altro lunghissimo filo di spago col quale si eleva a grandi altezze.

Fumiinto, *nc. fomento, evaporazione*, è il vapore che si fa sorgere da una pentola con acqua bollente su qualche parte inferma del corpo per richiamare i sudori e scaricar gli umori. La voce deriva da fumo.

Fàmolo, *nc. iperico crespo*, erba nociva alle biade, ed alle pecore bianche mangiandola.

Fune di rite, *nc. maestra (t. pis.)* è quella che tiene stirata la rete nel tendersi.

Fungio, *nc. fungo*, sorta di vegetabile di varie specie e da varie piante prodotto— al *pl. bol-*

lette *o sbollature* dell'intonico per calcinelli o difetto d'arte.

Fùnico, *nc. fondaco*, bottega in cui si vendono panni a tagli.

Funno, *nc. flottamento (t. mar)* la parte del bastimento ch'è immersa nell'acqua.

Fuòro, *nc. smiraglio.* apertura in un muro interno per dar luce ad altro luogo più interno.

Furastiere, *nc. ospite — id.* **tenère furastiiri**, dicesi per graziosa ironia a chi provvede di poca robba da mangiare.

Furcìna, *nc. forchetta*, arnese da tavola per prender le vivande, i cui denti diconsi prett. *rebbii*.

Furèse, *'nc. campagnuolo*, uomo nativo della campagna e che attende alla coltivazione.

Furmicaròla, *nc. taròla*, malattia ai piedi del cavallo.

Furmicarùlo, *nc. formichiere*, uccello ghiotto di formiche.

Furnacedda, *nc. fornello*, arnese di ferro fuso a quattro facce con gratella di sotto in cui mettonsi carboni accesi per cuocer vivande — *fornellino*, piccolo fornello portatile di ferro laminato con tre piedi su cui mettesi il tamburino per tostare il caffè.

Fùrnaciàro, *nc. cocciaio*, artefice di coppi e stoviglie di terra cotta.

Furnàro, *nc. fornaio*, chi esercita il mestiere di cuocere il pane;

il garzone che inforna dicesi propr. *infornatore*.

Furnèscere, *va. finire, terminare,* partic. **furnùto,** *finito.*

Furniiddo, *nc. fornello,* piccolo forno d'uso domestico.

Furno. *nc.* È una conchiglia bivalve così appellata perchè i frutto é rosseggiante come fiamma, la sua forma è di una grossa unghia, l'odore è forte ma grato. Alcuni l'hanno appellato unghiello, ma il suo vero nome è *onica*.

Furno di campagna. *nc. teglione,* grande coperchio di ferro che si pone sulle teglie e tegami con fuoco sopra e d'intorno per rosolare le vivande.

Furticiddo, *nc. fusaiuolo,* pezzetto di legno tondo e bucato nel mezzo nel quale s'introduce il fuso per meglio girare: deriva dal latino *verticillum*, che ha lo stesso significato — È pure un zoofito marino, per la somiglianza che ha col fusaiuolo detto pur **furticiddo,** ma il suo nome è *fungomarino*, e come fungo si attacca alli scogli, o sta nell'arena in fondo al mare. Esso ha una viva varietà di colori rosso e verde, il sapore è sapido in frittura.

Furtòre, *nc. afrore,* odor forte del vino, aceto e carboni.

Fuscere, *vn. fuggire,* voce che usasi più sovente per comando ad alcuno di sbrigar presto una incombenza.

Fùsolo, *v.* **pilrso.**

G

Gallòto, *ag. ribaldo,* uomo cattivo, per similitudine di galeotto uomo condannato alla galea — Ad indicare l'unione de'tristi evvi il prov. popolare **s'è accucchiato tlisto, zirùlo, e mala vozza,** che per metonimia significano *tristi, crapuloni ed ubbriachi.*

Gallso, *np. Galèso,* flumicello delizioso di breve corso che scorre in mar piccolo, alle cui sponde Virgilio compose parte della sua Georgica. La voce deriva da γχια, bianco, secondo l'appella Marziale, *albus Galesus,* perchè bianche rendeva le lane fine che gli antichi in quel flume lavavano. Ciò non osta al *niger Galesus* di Virgilio (Geor. 4. v. 126) per l'ombra degli alberi che v'eran d'intorno onde oscure apparivan le sue onde. Intorno a che è a sapersi che gli Spartani venuti dall'Ebalia o Laconia slabilitisi in questa contrada, oggi detta **cìtrezze,** *v.,* l'appellarono dalla loro patria originaria Ebalia, ed Eurota dissero il flume dall'omonimo flume di Sparta. La scuola pittagorica ai tempi di Archita dalla bianchezza delle acque converse il nome di Eurota in *Galesus*, ned è meraviglia che Virgilio l'abbia appellato *niger* sotto un rapporto, mentre sotto un altro Marziale lo disse *albus*.

Galitta, *nc. casotto*, è quello di legno ove la notte si colloca la sentinella — der. dallo spagnuolo **garita**.

Galla, *nc. galluzza*, sono certi globetti prodotti dalla quercia che si adoperano nelle tinte, nell'inchiostro e nella concia delle pelli.

Gallinàccio, *v. jaddidinio.*

Gallotta, *nc. pollanca, tacchina*, è la femmina del tacchino.

Gamària, *nc. gamadia, cama, arsella*, dal lat. *chama*, è una conchiglia bivalve il cui frutto è sapidissimo, cresce e nidifica nell'arena: un sottile e cilindrico spiraglio da cui riceve l'aria avverte il pescatore dov'esso rattrovasi. Il volgo dice pure **ramària**.

Gàmmaro, *v. cauro.*

Garze, *nc. branchie*, sono gli organi onde respirano i pesci. In Toscana le dicono **gargie**.

Garzotta, *nc. garza*, uccello bianco marino della famiglia degli aironi.

Gattòne, *nc. sorgozzone*, travicello conficcato nel muro per sostener ponti e simili.

Gavito, *v. cato.*

Ghiasciòne, *nc. lenzuolo*, deriva da giacere.

Ghiazze e iazze, interp. di sdegno e vale *eh via !*

Gialecco, *nc. corpetto, panciotto*, sottoveste che copre il petto e portasi immediatamente sotto il vestito esterno, dallo spagnuolo **chaleco**.

Giammarrùchi o cirvùni, *nc. lumaconi*, chioceiole terrestri con guscio duro e nerastro.

Giùdice, *nc. linguetta*, l'ago della bilancia.

Giusto giusto, *mo. avv. a proposito*, il popolo dice **ghiusto ghiusto**.

Gnègniro, *nc. ingegno, giudizio, talento*, levatura di mente: anche in Toscana dicesi **gnegnero**.

Glù glú, *gorgoglio*, onomatopeia della voce del tacchino quando è stimolato.

Gneta, *nc. bietola*, pianta conosciuta.

Gnò *nc. signore*, usasi così per risposta alla chiamata con l'aferesi ed apocope insieme. In Toscana si pronunzia con la sola aferesi **gnore**.

Gnófa, *nc. zolla*, pezzo di terra compatta e staccata dal suolo: *met.* ubbriachezza. Questa voce ha molta somiglianza con la toscana **ghiova**, che pur zolla significa.

Gnora, *v. gnure.*

Gnorsì, parola composta di noms

e avverbio e vale *signorsì*, il volgo dice **gnurasine**. In Toscana dicesi **gnorsie**.

Gnòttere, *va.* *inghiottire*, *ingozzare*, ciò che s'intromette nello stomaco.

Gnuècchili, *nc.* *gnocchetti*, paste casalinghe sottilissime, corte e tonde.

Gnuèmmiro, *nc.* *gomitolo*, il filo ravvolto in palla —*id.* **fare il gnuemmiri**, *dipanare*, è ravvolgere in gomitoli il filo della matassa, ed il pezzo di legno, panno o carta a cui si ravvolge dicesi propr. *dipanone*. Deriva dalla parola antiquata **ghiomo**.

Gnuffulàre, *va.* *divorare*, mangiare presto e avidamente *tutta* una cosa senza farne porzione ad alcuno, ed usasi per celia.

Gnummariiddo, *nc.* involtino fatto d'intestini e budella di animali ovini, conditi ed arrosti.

Gnurante, *ag.* *ignorante*—Questa voce si usa come ridondante dal volgo, e vale *che dici tu ?*

Gnuricàre, *vn.* *annerire*, *vaiare*, l'annerir delle frutte sull'albero: *met.* di uomo colpevole che moralmente annerisce.

Gnuro, e gnora, *ag.* *nero*, *nera*, aggiunto di cosa che ha quel colore.

Gnutto, *nc.* *gorgata*, quauto s'inghiotte in un atto.

Gnuvulanza, *nc.* *basimento*, *sveni-*

mento, convulsione derivante da rilasciamento di muscoli; l' usa il popolo.

Goccia, *nc.* *stilla*, parlandosi di liquidi —*met.* apoplessia,' ed usasi sovente come interp. imprecativo.

Gola, *nc.* *voglia*, segno esterno che apparisce sulle carni di alcun neonato per voglie materne non soddisfatte nel gestimento, quale segno rimane per tutta la vita senza recar molestìa.

Gorbia, *nc.* *sgorbia*, scalpello de'legnaiuoli a doccia per intagliare in legno. Anche **sorbia**, dicesi in Toscana.

Gosciolo, *nc.* *mormillo*, *marmero*, pesce squisitissimo nella stagione estiva: è detto mormillo dal greco μορμυρω, *ondeggiare*, perchè listato di linee ondeggianti.

Graffino, *nc.* *delfino*, grosso pesce, emblema delle città di Taranto. Quando apparisce scherzando fuori le onde si tiene come indizio di prossima pioggia o tempesta.

Graffiùni, *nc.* *agriotte*, ciliegie dure e nerastre.

Grammedda, *nc.* piccolissimo e rustico coltello di pescatori.

Granfa, *nc.* *graffa;* le unghie del gatto.

Granidinio, *v.* **granòne**.

Graniiddo, *nc.* *granellino*, gli acini de'chicchi del melogranato ;

semi contenuti negli acini dell'uva diconsi *vinacciuoli* e *granella*.

Granista, *nc. granaiuolo*, il venditore di grano.

Grannizzùso. *ag. altero*, chi nell'incesso o nel tratto mostra modi superiori alla sua condizione: al fem. **Grannizzòsa**.

Granòne, *nc. formentone, maiz, grano turco*, frutto a spicchi di una pianta di simil nome appellata in dial. anche **grandinio** — Circa le parti di questa pianta *v.* **pupo** e **pàgghia**.

Grappa, *nc. grappolo*, e dicesi dell'uva; il peduncolo che resta attaccato al sermento dopo tagliato il grappolo dicesi *piccanello*, le bucce degli acini *fiocine*, i semi *vinacciuoli* — *staffa*, ferro confitto all'imposta dell'uscio per regolare il saliscendi.

Graròne, *nc. gradino*, parte della scala; l'usa il volgo.

Grasta, *nc.* nome di varii vasi di terra cotta, cioè *colatoio* o *conca*, quello in cui si cuoce il bucato; *laveggio* quello che si usa per risciacquare i panni imbucatati; *grasta, testa* e *testo*, quello che si riempie di terra per le piante — Ha pure il significato di rimprovero onde l'*id.* **cantàr' a grasta**, *rimprocciare alcuno*.

Grattacàsa. *nc. gràttugia, grattugio*, arnese di cucina per istritolare il cacio o la midolla del pane. In Toscana dicesi **gratta-cacia** e **grattacacio**.

Grattaùscia, *nc. grattapugia*, strumento degli orefici col quale puliscono i metalli per indorarli.

Gravina *nc. burrone, ringone*, è la vallata delle colline.

Graziùso, *ag. graziano*, dicesi di chi vuol sembrare di esserlo senza averne il garbo.

Gribie, *v.* **Cucchiaredde di l'anima**.

Griddi, *nc. vinacciuoli*, sono i semi negli acini d'uva.

Grìppia, *nc. tisio, gavitello(t. mar.)* sorta di barile sfondato e galleggiante in mare a segnale dell'ancora.

Grivo, *nc stilobasi*, erba marina sottile, crittogama e della famiglia delle alghe in cui annidano i gobietti che dal suo nome di consi **grivaruli**.

Gruecco, *nc. ranfione, gancio*, uncino di legno ligato da un punto al paniere e dalla parte arcuata si appicca all'albero nel cogliersi le frutte: anche con tali nomi si appellano quei di ferro — *arpione*, ferro aguzzo da un capo e curvo dall'altro che intromesso nella maglietta di un quadro o specchio e conficcato nel muro serve a tenerli appesi.

Grueffolo, *nc. ranto, rantolo*, lo stridore risonante del petto causato da catarro — *ronfo*, il forte respirare dormendo.

Gruengo e ruengo, *nc. gongro, congro*, pesce simile all'anguilla nella forma, spinoso ed assai vorace, epperciò deriva dal greco γρω, *divorare*.

Gruesso, *nc. cruschello*, parte bruna della farina che si ricava dalla seconda stacciata — *agg. grosso*, aggiunto di persona o cosa e deriva dallo spagnuolo **grueso** — *Prov.* **Chiù gruèss' è u partòne e chiù gruess' è u eintròne**, vale a misura de'piaceri sono i doveri, ossia quanto maggiore è lo stato di uno, maggiori sono i doveri da compiere.

Gruffulàre, *vn. russare, ronfare, roncheggiare* il profondo dormire con forte respirare.

Grugno, *nc. broncio*, dicesi di chi mostra il viso ingrugnato.

Guaglio, *nc. capruggine*, l'intaccatura che fanno i bottai nelle doghe per commettere i fondi ne'vasi di legno.

Guagnòne e Guagnedda *v.* **Vuagnòne.**

Guallaròso, *ag. ernioso*, aggiunto di chi patisce l'ernia.

Guàllera, *nc. ernia, coglia*, incarceramento dell'intestino.

Guanciatùra, *nc. regalo (t. pisc.)* mancia di pesce che i pescatori danno in dono ad alcuno.

Guàncio, *nc. protelo*, canapo uncinato per trascinar pesi.

Guappo. *v.* **vuappo.**

Guardia; *v.* **nzirragghia.**

Guarèscere, *vn. godere*. usasi per ogni sorta di godimenti; il volgo dice **vuarèscere.**

Guascezza, *allegrezza, ricreazione, orgia, stravizzo*, il brio di una lieta brigata che si sollazza — *fidizio*, unione di maschi che cenano insieme parcamente; il volgo dice **vuascezza.**

Gublietta *nc. doccia*, scalpello ricurvo de' maniscalchi per pulire le setole dalle unghie delle bestie, che in dialetto diconsi **serchie** — *sgorbia*, scalpello dei legnaiuoli.

Gulio, *nc. desiderio*, di alcuna cosa da mangiare: deriva da gola.

I

I, *pron.* io.

Id e Jed, *pron. egli, ella, esso, essa* — Nel chiamare una persona si usa l'*id*. **Ah id, ah jed**, ove il pronome esprimendo persona a cui si parla corrisponde a **tu**, onde vale *ehi tu.*

Impalàta, *nc. anguillare (t. cam.)* lunga e diritta fila di viti ligate ai pali.

Impàro, *nc. sequestro*, impedimento ai terzi di pagare al proprio creditore pèr debito di costui con altri, che dicesi perciò sequestro presso terzi. La voce deriva dalla spagnuola **empàra.**

Impellicciàre, *va. impiallacciare,* coprire un mobile di legno comune con liste di legno più fine attaccandole con colla forte.

Impellicciatùra, *nc. piallaccio,* assicelle sottili di legno fine per impiallacciare e l'atto istesso.

Impetratùra, *nc.* nome di una rete tonda in cui si pongono vivi i *sarghi* (**sarli**) pesci squisiti che si pescano al *Fosso* (**Fuesso**) ne'mesi estivi.

Imposta o appesa, *nc. incasco,* è la parte pendente di una volta.

Incammaràre, *vn.* il mangiar di grasso o di latticinii ne' giorni vietati.

Incàmmaro, *nc.* l'atto del mangiar di grasso.

Incannàta, *nc. cannaio (t. pisc.)* sono tre reti da pesca di cui una a maglie strette va al fondo del mare, le altre due innestate con canne vanno a galla: quella di fondo si dispone a cerchio e chiude i cefali, le altre due ricevono i cefali i quali chiusi cercano liberarsi saltando donde il nome pretto di *saltatoia* v. **Intamacchiàta.**

Incarràre, *va. indovinare casualmente, andare a' versi.*

Incegnàre, *va. cominciare,* dinota il principio di atto — *np.* indossar la prima volta abiti nuovi, e siccome è uso ciò fare ne' dì festivi così tal voce ha origine dal greco nome εγκαίνια, *giorni festivi.* In senso più lato vale il far colezione. Anche in Toscana è in uso la voce **incegnare.**

Incignatùra, *nc.* tempo della colezione degli operai a mezza mattinata.

Incini, *v.* **varda.**

Incìno, *nc. cane,* strumento de'bottai che tien fermo il cerchio nelle botti quando si batte.

Infanticedda, *v.* **aràta.**

Infusulatùri, *nc. ridoli,* lati del carro fatti a rastrelliere.

Inghimàre, *va. imbastire,* il commettere insieme più pezzi di un vestito con cucitura a larghi punti.

Inghimiluto, *nc. empimento,* atto dell'empire, der: dallo spagnuolo **henchimiento.**

Inghitùro. *nc. attignitoio,* brocca di creta rustica per attigner acqua der. dal participio latino *impleturus.*

Ingusciatùra, *nc. rinverzamento,* ripieno di pietre e calce negli spazii vuoti tra le facce de'fabbricati, donde il verbo **ingusciare,** *rinverzare.*

Insagàre, *va. esercitare,* dicesi della pruova ed istruzione che si fa d'una commedia — *met. consigliare,* il persuadere alcuno a litigare o contrariare altrui; der. dalla voce spagnuola **ensayar.**

Insarto, nc. *fune grossa — susta*, la corda con cui si ligano le some — *trapelo*, il canapo con uncino che si adatta ai buoi per tirar pesi — *giuntoia*, quella che liga il giogo al collo de' buoi.

Insulazione, nc. *solata, solinata*, colpo di Sole.

Intamacchiata, nc. *salta'oia (t. piscat.)* rete da pesca parata a tre teli uno sopraposto all'altro, il medio a maglie strette, e a maglie larghissime i laterali percui i pesci restano facilmente presi. Questa rete si tende di sera presso il lido, e' pesci che di notte si accostano al lido s'imbattono e v'incappano.

Intra, prep. *dentro*, der. dalla prep. lat. *intra*.

Intràvare, vn. *ciglionare (t. camp.)* è la prima zappatura delle vigne a linee parallele sollevate a ciglioni.

Irmice, nc. *coppo. embrice*, dal lat. *imbrex*, tegola curva per coprir tetti — *embrice*, conchiglia marina bivalve fosforescente così appellata dalla figura delle sue valve, il mollusco è insipido per soverchia dolcezza.

Isci, imperat. *sdrisciare*, questa voce usasi quando vogliasi far fermar l'animale e der. dal greco ιστη, seconda voce del presente del congiuntivo medio di ιστχμχι, *fermarsi*, in Toscana si dice *ih*.

Ist, Questo monosillabo si usa quando si cacciano via i gatti: der. dal greco verbo οιχισθχι, *andar via*, onde la seconda voce dell'imperativo è οιχου, L' s suona come il ch, francese.

Iza, *va, alza*, imperativo di issare e si pronunzia, quando più persone insieme si danno voce per sollevare grossi pesi; quando poi si dice ad uno di sollevarsi in dial. si esprime **eza, oziti**.

J

Jabbàre, va. *gabbare, frodare*.

Jacca, nc. *tentenno, fornuolo*, caccia notturna per terra o per mare; per la caccia terrestre **Jacca** der: da flaccola, e per la marina da **jaculo**, cioè dal lanciare i pesci con la flocina.

Jaddidinio, nc. *pollo d'India, tacchino, billo, dindio, gallinaccio*, al fem. *dindia, tacchina*. I tacchini sono propriam. quelli che hanno i bargigli sotto il becco, i gallinacci que' senza.

Jaddinàro, nc. *pollaio*, stanzetta ove si riparano i polli — *stia* grande gabbia ove tengonsi i polli.

Jaddo, e **Jaddìna**, nc. *gallo e gallina*. specie notissima di polli — dim. **jadduzzo**, *galletto*, piccolo gallo — **puddastra** e **puddastredda**, *pollastra*, piccola gallina. La gallina quando cova appellasi *chioccia*, quando alleva i pulcini *pulcinaia*.

Jalesso, *nc. calesse*, specie di veicolo a due ruote con mantice.

Jaletta, *nc. secchia*, *bugliuolo*, arnese di legno a doghe e deriva da calettare che vale unire pezzi di legno. Le più piccole che si ligano al bindolo o ruota della macchina idraulica per attigner l'acqua da inaffiare i campi diconsi propr. *bigoncioletti*.

Jàmiro, *nc. gambaro*, piccolo crostaceo, *v. cauro*, è voce usata dai pescatori.

Jamma, *nc. gamba*, parte del corpo animale — *id.* **jamma malàta**, *gamberaccia*.

Jammaselòne, *nc. gambaccia*, gamba ingrossata dagli umori: usasi talvolta per celia a dinotare gamba grossa.

Jappica jappica, *avv. pian piano, cheton chetone, chetamente, di soppiatto*.

Jarapìddo, *v. mulino*.

Jarràpa, *nc. caraffa*, misura di vino equivalente a circa due terzi di litro.

Jàscio, *nc. (t. mar.)* guida del timone della nave.

Jastèma, *nc. biastema, bestemmia, imprecazione*.

Jastimàre, *va. bestemmiare*.

Jatàre, *va. fiutare, soffiare*, usasi quando si accende il fuoco col fiato o con la rosta, o far vento per raffreddar cosa troppo cal-

da: deriva da **iato**, cioè emissione di fiato — *met.* lo spirar del vento onde l'*id.* **iatàre a punente**, *spirare il ponente* — altro *id.* **jatars'u naso**, *soffiarsi il naso*.

Jatàta di viinto, *nc. raffica, folata, buffo, buffata, (t. mar.)* improvviso e passaggiero spirare di vento marino che spira, cessa e ritorna.

Jatatùro, *soffietto, attizzafuoco*, arnese di cucina consistente in una lunga canna bucata o di ferro che soffiandovi accende il fuoco.

Jatmamòne, *nc. gattomammone*, scimia con lunga coda: usasi spesso per ingiuria.

Jatta, *nc. gatto*, animale domestico *dimin.* **jattuddo**, e **jattodda**, *gattino, micino* — Il leccarsi che che fa il gatto dicesi *spiluccarsi*, *Prov.* **mettere u campaniiddo ngann'a jatta**. *pubblicare i fatti proprii non volendo*.

Jattacèca, *nc. moscacieca*, giuoco fanciullesco che consiste nel bendarsi uno e brancolando afferrarne un altro, il quale a sua volta si benda e così di seguito.

Jattarùlo, *nc. gattaiola*, buca tonda che si fa negli usci di sotto, perchè abbiano i gatti l'entrata ed uscita.

Javatòne, *nc* è una conchiglia bivalve appellata dal Boschi *arca di Noè*, e da Plinio *pectunculus*, il cui frutto è sapido ed òdoroso. Abbonda di fosforo, è si attacca alli scogli tènacemente per un fiocco duro e cartilaginoso da'quali è divelto da aduuco ferro.

Javitacio, *nc. inquilino, pigionale,* chi abita una casa altrui, ed il prezzo che paga dicesi *pigione.* Impropriamente usasi *fittuario* ed in dial. **afittatore,** per pigionale, come l'etichetta **si loca** per *appigionasi.* L'affittare è propr. de'fondi rustici e chi li conduce dicesi *fittaiuolo,* ed il prezzo della conduzione *fitto.*

Javitàre. *vn. abitare,* il dimorare in una abitazione.

Jàvito, *v.* **eato,** l'usa il volgo.

Jazzàre, *va. roffreddare,* dicesi di cosa scottante che si fa raffreddare.

Jazze, *v.* **ghiazze.**

Jazzo, *nc. agghiaccio,* luogo ove si mungono le pecore e capre:

Jazzòre, *nc. raffreddore,* dicesi della persona infreddata.

Jed, *v.* **id.**

Jetta, *nc. resta, rezza,* sono gli agli o cipolle intrecciati ai loro gambi: **jetta di fichi,** *rocchio,* quantità di fichi infilzati nei giunchi — **jetta di capiddi,** *treccia,* de'capelli donneschi.

Jettico, *ag. etico, tisico,* chi è affetto da tisi.

Jirtezza, *nc. altezza.*

Jirto, *ag. alto, erto,* dicesi di ogni cosa alta: parlandosi dì alta statura di persona, la voce propria è *sperticato.*

Jònola, *nc. bellula, donnola,* animaletto simile alla faina che distrugge i topi — *fionda, fromba, frombola,* strumento di fune per lanciar piccoli sassi.

Josca, *nc. pula, pagliccio,* tritume della paglia: il fondo delle trebbiature dicesi prop. *bullaccio.*

Juiàta, *nc. loquacità,* o cicaleccio risentito e a vóce alta in pubblico.

Jumàra, *nc. fiumana,* dim. **iumaredda,** allagamento prodotto da un corso d'acqua.

Jume, *nc. fiume,* l'usa il volgo parlando de'piccoli fiumi del tarantino.

Juso, *nc. giuso, basso, abituro,* abitazione pedanea e meschina.

Jusso, *nc. diritto,* — id. **tener'a jusso,** *vantar diritto* su di una cosa: der. dal latino *jus.*

Jutticàre, *va. piegare, ravvolgere* più volte in se biancherie, carte, abiti e simili — id. **jutticare a uno,** trarlo al proprio sentimento o volere.

Jutticatùra, *nc. piegatura,* atto del piegare.

L

Labbrùto, *v. cefalo*.

Lacrima, *nc. presmone*, è il mosto che cola spontaneo dalle uve ammontate.

Lagia, *nc. agio*, il dippiù che si riceve nel cambio di monete in altre di inferiore metallo — *Prov.* **argiinto cu argiinto no corre lagia**, vale *tra'pari non vi è offesa*, corrisponde' all'altro *id.* **scere a u franco**, *andare al franco*, cioè non offendersi tra loro due persone.

Lagno, *nc. infrigno*, lamento degl'infermi.

Laina, *nc. lasagna*, pasta stesa col matterello indi tagliata a liste per minestra.

Làine làine, *ag. lacero e sucido*, usasi per dispregio ad uomo cencioso, o per rimprovero delle madri a'fanciulli che consumano presto gli abiti.

Lajanàro, *nc. matterello*, bastone cilindrico per istendere la pasta e far le lagane, donde il nome.

Lamia finta, *nc. stuoia*, intreccio di canne spaccate coperte d'intonaco che servono di soppalco alle stanze.

Lampa, *nc. lampana*, vasetto in cui si tiene il lume a olio — *dim* **lampariiddo**, *lampanino, lampioncino* — *lucciola* è il luminello di latta traforato in cui si mette il lucignolo. La voce diminutiva è dalla spagnnola **lampariila**.

Lampàro, *nc. lumiera, luminaia, lampadurio*, arnese che contiene in se molti lumi ed è di cristallo, o metallo indorato.

Lampascióne, *nc. giacinto silvestre*, detto da Linneo *bulbus comosus*, è una specie di cipolla piccola e di colore roseo che mangiasi cotta e condita: di esso son ghiottissimi i porci onde pur dicesi *panporcino*.

Lampauddò, *nc. raffio, uncino*, arnese di ferro a diverse marre per cavare secchie cadute nei pozzi.

Lampazzo, *nc. panporcino*, specie di bulbo terrestre simile al giacinto silvestre, **lampascione**, ma più duro.

Lampióne, *nc.* questa voce usasi promiscuamente, ma il proprio valore è delle lumiere che poste a capo delle vie illuminano la città: quelle degli androni e cortili de'palagi diconsi *lanternoni*: quelle in cima ad aste che usano le compagnie religiose nelle processioni diconsi pure *lanternoni*: quelle delle torri e navigli *fanali*.

Lampréra, *nc. lampreda*, pesce detto da Linneo *petromyzon marinus*: Essa corre appresso le navi per mangiarne la pece di cui è ghiotta.

Lampùca, *nc. pompilo*, pesce simile ad un picciol tonno che segue le navi in corso —*lampuga*, altro pesce simile alla salpa ma più piccolo.

Lanàta, *nc. boldrone*, tutta la lana in fascio di una pecora tosata.

Lanzàre, *va. lanciare*, ferire i pesci con la flocina: der. dallo spagnuolo **lanzer**.

Lanzatòre, *nc. flociniere, lanciatore*, pescatore che lancia il pesce con la flocina: der. dallo spagnuolo **lanzador**, e spagnuole sono pur le voci **lanzata**, *lanciata*, e **lanza**, *lancia*.

Lardiàre, *va. pillottare*, ingrassar l'arrosto facendovi gocciolare il lardo acceso: *part.* **lardiàto**, ed usasi come aggiunto ad uomo sudicio.

Lardùso, *ag. millantatore*.

Làrio, *nc. spazzo, suolo*, largo spazio e piano accanto alle pubbliche vie.

Làscio, *nc. luogo*, l'usa la bassa gente per piccolo spazio di suolo.

Lascìto, *nc. legato*, ed è quello fatto per testamento.

Lasco, a, *agg. rado, a*, dicesi di tessuto non fitto, e di piante che crescono bene dopo svelte d'intorno le superflue —*lento*, dicesi di allacciature che si rallentano sulla persona.

Lassàre, *va. lasciare*—*id:* **quid ci**

nci lassi nci pìirdi, *quel che ci lasci perdi*, vale a dire, nulla bisogna lasciare di quel che ricevesi gratuitamente, e corrisponde all'*idiot.* toscano **ogni lasciata è persa**.

Lastra, *nc. vetro;* impropriamente il vetro purificato dicesi **lastra** ma solo per la forma.

Lattìma, *nc. latte*, parte sostanziale o chilosa de' pesci maschi, come nelle femmine è l'ovaia.

Lattùca, *nc. acciughera, lattuga*, pianta sativa mangereccia: la selvatica dicesi propr. *hieracia*.

Lavaròne, *nc. spaglio, acquazione*, ristagno delle acque piovute.

Lavatòre, *nc. terrinello (t. camp.)* il terreno magro.

Lavie, *nc. lustre, invenia, assentazione*, moine affettate per fine secondario.

Lavùro, *nc. tonneggio (t. mar.)* il tirare per forza di braccia una nave a terra con fune e la fune istessa.

Lazaràta, *nc. azione indegna*—*ag. panicata*, la carne porcina affetta da bollicine nericcie.

Làzaro, e *dim.* **lazariddo**, *ag. scostumato* e *scaltro*, che fa azioni da uomo vile; sono voci spagnuole **lazaro** e **lazarillo**.

Lazaròla, *nc. azzeruola*, frutta di sapore acidetto simile ad una piccola mela.

Lazzo, *nc. laccio*, dallo spagnuolo

Iazo — *cordiglio*, cordone nodoso che usano i frati francescani, e quello con cui ligasi il camice del sacerdote celebrante — *setone*, il cordoncino di seta o cotone che si fa passare per la cute affin di eccitare la suppurazione in certe malattie.

Lenga, *nc. lingua*, dallo spagnuolo **lengua** — **lengalonga**, *ciarliero*, *maldicente* — *Prov.* **a lenga lorda recchia sorda**, vale fingere di non sentire quando si misdice o bestemmia.

Lescere, *va. leggere*, scorrere con la vista una scrittura: *met.* penetrare il pensiero di alcuno — *part.* **lisciùto**.

Letàme pecurino, *nc. polveraccio*, concime delle pillacole ovine.

Levezza, *v.* **siccarezza**.

Levràno, *np.* È il nome di una contrada campestre all'est dell'odierna città a 13. chilometri posta al di sopra mar piccolo, e per la quale passa un torrente di simil nome. Anticamente appellavasi Liberiano e credesi fondamente essere stata essa una villa di Liberio patrizio romano.

Lezza, *nc. leccio, elce*, albero fronzuto de'ghiandiferi.

Lèzziri, *nc. licci*, sono de' fili di spago de'tessitori per alzare ed abbassare l'ordito.

Li, *art. pl. gli, le*, e *part. pronom.* **gli**.

Liàndro, *oleandro*, pianta velenosa che fa i fiori rosei aventi l'odore di mandorla amara.

Liàtro, *nc.* misura di circa quattro chilogrammi di cotone grezzo.

Liatùra, *nc. cinto erniario* — *legatura*, numero di cinquanta fili d'ordito sull'aspo che ligansi in un punto con spago a traverso nel farsi la matassa.

Licchetto, *nc. boncinello*, ferro forato in punta che s'introduce nel chiavistello delle imposte per serrare ed aprire.

Lignàggio, *nc. casato, stirpe*, e dicesi di una o più famiglie congiunte dello stesso cognome.

Lignèra, *nc. legnaia*, luogo ove tengonsi le legne da ardere.

Lliito di petre, *nc. massicciata*, strato di sassi che si mettono nelle strade sterrate che poi si cuopron o di ghiada o pietre frante, in *dial.* **vriceto**.

Lilà, *nc. timileo femmina*, sorta di fiore di bel colore simile al giacinto sbiadito; ma la voce si usa pel solo colore.

Limaquàdra, *nc. quadrella*, lima grossa quadrangolare de' legnaiuoli e ferrai.

Limatùro, *nc. tavolello*, è il piccolo banco ove lavorano gli orefici.

Limmo, *nc. conca, catino*, dim. **limmitiddo**, catinetto, vaso di argilla a forma di cono tronco più stretto al fondo per uso di lavar verdure; quello che riceve la liscia dal colatoio dicesi propriam. *ranniere, v. grasta.*

Limòne di S. Marta, *nc. lomia,* limone grosso, dolce con poco succo.

Limazzica, *nc. capecchio,* la parte liscosa della canapa: der. dallo spagnuolo **linaza.**

Limia ngrinia, *idiot.* vale difetti comuni alle persone di una stessa razza, o professione, e dicesi per dispregio.

Limino, *nc. lendine,* uovo di pidocchi.

Linno, *v.* **cefalo.**

Lintecchia, *nc. lente,* specie di legume.

Lintirnòne, *ag. spilungone,* dicesi di persona di alta statura e poco senno, per dispregio.

Liòna, *nc. legna da ardere.*

Lippo, *nc. belletta, limo,* posatura d'acque pantanose che si forma alla superficie ed è di color verde — **Lippo di jume,** *nc. caracia, erba lazza,* è una erba di fiume che fiorisce in maggio e puzza.

Liscino, *v.* **pumo,**

Lissia, *nc. liscia, ranno,* acqua bollente che passando per la cenere del bucato scende pel colatoio nel ranniere.

Litturino, *nc. leggio,* arnese su cui si poggiano i libri corali e le carte musicali.

Liùmi, *nc. legumi,* l'usa il volgo.

Livoria, *nc. trucco,* giuoco affatto simile al trucco ma l'anello di ferro e le palle sono assai più piccole. Sembra essere un giuoco introdotto dagli spagnuoli, poichè varie voci delle parti di esso sono spagnuole, solo che in Ispagna appellasi giuoco dell'argolla ed argolla è chiamato pur l'anello. Ecco la denominazione delle parti del giuoco **paletta**, dallo spagn. **palete**, pezzo di legno levigato con manico per spignere la palla — **cavo**, dallo spagn. **cabe**, è il colpo di palla contro palla che vale due punti se raggiunge la distanza donde comincia il giuoco — **nàccaro**, italiano *truciamento*, il cavar la palla dell'avversario con la propria dal suo luogo — **pònnere**, dallo spagn. **poner**, *accostarsi all'anello,* onde l'*id.* **ci ponn'lo sò doi,** cioè al principiar del giuoco chi gittata la palla questa entra nell'anello e rimane più vicino allo stesso anello di quella dell'avversario fa due punti — **culo**, la parte opposta dell'anello, quella d'avanti si dice **vocca,** *bocca,* — **disenza**, vale con vostra permissione, se nel mezzo del luogo ove corre la palla vi sieno persone — **sgallàre**, è il cominciare il giuoco due giuocanti, di questa voce ignorasi l'origine.

Livoria, *nc. staffa*, ferro ad anello conficcato nel muro in cui s'introduce l'asta alla cima della quale sventola una bandiera.

Lizzòsa, *np. Sassosa.* È un basso-fondo presso la punta di S. Vito nelle cui vicinanze evvi una torre con fanale per avvertire i naviganti a scanzarlo: der. dal greco λισσῶδς, *sassoso*. Strabone al libro 6.° parla di questo bassofondo.

Lòggia, *nc. terrazzino*, apertura all'esterno di un edificio sino al piano con ripiano sporgente e ringhiera di ferro: anche la ringhiera appellasi communemente *loggia.*

Lopa, *nc. castrimaḡia*, appetito smodato e voracità nel mangiare: la voce è traslata per similitudine dal lupo.

Losa, *nc. fama, rinomanza:* l'usa il popolo.

Lòtano, *petulanza*, seccatura continua.

Lucculàre, *vn. gridacchiare, rangolare, strillare.*

Lucculàta, *nc. bruscello*, gridacchiata propria di monelli.

Lùcculo, *nc. grido, rangolamento, strillo*, strido forte e acuto — *id.* **luccculanta furnarazza**, dicesi di donna che gridacchia a guisa di fornaio.

Luce, *nc. lume, lucerna*, arnese di terra cotta con becco entro cui si mette olio che inzuppando il lucignolo è atto ad accendersi e far lume.

Lucerna, *nc.* lo stesso che lume — *lucerna*, specie di pesce detto pure *pesce forca.*

Lucèrta, *nc. lucertola*, rettile noto *accr.* **lucirtòne**, *ramarro*, il lucertolone verde — *Prov.* **Tutti simi pisci diss'a lucerta**, *tutti siam pesci dissi la lucertola*, e vale l'ignorante o chi è nell'infimo grado di carica, professione od arte crede esser simile a chi é collocato ne'gradi superiori.

Lucèscere, *v.* **allucescere.**

Lucignàno, *np.* Contrada campestre al sud dell'odierna città a 14. Chilometri. Credesi fondatamente essere stata questa una villa di Licinio patrizio romano per una lapida sepolcrale ivi rinvenuta su cui vi erano incise queste parole

SEX. LICINI PRISCI

Lucigno, *nc. lucignolo*, più fili ritorti che si mettono nel lume o candele per accendersi e far lume *idiot.* **appènnere nu lucigno**, vale ripetizione noiosa e continua di una stessa cosa.

Lucirnàle, *nc. lucerniere*, arnese di terra cotta o di latta su cui poggiasi la lucerna.

Lucirnedda *nc. piccola lucerna* — al *pl. luminarie.*

Lueco, *nc. luogo*—**lueeò sarvo**, *bandita*, luogo di terra o di mare in cui è vietato cacciare, pascolare o pescare — *Prov.* **A lueco stritto ficchiti mmiinzo**, vale sapersi adattare nelle circostanze.

Luengo, *ag. lungo*, voce spagnuola.

Luffa, *nc. baja*, burla che si da altrui con grida confuse e fischi.

Lumàca, *nc. lumaca*, conchiglia marina univalve simile al *troco* (**caraquèro**) ma col guscio fragile e trasparente, ond'è la più vaga conchiglia. Simile alla terrestre ha due ordini di corna uno lungo l'altro corto.

Lumbrice, *nc. quadrone (t. mar.)* tenda di cannavaccio che ripara dal Sole il parapetto della nave: der. da ombra.

Lume ingrediente, *nc. abbaino*, specie di finestra che dalla parte superiore dell'edifizio dà luce all'interno.

Lutrino, *nc. fragolino*, pesce notissimo e comune.

Luvàto, *nc. lievito*, pezzo di pasta acìda che serve di fermento al pane.

Luzzo vocca d'oro, *nc. luccio*, pesce simile nel colore e forma all'aguglia ma senza il lungo pungolo; ha la bocca bianca trasparente orlata color d'oro e la lingua d'un gialletto oro.

M

maccarunàro, *nc. vermicellaio, pastaio*, chi fa o vende paste.

Maccarrùni, *nc. maccheroni, cannelloni*, paste lunghe delle seguenti specie — **maccarrùni di zita**, *fischi* sono lunghe e grossu — **virmicìddi**, *vermicelli*, lunghe e sottili — **tagghiarìddi**, *bavette, nastri, tagliatelli, tagliarini*, sono lunghe, strette, sottili e senza buchi — **fitìlini**, *capellini*, sottilissime e lunghe — **maccarròne** *met.* vale *sciocco* detto per cella — *id.* **tenèr'a cuscienzia com' a l' acqua di li maccarrùni**, *aver la coscienza maculata.*

Macchia, *nc. frittella*, piccola lordura di grasso sull'abito.

Macchiaròlo, *nc. smacchiatore*, chi svelle le macchie per farne fastelli da ardere.

Macènila, *nc. arcolaio, guìndolo*, arnese di canne spaccate o di liste di legno che si fan girare attorno ad un fusto piantato su d'un quadrato cubico di legno per isvolgere la matassa — *burbera*, macchina cilindrica de'muratori per mezzo della quale con cavi aventi due raffi in cima si calano e cavano sassi, si vuotano cessi, pozzi e simili — *debbio, (t. cam.)* abbruciamento di sterpi raccolti sul terreno per ingrassarlo.

Macènila cilòna, *beccalaglio*, giuoco fanciullesco consistente nello stare uno piegato sulle cosce di un altro che gli tien chiusi gli occhi; un terzo gli da un leggier colpo sul tergo e si rimette al suo posto in fila de'giuocanti che canticchiano la voce del giuoco movendo le braccia come se ravvolgessero una matassa. Il battuto si leva e prende uno sulle spalle e lo porta a chi sta seduto il quale gli domanda chi è costui, ed egli risponde, Vostro cavaliere; se indovina esser quegli che l'abbia percosso, gli si dice, portalo qui è lui, e questi si mette al suo luogo e quegli che lo portava occupa il suo e siegue il giuoco; se non lo indovina, ode dirsi, portalo indietro non e lui, e lo ritorna al suo posto e ricomincia il giuoco.

Machina, nc. *festone*, ornamenti a varii colori e intrecci che si fanno agli altari nelle feste solenni.

Maciddarsi, vnp. lavorare sino alla stanchezza — *idiot.* **maciddarsi a mamoria**, vale *bischizzare*, mettere a tortura il cervello.

Maciddo', nc. *ammazzatoio*, luogo ove si macellano le bestie: *met.* eccesso, fatica straordinaria — *id.* **maciddo di capa**, dolore acuto e forte di testa.

Macina, v. **Trappito**.

Maciniddo, nc. *mulinello*, *macinello*, macchinetta per macinare il caffè tostato.

Magghiàto, nc. *caprone*, animale ovino a cui son torti i genitali per ingrassarsi e macellare.

Magghio, nc. *maglio*, martello di legno.

Magghiòla, nc. *magliuolo*, *margolato (t. cam.)* tralcio di vite per piantarsi — *baccone*, il ramo d'albero che si pianta per radicare. Nell'uso toscano dicesi **majolo**.

Magghiùlo, nc. *maglietto*, pezzo di legno col quale i muratori battono i pavimenti lastricati con calce e tegola per assodarsi.

Magnòne, nc. *cacciapassere*, *spauracchio*, cencio nero ligato ad un fusto e piantato nel campo per impaurir gli uccelli.

Maippo, agg. di uomo astuto e furbo.

Maisia, mo. av. *Dio non voglia, non sia mai*.

Maistra, v. **vela**.

Maistrale, nc. *nautilo*, *argonauta;* è una conchiglia univalve bislunga a forma di navicella con la prora elevata: il guscio è vuoto e fragile di colore alabastrino perlato. Questo guscio è abitato dal polipo navigatore o nautilo che presso la bocca ha una membrana la quale spiega come vela alzando due delle sue delicate granfie e dà corso alla navicella. Quando è in pericolo o di esser balzato dalla tempesta o di esser fatto preda del pescatore balza fuori del suo burchiello al quale dà un urto e questo riempiendosi di acqua cala giù al fondo del mare ed esso pure in fondo si'rimpiatta fino a che cessato il pericolo si raccoglie di nuovo nel guscio e con un naturale sifone cacciando l'acqua risale a galla. Uscito sull'onda spiega come remi le otto granfie per equilibrare la navicella, equilibrata la quale ritira le granfie, stende la sua vela e riprende il corso. I pescatori tarantini l'appellano **malstrale** perchè suole intraprendere le sue navigazioni quando spira il vento nord-ovest o maestro. Questa conchiglia è mirabile e forse da essa l'uomo apprese l'arte di navigare.

Majàtico, a, *ag. grosso, pingue*—*majatica* appellasi communemente la specie delle sarde più grosse.

Majazino, *nc. magazzino,* luogo ove ripongonsi mercerie e vettovaglie; quello ove si ripone il grano dicesi prettamente *endica*.

Malacèra. *nc. guardatura bieca,* e volto infermiccio e, pallido.

Malagnàre, *in. malandare,* indietregiare in salute. L'usa il volgo.

Malalenga, *nc. detrattore,* chi misdice d'altrui — *Prov.* **è mègghi sta mman'a Corte ch'avè ce fa cu sta lenga,** vale, *è meglio cadere in mano della giustizia che sotto una lingua maldicente.*

Malancàre, *va. misdire,* malmena-

re la stima altrui; l'usa il volgo.

Malandrinaria, *nc. bricconata,* azione vituperevole der: da **malandrino.**

Malannàta, *nc. annataccia, carestia,* annata scarsa di prodotti della terra.

Malassurtàto, *ag. sfortunato, infelice, bersagliato,* parlandosi d'uomo.

Malaùrio. *nc. malaria,* cattivo augurio.

Male di mare, *nc. mareggiatura,* malattia per rovesci di stomaco cagionata dall'andare per mare su barca o nave.

Male di S. Dunàto, *nc. epilessia,* malattia nervosa per sospensione sensiva, accompagnata da forte convulsione che dicesi pure mal caduco. Agli epilettici nello stato convulso per farlo cessare sogliono i segretisti mettere in mano una chiave.

Malcliddo, *nc. cachessia,* forte convulsione ai bambini onde gialliscono. Le donne superstiziose usano una pietra variopinta detta *garamantite* o *diaspro sanguigno,* ponendola sull'omero e la cangiano di sito ogni 24. ore, credendo tal mezzo essere efficace a togliere quel malore.

Malimèntere, *va. maltrattare,* intimorire: l'usa il volgo.

Malòmbra, *nc. versiera,* voce che

usano le donne per far paura ai bambini.

Malvaròsa, *nc. alcea, altea,* erba gentile ed odorosa.

Mamma, *nc. madre,* fondaccio del vino e dell'aceto — **mamma di graffini,** *menide,* pesce piccolissimo appellato per celia dai pescatori madre di delfino ch'è pesce grossissimo — *v.* **Trappito.**

Mammàra, *nc. levatrice,* donna che leva i bambini nascenti.

Mammarànna, *nc. ava,* la madre di uno de'genitori di alcuno.

Mammòccio, *nc. bamboccio,* piccola figura umana di cenci o legno per balocco de'bambini: se questa figura si muove per mezzo di fili o suste dicesi *marionètta:* le figure poi di pietra che sostengono cornici o altro negli edifizii diconsi *cariatidi.*

Mamòzio, *nc. gatto (t. mar.)* legno di quattro braccia che si usa nella piantagione de' pali ne'serbatoi de'frutti di mare — *mocca,* pezzo di legno cilindrico con quattro manovelle che si adopera come argano per tirare a terra la nave di cui fa parte il **miùlo,** *fuso,* altro pezzo tondo di legno a cui si ravvolge la fune; la **coscia,** *tornicolo,* altro pezzo che facilita i movimenti; la *puleggia,* grossa carrucola in cui passa la gomena, e il **taglio,** *traverso,* altro pezzo dell'argano.

Mancatòra, *v.* **criscitòra.**

Manco, *avv. neppure.*

Mancrèo, *ag. lanternuto,* di uomo lungo, magro e sciocco.

Mandra di puerci, *nc. bime,* quantità di maiali che vanno insieme che in dial. dicesi pure **morra** *v.*

Manganiddo, *nc. madia,* specie di tavoliere su cui si manipola il formaggio — macchinetta di legno che separa il cotone grezzo dai suoi semi.

Mangiàta, *nc. desinata,* scorpacciata abbondante di vivande — *id.* **fare na mangiata,** passare una giornata in allegra compagnia desinando insieme e lietamente.

Mangiatòra, *nc. greppia,* luogo nella stalla in cui si mette il cibo alle bestie — *idiot.* **star' a na bona mangiatora,** vale esser ben collocato in lucroso ufficio o a buon servizio ne'palagi.

Mangiòne, *ag. diluvione, parassito,* chi mangia molto.

Manica, *nc. maniglia, capitello,* il manico della sega — *ansa,* delle brocche, coppi e simili — come parte della chiave, *v.* **chieia.**

Manicazia, *nc. sogno funesto;* l'usa il volgo.

Mànice, *nc. mantice, soffietto,* arnese di pelle usato da'ferrai, orefici ed altri artefici che soffiando accendono il fuoco.

Maniglia, *nc. cornacchia*, battitoio della porta che serve per picchiare e per tirarla a se chiudendola.

Manilòne, *nc. tovagliuolo, salvietta.*

Manimmersa, *nc. manrovescio*, colpo dato col rovescio della mano.

Manipuio, *nc. manovale*, garzone di muratore.

Manirosse, *nc. scaldamano*, giuoco fanciullesco col quale si alternano le mani una sull'altra che cacciandosi ad una ad una di sotto si batte quella ch'è sopra e così di seguito.

Manisciarsi, *vnp. affrettarsi*, sbrigarsi tosto da faccende o altro.

Mannagghia, *interp.* d'imprecazione che vale *male abbia.*

Mannèse, *ag. sciocco.* Questa parola è qualificativa di pescatore der. da un Mannese sciocco pescatore il cui nome passò in predicato.

Mannucchiàro, *nc. cavalletto*, piccola massa di covoni prima di abbarcarsi.

Mannucchio, *nc. covone, manella, gregna*, il fascio delle messi secche.

Manta, *nc. liena*, coltre di lana grossa — **manta a campana**, *nc. crona (t. mar.)* macchina per caricare e scaricar le navi.

Mantagna, *nc. rezzo*, luogo fresco riparato dal Sole.

Mante, *v. sarsiame.*

Mantéca, *nc. butirro, burro*, crema di latte chiuso in borsa di cacio di bufala.

Mantecàto, *nc. sorbetto*, liquido congelato d'acqua, zucchero, agro di limone o altro e dimenato nel vaso.

Mantiiddo, *nc. mantello*, sopravveste grossolana con bavero e senza maniche di cambellotto ruvido in dial. **canodda.**

Mantisino, *nc. contramantice*, è la copertura che si mette innanzi sul calesse — *parafango*, è poi quello d'avanti che custodisce le persone dalla pioggia e dal fango — *grembiale*, pannolino che portano cinto alla vita le donne: der. dall'italiano *avanti seno.*

Manuedda, *nc. manovella*, leva *(t. mar.)* stanga per sollevar pesi sulle navi.

Manùio, *nc. manicotto, manichetto*, arnese donnesco per custodire le mani dal freddo.

Manutènola, *nc. manecchia, (t.cam.)* legno dell'aratro ove poggia la mano.

Manùto, *agg.* di chi è solito menar le mani percuotendo altri.

Muppa, *nc. tirafondo*, strumento curvo di ferro dei bottai per tirare il secondo fondo, simile al cane ma senza manico di legno.

Mappàta, *nc. fardello, soffoggiata*,

massa di robbe ravvolte in un panno e ligata per portarla altrove.

Mappina, *nc. canovaccio*, pezzo di tela grossa per lo più di canapa ad uso di spolverare o per cucina — *met.* donna lurida.

Mappino, *nc. manrovescio.* forte percossa col rovescio della mano sulla faccia.

Mara, *interp. guai*, unito ad un pronome come **mara me** vale *povero me.*

Maràngia, *nc. melarancia*, frutta del melarancio, **maràngia rizza**, *nc. cetrangolo*, *melangola*, frutta del melangolo.

Marangiàna, *nc. molignana*, *melanzana*, *petronciana*, specie di frutto a borsa color viola, che si usa per minestra.

Marangito, *nc. melaranceto*, luogo pieno di melaranci.

Maravuétto, *nc. rana*, *ranocchio*, animale che vive nelle paludi. Una metamorfosi si osserva nella rane che appena nate sono veri pescicoli appellati *girini*, *capoccioni* o *padellacci* e respirano per le branchie, cresciuti si trasformano in animali, cacciano le zampe e chiuse le branchie respirano pe'polmoni.

Mareàto, *ag. a buon mercato*, a prezzo discreto.

Mareo, *nc. corvo*, uccello agreste.

Marcinèse, *agg.* di avaro, onde l'*id.* **spaco marcinèse** vale *avaraccio.*

Marcoffo, *nc.* Con questa voce il volgo intende le macchie della Luna rappresentanti un deforme viso umano, e l'usa per ingiuria — *Prov.* **simile cu simile dice Marcoffo**, che vale, ognuno cerchi chi gli sia di pari condizione, e s'adduce l'autorità d'un ideale.

Maremàscio, *nc. mar grande*, così vien distinto il mare esteriore dal piccolo, der. dal lat. *mare maius.*

Marèna, *nc. amarino*, *amarasca*, *agriotta*, frutta simile alla ciliegia ma agra.

Margiàle, *nc. manica*, ed è della zappa e marra der. da marra.

Margiàta di viinto, *nc. rubbolata*, *(t. mar.)* l'abbaruffarsi del mare quando si mette in burrasca: che in dial. dicesi **vugghiare**, *rubbolare.*

Mariamàgna, *nc. gazzarra*, l'ultimo sparo strepitoso de' fuochi artificiali.

Mariòla, *nc. ladra*, la tasca presso il petto nell'interno del vestito.

Mariuneliddo, *nc. traforello*, *ladruncolo*, piccolo ladro.

Marmisola, *nc. meletto*, specie di aringa molto piccola che si pesca nel mar di Livorno.

Marmo, *nc. marmotta*, ceppo di marmo su cui i calzolai battono le suole.

Marogghia, *nc.* conchiglia bivalve simile all'ostrica ma molto più piccola, è detta così dal disgustoso suo sapore amarognolo. Si attacca tenacemente alle valve delle ostriche e muscoli e con una tromba che caccia dal centro della sua valva anteriore perfora sottilmente quella della conchiglia cui si è attaccata e ne sugge la sostanza onde quella dimagrisce.

Marplòne, *agg. astuto. malizioso.*

Marrazzo, *nc. mannarola*, strumento di ferro de'bottai per isgrossar le doghe, maneggiabile con una sola mano.

Martiiddo, *nc. martello*, strumento di ferro con manico di legno per batter chiodi.

Màrvula, *nc. malva*, erba medicinale comune ne'campi.

Marzaróla, *nc. arzagola*, uccello d'acqua di cùi si fa caccia in Marzo donde il nome.

Mascia, *nc. magia, malia, facimola*, pretesa arte di fare incantesimi, e **masciàro** vale *mago, stregone.*

Masciàre, *vn. arroncare (t. cam.)* der. da maggio il toglier le erbe da'campi e da'vigneti che si fa in detto mese, onde l'operazione dicesi in dial. **mascia** e **masciatùra.**

Màscio, *np. maggio*, nome di mese dal lat. *maius.*

Mascio. *nc. maschio*, ogni animala di sesso mascolino.

Masco *v.* **nzirragghia.**

Mascòne, *nc. ganascione*, colpo dato con màno aperta sulla guancia. L's, suona come il ch, francese.

Massa, *nc. lasagna*, pasta casalinga assottigliata col matterello e tagliata a lunghe liste per minestra.

Mastagghiuto, a *agg.* di persona ben tarchiata e vigorosa.

Mastrillo, *nc. trappola da topi.*

Matafóne, *nc. ingombro*, cosa che occupa molto spazio o volume, l'usa il volgo.

Matafùni *v.* **Sarsiame.**

Matassa di viinto, *nc. remolino, scionata*, nodo o gruppo di venti che atterisce i marinai.

Matassàro, *nc. aspo, naspo, bindolo*, è un pezzo di canna lunga poco più di un metro avente agli estremi conficcati due piuoli sul quale si forma la matassa donde il nome.

Matèra, *nc. madiere, (l. mar.)* matera è voce antiquata; ciascuno de'pezzi medii delle coste che insieme formano il fondo della barca, essi sono innestati nella chiglia ad angoli retti onde son paralleli tra loro.

Matrèia, *nc. madrigna,* la moglie del padre di uno o più figli con la moglie premorta.

Matrieóne, *nc. isterismo,* male di utero nelle donne.

Mattaredda, *nc. tafferia,* vaso di legno simile ad un bacino.

Mattòne, *nc. ambrogetta,* quadrello di marmo o terra cotta per coprir pavimenti; i quadrangolari sottili di terra cotta diconsi *quadrucci;* i più grandi e quadri, *quadroni.*

Mattunàta, *nc. mattonato e ammattonato,* è quello fatto con le ambrogette in piano — **mattunàta a tagghio,** *ammattonato a coltello.*

Maulòne, *nc. simulatore,* uomo finto.

Maurizio, *nc. regolizia,* liquirizia.

Mazzamurra, *nc.* quantità di fanciulli plebei.

Mazzaredde', *nc. bacchette,* son quelle con cui si batte il tamburo.

Mazzariddo, *nc. lisciapiante,* pezzo di legno col quale i calzolai lisciano le piante.

Mazzàta, *uc. bastonata,* vale pure colpo di coltello — al pl. *rissa.*

Mazzetta, *nc.* piccola mercede che danno gli artefici ai fattori, o garzoni per servizio prestato.

Mazziàta, *nc. bastonatura, carpiccio.*

Mazzicàre, *va. masticare,* il frangere il cibo o altro co'denti.

Mazzicatùro, *nc. frenello,* strumento de'maniscalchi che si mette in bocca alle bestie per fare uscire sangue e bava affin di scaricarsi la testa.

Mazzière, *nc. ramarro,* chi dirige l'ordine nelle processioni.

Mazzo, *nc. cunzia,* fascetto d'erbe odorose, e *cunziera* è il vaso in cui si mette — *agg. magro.*

Mazzòla, *nc. mazzapicchio,* strumento de'bottai per istringere e fermare i cerchi.

Mazzòne, *nc. ghiozzo, merluzzo,* sorta di pesce comune.

Mbracchio, *nc. ombracolo, frascato,* copertura fatta di frasche in luogo aperto.

Mbriacàre, *va. avvinazzare* — *np. ubbriacarsi.*

Mbriaco, *agg. ubbriaco, avvinato, avvinazzato,* der. dallo spagnuolo **embriago** — *id.* **scer'a uegghio,** *essere ubbriaco* — **omo di vino clint'a carrino,** *ogni cento ubbriachi un carlino,* cioè che l'ubbriaco nulla vale.

Mbruègghio, *nc. imbroglio,* disordine confuso di cose, talvolta con inganno e frode.

Mbrugghiàre, *va. imbrogliare,* il tramare una frode — *ravviluppare,* de'fili della matassa — metter sossopra e senza ordine le cose.

Mbrugghiòne, *nc. imbroglione, mestatore.*

Mbrumma, *nc.* voce che esprime il dare a bere a'bambini.

Mbruscinàre, *vn. ammuffire,* dicesi di frutte che infracidandosi si cuoprono esternamente di una patina bianca e polverosa.

Mburracciarsi, *vnp. abborracciarsi,* ubbriacarsi, der. dallo spagnuolo **emborrachàr.**

Mea, *agg. poss. mia,* dal lat. *mea.*

Mele, *pron. me,* la sillaba aggiugnesi per paragoge, e la voce usasi pure in Toscana.

Melàna, *nc. inghiostro,* liquido nero della seppia e del totano contenuto in una borsetta: deriva dal greco μελαν, *nero.*

Melinfante, *nc. berlingozzo,* vivanda fatta di fior di farina intrisa di uova e quindi tagliuzzata per far minestra.

Melissa, *nc. appiastro,* erba odorifera.

Melòta, *nc. scardafone , piattola,* specie d'insetto nero, molle e schifoso.

Menàlda, *nc. degagna (t. pisc.)* rete lunga e larga da pesca.

Menna, *nc. mammella, cizza,* poppa della femmina d'ogni animale.

Mentàscina, *nc. mentastro, incensaria,* menta selvatica.

Menza, *nc. mezzina,* brocca per vino della misura di dieci litri, ed il vino stesso di tal misura.

Menzadìa, *nc. mezzogiorno,* l'ora della metà del giorno.

Merco, *nc. frego,* cicatrice che rimane d'un taglio sul corpo umano, *v.* **stacchie.**

Mèrula, *nc. mergo, merlo,* uccello noto.

Mesàle, *nc. mappa,* tovaglia della mensa.

Mescapesca, *nc. mescolamento, intramischianza,* miscela di cose, propr. di vivande ed usasi per dispregio. Le due s, hanno il suono del ch, francese.

Mèsole, *np.* È il nome di una contrada nell'agro tarantino posta in alto piano. La parola è composta dalle due voci siriache **mes,** *piano,* ed **olam,** *alto,* quasi *piano alto.*

Mestitòra, *nc. federa,* guscio esterno del guanciale.

Mestro, *nc. capo artefice* — **mestro d'ascia** — *nc. legnaiuolo, falegname* — *Prov.* **opra pare mestro,** vale l'artefice si conosce dall'opera sua.

Mestro, *nc. sussi,* giuoco fanciullesco che consiste nel porre tesa una pietra detta **mestro** e prett. *sussi* col denaro sopra; i giuocanti tirano con lastrine pur di pietra da una distanza designata. Colpita la pietra, il dena ro caduto si vince da que'·che hanno le loro lastrine più vicino alle monete, e queste se son più d'appresso al sussi si ricomincia il giuoco.

Meta, *v.* **Pignone.**

Miarsi, *vnp.* *incamminarsi*, mettersi in via, partirsi da un luogo.

Miàta, *nc.* *avviamento*, l'atto del mettersi in via — *met.* principio di operazione.

Micclo, *nc.* *miccia*, pezzetto di fune intrisa di nitro per accendere i fuochi pirotecnici — *met.* **met. ter'u micclo**, *suscitare* o *promuovere dissensione.*

Miculecchie, *nc.* *manicaretti*, bocconcini appetitosi, l'usa il volgo.

Midodda, *nc.* *cervello, ingegno* — *id.* **manglars'a midodda**, *discervellarsi*, mettere a tortura il cervello. Il volgo dice **mirodda.**

Miinzo punto, *v.* **Cosere.**

Mildico, *nc.* *medico*, chi professa l'arte salutare — *Prov.* **Piscia chiaro e fa a fica a u mijdico**, corrisponde al proverbio toscano, *chi piscia chiaro ha in tasca il medico*, e vale adempi al tuo dovere e non aver temenza. La ragione di ciò si è che come le urine torbide sono indizii d'infermità, come di sanità le chiare, in questo caso non si ha bisogno del medico.

Milaulo, *v.* **Quecciolo.**

Miinzmarinàro, *nc.* *arpione*, *(ter-*

mar.) asta lunga con ferro curvo in cima per afferrare la barca·

Milògna *nc.* *tasso*, animaletto selvatico la cui carne è sa pidissima, e' peli assai ricercati per la morbidezza donde si fanno spazzole e pennelli da barbiere.

Milòne, *nc.* *cocomero, anguria*, sono que' d'acqua; *mellone*, *popone* que' di pane ; quello poi che ha forma di una mela dicesi *melopopone*.

Miilutarsi, *gnp.* *voltolarsi nella polvere*, è delle bestie: *starnazzare* de' polli — *id.* **mò si milùta**, dicesi di chi è in atto di piegarsi all'altrui volere, od in circostanze consimili per celia.

Minchiunitàte, *nc.* *ignoranza di mente*, usata in astratto è collettiv a di tutti gl' ignoranti — *Prov.* **Pòvir'e minnicà è a filusufia, ricc' è pumpòs'a minchiunitate**, vale *i dotti son poveri, gl'ignoranti ricchi.* L'usa il volgo.

Minezza, *nc.* *minaccia*, è voce del volgo.

Minghiariiddo, *nc. (t. mar.)* verme marino che serve di esca nelle pescagioni — *v.* **Pizzamarina.**

Minghiata, *nc. trappoleria, frode, burla solenne.*

Minghiuèzzolo, *v.* **Pizzamàrina.**

Min min tòn tòn, *id.* voce di armonia imitativa del suono di campane nella morte de' poveri.

Minnedda, *nc. piccola mammella,* ma usasi in senso traslato e vale fonte di doni e favori che uno ritrova in altrui e ne profitta.

Minòscla, *nc. frugaglia,* pesce minutissimo in massa; la quale massa se è di sarde minutissime dicesi *paraso* o *parazzo.*

Minnòcchio, *nc. monocchio,* chi ha un sol occhio.

Minzàna, *v.* **Vela,**

Minzùddo, *nc. moggio,* misura delle vettovaglie e civaie, dicesi pure dell'estensione eguale a quattro stoppelli pari a circa 34. are.

Miodda, *v.* **Rota.**

Mircurèdda, *nc. marcorella,* pianta medicinale purgativa. *met.* tremerella per timore concepito.

Mirènna, *nc. merenda,* piccola refezione che si dà ai fanciulli.

Mirviràto, *np. Inverberato,* suono di campana e messa quotidiana mezz'ora prima del mezzodì per legato della famiglia Inverberato al Capitolo tarantino.

Misarùlo, *agg.* di operaio a paga mensile deriva dallo spagnuolo **mesero.**

Miscitàta, *nc.* specie di focaccia che si fa la vigilia dell'Immacolata.

Missère, *ag. stupido,* dicesi per cella — *id.* **fare missère a uno,** *trappolarlo.*

Misso, *nc.* **pentolata,** quantità di legumi da potersi ben cuocere nella pentola.

Mistèrie, *nc.* impertinenze fanciullesche.

Miùlo, *v.* **Mamozio.**

Mizzòne. *nc. mozzicone,* residuo di sigaro — *greppo,* vaso di terra cotta in cui si mette l'acqua per le galline.

Mmasciatàra, *agg. relatrice,* di donna che porta imbasciate.

Mmasto, *nc. basto,* bardatura che si pone alla bestia per portare la soma.

Mmera, *prepos. verso, circa.*

Mmocca mmocca, *mo. avv. essere nell'armeggiare,* parlandosi di cosa che non si ricorda e si dice tenerla sulle labbra.

Mo, *v. dif. dà quì,* usasi quando uno riceve una cosa — È pure *avv.* di tempo e vale *ora,* raddoppiato **momò,** vale *in questo momento,* usasi pure **mone** e vale *adesso.*

Moddo, a, *agg. molle.*

Mofa, *nc. ubbriachezza,* — *id.* **mofa sbruvignàta.** *ubbriachezza completa.*

Mògghia, *nc. fanghiglia, moia, mota,* fango liquido; se è duro dicesi *fango,* met. cosa vile e di niun conto.

Molafòrbici, *nc. arrotino, arrola-*

tore, chi affila forbici, coltelli ed altri ferri sulla cote.

mònaco, *nc. colatoio, torcifeccia*, arnese per colare il vino dalla feccia; le sue parti sono un lungo palo, una fune per tener sospeso il colatoio, un sacco in cui si versa la feccia col vino mescolato che prett. dicesi *cola* o *calza*, ed un tinello *brenta* a forma di cono tronco entro cui percola il vino dal sacco: il vino percolato dicesi in dial. **chiaríddo**, e l'uomo che esercita tal mestiere **munaciàro**, prop. *brentatore*.

mòngere, *va. molgere. mugnere,* lo spremere il latte dalle mammelle delle femmine degli animali — *met.* carpire destramente e a poco per volta — *Prov.* **A bona monge a trista ponge,** vale la parola buona smorza l'ira, la cattiva l'accende.

Monte di li queccili, *np. Fontanella,* piccola spiaggia di mar piccolo colma di frantumi di murici ivi accolti sin dall'antichità sotto il giardino dell'ex Convento degli Alcantarini, e son quelli stessi da' cui frutti gli antichi ricavarono la porpora, nelle adiacenze del qual luogo erano le officine.

morbo, *nc. moriccia,* quantità mista di terra e pietre uscita da' fabbriche disfatti.

Moria e morga, *nc. morchia, morcia,* la feccia dell'olio, der. dallo spagnuolo **morga.**

Morra, *nc. gregge,* quantità di pecore, capre o maiali uniti.

Morselle, *nc. morsetti,* arnesi d'orefice che stringono i metalli lavorati per limarli, forarli o segare: le parti stringenti diconsi *ganasce.*

Mosca, *nc. beco,* insetto che rode le ulive.

Moscatella, *v.* **Sarpa.**

Moscia, *nc. mosca,* insetto molesto — *cocca,* bottoncino metallico in cima al fuso — *id.* **moscia fuso,** scocca il *fuso,* ingiuria a donna sfaticata.

Mostra, *nc. saggiuolo,* piccol fiasco o boccettina in cui si porta il vino per mostra perchè altri ne faccia il saggio. Quello dell'olio in dial. dicesi **campióne**—*telaio maestro,* sono tre larghe liste ad angoli retti posti d'intorno alla bussola, ingangherato un solo lato per chiudere o aprire.

Mpacchiare, *va. imparare a mente,* dicesi di lezione o altro.

Mpacchiarsi, *vn. ubbriacarsi* usasi per celia.

Mpagghiatùra, *nc. amenorrea,* malattia delle donne che han partorito.

Mpamo, a, *ag. infame, birbo: accr.* **mpamóne.** *birbaccione,* l'usa il volgo.

Mpapucchiàre, *va. infinocchiare,*

burlare, persuadere alcuno con ciarle.

Mpassulàto, *ag. dacchiume*, aggiunto di uve semi appassite per far migliore il vino.

Mpiciiàto, *ag. sudicio, grommato* — *id.* **tinto e mpiciiàto**, vale *grommato di lordura*.

Mpign' a *prep. comp. sino a*, l'usa il volgo.

Mpigna, *nc. tomaio*, parte della scarpa che cuopre il collo del piede; der. dal francese **ampègne**.

Mpiirna mpiirna, *mo. avv. opportunamente*, l'usa il volgo.

Mpirnacchiàre, *va. frodare*, il dar robba cattiva per buona.

Mpizzarsi, *vnp. introdursi ne' fatti altrui* — *id.* **mpizzare l'uecchi**, *adocchiare*, e vale desiderare una cosa.

Mpizziricio, *avv. in cima, a perpendicolo*, e dicesi di chi trovasi moralmente o fisicamente in pericolo.

Mpodda, *nc. bolla, boccia*, vescichetta alla pelle o per umori o scottatura.

Mposta, *nc. stroscia*, corso d'acqua nelle dirotte piogge il cui rumore dicesi *stroscio*.

Mprenàre, *va. fecondare, impregnare*, der. dallo spagnuolo **emprenar** — *met.* seccare alcuno con ciarle.

Mpriisto, *nc. prestanza*,—*id.* **fare**

nu mpriisto, prestare alcuna cosa gratuitamente e con restituzione; quando si fa con frutto dicesi *mutuo*, e' frutti poi *interessi*.

Mpusimàre, *va. insaldare*, dar la salda ai pannilini.

Muaft, *avv. spracche*, onomatopea di chi imbocca voracemente e poi riapre la bocca che dicesi pure *ingolfo*.

Muccàre, *va. rovesciare*, il far cadere vasi, sedia o il piegarli — *rimboccare*, il porre un vaso con la bocca in giù.

Mucchio, *nc. stipa, fastello*, pianta legnosa da ardere.

Muccicuerno, *nc. nifo, niffolo*, viso collerico, onde l'*id.* **tener'a muccicuerno**, corrisponde all'italiano *fare il niffolo*, cioè mostrare il malcontento in viso.

Mucco, *nc. muco, moccio*, umore denso che percola dal naso; quando si tira sù, l'atto dicesi in dial. **surchiàre**.

Mucculo, *nc. moccolaia*, il fungo che fa il lucignolo acceso — *bioccolo*, è la cera che colando si condensa in faccia alla stessa candela.

Mucculòne, *ag.* di uomo balordo.

Muccùso, *ag. moccioso, moccicoso*, chi è imbrattato di moccio, e *met. balordo*.

Mucitàre, *va. lordare, inzavardare*,

commaculare, macchiare, assozzare, insudiciare.

Mucitazza, *nc. bagascia*, donna lurida — *id.* **mucitazza di li jatt'e di li cani**, dicesi per ingiuria a donna laida.

Mucitia, *nc. loia, lordura, catarzo, sudiciume;* in senso morale cosa indecente — *cerume*, lordura delle orecchie.

Mucito, *ag. lordo, sporco; accr.* **mucitòne**, *guitto, scialto*.

Muddica, *nc. molsa, midolla, mollica*, la parte del pane sotto la scorza, e la carne senza le ossa.

Muddicola, *nc. bricia, briciola, mica*, minuzzoli del pane che cadono mangiando o fettandosi o grattuggiandolo; der. da molecola — *id.* **fare muddicole muddicole**, vale *amminutare, stritolare,* e dicesi di qualunque cosa si riduca in minuti pezzi.

Muddisco, *ag. molliccio, premice*, dicesi di frutte il cui guscio legnoso può frangersi con le mani.

Muento, *nc. unguento*, voce del volgo.

Muèro, *nc. modo, maniera, garbo,* l'usa il volgo.

Muerso. *avv. poco*, quasi un morso.

Muerto, *ag. morto*, voce spagnuola — *id.* **spiritùs'e muerto di fame**, vale *superbo e pezzente* —

stare chiù muerto ca vivo, *temere fortemente*.

Muèrvolo, *nc. molo di mare; met.* il moccio denso che percola dal naso, quasi piccolo morbo — *id.* **appenner'u muervolo**, vale esser di volto mesto.

Muezzico, *nc. morsicatura, morso, morsecchiatura*.

Mumitòne, *nc. labiatà, musone*, colpo nelle labbra col dorso della mano.

Mugghièra, *nc. moglie, mogliera*.

Muggiacco, *nc.* fango liquido nelle vie in gran copia — acqua molta gitlata nella stanza.

Mugnili, *nc. broccoli*, specie di cavoli — *id.* **tenere li mugnili**, vale *essere schifiltoso*.

Mugnilùso e mugnilòsa, *ag. schifiltoso, a*, dicesi di chi sempre si lmenta anche per poco.

Muliddo ed al *pl.* **muliddiri**, *nc. mela*, frutta del melo.

Mulinàro, *nc. mugnaio, pistrinaro*.

Mulino, *nc. molino, centimolo, pistrino*, macchina da macinare il frumento. Le sue parti sono la **rota**, *rubecchio*, è quella dentata — **rutiddo**, *tentennella*, parte della ruota che mette in moto la macina — **tramoscia**, *tramòggia*, cassetta di legno da cui scende il grano nella macina — **larapiddi**, *nottole*, due pezzi di legno che tengon ligati con cordicina altri pezzi di ferro i quali cadono finito il grano nella tramoggia — **palo**, *caviglia*, asta di ferro che fa girare la tentennella e la macina — **arvulo**, *stile*, grosso albero verticale che girato da un asta orizzontale in dial. **sciugo** per mezzo dell'animale mette in movimento la macchina — **ponti**, *balzuoli*, due legni orizzontali bistondi entro cui gira lo stile. . .

Mulletta, *nc. erro*, ferro a molla cui si raccomanda la secchia sui pozzi.

Mullettòne, *nc. stile*, arma insidiosa e lunga oltre la misura.

Mulo, *nc. bastardo, dim,* **mulacchiddo**, ed *acc.* **mulacchiòne**, appellativi di dispreggio a chi non è nato legittimamente.

Mummile, *nc. fiasco*, vaso di creta rustica non invetriato simile alla boccia nella forma per uso di acqua e di latte. Il rumore che fa il liquido uscendo dicesi prett. per armonia imitativa *glò glò*.

Mumriàle, *nc. memoriale*, supplica in iscritto.

Munacedde (fare li), *va. diloccare*, il separare il grosso della trebbiatura nel ventolarsi.

Munaciàro, *v.* **monaco**.

Muniglia, *nc. brusta*, tritume di carbone.

Munnàre, *va. mondare, diradare,* allargar le piante erbe o frutti quando son folti perchè crescano meglio.

Munnatùra, *nc.* atto del diradare le piante — *porriggine*, forfora che si forma sulla testa de' bambini.

Munno, *nc. mondo, met.* quantita straordinaria di cose detto iperbolicamente — *id.* **u munno d'osci**, *il mondo d'oggi*, e vale i costumi di oggidì, i tempi che corrono — **nu munno**, *avv. assai.*

Muntivàta, *nc. nominata, fama,* ed usasi con gli aggiunti **bona** o **mala**.

Muntòne, *nc. ariele*, il maschio della pecora — **muntòne d'alica**, *nc. tassone*, gran cumulo d'alghe ed altre piante marine che si radunano nelle rive o nelle secche — *macca*, mucchio di cose vendibili e mangerecce — *masiera* o *mora*, massa di pietre, la quale se si fa ne' campi dicesi *macia*, al *pl.* **mintoniri**, negli ultimi due significali dicesi pure in *dial.* **rimintòne**.

Muràle, *nc. corrente*, pezzo di trave segato per lungo che serve alle impalcature.

Muràta, *nc. discolato, (t. mar.)* parapetto della nave detto pure opera morta; il parapetto fatto di vele vecchie ed altri vecchi attrezzi per difendersi da qualche assalto nemico dicesi prop. *paglietto.*

Murciaàra, *nc. berghinella,* donna plebea e di mala fama, e dicesi per ingiuria.

Murèna, *nc. morena,* sorta di pesce della famiglia delle anguille, variopinto e senza squame: credesi anfibio e che s'accoppii ai serpi. La morena dà la caccia al polipo situandosi ad arco stretto di cerchio ed esponendo la sua coda in faccia allo scoglio ov'è il polipo, questo la stringe con le sue granfie ed allora la morena si lancia sù, e co' denti a foggia di sega taglia e si mangia le granfie.

Murièta, *nc. sgabuzzino, tugurio,* stanza stretta e meschina; l'usa il volgo.

Murère, *vn. morire.*

Murimàggio, *np.* È una contrada campestre al nord dell'odierna città ov'erano le mura maggiori della prima città come la parola lo dimostra *muri maiores.* Questa fu la città distrutta dagli Spartani. *V.* **Tara.**

Murra, *nc. mora,* giuoco fra due o più persone con cui alzando le dita di una mano e profferendo ciascuno un numero si cerchi indovinarlo per vincere.

Murréttie, *nc. lezii, fastidii,* atti fastidiosi e dispiacevoli.

Murritilùso, e **òsa** *agg. fastidioso, a.*

Murrutto, *np.* Questa voce scritta a capo di una via declive e a scaglioni per la quale dalla parte superiore della città si scende alla via sottoposta detta di Mezzo è composta da muro rotto. Anficamente il punto ove successe il taglio era in linea delle mura della rocca dal lato orientale, poichè tutto il di sotto era mare e fu terrapienato per decreto dell'imperatore Niceforo affin d'ingrandirsi la città. E per farsi le communicazioni con la parte sottoposta convenne romper le mura in punti diversi dando a' diversi sdruccioli la sua denominazione una delle quali è **murrutto** *v.* **pistervula.**

Murtaccìna, *ag. morticina,* è la carne di pecora morta ma non uccisa.

Murtàle, *nc. mortaio,* arnese di pietra o bronzo in cui si batte col pestello in dial. **pisatàro** *v.* Il piccolo mortaio di legno dicesi *baciocolo.*

Murtedda, *nc. mortella, mirto,* pianta selvatica le cui coccole diconsi *mirtilli* dalle quali cavasi un olio essenziale.

Murtière, *nc. terriccio,* concio macero di poca calce e molta terra stemperata con acqua, der. dal francese **mortier.**

Murtificarsi, *vnp. per met. amoreggiare* senza esser corrisposto ed usasi per dileggio.

Murtòre (sonare a) *vn. dindonare,*

il suono della campana quà e
là a distesa.

Murviddo, *nc. morbillo*, malattia
de'bambini simile al vaiuolo —
murvidd'acquaròlo, *morbiglione, varicella.*

Murvulòne, *nc. moccione*, grosso
moccio detto per celia.

Musaròla, *nc. cavagno*, arnese che
si mette alla bocca delle bestie
per impedir loro di mangiare.

Muscagghiòlo, *nc. moscerino, moscherella*, piccolissimo insetto volatile.

Muscatiddòne, *nc. alamanna, se-
ralamanna*, una bianca, grossa
e dolce simile alla moscadella.

Muscatiddo, *nc. moscadella;* uva
e vino che ha sapore di moscado.

Mùscere e **musciàre**, *vn. muggire,
mormorare*, ma usasi spesso con
la negazione **no**, e vale chi non
si duole nelle contrarietà, onde
l'*id.* **no rusce e no musce**, *non
rugge e non muggisce*, voce traslata dal sordo rumore di certi
animali.

Muschèra, *nc. moscaiuola*, arnese
di ferro filato e sottilissimo a
forma di un emisfero con cui
cuopronsi le vivande o le frutte
per custodirle dalle mosche.

Muschillo, *nc. moscione*, piccolo
insetto alato che nasce dal fermento del mosto.

Mùsciàre, *v.* **muscere**.

Musco, *nc. omero*, parte del corpo
umano sulla spalla su cui si portano pesi, al *pl.* **moschiri**. L's
suona come il ch, francese.

Musiliro e **musilièra**, *ag. ficcanaso, soppottiere*, dicesi di chi
va indagando i fatti altrui per
sola curiosità.

Musiamiinto, *nc. curiosità*, di sapere o d'ingerirsi ne'fatti altrui.

Muso, *nc. labbro* — **muso di puerco**, *grifo, grugno* — *id.* **portar'u
muso**, *portare il broncio* — **metter'u muso**, *intrigarsi ne'fatti
altrui* — **A mùs'a muso**, *mo. avv.
in molta vicinanza.*

Mustazza, *nc.* *barba de'muscoli*
(**cozze nere**).

Mustazzo, *nc. mostacchio, musta-
chio*, pelo lungo che copre il
labbro superiore — *id.* **cosa c'u
mustazzo**, *cosa co' fiocchi*, *eccellente.*

Mustazzòne, *nc. mostaccione*, colpo di manrovescio sul mostacchio.

Mustazzuèlo, *nc. mostacciuolo*, dol
ciume di farina, zucchero, mandorle trite e cannella.

Musto, *nc. mosto*, vino nuovo spremuto dalle uve non ancora spoglio del sedimento. Quello che
cola spontaneo dalle uve peste
e fermentate dicesi *crovello*, quello che esce dalla grassa o vinaccia spremuta nello strettoio
si appella *torchiatico;* la lacri-

ma poi *presmone: grillare*, è il fermentare che fa il mosto nella botte.

muto, *nc. imbuto*, arnese conico di latta o di argilla con cannello per passare i liquidi d'uno in altro vaso. Quello di legno per introdurre il vino nelle botti dicesi *pevera* o *imbottitoio*.

Mutria, *nc. faccia tosta.*

Mutto, *nc. motto*, detto arguto—*Prov.* **non c'è mutto ci non c'è part'o tutto**, non vi è motto che non abbia la sua parte di vero.

Muzzaredda, *v.* **Provola.**

Muzzicàre, *vа. morsicare, mordere* — *Prov.* **Addo mozzica u cane mitt'u pilo**, al luogo morsicato dal cane metti il suo pelo, vale ricavare il rimedio dalla stesso causa che fece il danno: Così dicono i giuocatori quando perdendo ad un giuoco si ostinano nello stesso giuoco nella speranza di rifare la perdita — *id.* **muzzicarsi li vòviti**, pentirsi di aver fatto o detto alcuna cosa e viceversa.

Muzzo, *ag. monco*, dicesi di cosa cui manca una parte, e di persona cui manca una mano o un braccio o avendola non ne abbia l'uso.

Muzzòne, *nc. cerume*, pezzetto residuale di candela.

N

Na, *art. ind. una*, usasi pure come imperativo difettivo quando si dà una cosa, e vale *prendi* e come *interp.* di meraviglia e vale *oh!*.

Naca, *nc. culla, cuna*, ove si addormentano i bambini — al *pl. bracchie*, i rami più vecchi e più grossi dell'albero.

Naccariddo, *nc. scombro*, pesce della famiglia delle palamite. Questo pesce suol salarsi ed allora i pescatori tarantini lo chiamano *scumro*.

Naccaro, *nc. scappellotto*, colpo dato in testa con la mano concava, e corrisponde alla frase italiana *sonar le nacchere* che vale dar busse.

Nagghiiro, *v.* **Trappitàro.**

Nanà, *interp. oh! vedi la!* ed è di sorpresa e meraviglia.

Nanca, *nc. golosità*, dicesi del filo interno della coda del gatto percui credesi che sia golosa e ladra — *id.* **tener'a nanca com'a li latte**, vale *essere soverchiamente goloso* — **a sette nanche**, *golosissimo*.

Nauno, *nc. pilale*, vaso degli agiamenti — *avo*, il padre di uno dei genitori di alcuno, e **nanna**, è l'ava, der. dal greco γιγγη, che vale zia, quindi si usa nel significato di ascendente.

Nannuerco e **nannorea**, *n. intell. orco, biliorsa, chimera, trentavecchia*, esseri immaginarii e mostruosi che nominano ne' loro racconti le donne per impaurire i fanciulli o per dilettarli.

Nascaletto o scaletta, *nc. masligatore,* strumento de' maniscalchi a foggia di lira con un cerchio nel mezzo per tenere in certe malattie del cavallo aperta la bocca ed introdurvi il braccio affin di promuovere la salivazione.

Nasche, *nc. narici,* i fori respiratorii del naso.

Nascita, *nc. gola,* segno che viene sulle carni de' bambini con la loro nascita e dura per tutta la vita senza che rechi fastidio.

Nasicchio, *nc. nasuccio,* naso assai piccolo.

Nasiddo, *nc. nasello,* ferro posto alle narici de' buoi per tenerli frenati — parte della chiave *v.* **chieja.**

Naso, *nc. naso, (t. mar.)* pezzo di legno ritto sulla prora della nave ordinariamente o pittato o coverto di pelle — **naso di prura,** *becco* è la punta della prua — **naso pizzùto,** *naso appuntuto,* quello con punta acuta — **naso fitente,** *ozena,* puzzo che esala per ulcerazione dal naso.

Nassa, *nc. nassa, ritrosa, graticcia,* è una gabbia di giunchi di forma conica per prender pesci.

Natàre, *vn. notare, remare,* lo spingersi con le mani e piedi che fa la persona in mare — *id.* **far'a sirena,** *stare a gatta morta,* il mantenersi fermo a galla supino.

Naticàle, *nc. traversone (t. cam.)* traversa di legno ne'carri ove i buoi poggiano le natiche, donde il nome.

Natredda, *nc. piccola anitra,* uccello palustre di cui 45. sono le specie.

Naugàre, *vn. vogare (t. mar.)* spingere la barca innanzi co'remi il vogare all'indietro dicesi in dial. **sij.**

Naviligiante, *nc. marinaro,* quasi veleggiante in nave.

Nazzicamiiinto, *nc. il dondolare:* la voce è di cadenza spagnuola.

Nazzicàre, *va. dondolare, cullare,* il dimenar la culla de'bambini per addormentarli.

Nazzicàta, *nc. dondolatura:* dim. **nazzicaredda,** dicesi di chi fa mosse come se si dondolasse, e si usa per rimprovero a' fanciulli.

Ncagnarsi, *vnp. dispiacersi,* mostrare la dispiacenza nel volto corrucciato e mesto.

Neanna, *mo. av. in gola* — **neanna neanna,** *all'estremo, subitamente* — *id.* **vulèr' a botta neanna,** vale *essere molto astuto e malizioso.*

Ncappàre, *vn. inciampare, intervenire, succedere,* cadere in alcun tranello — *fermare, va.* appuntare un gancio all'imposta —

afferrare uno — esser ritenuto per le vesti a chiodo o simili.

Ncappatùro, *nc. rampino, gancetto,* ferruccio che ferma le imposte degli usci o finestre.

Ncappillàta, *nc. rincappellazione,* aspro rimprovero o rabbuffo.

Ncapulàre, *va. aggiogare,* mettere il giogo ai buoi — *mettere o mettersi al lavoro.*

Ncarèscere, *vn. rincarare,* crescere il prezzo.

Ncata, *prep. circa* — *id.* **ncata cinc'ore**, *intorno a,* o *circa cinque ore,* der. dal greco κατα.

Ncatuffato, *v.* **ascime.**

Ncazzàrsi, *vnp. adirarsi, arrovellarsi,*

Ncazzulàre, *va. sorprendere,* cogliere alcuno in flagranza di fallo.

Ncazzulatùra, *nc. scarsellame (t. mar.)* fasciatura che si fa alle gomene per non consumarsi stropicciandosi insieme.

Nchiummàre, *va. impiombare,* turare con piombo liquefatto o con pallini di piombo.

Nchiuvàre, *va. inchiodare,* fermare con chiodi — *met. rimbeccare alcuno* con parole equivoche scherzevolmente.

Nchiuvatùra, *nc. sproccatura,* ferita di chiodo o cosa pungente al piede del cavallo.

Ncrapiàta. *nc.* vivanda di radicchi cotti con legumi mescolati insieme.

Ncruciàmi, *mo. av. a croce,* dicesi di qualunque cosa situata a forma di croce.

Ncuddàre, *va. agglutinare, incollare,* unir cose con colla — usato neutralmente con la negazione ed una particella pronominale vale non esser disposto ad operare, esser pigro per accidia.

Ncugnàre, *va. incuneare,* rafforzar pietre o legnami nel muro con cunei, ed anche fuori del muro.

Ncultàre, *va. inquietare, molestare.*

Ncurmunàto, *nc. capitozza (t. cam.)* è l'albero a cui son tagliati tutti i rami rimanendo il solo ceppo per riprodursi.

Ncùtina, *nc. incudine,* grosso pezzo di ferro terminante in due punte orizzontali e coniche su cui i ferrai battono i ferri roventi; *dim. incudinetta,* è quella piccolissima che usano gli orefici.

Ndèlico, *ag. mingherlino,* dicesi di uomo delicato; l'usa il volgo.

Ndriatùra. *nc. filatoio,* ferro che s'infilza nel cannuolo che rotolando ravvolge il filo per l'ordito.

Nègghia, *nc. nebbia,* acqua che si solleva da luoghi bassi ed umidi in forma vaporosa e che coll'alzarsi del Sole si dilegua.

Nèpita, *nc. nepitella,* erba campestre di odore acuto quasi simile alla menta che suolsi metter nalle buche delle case per allontanare gli scardafoni in dialetto **milòte**.

Nerita, *nc. nerita*, dal greco νηρίτη, è una conchiglia univalve e turbinata. Due sono le sue specie la spinosa e la liscia; la prima ha piccole punte, l'altra n'è priva ed è bianca con solchi spirali. La nerita naviga in mare usando lo scudetto come vela e con la punta inferiore remiga: quando il mare è agitato scende al fondo e si cela nell'arena.

Nettacummùni, *nc. bottinaio*, *nettacessi*.

Nettarummàto, *nc. letamaiuolo*, chi raccoglie il letame e le spazzature.

Nfanfaràto, *ag. adirato*, e sopra pensiero.

Nfistilirsi, *vnp. ornarsi, prepararsi per sortire*, ma usasi ironicamente.

Nfurchiàto, *v.* **Forchia**.

Nfurrare, *va. frodare*, il dar robba cattiva per buona.

Nfurràta, *nc. burla, frode*.

Nghiaccàre, *va. sgorbiare*, imbrattar con inghiostro o fango.

Nghiacco, *nc. sgorbio*, lordura di fango, inchiostro o acqua sporca — *fardata*, fango o lordura che gittasi contro un muro.

Nghianàre, *vn. salire, ascendere,* quasi andar su nel piano: *met.* l'*incarare*, o salire il prezzo delle merci e derrate.

Nghimàre, *v.* **inghimare**.

Nghimatùra, *nc. basta*, *imbastitura*, cucitura abbozzata con punti larghi.

Ngingilingi, *nc. contigia*, ornamenti soverchi della persona, e dicesi pure **ngingilli ngiàngili** nello stesso significato.

Ngiuramiinto, *nc. daddolo, bocchi*, scontorcimenti di bocca e di modi per ischerzo.

Ngiuràre, *va. ingiuriare*, leggiera offesa con gesti, smorfie o parole; quale se fassi con scontorcimenti di bocca cacciando deformemente la lingua dicesi *far le bocche*.

Ngòcchia, *prep. vicino* — **ngòcchia ngòcchia**, *molto vicino*.

Ngraziàto, *agg. grazioso*, aggiunto di persona di gentili maniere e fattezze; usasi pure ironicamente per dilegio.

Ngulàre, *va. golare, agognare*, l'appetire di continuo una cosa di tornagusto.

Ni. *part. pron. ne*, che vale *di ciò a noi*.

Nicàto, *ag. bagnato*, quasi iperbolicamente annegato — *id. ee* **notta nicata**, così dice chi è stato tutta notte bagnato di sudore o acqua.

Nido di sciurji, nc. *topaia*, nido di topi; i buchi fatti da'topi ne'muri diconsi *topinare*.

Nient'e nud, mo. avv. *niente affatto, per nulla.*

Nilnnàre, nc. *staccia buratta*, giuoco fanciull esco col quale si stringono due per mano falangi con falangi e si dondolano avanti e dietro cantarellando alcuni versetti il cui principio é la stessa voce **nilnnàre.**

Ninna, nc. *iride*, della pupilla dell'occhio, der. dalla voce spagnuòla **nina** — v. **uecchio.**

Ninno, nc. *bambino*, voce vezzeggiativa per additare un bambino ad un altro: der. dallo spagnuolo **nino.**

Nisciuno, pron. *nessuno.*

Nivèra, nc. *ghiacciaia*, serbatoio di neve o luogo ove si vende, der. dallo spagnuolo **nevera.**

Nizzo, nc. *segno*, foro impiombato ne'vasi di terra cotta o rame ch'è il segno di una determinata misura di vino od olio.

No, avv. *non*, interrogativamente no? afferma e vale *non è così?* usasi pure **none** per paragoge.

Nocca, nc. *coccarda, galano, brigidino, nappa*, fettuccia rannodata ed accappiata con pieghe per ornamento. Quella che si pone alla testiera del cavallo dicesi *rosetta.*

Nocchiù avv. *non più, basta così*, usasi pure esclamativamente: il volgo a sfogo d'ira dice **nocchiunghile.**

Noce muddisco, nc. *noce premice o gentile* ed è quel frutto friabile con le dita; gli spicchi diconsi *gherigli*, i quali se sono disseccati e legnosi diconsi *malesce.*

Noce, nc. *coltello a petto*, strumento di ferro de'bottai per sgrossare le doghe.

Noce di mare, nc. *noce*, in latino *cordiforma*, conchiglia bivalve di cinque specie appellate in dial. **cionca, colorata, rigàta, scarpàra e spinòsa.** Il frutto è alquanto sapido ma duro alla digestione, ha un becco calloso e rosso col quale sugge l'alimento. Le valvole sono durissime ed in alcune specie raspose.

Noce di cueddo, id. *nocca di collo, collottola*, la giuntura di esso, usasi sovente per imprecazione e vale *che ti possa fiaccare il collo.*

N'ogna, av. *un poco*, quasi si dica un unghia.

Nomi accorciati, Nel dialetto i nomi proprii seguenti sono così accorciati.

Bella, Sabella, Bettina — *Elisabetta, Isabella.*
Chela — *Michele (fem.)*
Checchina — *Francesca.*
Ciccio, Cicrillo — *Francesco.*
Cice, e Tice — *Beatrice.*

Ciuto — *Giacinto.*

Ciommo — *Girolamo.*

Cola, Coletta — *Nicola , Nicoletta.*

Jele — *Raffaele.*

Jasparro — *Gaspare.*

Jinnaro — *Gennaro.*

Lena, Lisa — *Elena, Elisa.*

Manina — *Maddalena.*

Milla — *Emilia.*

Mimi, e Minno — *Domenico.*

Peppe, Peppino, Seppe — *Giuseppe.*

Nardo — *Leonardo.*

Rita — *Margherita.*

Sarìa — *Rosaria.*

Titélla — *Teresa.*

Titta — *Giambattista.*

Totonno — *Antonio.*

Vuànni — *Giovanni.*

Nònno, a. *nc. avo , ava,* voce usata da'fanciulli.

Nostràme, *nc. guardastiva, nostromo, bosmano, (t. mar.)* marinaio che sulla nave ha i diversi ufficii indicati.

Nostròme, *nc. treviere (t. mar.)* il marinaio che sulle navi visita ed accomoda le vele.

N'ota vota, *id. di nuovo, un altra volta.*

Ntaddàto a, *ag. indurato,* dicesi di lingerie malamente bucatate che divengono color piombo e dure — *id.* faccia ntaddàta, *faccia tosta,* detto per rimprovero ai fanciulli.

Ntartagghiàre, *vn. biosciare,* smozzicar le parole.

Ntennàle, *v.* Sarsiame.

Ntinnàcchio, *nc. intendimento, senno, giudizio,* der. da intendere che in dial. dicesi atènnere.

Ntinnicchio, *nc. corto intendimento.*

Ntirzarulàta, *nc. tasseruolo (t. mar.)* accorciamento d'una vela.

Ntisàre, *vn. tendere,* il tener tese le membra per forte raffreddore, der. dallo spagnuolo entesar.

Ntoscia, *nc. ernia,* allentatura dell'anello per rottura del peritoneo.

Ntrama, *nc. belliconchio, tralce,* il budello dell'ombelico de'bambini appena nati: *accr.* ntramòne, budello, l'intestino retto degli animali — al *pl.* interame, tutti gl'intestini.

Ntramènte, *avv. nel mentre, in questo mentre,* l'usa il volgo.

Ntràscia, *nc. antrace, carbonchio,* tumore cutaneo.

Ntraumàre, *va. imbrogliare, frodare,* l'usa il volgo.

Ntraunàta, *v.* traunàta.

Ntravagghiàto, a, *ag. afflitto, infermo, mortificato, travagliato,*

Ntravinère *nc. l'avvenire, il futuro,* l'usa il volgo.

Ntravugghiàre, *va. intorbidare; np. id* ntravugghiars'u sango, rimescolarsi il sangue, per subita paura — Il **strame**, *sentirsi accender d'ira*, l'usa il volgo.

Ntringhilàre, *vn. tremolare*, per eccesso di freddo; avere i brividi.

Ntromisi, *v.* **Mellafaute**.

Ntruppicàre. *vn. intoppare*, il percuotere un piede con l'altro, o inciampare in altro oggetto con pericolo di cadere camminando.

Ntrutulàre, *va. rimescolare, intridere*, il rivoltare i liquidi con farina — *met.* parlar frettoloso che o non s'intende o non va pei versi.

Ntruvulàrsi, *vnp. intorbidarsi*, parlandosi dell'atmosfera che si copre di nuvole — *rimescolarsi*, detto di liquidi che agitati s'intorbidano mescolandosi il puro col sedimento.

Ntuppàre, *vn. intoppare*, dare del piede in alcuna cosa — *met.* perdere il filo del discorso.

Nturnièddo, *nc. giramento, rimeno*, ed usasi in senso morale per agitazione di mente derivante da molesti pensieri.

Nturnisciàre, *va. parlandosi* di obbietti materiali o di capogiro — vale pure esser agitato da pensieri molesti.

Nturtigghiàre, *va. intorcere, agglobare, avvolgolare, aggomitolare*, il ravvolgere in se cosa qualunque — *np. infagottarsi*, coprirsi di panni per custodirsi dal freddo o dall'umido. La voce deriva dalla spagnuola **entortijar**.

Nturtigghiàta, *agg. arrotolata, duglia*, la fune ravvolta a rotolo; e dicesi anche di qualunque cosa ravvolta in se.

Ntussicàre, *va. amareggiare*, incollerire uno offendendolo con detti pungenti — *np.* incollerirsi per bile.

Ntustàre, *vn. indurire*, divenir duro, der. da tostare.

Nu, *art. ind. uno.*

Nucedda, *nc. nocciuola, avellana, corilo*, frutto del nocciuolo: quando è verde dicesi *nocchia*.

Nudicàrsi, *vnp. strozzarsi*, l'attraversarsi del cibo nella strozza con qualche molestia, convenendo per liberarsi da tale incommodo o recerlo, o mandarlo giù nello stomaco bevendo dell'acqua e facendovi forza: der. da nodo, che tra gli altri ha pure il significato di strozzamento.

Nuestro, *agg. poss. nostro*, è voce spagnuola.

Nugghia, *v.* **Cutichino**.

Numunno, *avv. moltissimo*, quasi un mondo, parlandosi di quantità.

Nunno, *nc. santolo*, padrino di battesimo.

Nurcàre, *vn. rigovernare le stoviglie — risciacquare* le biancherie bucate dopo lavate.

Nurcatùra, *nc. ranno*, è l'acqua in

cui si sono risciacquate le biancherie bucatate.

Nuro, nc. *nodo,* l'usa il volgo — id. **nuro du pede,** *malleolo,* osso prominente del piede — vale pure *onore, stima* onde l'*idiot.* **Criànz'e nur' a Signuria,** e vuol dire *parlando con onore e stima a Vostra Signoria,* quando una persona inferiore si fa a rispondere ad altra dignitosa.

Nusterza, avv. *l'altrieri,* der. dal latino *nudius tertius.*

Nutrizza, nc. *nutrice, balia,* donna che allatta un bambino altrui: der. dallo spagnuolo **nodriza** o **nutriz.**

Nuzzo e **Nuzzolo,** nc. evvi distinzione fra queste due voci, **nuzzolo,** è l'osso delle pesche, susine ed altre frutte; **nuzzo** è quello franto, il quale se non è spremuto dell'olio appellasi prettam. *pastone;* spremuto poi dicesi *sansa, sansena.*—**Nuzzolo d'alie,** è l'osso sano dell'uliva —**Nuzzo di Vammàce,** sono i semi del cotone —**Nuzzolo di cornola,** *carato,* il seme della siliqua del carrubo.

Nzaccàre, va. *insaccare, inzeppare,* il cacciar per forza le materie nell'empire i sacchi e balle — met. *dar busse,* onde l'*id.* **nzaccàre na ficozza,** *insaccare un frugone,* cioè battendo sul capo altrui le falangi delle dita tenendole chiuse.

Nzarro, agg. *rozzo,* onde **vecchio nzarro,** vale *vecchiaccio.*

Nzlecàre, va. *azzeccare, incollare,* unire una cosa ad altra con colla o chiodi: quando si fa con glutine dicesi *agglutinare.*

Nzlddicàre, vn. *stillare, piovigginare,* pioggia a poche stille.

Nzlddicàto, ag. *indanaiato, inzaccherato,* sparso di macchie piccole e tonde di fango od altro.

Nzlddo, a, nc. *stilla,* vale pure *zinzino,* poca quantità di liquidi adoperando il genere secondo l'oggetto liquido onde **nu nzlddo di vino,** un zinzino di vino, **na nzldda d'acqua,** un zinzino d'acqua.

Nzignale, nc. *amattamento, cenno,* segno che si fa ad altrui —*segnale,* quel che si pone in alcuna cosa per rinvenirla.

Nzimilàre, va. *accumulare, mettere insieme,* il raccoglier denari od altro a poco a poco e conservarli per farne un cumulo.

Nzino, id. *in seno, in grembo* — **nzino a** —prep. *dipendente, sino a.*

Nzipparsi, vnp. *abbricarsi, aderpicarsi,* sollevarsi ritto saltando su qualche luogo.

Nzirragghia, nc. *toppa,* congegno di ferro per serrare — Le sue parti sono: **masco, stanghetta,** ferretto lungo che mosso dalla molla chiude — **favuzzi,** *piegatelli,* ferrucci ripiegati per ove passa la stanghetta i quali sono fermi nella toppa — **valestra**, *molla* — **cappelletto**, *coperchio*, è quello che sostiene la chiave — **vuàrdia**, *contramolla*, quella che dirige l'azione della chiave — **piancia**, *piastra*, lamina di ferro su cui è congegnata la toppa — **bocchetta**, *buco*, il foro ove s'introduce la chiave — **mostra**, *scudetto*, la copertura esterna del buco — **vutàta**, *mandata*, lo spazio che percorre la stanghetta ad un volgersi della chiave — **nasiddo**, *nasello*, ferruzzo che entra nella chiave femmina. — Circa le parti della chiave *v.* **chiela**.

Nziltàre, *va. inoculare, innestare, vaccinare*, è l'innestare il vaiolo col pus vaccino — vale pure *annestare le piante*.

Nzito, *nc.insito, inoculazione, vaccinazione, innesto*, parlandosi del vaiolo. L'innesto delle piante dicesi *calmo* se si fa su pianta selvatica; *marza* sulla domestica; la scorza che s'impiastra o s'ingemma alla pianta dicesi *sculo*, e l'intaccatura *portello*.

Nzogna, *nc. songia, sugna, saime*, è il grasso strutto di maiale e rappreso in vesciche o vasi: quello non strutto dicesi *lardone*.

Nzuràre, *va. ammogliare*, dare in matrimonio, der. dal latino *uxorare*: *part.* **nzuràto**, ammogliato dal latino *uxoratas*.

O

Ofàno, *ag. vanitoso*, dallo Spagnuolo *ufàno*.

Ogna, *nc. unghia* ed *ugna*, estremità cornee alle dita delle mani e de'piedi dell'uomo e di varii animali. Quelle cresciute oltremisura e ricurve diconsi prett. *grifosi*.

Ognissanti, *nc. Ognissanti*, è così appellato dal volgo il mese di Novembre dalla festa di Tutti i santi il primo di quel mese.

Oi, *av. o, olà, ehi*, usato come art. del vocativo.

Onghi e songhi—*id.* usato dai marinai e pescatori ad indicare il cuoprirsi del cielo di nugoloni minaccianti pioggia, ma che tosto si diradano. Il dial. comune usa **enghia e sdivàca**.

Onza, *nc. oncia*, la dodicesima parte della libbra — *Prov.* **parl'a ruètili disse l'onza**, *parla a rotoli disse l'oncia*, vuol dire, *spiegati chiaro*.

Orchèsta, *nc. orchestra*, luogo nei teatri ove suonano i musicanti: quella di Chiesa dicesi **cantoria**.

Orchimo, *nc. volume*, *ingombro* che occupa un corpo; der. da greco ορχχνη, *spazio chiuso*.

Osci, *avv. oggi*—**osci a ria**, *oggigiorno*, l'usa il volgo.

Ostia, *v.* **Sarsiame**.

Ostrica, e **osera**, *nc.* ostrica, croccia, dal lat. *ostreum*, e dal greco οστρεον, è una conchiglia bivalve acefala che cresce di mole d'anno in anno. Il suo frutto ne'mesi invernali è compatto e saporoso, al contrario ne'mesi estivi nel qual tempo si corrompe. Nelle vecchie si rinviene talora una perla finissima. Sebbene questo prezioso crostaceo sia antichissimo, nondimeno il mezzo di moltiplicarlo e farne lucrosa industria fu opera del caso. Verso il 1802. alcuni marinai tarantini navigando nel golfo presso le coste della Lucania le rinvennero attaccate agli sterpi e rami d'alberi ch'erano in mare, le introdussero allora nel mar piccolo ove crebbero a maraviglia e d'indi in poi appresero l'arte di coltivarle. Essi gittano ogni anno in epoca designata al cominciar di primavera su quelle spiagge non meno che allo sbocco del fiumicello Patimisco cocci e fascine a cui il seme si attacca e sul finir d'Autunno le trasportano a mar piccolo, ove cresciute le innestano a coppie dette conocchielle nelle giave, (setale), al fondo delle quali vanno quelle a sole che diconsi ostriche di fondo. Vi son pure le annose dette ostriche di ferro perchè si pescano con ferro adunco detto *branca*, in dial. **Vrancuzza**. Sin da quell'epoca adunque prolificando di bene in meglio e cre-

scendo in sapore e qualità è divenuta privativa e ricca industria de'pescatori tarantini.

Oto e **ota**, *ag.* altro e altra: differisce da otro e otra in questo che i primi si usano come aggettivi indicativi, questi poi come pronomi.

Otro e **otra**, *pron.* altro, altra: der. dal francese **autre**, o dallo spagnuolo **otre** — *Prov.* **A terre d'otri no chianta finete**: *non piantar limiti nelle terre altrui*, e corrisponde alla frase italiana, *non metter falce nella messe altrui*.

P

Pacca. *v.* **Conche**.

Pàccio, *nc.* pazzo, *mentecatto* — *id.* **perder'a capa**, *perder la testa, impazzire*, ma dicesi per cella quando una cosa o una risposta non vada a genio — **assére paccio**, *impazzire*, *uscir pazzo*.

Pacènzia, *nc.* pazienza — così pure chiama il volgo lo scapolare che portano i frati.

Padda, *v.* **Castilddi**.

Paddàcchera, *nc.* ernia incarcerata, e dicesi per cella.

Padditto, *nc.* caciuola, piccol cacio fatto de' residui rimasti a forma rotonda e d'infima qualità.

Paddòne, *nc.* fico immaturo, al pl.

paddòniri—*met. menzogna*, da pallone che in senso traslato vale *bugia*.

Pàgghia, *nc. paglia*—**pagghia di granòne**, *cartocci di formentone*.

Pagghiàro, *nc. capanno, pagliaio*, ricovero di guardia campestre fatto di paglia o frasche, donde il nome.

Pagghiotta, *nc. poponella, popone vano, zatta*, sono i frutti primaticci delle angurie o de' poponi che non crescono.

Pagghitto, *nc. trozza (t. mar.)* pezzo di fune con· pallottole infilzate che circonda l'albero della nave ed unisce l'antenna od il pennone all'albero.

Pagghiùle, *nc. pagliuolo (t. mar.)* intavolato in fondo della nave per preservare le merci dall'acqua.

Paglietta, *nc. cappello di treccia*, ed è quello di paglia intrecciata che usasi in està.

Pagnòccola, *nc. piccia*, piccolo pane buffetto.

Paladèbitti, *nc. grapposa*, sorta d'uva bianca che dà molto succo.

Palàre, *va. pagare*, dare altrui moneta per valuta di merci od oltro, o per estinzione di debito

Pala, *nc. padella*, vaso di latta in cui gl'infermi fanno in letto i loro agiamenti—*pala (t. mar.)* parte larga ed inferiore del re-

mo che fende l'onda, la superiore dicesi *giglione, v.* **riciatòne.**

Palàcio, *nc. pozzo, pilaccia*, specie di cisterna in cui ne' palmenti vinarii cola il mosto.

Palàia, *nc. sogliola*, specie di pesce piatto ed assai squisito.

Palamita, *nc. pelamide*, der. dal greco *αγλαμυς*, pesce squisito della famiglia de'tonni.

Palanca, *nc. stanga (t. mar.)* pezzo di legno che si mette sotto la barca per tirarla a terra.

Paletta, *nc. ramata*, è una pala intessuta di vimini per uccidere uccelli di notte nella caccia del frugnuolo, *v.* **jacca.**

Palleco, *nc. stecco, stuzzicadenti, dentelliere*, fuscellino assottigliato per nettare i denti dopo il pasto.

Pallembucàte, *nc. polpette*, così le appella il volgo per celia, quasi fossero palle infocate.

Pallìno, *nc. piccola palla*—al pl. globetti di piombo per uso di caccia—*met.* azione forzata espressa dall' *id.* **cacciar' u pallìno.**

Pallòne, *nc. aerostato*, macchina di carta che si leva in aria nelle festo popolari.

Pallunàro, *nc. abbondone, aggranditore, sballone, esageratore*, chi amplifica ed esagera i suoi detti.

Palo, *nc. piuolo* *(l. cam.)* piccol pezzo di legno tondo ed appuntato per piantare ortaggi — **palo di ferro**, *stangone*, lungo e grosso bastone di ferro di forma cilindrica.

Palomma, *nc. perno*, grosso pezzo di legno imperniato e cerchiato di ferro che stringe le vinacce, le ulive frante od altro per cavarne i liquidi.

Palummedda, *nc. farfalla*, insetto alato che gira sempre intorno alla fiamma.

Palummo, *nc. colombaccio*, palombo selvatico, ma usasi pure per palombo domestico; il colombo giovine domestico appellasi *pippione* — *palombo*, pesce agreste della famiglia del pescecane.

Palummàro, *nc. colombaio*, stanza ove stanno e covano i palombi.

Pampanedda, *nc. pampanella, lat. teruolo*, latte cotto e rappreso e posto ne'pampani, ed è grato cibo — al pl. *bolle di sapone*.

Panariiddo, ed al pl. **panarèddiri**, *nc. portatore*, piccolo facchino che per tenue mercede porta la spesa nel paniere.

Panàro, *nc. paniere, cavagno*, arnese di canne intessute con vimini per riporvi oggetti: quello de'vendemmiatori dicesi *fescina*.

Panèca, *nc. golino*, lo stringere la gola ad altrui col pollice e l'indice della mano.

Panedda, *nc. micca, pagnottella* piccol pane: quando son due uniti dicesi *panella*; se sono più i laterali diconsi in dial. **custaròle**: i panellini che si benedicono e distribuisconsi ai devoti diconsi prett. *cacherelle*.

Panicuetto, *nc. pappa, pancotto, panbollito*, il quale se è troppo scotto dicesi in dial. **pappareddа**, ed in Toscana **lezzola e rezzola**.

Pannacciàro, *nc. pannaiuolo*, mercante di panni.

Pannaròla, *nc. paralume, ventola*, arnese che si mette innanzi al lume per non offender la vista.

Pannèggio, *nc. drappello*, ornamento di chiese d'intorno al baldacchino.

Pannèra, *nc, bandiera, gagliardetta*, è la banderuola piccola e lunga terminante in due punte che si mette come ornamento alla nave.

Panno, *nc. fusciacco*, drappo che si mette dietro il Crocifisso che portasi in processione — *coltrone*, grosso panno imbottito di stoppa od altro e impuntito che nell'inverno si mette alla porta della Chiesa.

Panòcchia, *nc. bernoccolo*, enfiagione alla testa per urto.

Panticàre, *va. aspettare*, essere in lunga aspettativa.

Panza, *nc. pancia, addome*, il ventre degli animali.

Panzàna, *nc. baggiana*, bugia giocosa.

Panzanàre, *nc. bugiardo, chiacchierone*.

Panzarotto *nc. tortello*, pasta sottile entro cui è involta carne trita con altri ingredienti od altre materie.

Papà, *nc. padre, babbo*.

Papagne, *nc. guanciata*, colpo a mano aperta sulla guancia.

Paparanno, *nc. avo*, quasi padre grande.

Paparina, *nc. rosolaccio, reás, papavero selvatico*, erba comune nei prati e campi quasi papaverina.

Papòcchia, *nc. fandonia*, bugia giocosa.

Papòne, *nc. vapore*, e dicesi del piroscafo a vapore. L'usa il volgo.

Pappamosche, *nc. moschivoro*, uccelletto di siepe.

Papparedda, *v.* **Panicuetto**.

Pappasàle, *nc. bagattella*, è il contentare o persuadere uno con poco discapito: deriva dallo spagnuolo **papasal**, *bagattella*.

Papùd papùd, *agg.* di chi tene gli occhi semichiusi o per vizio organico o per sonnolenza.

Papùscia, *nc. babbuccia*, pianelle che si portano in casa.

Paràgnili e paragniletti, *v.* **Sarsiame**.

Parapatta, *ag. eguale*, voce composta di pari e patta, questa voce usasi insieme coll'altra e **pace**, quando i conti sono appianati.

Parète, *nc. muro, pariete*. Si noti però che muro è propriamente quello degli edifizii, pariete quello che cinge i fondi rustici; mura e muraglie quelle delle città e delle fortificazioni, corrispondenti al *mœnia* de'latini. — Muro a cotto è quello fatto con calcina ed in dialetto ha il significato opposto a quello che ha in Toscana. — Muro a crudo quello di pietre senza calcina che prettamente dicesi *macèra* e *maceria* — *id.* **tener'a faccia com'u parète**, *aver la faccia tosta come il muro*, ed usasi per rimprovero a fanciulli inquieti.

Paricchio, *nc. paio*, due buoi simili di statura e forma: de'cavalli dicesi propr. *pariglia*.

Paricedda, *nc. pinna*, in latino *pinna*, ed in greco χσπις πτννς; è una conchiglia bivalve a foggia di scudo che in latino dicesi *perna*. La voce deriva o dal latino *pari cella* pel doppio guscio che serve di ricovero al mollusco ed al *guardapinna*, granchiello ch'evvi dentro in dial. **cauredda**, o dal siriaco **parscèll** o **parkell** che significa frutto marino chiomato. Nel mollusco rinvengonsi sovente perle finissime, ed ha un bisso di lana grezza detto lanapenna o lanapesce o lana d'oro secondo S. Basilio di cui, purificata con succo di limone e filata si fanno lavori mirabili, ed il modo di prepararla e lavorarla è sola arte ed industria privata delle signore tarantine. Il polipo ghiotto del mollusco si leva su stringendo nelle sue branche in dial. **clirri**, una pietra per gittarla nello scudo per non potersi richiudere e così farne pasto, ma il guardapinna che nell'aprirsi lo scudo esce fuori a guardia, scorgendo il pericolo rientra, vellica il mollusco e la conchiglia si richiude. La pinna si pesca dal fondo col **pernuettco** strumento di ferro derivato da perna.

Parma, *nc. palmizio*, intreccio di foglie di palma e rami d'ulivo con nastri e fiori che si benedice la domenica delle Palme.

Parmiento e parmiinto, *nc. riserbatoio*, luogo o vasca in cui si raccoglie l'acqua per farla scorrere ne' campi al bisogno col mezzo di docce—*palmento*, vasca murata ove si pigiano le uve per fare il vino: il luogo ove si pestano le uve dicesi *calcatoio*, in dial. **parmintliddo**, e la vasca in cui cola il mosto, *pozzo*, in dial. **palacio**, quasi grossa pila.

Paròle (dicere), *va. riconvenire, rimproverare*.

Paròma, *v.* **Sarsiame**.

Pàscimi, *nc. torello (t. mar.)* la pancia della nave presso la chiglia.

Passamàno, *nc. bracciuolo, appoggiamento*, lunga stanga di ferro o di legno inchiodato nelle scalinate per poggiarsi nel salire o scendere.

Passante, *nc. soggolo*, striscetta di cuoio attaccata con bottoni ai berretti che si scendono sotto il mento per tenerli fermi in testa quando fa vento.

Passetto, *nc. andito*, luogo stretto e lungo nella casa per passare da una in altra stanza.

Passiàre, *vn. passeggiare*, dallo spagnuolo **pasear**.

Pàssili, *nc. zibibbi, passi*, uve disseccate a Sole indi infornate.

Pasta, *nc. grassa, vinaccia*, le uve pigiate e non spremute del vino.

Pasta d'amènola, *nc. mandorlato*, mandorle peste da cui si fanno dolci delicatissimi: se questi dolci hanno la forma di frutte diconsi *marzapane*.

Pastaminùta, *nc. seminò, stelline*, sono pastine lavorate per minestra simili ai minuti semi di frutte: quando è più minuta dicesi *semoletta, semolina*.

Pàstano, *nc. pàstino, novelleto, (t. cam.)* vigna giovine.

Pastòra, *nc. pastoia*, fune con cappio onde ligasi il piede all'animale che pascola sciolto affin di non allontanarsi.

Pasturedda, *nc.* fune sottile di peli di capra e becco con le quali si ligano le gabbie in dial. **fiscolì**, delle vinacce e delle ulive frante prima di stringersi nello strettoio.

Patàta di mare, *v.* **Pizzamarina**.

Patatùcco, *nc. cappotto di panno grosso con cappuccio*, così pur detto dai Veneti dimoranti in Toscana.

Pateddaʃ, *nc. patella*, chiocciola terrestre a dorso bruno e tenero — conchiglia univalve di varie specie che sta attaccata alli scogli e finisce in corta spira. Una delle sue specie è l'occhio di S, Lucia così appellata in *dial.* per un tubetto rosso che lo chiude — **patedde cucinàte**, *galantine*, le chiocciole minute preparate in vivanda — **patedda di mare**, *nicchio* — *v.* **caraquèro**.

Patimiseo, *np.* flumicello lontano 15 chilometri al nord-ovest di Taranto, le cui acque sono torbide, onde la voce è ibrida perchè composta dalla greca πυτχμος, *fiume*, e dalla siriaca **schior**, *torbido*. Alla sua foce si attacca il seme delle ostriche agli sterpi e fascine.

Patrio, *nc. padrigno*, il marito della madre di alcuno.

Patùrnia, *nc. malinconia, tristezza*, der. dal greco πxθος, *passione, melanconia*. Anche in Toscana usasi *paturna* nello stesso significato.

Pedàle, *nc. coppo, acquereccio*, vaso grande ad uso di porre liquidi con o senza manichi ed invetriato di dentro e talvolta pur di fuori, *dim.* **pidalicchio**.

Pedaròla, *nc. saeppolo, saettolo*, *(t. cam.)* tralcio nato sul pedale della vite che tagliato il pedale si lascia ingrossare — *panchetto*, arnese di legno per poggiare i piedi — al *pl. calcole*, son quelle ove poggia i piedi il tessitore.

Pedarùli, *v.* **Cefalo**.

Pedàta, *nc. presacchio, (t. cam.)* legno a traverso del manico della vanga su cui calcasi col piede per affondarla nella terra — *orma*, impressione che fa il piede nel fango o nella polvere.

Pedda, *nc. epidermide, cuticola*, membrana sottile che copre la pelle del corpo umano — la pelle degli animali — *tosone*, la pelle di pecora o montone con la sua lana — *met.* ubbriachezza.

Pede, *nc. piede*, membro su cui poggia il corpo animale; il volgo dice **pere** — *zampetto*, piede d'agnello, capretto, lepre e maiale dal ginocchio in giù. — **Pede di vacile**, *nc. lavamano, trespolo*, arnese di legno o ferro su cui poggiasi il catino — *ceppo (t* *cam.)* la base dell'aratro.'—**Pede di puerco**, *gucchia, picòne*, grosso bastone di ferro che finisce come il zampetto del maiale, ed anche il *bussetto* strumento di bossolo col quale i calzolai lustrano i tacchi delle scarpe.

Pedistèra, *nc. capolo*, il manico dell'aratro.

Pellegrina, *nc. sarocchino*, piccola mantelletta che portano i pellegrini—conchiglia *v.* **cozzagia. gnacula.**

Pendino, *nc. sdrucciolo'*, *pendìo*, via declive. Nell'odierna città sono due uno detto di S. Domenico che mena alla piazza, l'altro detto d'Aquino poscia della Riccia presso il palaggio che da una passò all'altra famiglia, il quale dalla via Castello mena giù alla Marina oggi strada Garibaldi.

Penna, *np.* È una contrada all'est della città sull'opposta riva del mar piccolo. La voce deriva dal lat. *pinna*, promontorio che come penna si prolunga nel mare, o da Pane dio tutelare de' pescatori, o più probabilmente da Poeni, poichè quivi erano gli accampamenti de' cartaginesi, e sul promontorio essi vi aveano una torre dalla quale Annibale osservò la flamma de'congiurati tarantini per assaltare la rocca, al tempo della seconda guerra punica. Quivi eravi un gran ponte fra'due continenti più vicini la Penna ed il Pizzone. L'attuale ponte detto di Napoli fu opera dell'imperatore greco Niceforo quando la presente città fu per suo volere ingrandita terrapienandosi l'esterno, ove ora sono i magazzini, e nell'interno la piazza sino alla metà della salita S. Domenico, e la Marina tutta con la via di Mezzo e la Cava; ed allora il ponte della Penna fu abbattuto.

Pèntima, *nc. rupe, scoglio*, grosso sasso: el pl. **plintimi**, *scogliera di mare:* der. dal greco κενθημι, *piango*, perchè battendo l'onda sullo scoglio e gocciolando sembra che pianga; quasi si dicesse scoglio piangente.—**Pèntima di li Tunni**, *v.* **Tunni.**

Pèrchia, *nc. perca*, piccolo pesce insipido.

Pere, *v.* **Pede.**

Pernodda, *v.* **Pumo.**

Pernuètico, *v.* **Paricedda.**

Persa, *nc. fretta, pressa*, per fig. metatesi—*id. scere di persa, andar di fretta.*

Persichi, *nc. pesche cotogne*, frutta del pesco.

Pesa, *nc. pesatura, pesata*, misura di lana o formaggio di 20. rotoli.

Pescecàne, *nc. lamio e lamia*, sorta di pesce mastino con cinque ordini di denti.

Pesce puerco, *nc. centrina, pesce porco.*

Pesce spata, *nc. glave, pescespada,* pesce che ha il muso superiore lunghissimo come una spada.

Pescio, *avv. peggio,* comparativo di malamente.

Pèsulo pèsulo, *avv. pensolone, pesolo, sollevatamente.*

Petra, *nc. pietra,* der. dal greco πετρα — *litiasi,* il male della pietra — **petra vitriola**, *gabbro,* è una pietra verdastra e nericcia dura come il marmo — **petra di latte**, *galattite,* è quella cui i superstiziosi attribuiscono la virtù di far crescere il latte alle balie — **petra di sango**, *lazzulite,* pietra dura, azzurra come vetro di fuori e dentro come cera, che secondo la superstizione femminile arresta il loro flusso — **petra du maliciddo**, *v.* **Maliciddo** — *Prov.* ogni petra oza parète, *ogni pietra alza la pariete,* e vale le piccole cose spesso sono utili in preferenza delle grandi.

Petramòla, *nc. cote,* è la pietra su cui si affilano i ferri da taglio.

Pettine, *nc. pettinella,* arnese di osso corto e a denti stretti per pulire i capelli — *lendinella,* pettine a denti finissimi per levare i lendini — **pettine di mele**, *nc.*

favomele, favo è quello che fanno le api — *suace, cazzerella,* pesce simile ma più piccolo della sogliola.

Pèttola, *nc. frittella,* pasta quasi liquida fritta in padella — per celia dicesi ai bambini **pendere la pettola,** quando dallo sparato de'calzoni pende loro un pezzo della camicia.

Petulare e pizzilare, *va. importunare,* con istanze continue e noiose.

Pezza, *nc. barbetto,* quella su cui si ripulisce il rasoio facendosi la barba — *vantaggino,* la toppa con cui si ráppezza la scarpa — *girella,* la formella del cacio — *piastra,* moneta napoletana di 5. lire e due soldi.

Pezzotto, *nc. bugrane,* arnese dei sarti.

Pi, *prep. per.*

Piància, *v.* **Nzirragghia.**

Piattini, *nc. cennamelle,* piatti turchi, *catube,* sono due grandi piatti metallici che si battono nelle bande musicali

Piàtto di rinforzo, *nc. intramesso, principio,* è quello che mangiano i commensali tra una portata e l'altra.

Piattòne, *nc. vassoio,* il piatto più grande in cui si portano le vivande a mensa.

Pica, *nc. forca (t. mar.)* apparecchio per inalberare una nave —*gazzuola, gazza*, uccello della famiglia de'corvi atta ad imitar la voce umana, dal lat. *pica*.

Piccenna, *v.* **Piccinno**.

Picelàre, *vn. vagire, piagnucolare, piangolare*, pianto noioso de' fanciulli —*met.* importunare con flebile petulanza.

Picciddàto, *nc. bocellato* e *boccellato*, grosso pezzo di pane ad anello.

Piccìnno e piccènna, *nc. bambino* e *bambina, fanciulletto*, e *fanciulletta*, ed usasi così chiamarli sino ai dieci anni; indi **vuagnòne e vuagnedda**, *fanciullo, a,* —*agg. piccolo, piccola*.

Piccio, *nc. uzzolo*, importunità petulante di fanciulli nel chiedere alcuna cosa.

Picciòne. *nc.* parte sessuale femminile —*met.* uomo semplice, onde l'*id.* **acchiàre uno picciòne**, vale *corbellare un semplice*, presa la similitudine dal piccione o palombo simbolo della semplicità.

Picciunàra, *nc. seniei*, malattia de'puledri per gonfiore delle glandole mascellari.

Piccilùso, *ag. piagnucolone, piagnoloso*, dicesi di fanciullo che sempre piange, o rendesi petulante con affettato pianto o moine stucchevoli.

Picco, a, *agg. poco, poca*—**picca picca**, *un pochino*.

Pichirliddo e pichiredda, *nc. agnello, agnella* ed anche *pecorella*.

Pidàta, *nc. ferrata*, è l'impressione che lascia il cavallo col suo ferro; quella del piede dell'uomo dicesi *orma*. *Prov.* **cu ci pratichi pighi a pidàta**, corrisponde al *prov.* italiano, *chi cammina col zoppo impara a zoppicare*.

Piddècchia, *nc. pannume*, è la pellicola dell'uovo, ed usasi anche per ogni pellicola —al *pl. mammelle, poppe*, per celia.

Piddènga e piddenna, *cong. perciò, per questo*: l'usa il volgo.

Piddizzòne, *nc. pelliccione*, grossa pelliccia e mantello — *melote*, giubba di pelle di pecora con tutta la lana usata dai pastori.

Pidìto, *nc. peto, scoreggia*, dicesi del rumoroso, quello senza rumore in *dial.* dicesi **loffa** o **ftecchia**, Il volgo dice pure **pirito**.

Pidicino, *nc*. il picciuolo delle frutte.

Piducchio, *nc. pidocchio*, insetto schifoso — *pinzacchio*, insetto che vuota il grano — *bigatto, tonchio*, in *dial.* **cannedda**, è l'insetto che rode le biade — **piducchio puddino**, *pollino, accaro, pellicello*, è quello che molesta i polli — *id.* **piducchio abbivisciùto**, *rilevaticcio*, dicesi per dileggio a

persona salita in alto stato dal nulla.

Piduzzo, *nc. faldella*, sfili di pannilini vecchi su cui si stendono unguenti per le piaghe — *cerro*, estremità della tela non tessuta.

Piediluvio, *nc. bagno de' piedi*, der. dalle due greche voci πόδας *piedi*, e λούω, *lavo*.

Pierno riàle, *nc. pernio, perno*, ferro tondo su cui si reggono tutte le cose che si volgono in giro; quello della carozza dicesi *maschio dello sterzo*.

Pierso e pilrso, *strettoio, zaccarale, torchio*, strumento che stringe le vinacce chiuse nelle gabbie in *dial. fiscoli*. Le sue parti sono: la **chianca**, *pancone*, grosso legno di quercia che serve di base; **fasoli**, *fusi*, due pezzi di legno imperniati posti perpendicolari alla base; **le palomme**, *perni*, v. **Palomma**.

Piezzo e pilzzo, *agg. furbo, furbaccio*, uomo astuto — *nc. mortaletto, petardo*, ferro cilindrico vuoto di dentro menò alla base, con un forellino per la innescatura, entro cui ponendovi polvere da sparo e tufo pesto e ricalcandolo si fa esplodere nelle feste in segno di allegria.

Pigghiàre, *va. prendere*, usasi talvolta in gergo in senso poco onesto: — parlandosi di piante va le metter radici — *id.* **pigghiars'a cinquina**, vale *andar pe' fatti suoi*, usato imperativamente — **pigghiar' a paròla**, *far gli sponsali* — **pigghiar' u punto**, *mettersi in collera* — **pigghiar' a tessere e dar' a filàre**, dicesi di chi fa vuoto ad una parte per coprirne un altra — **pigghiar' u scurzone pi coda**, *prendere il serpe per coda*, e vale cimentarsi con uno ma con proprio danno, come fa il serpe preso per coda che morde chi lo tiene.

Pignàta. *nc. olla, pentola* di terra cotta *dim.* **pignatliddo e pignatedda**.

Pigna, *nc. pina*, frutto del pino, le sue parti sono: il **pignuèlo**, *pignolo, pinocchio*, frutta della pina — **scorze**, *amento*, il complesso di tutte le scaglie cornee che chiuse contengono i pinocchi.

Pignòne, *nc. barca*, è l'ammassamento dei covoni sull'aja; se la forma di queste masse è cilindrica o a tronco dicono ambi finienti a cupola dicesi *bica*; se di piramide tronca o di parallelepipedo dicesi *cantiere*, ed in *dial.* **meta**.

Pila, *nc. lavatoio*, luogo o vasca in cui si lava: quella di cucina dicesi *truogolo*.

Piliddo, *nc. bremo, sparto (t. mar.)* fune di giunco marino per uso delle navi; il giunco dicesi propr. *spartèa*.

Pilo, *nc. setola*, malattia a' capezzoli delle donne lattanti — al *pl.*

lappole, i peli degli occhi — **pilo canino**, *brinaiuola*, erba appellata *canina* — **pilo crapino**, erba nociva alle biade — *id.* **dicere pilo pilo**, *narrar fil filo.*

Pilúscina, *nc. fuliggine*, è quella del camino de' fumaiuoli — *ragnatelo*, quella che stendono i ragni agli angoli de' muri — *id.* **attaccars' alli pilúscine** vale *cavillare* — **lavàre il pilúscine**, *diragnare.*

Pilùso, *agg. peloso.*

Pinlio, *nc. pillola.*

Pinnàcchio, *nc. pennacchio*, dicesi per donna avanzata in età presa la similitudine dal carciofo che nel termine caccia il pennacchio.

Pinniiddo, *nc. pennello.*

Pinnòne, *nc. parrucchetto, (t. mar.)* albero superiore della nave.

Pintafarro, *nc. mugnaio*, sorta di uccello marino della prima specie de' gabbiani de' quali appellasi il re — *met.* sciocco, che gabbiano anche vale sciocco.

Pinzette, *nc. abbracciatoie*, sono le tenaglie degli orefici a molla e senza pernio.

Plòniea, *nc. povertà*, propr. mancanza di quattrini, onde *l'id.* **tener' a pionica**, vale *stare all'asciutto di denari.*

Pipèra, *nc. pepaiuola*, vasetto in cui si ripone il pepe.

Pipio, *nc. spruzzaglia*, pioggia minuta, der. da **pi pio**, beccuccio che stilla — al *pl. pidocchi*, detto per celia e vezzo ai bambini.

Pi pi pi pi, *id. billi billi*, voce onde chiamansi le galline — *pigolio*, la voce de' pulcini.

Pipiribisso, *nc. sussi*, sorta di giuoco fanciullesco, consiste nel porre in mezzo un pezzo di canna a castelletto con una moneta di sopra, ed i giuocanti, meno uno che pone di suo conto la moneta, tirano da designata distanza noci o mandorle per farlo cadere, e colui vince la moneta che fa cadere il sussi, e quegli che la pose vince le noci o mandorle tirate.

Pipiriiddo, *nc. gremignuola*, sorta di tessuto di bambagia per biancherie da tavola.

Pipiro, *nc. zipolo*, legnetto col quale si tura la cannella della botte.

Pipirusso, *nc. peperone*, specie di frutto o bacche che si pone in aceto ed è ottimo in insalata. La pianta è originaria delle Indie.

Pipitola, *nc. pipita*, malore che hanno i polli alla punta della lingua — *met.* esser oltremodo loquace.

Piretto, *v.* **Trúfolo**,

Piripicchio, *nc.* scappellotto dato in testa con la punta delle dita e poi battendo col metacarpo.

Pirnicio (a), *mo. avv. a colombella, a perpendicolo.*

Pirròzzola, *v.* **Ficozza.**

Pirruèzzolo, *nc. nottolino*, serrame di legno di uscio o finestra che si volta in giro e fermato con un chiodo nel mezzo per potersi girare. In. Toscana dicesi **sieria**, e sulla montagna di Arezzo **anticchia.**

Pirsutieàre, *va. perseguitare*, l'usa il volgo.

Pirtàcchio, *avv. prestamente*, l'usa il volgo.

Pirtusàra, *nc. occhiellaia*, donna che cuce gli occhielli dei vestiti.

Pirtùso, *nc. buco, foro, pertugio;* quello degli abiti per ove passa il bottone dicesi prett. *femminella:* dim. **pirtusicchio**, *rimula*, — il foro della botte donde si cava il vino si dice *spina:* al pl. **pirtòsiri.**

Pisa, *nc. trebbiatura*, il separare il frumento dalla paglia sull'aia.

Pisàra, *nc. trebbiatoio, trebbia*, grossa lastra di pietra con cui si trebbia il frumento,

Pisatùra, *nc. aiata*, quantità di covoni distesi sull'aia che si trebbiano in una volta.

Pisatùro, *nc. pestello*, arnese per pestare nel mortaio: se è grosso dicesi *pestone.*

Piscàra, *nc. peschiera*, luogo di mare ove si conservano i pesci.

Piscatrice, *nc. ferraccia*, pesce della famiglia delle razze di cui si noverano quattro specie, cioè la **piscatrice**, già detta, la **rascia**, *raia o razza*, lo **squadro** *squalo*, e la **tremola** *torpedine*. Appellasi **piscatrice** dal modo onde si procura il cibo. Essendo di forma assai piatta non può agire, ma è provveduta dalla natura di due fiori presso le due estremità della bocca che allunga a suo piacimento, i pesciolini vanno a lambirli ed essa così li fa suo pasto.

Piscaturegna (alla), *mo. avv.* alla maniera de'pescatori.

Pisciacchiàra, *nc. pisciacchera, piletto*, voce giocosa per dinotare una bambina.

Pisciarliddo, *nc. utello, vettina*, vaso rustico di terra cotta invetriato ad uso d'olio per condire.

Pisciatùro, *nc. urina, pisciatura.*

Pisciò, *nc. bazza*, dicesi di chi ha il mento allungato, che in Toscana dicesi **sgubbia**; la fossetta del mento dicesi *forellino.*

Piscióne, *nc. pellicino*, punta del sacco pieno e delle balle da cui possono afferrarsi.

Pisciùddo, *nc. tarma*, insetto bianchiccio perlato che rode le carte e'libri. La voce è dim. di pesciocolo che tale è la forma sebben piccolissimo, ed in Toscana viene appellato *acciughina* dim. d¹ acciuga.

Piscrei, *avv. l'indomane, doman l'altro;* dal lat. antiquato *post cras.*

Pisèeio, *nc. bisegolo*, strumento da calzolai col quale essi lisciano i contorni delle suole.

Pisiddo, *nc. robiglia*, il pisello selvatico.

Piso, *nc. peso*, usasi per misura — *id. nu piso di cozze*, è una quantità di muscoli, come unità di misura di rotoli 12. pari a chilogrammi 10, 2/3.

Piss, è un semplice suono col solo moto delle labbra che si usa nel chiamare alcuno per via, ed è pure segno di fermata nelle processioni.

Pistèrgola e pistèrvula, *nc. discesa china, sdrucciolo*, è una via declive e a scaglioni di cui son due in città. La voce sembra composta da *gola de'pistori*, o da *pistrinum*, e veramente sin dall'antichità esistono al di sotto di questi declivi i forni e'mulini — *met. bazza*, il mento allungato, per celia.

Pistiddi, *nc.* castagne secche e nude.

Pistòne, *nc. mazzapicchio, mazzaranga*, strumento di legno per assodare la terra, battere selciati ed altro.

Pisùlo, *nc. poggiuolo*, luogo qualunque ove possa poggiarsi un carico a spalla — *piuoli, cantoni,* sono i colonnetti di pietra che si mettono nelle piazze o alle cantonate degli edifizii e muraglie.

Pittaeòne, *nc. ceppaia*, ed è dell'albero a cui son tagliati tutti i rami.

Pitiscina, *nc. impetigine, erpete, volatica*, macchiette cutanee e pruriginose derivanti da umor salso — *nc. pipita*, filamenti di cute distaccati dalle unghie alle quali son contornate.

Pitriscina, *nc. sassaiuola*, battaglia di sassi che avviene spesso tra fanciulli. La voce si estende anche alla lotta di confetture che si gittano nel carnovale.

Pitrusino e putrisino, *nc. prezzemolo*, erba che serve d'ornamento a vivande, der. dal greco πετροσέλινον.

Pittagio, *nc. rione, quartiere*, una delle divisioni della città. Posciacchè la città di Taranto fu ingrandita per volere dell'imperatore greco Niceforo, essa venne divisa in quattro rioni o pittagi, prendendo per centro di divisione il piede dello sdrucciolo di S. Costantino appellato Via Nuova, ove i quattro angoli intersegati dalle due vie a croce segnano i quattro rioni, cioè i due a destra di chi sale divisi dalla Via di Mezzo e dalla Cava sino alla Piazza Maggiore sono detti uno di Ponte, ed abbraccia metà della Via Garibaldi sino al ponte di Napoli; l'altro che abbraccia tutto il disopra e linea di confine è S.

Costantino per le mura sino al principio della piazza si appella di S. Pietro. Gli altri due a sinistra divisi dalla Via di Mezzo sino al Vasto, quello che comprende l'altra metà della Via Garibaldi o Marina dicesi di Turripenna, e l'altro di sópra sino al Castello è appellato di Baglio. L'origine di queste denominazioni sono queste: Ponte o dal ponte di Napoli fin dove si estende, o da *ponthus*, mare chè alla parte di mar piccolo è posta. — S. Pietro per essere ivi la Chiesa di S. Pietro imperiale, il quale edificio era nell'antichità il Pritanèo o tribunale di giustizia ove conservavasi il fuoco sacro acceso di continuo in una lampada donata da Dionigi tiranno di Siracusa, poscia convertito in palagio di rappresentanza del greco imperatore da cui la città dipendeva, indi ceduto nel 1292. ai Padri Domenicani che allora si stabilirono in Taranto — Turripenna perchè di fronte alla Penna sul cui promontorio, secondo la tradizione i cartaginesi vi aveano una torre, *turris pœnorum*, donde il nome, e dalla quale Annibale scorse la fiamma de' congiurati tarantini per assalire i romani nella rocca ch'e l'odierna città — Baglio da *Œbalium* nome dato dagli spartani e ricordato da Virgilio alla ridente contrada posta alla sponda occidentale del Galeso, alla quale contrada poi i tarantini diedero il nome di

citrezze, che vale luogo di molti citri. La voce deriva o dal latino *pittacium*, etichetta o pittura di una cosa, o dal greco πιττάκιον, tavoletta; poichè nella divisione de'rioni formossi un quadro con le rispettive designazioni, affigendosi inoltre come etichette delle tavolette con le scritte di ciascuno. Dalla divisione in pittagi i vice curati ebbero impropriamente l'appellativo di pittagieri.

Pittàle, *nc. sparalembo*, grenibiale di cuoio de'fabbri-ferrai, che in Toscana è detto **roma.**

Pittècula, *nc. pettegola*, donna vile, ciarliera e di non buona fama.

Pitterràle, *nc.pettiera*, striscia di cuoio al petto delle bestie da soma —*pettorale*, striscia pur di cuoio attaccata alla sella ed affibbiata all'altra parte della stessa.

Pittiàre, *va. pittare, dipingere, part.* **pittiato**—*met.* denigrare l'opinione altrui. Il volgo dice **pittiare** e *part.* **pittijato.**

Pittiglia, *nc. cabala numerica*, per investigare i numeri da sortire al lotto.

Pittinessa, *nc. dirizzatoio*, arnese d'osso a denti larghi per iscriminare i capelli.

Pitùo, *ag.* di uomo petulante, ma usasi sostantivamente.

Piùno, *nc. puccetto, sgrugnone,* percossa data col pugno chiuso, al pl. **pieniri**—*pugnello*, quantità di cose che si possono tenere in un pugno.

Pizza, *nc. focaccia*, e dicesi rustica se fatta con olio o grasso, e dolce se intrisa con uova, zucchero e saime ed imbottita di conserva di frutte, o di crema — membro virile, e der. dallo spagnuolo **pixa**.

Pizzamarina, *nc. pincio marino*, zoofito che ha due fori alla superficie donde respira. Altre specie di molluschi nudi, tunicatj e acefali conosciuti nella storia naturale col nome di *fillidie* sono i **minghinezzili e le patàte**: i primi coperti di punte bianche e lucenti sembrano tanti pezzi di ghiaccio, le altre simili alla patata terrestre nella forma sono nocive ai frutti marini ma offrono buon esca ai pesci.— Allo stesso ordine appartengono i **minghiariddi**, zoofiti nudi lunghi un dito e buon esca a molti pesci.

Pizzica pizzica, *nc.* sorta di ballo proprio de'tarantini quasi simile alla tarantella de' napoletani

Pizzicafuèrfici, *nc.* specie di scolopendra, insetto che morde.

Pizzicariddi, *nc. gnocchi*, paste casalinghe cilindriche e cavate col dito per minestra. In dial. diconsi pure **strangula prìliviti** ed in Toscana **strozza preti**.

Pizzicaròla, *nc. morsetto*, specie

di piccola tenaglia che avendo le punte delle ganasce sottili servono a ritorcere in maglie il ferro o l'ottone filato.

Pizzicàta, *nc. presina*, presa di tabacco con le estremità del dito pollice e indice — *id.* **temèr'u core quant'a na pizzicàta di cenere**, vale *temer forte* — **fare na pizzicata**, fare un leggier furto di denaro.

Pizzico, *nc. pizzicotto, pulcesecca*, stringere la carne altrui con due dita — *bezzicata*, colpo di becco degli uccelli — *cocciuola*, morso di zanzara — *id.* **seminàre a pizzico**, *seminare à buchette*, dicesi della seminagione del frumento non sparsa ma posta in buchette. — *Prov.* **ogni pizzico guòrica**, *ogni pizzicotto produce lividura*, vale ogni piccola cosa ha la sua virtù.

Pizzilàre, *v.* **Petulàre**.

Pizzilàto, *ag. butterato*, dicesi di chi ha il viso tarmato di vaiolo.

Pizzillo, *nc. merletto*, trina tessuta per ornamento d'abiti — *retèpora*, pianta marina a foggia di rete detta pizzillo per la sua somiglianza col merletto.

Pizzimiàno, *ag. stupido*, der. da pezzo di Miano, uomo stupido passato in proverbio.

Pizzo, *nc. covaccino*, pezzo di pasta schiacciata e cotta sotto la brace — *cocca*, ciascuna punta de'pannilini, di abiti, od estremità qualunque terminante in punta.

Pizzugnàre, *va. dar busse,* in quantità.

Pizzùgni, *nc. busse, frugoni.*

Pizzulàre, *va. pigolare, pipillare,* il mangiare che fanno i polli — *mtt.* mangiare poco, saggiando di ogni cosa.

Pizzùlo, *nc. punta,* estremità di qualunque cosa — *cantuccio,* angolo parlandosi di luogo.

Pizzùti, *v. Sparo.*

Pizzùto, *v. Cefalo.*

Pò, *cong. poi.*

Poca, *cong. dunque.*

Podice, *nc. pulce,* insetto noto e molestissimo — *saltamartino,* giuoco fanciullesco consistente nel prendere un mezzo guscio vuoto di noce ed attorcigliandovi pel mezzo più volte un filo di refe vi si ravvolge stretto un fuscellino dalla parte concava, un estremità del quale si appicchi con cera all'orlo e si lasci sul piano: quando la cera si stacca quello salta: la voce è presa per similitudine dalla pulce che salta.

Pòlla, *nc. boglio,* pezzo di cioccolatte in pane.

Pònlia, *nc. friscello,* fior di farina stacciata e pur quella che vola nel macinarsi o nel burattarsi, che in Toscana dicesi **volatura.**

Pònnere, *v.* **Livoria.**

Ponta, *nc. punta,* estremità qualunque — *id.* **mponta mponta,** *all'estrema punta.*

Pò pò, *id.* **baa bào,** voce giocosa per fare scherzo ai bambini.

Pòppito, *nc. contadino,* quasi oppidano da *oppidum.*

Portannùci, *nc. svescione,* chi appena saputa una cosa la manifesta ad altri.

Porva, *nc. polvere,* e vale tanto quella che si leva spazzando che quella da sparo. — *Prov.* **el tene porva spara,** vale chi ha mezzi può sperimentare i suoi diritti.

Posa, *nc. posatura,* sedimento delle cose liquide — *impostime,* quello delle acque torbide.

Pòsima, *nc. amido,* materia bianca che si estrae dal frumento ad uso d'insaldare i pannilini; quella che si estrae da altri vegetabili dicesi *fecola.*

Pòstura, *nc. oliario,* serbatoio d'olio, i diversi pozzi diconsi cisterne: der. da porre.

Pota, *nc. tasca,* saccoccia del vestito.

Praia, *nc. paraggio, ripa, piaggia,* (*t. mar.*) costa di mare alquanto spaziosa e piana presso al lido — *id.* **praia praia,** *piaggia piaggia, marina marina,* camminare lungo la costa.

Pratzza, *nc. rombetto di rena*, *passerina*, piccolo pesce simile al rombo ma assai piccolo ed appartiene alla famiglia delle sogliole—*v.* **Rummo**.

Prattica, *nc. concubinato*, corrispondenza disonesta, e và unito coll' *agg.* mala, onde **tenère na mala prattica**, vale *vivere disonestamente*.

Prègio, *nc. piegio, malleveria*, *garenzia* che si fa per altri, e *garante* si appella colui che la fa, come pure *mallevadore*: quella delle cambiali dicesi propr. *avallo*.

Prena, *ag. pregna, gravida*, parlandosi di donna incinta—*idiot.* **èssere prima**, *met.* vale esser colmo o di pazienza, o di ogni cosa qualunque come notizie e simili.

Presèpio, *nc. capannuccia*, si fa nelle case o chiese nel Natale.

Prèvola, *nc. pergola*, ingraticolato di pali su cui s'intrecciano in alto le viti.

Priàre, *va. pregare*, donde **priamiinto**, *preghiera*.

Priatòrio, *nc. purgatorio*, luogo di purgazione delle anime elette—*met.* soffrir gravissime molestie di infermità.

Pricnèco, *nc. pesca, persica*, frutta del pesco. È pianta americana che gli europei ebbero in luogo del zafferano che vi portarono, detto in latino *crocus*, quindi la pianta che si ebbero **pro croco** la chiamarono **percoco** e corrottamente **pricnèco**.

Prighiazza, *nc. porcellana, procacchia*, erba mangereccia in insalata.

Prigiotto, *v.* **Prisutto**.

Priiselo, *nc. letizia, gioia, allegrezza*.

Primaròla, *ag. primaiuola*, donna di primo parto.

Primèra, *nc. primiera*, sorta di giuoco di carte—*id.* **lottare na primèra**, essere in imbarazzo o pericolo.

Primo, *nc. chiglia (t. mar.)* pezzo lungo di legno diritto ch'è la base di tutta l'ossatura della barca e della nave. I pescatori l'appellano pure **spina**.

Princissiòne, e **purgissiòne** e **prigissiòne**, *nc. processione*, accompagnamento solenne di statue di santi, di reliquie, e del Sacramento in giro. In Toscana dicesi pur **pricissione**; de'cadaveri dicesi propr. *associazione*.

Priquàcquala, *agg.* di donna grossa e lenta nel camminare.

Priscezza, *nc. allegria*.

Prisciarsi, *vnp. rallegrarsi, gioire*.

Prisciuddo, *nc. zerbinotto, ficchino* mà usasi per dilegio.

Priso, *nc. pitale*, vaso degli agiamenti.

Pristaziùni, *nc. appendizie*, aggravii sopra il fitto di un podere in frutte, uova, polli od altro.

Prisutto e prisiotto, *nc. prosciutto* e *presciutto*, la coscia del maiale salata, il cui osso dicesi *stinco*. Nel medio ceto e nel superiore odesi **prisiotto**. Der. da prosciugato che si contrae, o da *pes suis*.

Privularo, *nc. penzolo*, unione di più grappoli d'uva pendenti insieme da'loro sermenti; vale anche ostriche innestate a'libani.

Privulito, *nc. pergoleto*, lung'ordine di pergole—*v.* **Prèvula**.

Procamuerto, *nc. becchìno*, beccamorto.

Pròdere, *vn. mordere, prurire*, sentir prurito o pizzicore, e ciò che lo produce.

Pròpia pròpia, *avv. veramente*, l'usa il volgo per ironìa.

Protasquàmquero, *ag. spaccone*, chi la fa da Rodomonte, e dicesi per derisione.

Pròvola, *nc. provatura, prevatura* e *privatura*, cacio di latte di bufala: fresco in dial. quando è di piccola forma dicesi **muzzaredda**.—La parola sembra derivare dal greco πρόβατον, armento.

Prubàscino, *nc. propaggine*, mar-golato, il tralcio della vite o di altre piante sermentose che si sotterrano per moltiplicare la pianta.

Prubosto, *nc. garbo*, modo civile di trattare. l'usa il volgo.

Prucàre, *va. seppellire, sotterrare, coprire*, dicesi de' cadaveri non meno che di ogni cosa che si pone sotterra, così pure del fuoco che si ammonta e si cuopre di cenere per conservarsi.

Prucinello e prucinillàta, *nc. buffone* e *buffonata*.

Prudicìddo, *nc. pedignone, gelone, bottacciuolo, buganza*; sono gonfiori a' piedi nell' inverno, quelle delle mani diconsi manignoni, in *dial.* **ròsole**.

Prufico, *nc. caprifico*, fico selvatico da' cui frutti escono de' moscherini che fecondano e fan maturare alcune specie di fichi.

Prugissiòne, *v.* **Princissiòne**.

Prummòne, *nc. polmone*, organo vitale degli animali.

Prura, *nc. proda, prua (l. mar.)* parte anteriore della nave terminante in punta che dicesi *naso*.

Pruvàre, *va. saggiare*, far la pruova di una cosa, ed ha un significato latissimo.

Pù, coll' **u** stretto è interp. pronunziando con forte emissione di fiato, ed è onomatopea del colpo d'arme da fuoco, ed usasi o per contradire un detto esagerato di altrui, o per rimprovero o dilegio facendo segno di sputare in viso, onde l'*id.* **pù alla faccia tova**: coll' u largu è *avv.* e vale *da molto tempo*, o trattandosi di cosa nota vuol dire è cosa vecchia. Da ciò venne il *prov.* **A nanna Zàzzara e a zia Culèdda**; eran queste due donne vecchie e citansi quando si vuol rimbeccare alcuno che dica fatti già noti, premettendovi sovente il **pù** largo.

Pàccia, *nc. focaccia,* pane di cruschello ma più piccolo della stiacciata.

Puccilìddo e puccellèdda, *nc. giovinetto* e *giovinetta, pulcella, donzella, vergine;* sembra der. da *puellus,* l'usa il volgo.

Puddàra, *nc.* è la costellazione dell'orsa minore, così appellata da' contadini e marinai.

Puddàro, *nc. pollaio,* luogo destinato ai polli.

Puddica, *nc. canina,* pane di crusca e cruschello pe' cani.

Pudditro, *nc. puledro,* cavallo giovine, *met.* giovine brioso.

Pudicàro, *nc.* dito pollice delle mani e de' piedi, der. dallo spagnuolo **pulgar.** È pure un'erba palustre fetida, e' luoghi circostanti pe'suoi miasmi divengono infetti.

Pudicino, *nc. pulcino,* ed è de'polli, il volgo dice **purricino.**

Pudicòne, *nc. polendone,* uomo lento nel muoversi e nell'operare.

Puerco, *nc. verro, porco,* è il non castrato; *majale* il castrato, *cinghiale* il selvatico. La voce è propria spagnuola.

Puerro, *nc. porro,* escrescenza sul corpo umano. È voce spagnuola.

Puèrto, *nc. porto,* luogo di mare, ove le navi sono ricoverate e sicure. È voce spaguola.

Puèscia, *nc. coppo, (l. pisc.)* ordigno piscatorio consistente in un gran cerchio di legno con lungo manico e piccola rete attaccata al cerchio. Con questo si pesca la **secciarola** altra specie di seppie, mettendo di notte al chiaro di Luna uno specchio di fronte alla Luna sull'orlo della barca, i molluschi salgono a galla per mirarvisi e'l pescatore col coppo li raccoglie. La parola der. dalla francese **pouche,** che vale tasca, e veramente tal'è la forma della rete.

Puèsto, *nc. calostra, castellata, sedili,* sono le basi di legno o pietra su cui si posano le botti — *posto,* luogo ove si cuoprono gli animali — è pure participio di porre. La voce è spagnuola.

Pufà, *v.* **Vissivогghia.**

Puft, *avv. subito,* questo monosillabo si usa per maggiormente affermare la cosa di che si parla, premettendosi alla proposizione.

Pùgghia, *nc. quantità,* presa per similitudine da Puglia luogo di vastissima estensione e abbondanza di frumento, onde l'*id.* **tenère na pùgghia di fili,** vale *aver molti figli.*

Pulèa, *nc. petulanza, seccatura.*

Pulègia, *v.* **Mamozie.**

Pulegna, *nc.* fune di peli di capra e becco, in uso nelle masserie, sù palmenti vinarii e ne' serbatoi d'olio per tirare acqua, mosto od olio col **tragno,** *attignitoio.*

Pulèma, *nc. sprone (t. mar.)* unione di tutti i pezzi sporgenti dalla ruota di proda sulla nave e sù lati per appoggiare il bompresso — *fregiate,* parte scolpita o dipinta della proda.

Pulicàne, *nc. cane,* strumento di ferro per cavare i denti.

Pulimmo, *nc. lustrino, lustrastivali.*

Pulizzàre, *va. pulire, nettare.*

Pulla, *nc. tacchina,* la femmina del tacchino — *met.* donna di poco senno e dicesi per cella.

Pumetto, *nc. vena, girotta, (t. mar.)* palla di legno in cima all'antenna.

Pumidòro, *nc. solano pomo d'oro,* frutto notissimo e comune.

Pumo e tuppo, *nc. tignone, toppè,* mazzocchio, sono i capelli delle donne intrecciati e ravvolti. In Toscana lo dicono **crocchia** da chiocciola perchè ligati a quella forma — **Pumo,** *nc. susina,* frutta di varie specie e nomi, cioè **pernodda,** *mirabella,* susina di maggio simile ad una grossa ciliegia, quale rossa quale gialletta — **cascavedda,** *amoscina,* è di forma allungata ovoidale di color verde sbiadito che matura nel principio d'està, e der. dallo spagnuolo **cascabellilo,** che vale una specie di prugna — **liscino,** *mirabolano,* simile alla precedente, nericcia, polposa di un sapore agretto che matura nel colmo dell'està.

Pungitòra, *nc. puntura,* è quella che si fa con ago casualmente sulle dita.

Pungitùro, *nc. pungitoio, stimolo, pungolo, (t. cam.)* bastone aguzzo col quale si stimolano i buoi al camino: *met.* stimolo con parole ad altrui per operare.

Puntàle, *nc. pietica,* cavalletto che tien ferma la trave nel segarsi; la travetta ch'è a traverso dicesi in *dial.* **varlecchia** e prett· *cantèo.*

Puntaradice, *nc. depressore,* strumento chirurgico per cavare le radici de' denti.

Puntarùlo, *nc. punteruolo,* strumento simile al succhiello ma non imperniato, ed è usato dai sellai — *spillo,* è quel punteruolo col quale si fora la botte per saggiare il vino.

Puntetta, *nc. frustino*, è la punta posta all'estremità della frusta per scoppiettare.

Puntiddàre, *va. puntellare, sbarrare*, metter puntelli per mantener fermi i fabbricati o checchesia.

Puntiddo, *nc. puntello, sbarra, sovvaggiolo*, traversa di legno che si mette a' fabbrichi che minacciano ruinare per assicurarli — *staggia*, bastone biforcuto col quale si puntellano i rami d'alberi carichi di molte frutte — *grossetto, acne*, tumoretto infiammatorio in alcuna parte del corpo umano.

Punto, *nc. broncio*, segno di cruccio che traspare dal volto, espresso dall'*id.* **pigghiàr' u punto**, *prendere il broncio*.

Pupa, *nc. upupa*, sorta di uccello che ha un ciuffetto in testa — *bambola*, balocco da fanciullette. La voce è la stessa che upùpa per aferesi o troncamento della prima sillaba.

Pupazzo, *nc. fantoccio*, balocco da ragazzi di legno rappresentante strana figura umana: se fa movimenti per mezzo di fili o suste dicesi *neurospasto, burattino*, o con voce di uso toscano **marionetta**.

Pupo, *nc. pennecchio, luffo*, gomitolo di cotone in stoppa per filarsi — *cornocchio, spigone*, è la pan-nocchia del formentone a cui sono attaccati i chicchi — *id.* **ntartigghiàre u pupo da vammace sobb' a cunocchia**, vale *appennecchiare*.

Parcè, *cong. perché*, ma usasi interrogativamente.

Parcidduzzo, *nc. porcellana, porcelletta ciprea*, conchiglia univalve bellissima e turbinata avente in piccolo la forma di un porcello: al di sotto è dentata, donde respira, la superficie è levigatissima e lucida e suole incastonarsi in oro per appagare la superstiziosa credulità di essere un amuleto contro le malie. Dalla sua apertura esala un fetore sepolcrale del frutto putrefatto.

Parcidde, *nc. nincio*, porcello lattante — **Parcidde di S. Antonio**, *v.* **Curnacchiòlo**.

Parcile, *nc. arella, brago*, giaciglio del maiale — *met.* lordura, onde dicesi un porcile la casa non spazzata, nè rassettata.

Purgissiòne, *v.* **Princissiòne**.

Purpetta, *nc. polpetta*, è quella tonda di carne battuta o di riso; quella bislunga dicesi *propr. crochetta*.

Purpitagno, *nc. ventola*, muro sottile fra due vani.

Pàrpito, *nc. ambone, pulpito*, luogo elevato in chiesa donde si predica.

— 153 —

Purtàre ncueddo (a), *id. trachelismo*, giuoco fanciullesco nel portarsi vicendevolmente sulle spalle.

Purtière, *nc. tenda*, sono due teli di pannolino, o seta per ornamento di finestre: il festone che l'orna di sopra dicesi *pendone*: *portiera* è quella degli usci. La cornice da cui pende la tenda dicesi *palchetto*.

Purtiddo, *nc. portello*, piccola porta—*abbaino*, apertura in alto del soppalco.

Purtijallo, *nc. melarancia*, frutta del melarancio. Nell'uso comune dicesi **purtugallo**.

Putèa, *nc. bottega*, luogo ove gli operai, artefici e speculatori lavorano, quella del pizzicagnolo distinguesi in *dialetto* col nome di **putèia lorda** — *id.* **mettersi di casa e di putèa**, vale applicarsi a tutt'uomo in una cosa per vederne la fine.

Putiaro, *nc. pizzicagnolo*.

Putrisino, *v.* **Pitrusino**.

Puvirèdda, *nc. vigliuolo*, *(t. cam.)* spighe separate e battute dopo la prima trebbiatura, che in Toscana dicesi **vigliaccio**.

Puvirìddo, *ag. poverello, accattone* — *met.* si usa come interp. di compassione: al fem. **puviredda**, *poverella*.

Puvirtàte, *nc. povertà*, id, **a puvir-**

tàte, la classe de' poveri; l'usa il volgo.

Puzzo cupo, *nc. pozzo profondo* — *met.* misterioso, simulatore.

Puzino, *v.* **Cammisa**.

Puzo, *nc. polso*, *met. forza*.

Puzzedda, *nc. bucherella*, giuoco fanciullesco e consiste nel gittare da determinata distanza una palla di legno o di ferro per farla andare nella buca. Al *pl.* è lo stesso giuoco con tre o nove bocchette, e queste ultime situate a tre le une sotto le altre a piccole ed eguali distanze, e vince tutti colui la cui palla va nella buca del centro.

Puzzilìddo, *nc. orbiculo*, *(t. mar.)* carrucula di metallo con funi per alzare ed abbassar pesi; *bozzello* è la rotella incassata che gira le funi della carrucola.

Q

Qua jè? — *id. qual'è?* il **j** è aggiunto per togliere l'iato.

Quacquarisciàre, *vn. gorgogliare*, il rumore che fa l'acqua in ebollizione con minestra — *met.* cicalare a solo brontolando — *spetezzare*, detto per celia.

Quagghiàre, *vn. accagliare*, il coagularsi del latte, o di altre vivande rapprese al fuoco — il rotolar della trottola.

Quagghiato, *nc.* latte rappreso con

caglio, e si usa sostantivamente.

Quagghio, *nc. caglio*, materia acida che si ricava da alcune piante o da una borsetta degli animali ovini; quando è secco e salato dicesi *presame*.

Quà intra, *av. quá entro, qui dentro*.

Quàn, *av. quando*, Prov. **u ricco quàn'vole, u povro quàn l'ave**, vale il ricco quando vuole, il povero quando l'ha, parl. de' godimenti della vita. '

Quànt, *avv. quanto*, relativamente a quantità.

Quarèmma, *nc. quaresima*, tempo del digiuno ecclesiastico. Astrattamente è la personificazione dell'idea astratta — *id.* **Quaremma zinzilosa**, dicesi di donna ben vestita al di sopra del suo stato, che cammina ritta e con sprezzante sussiego. In Toscana ad uomo di tal fatta dassi l'appellativo di **piombone**.

Quaria, *v.* **Vela**.

Quarto, *nc. quartiere*, parte di abitazione in piano separatata dalle altre — parte di dietro della scarpa che in dial. dicesi **quarto di reto**, e propr. *quartiere* — **quarto di nanti**, *sterzo*, la parte anteriore girevole dalla carrozza, il cui perno detto perno reale appellasi *maschio dello sterzo*.

Quatriiddi, *v.* **Cammisa**.

Quàtt, *agg.* num. *quattro*.

Quécciolo, *nc. murice*, dal latino *murex*, conchiglia marina univalve il cui nicchio è di varie forme onde prende in dial. varii nomi, tutti però appartenenti alla famiglia murici. Queste specie sono il **porpora**, *pelagio*: il **currùculo**, *vite;* il **gentile**, il **rondinella**, il **riccio**, il **rosso**, e il **s. Bernardo**. Il **porpora** fu molto pregiato nell'antichità per la famosa porpora che si traeva con la quale si tingevano le lane finissime che riuscirono così superiori a quelle di Tiro che i senatori romani e lo stesso re Tullo Ostilio foggiaronsi le toghe di gala. Al principio di primavera i murici si raccolgono a schiere, si uniscono e cacciando una bava formano certi involucri simili ai favi delle api nelle cui cellette depongono le uova che si sviluppano nel colmo dell'està. Questi involucri son detti dai pescatori tarantini **millnull** ed in pretto *favaggini*, e sono di color cinericcio, e disseccate al Sole, sono friabilissime e più leggiere d'una piuma. Assai curiosa è la pesca de'murici, poichè i pescatori prendono le favaggini vuote dell'anno precedente e ligatele con fili le calano in siti diversi: i murici trovandole già fatte vi si attaccano in gran quantità, e tirate su danno copiosa pesca. Il frutto lesso e condito è sapido, ma bisogna cuocerlo con tutto il nicchio cotto poi si cava. — **Quecciolo a tofa**, *turbins*, detto pure *conca buccina*, latinamente *buccina*, conchiglia univalve turbinata di forma quasi conica, la più grossa di tutte e terminante in acuta spira. Se bucasi il vertice dà il suono della tromba e del corno secondo la forza del fiato: il frutto poco si cura, ma il nicchio si tiene come ornamento. La voce **quecciolo** è una alterazione di **chiocciola** che tal'è veramente.

Quèstuma, *v.* **Alici.**

Quedd'ogna, *id.* vale *quel poco.*

Quid e quedda, *pron. quegli, quella* — *id.* **quid zi** o **quedda zi**: zio chiamano i fanciulli plebei i più grandi di pari ceto, **signò** a quei di ceto superiore.

Quist e quèst, *pron. questi, questo, questa.*

R

Racana, *nc. sargana, sargina*, grandissimo sacco di tela grossa che fodera il carro al di dentro per riporvi e trasportare vettovaglie, civaie, paglia ed ulive.

Raccughiaquèsumo, *nc. rapina*, dicesi a chi si appropria l'altrui con astuzia o prepotenza.

Raciùeppo, *nc. racimolo*, raspollo di uva.

Raciuppàre, *va. raspollare, graci-* *molare*, il raccogliere i raspolli dopo la vendemmia.

Raciuppatùra, *nc. raspollatura*, ciò che si ricava di raspolli.

Ràdica, *nc. radice*, propria delle piante e de'denti; quella del capello dicesi *bulbo: met.* di ogni cosa stabile fisicamente e moralmente. Il volgo dice **ràrica.**

Radicola, *nc. gratella, craticola* e *graticola*, arnese di ferro da cucina per cuocere arrosti.

Raditòra, *nc. rosume*, paglia trita che avanza alle bestie.

Rafaniddo, *nc. rafano, ramolaccio, novellina*, pianta la cui radice carnosa e piccante è buona a mangiarsi.

Ragghi, *nc. superbia, vanità*, presa la voce *met.* per similitudine da'raggi del Sole che manifestano la sua grandezza; onde gl' *id.* **azàre o avasciàre il ragghi**, valgono *insuperbirsi* o *avvilirsi.*

Ràggia, *nc. rabbia, stizza*, der. dal francese **rage.**

Ragòsta, *nc. astaco, locusta*, grosso gambero marino, le cui granfie ossee diconsi propr. *chele.* Tre sono le sue specie appellate in dial. **ragosta, carlo e cicàla**, *v.* **caùro.**

Raio, *nc. razza*, pezzo di legno che dal mozzo della ruota va alla circonferenza come raggio di cerchio e regge con le altre la ruota: der. dallo spagnuolo **rayo**, v. **rota**.

Ramària, v. **Gamaria**.

Ramàro, nc. calderaio, battirame, artefice che lavora il rame.

Ramcedda, nc. mezzina, brocca, vaso rustico di creta servibile a varii usi.

Rancio, nc. branda (t. mar.) letto pensile nelle navi.

Rapiddo, nc. ghiarotto, lapillo, piccola pietra levigata che caccia il mare, quelle arrontondate dei fiumi diconsi ciottoli.

Rasca, np. è nome di un fiumicello di breve corso che si scarica nel mar piccolo nella costa orientale dello stesso; deriva dalla voce siriaca **rask**, che vale povero d'acqua.

Rascaturo, nc. mello, ferro da raschiare—rasco, radimadia è quello che raschia la pasta attaccatasi alla madia. L's, suona come il ch, francese.

Rascia, nc. razza, sorta di pesce —rascia pitròsa, è quella che ha su di se alcune pietruzze, v. **picatrice**.

Rasciddo, nc. ghiaia, sassuoli di mare misti a rena grossa. Così appellansi pure i frantumi minuti di murici, che i pescatori raccolgono in bigonciuoli in dial. **vigghiali**, od altri vasi lignei e l'intridono di olio e rimescolando lo spargono sul mare per togliere l'increspatura di esso e chiarire il fondo, e ciò nelle pesche anzitutto delle orate e de'mormilli.

Rasciùlo, nc. orzaiuolo, tumoretto doloroso alle nepitelle degli occhi.

Rasco, nc. sgraffio, graffio, sberletto, raffata, leggiera graffiatura che si fa con le unghie sulla persona. L's, suona come il ch, francese.

Ràsola, nc. areola, aiuola, piccolo spazio di terra dove si fan crescere le tenere piante de'cavoli ed altri ortaggi per trapiantarsi altrove.

Rasòla, nc. rasiera, bastone cilindrico per appianare la misura delle vettovaglie nello staio.

Raspa, nc. raspa, scuffina—raspa a tagghio, rasiera, strumento da bottai a due manichi per ripulire esternamente i lavori di botti e barili—graspo, il raspollo ove sono attaccati i granelli di uva.

Rasùlo, nc. rasoio, strumento di ferro per radere la barba.

Ràttica, nc. farda, scaracchio, sornacchio, sputo catarroso.

Raù nc. stufato, vivanda di carne preparata in casseruola: der. dal francese **ragout**, intingolo, manicaretto.

Rauseo, *agg. rozzo, stizzoso*, dicesi di uomo nell'aspetto e negli atti. Anche in Toscana dicesi **raugèo**.

Recchia, *nc. orecchia*, organo dell'udito nell'animale — **dulòre di recchie**, *cosso*.

Refola, *nc. ritaglio*, parte di alcuna cosa mangereccia.

Rena, *nc. lustrino*, polvere metallica che si spande sullo scritto per non cassarsi.

Renzarenza, *avv. appena appena, all'orlo*, parlandosi di estremità di luogo, ed anche di cosa che a stento sia sufficiente alla bisogna per la sua quantità.

Rera, *nc. facella, facellina*, legna resinosa da ardere usata dai pescatori.

Resina, *nc. ruggine*, malattia delle biade in erba.

Resistere, *vn. reggere*, dicesi di fante o servo che dura nel servizio altrui.

Rèstia, *nc. malpizzo*, infermità presso l'unghia del cavallo.

Retipunto, *v.* **Cosere.**

Reto, *avv. dietro;* dal latino *retro* — id. arrèto arreto com' a li zucàri, vale *andare all' indietro come i funaiuoli*, quando ritorcono la canapa o i giunchi, e dicesi di chi indietreggia o in salute, o in beni di fortuna, ed ai fanciulli che non progrediscono negli studii. Si noti che in dialetto evvi **arrèta** e **arrèto**, il primo è *avv.* e vale *di nuovo*, l'altro è pure *avv.* e vale *all'indietro*.

Rezza, *nc. rete*, è una specie d cuffia di cotone lavorata a larghe maglie che le donne plebee si ligano con nastri di cotone al capo.

Rialìa e regalìa, *nc. mancia*, piccola mercede per servigio prestato.

Rialo, *nc. regalo, presente*, complimento che fa una persona ad altra o per mantenere le relazioni amichevoli, od in compenso di favori avuti.

Ribuscìato, *ag. debosciato, crapulone*, dicesi di uomo debito ai vizii, l'usa il volgo.

Ribuzzo, *nc. presella*, ferro de' legnaiuoli con bocca smussa per ribadire i chiodi ove il martello non può operare.

Rica, *nc. riga, regolo*, lista di legno o metallo per tirare linee rette.

Ricatt' a ricatta (a), *mo. avv. frettolosamente.*

Ricazàre, *vn. ripiantare*, il sostituire nuove piante ne' luoghi ove non attecchirono.

Ricchiàle, *nc. recchiata, recchione*, colpo dato nell'orecchio.

Ricchiàscini, *nc. orecchioni*, sati-

riasmo, malattia per gonfiore delle glandùle mascellari.

Ricchiedde, *nc. cinturini, orecchie, becchetti*, sono i due lembi della scarpa ove si liga il nastro.

Ricchile, *nc. libàni, sarria, (t. pisc.)* sono due libani uniti in *dialetto ventie* che si ligano fra due pali della giava ed a cui sono appesi i penzoli, *v.* **Sciàja.**

Ricentàre, *va.* è il lavare con acqua e sapone le biancherie del bucato dopo cotte col ranno.

Riciddìa, *nc. vocio*, rumore sordo di voci lontane di gente raccolta insieme.

Ricigghiòne, *nc. giglione, (t. mar.)* la parte superiore del remo su cui fa forza il remigante, la parte inferiore dicesi **pala** *v.*

Ricignàte, *v.* **Vescia.**

Ricuerdo, *nc. ricordo, endice*, oggetto che si conserva o si dona per memoria; der. dallo spagnolo **recuerdo.**

Rièsce, *nc. reggime*, modo di governare; l'usa il volgo.

Rifòsa, *nc. giunta*, ciò che si dà per equiparare la plusvalenza di un oggetto che si cambia con un altro: usasi pure il maschile **rifùso**, nello stesso significato.

Rigina, *nc. carpina*, sorta di pesce delicato che dicesi pur *pesce regina.*

Rimasùgghio, *nc. regaglia, avanzuglio, rimasuglio*, ciò che avanza nella mensa, ma usasi più sovente al *plurale.*

Rimèna. *nc. vilucchio, viticchio, convolvolo (t. cam.)* pianta che si attacca alle pareti o fra le biade. Appellasi **rimena** perchè quanto più si taglia più cresce, ed è di due specie il maschio ch'e perenne, e la femmina che seccatasi nella fine dell'està rigermina in primavera.

Rimenàta, *nc. rabbuffo*, forte rimprovero.

Rimintòne, *v.* **Muntòne.**

Rimìto, *nc. santese*, chi ha la custodia di una chiesa o chiesuola fuori l'abitato.

Rimondàre e rimunnàre, *va. divettare (t. cam.)* il nettare gli alberi mozzando e togliendo le cime per meglio crescere.

Rimpuntàre, *va. risolare*, il metter nuove suole alle scarpe—*riscappinare*, è il far nuova la parte degli stivali che cuopre il piede.

Rimuntatùra, *nc. risolatura*, il risolare o il riscappinare.

Rinacciàre, *va. rimendare*, accomodare le rotture de'panni con punti cuciti.

Rinàccio, *nc. rimendatura*, il rimendare.

Rinarùlo, *nc. polverino*, vasetto di

terra cotta, vetro o metallo in cui si mette rena o sabbia per spargerla sullo scritto fresco affin di non cassarsi.

Rinazza, *nc. rinaccio, (t. cam.)* terreno arenoso.

Rinesciàre, *vn. sgretolare, scrosciare, sgrigliolare,* dicesi delle paste o pane cigolante fra'denti per arena o polvere delle pietre di mulino che si mescola nella farina; der. da **rena.**

Rininedda, *nc. rondine, rondinella,* conchiglia bivalve della famiglia de'mituli, ed ha questo nome perchè veramente rassomiglia ad un volatile nella forma e solca le onde. Il frutto è insipido.

Rininiddo, *np. Rondinella,* è una torre di guardia sul littorale di mar grande al lato ovest della città, e deriva dal greco ρίνη, *squalo,* sorta di pesce che in questo luogo si pesca e della cui pelle i legnaiuoli lisciano le tavole, ed altri industriosi foderano astucci e tabacchiere, conosciuta col nome di zigrino.

Riplizzo, *nc. pottiniccio,* rimendatura di abiti mal fatta.

Ripitàre, *vn. affligersi con urli e pianto.*

Ripuddòne, *nc. sortita, pollone, barbatella,* è il germoglio che nasce dalla radice della pianta.

Rirere, *vn. ridere,* l'usa il volgo — *id.* **pisciarsi di riso,** rider forte sino o colar le lagrime.

Riscitàto, *agg. raffreddato,* e dicesi delle persone e delle piante.

Riscitàre, *va. svegliare, destare,* rompere il sonno ad alcuno scuotendolo — *np. destarsi, svegliarsi*

Risibèla, *nc. risipola,* malattia per infiammazione della cute.

Risidiàre, *v.* **Arrisidiàre.**

Risidio, *nc. rassettatura,* il rassettar la casa — piccoli accomodi di opere di artefici — piccoli servigi.

Rispicàre, *va. rispigolare, ristoppiare,* il raccogliere le spighe scappate a'mietitori.

Rispico, *nc. rigaglia,* ciò che ricavasi dal terreno e dagli alberi dopo la raccolta: dalle biade dicesi *spigolatura,* e dalle viti *racimolatura* e *raspollatura.*

Ristoccia, *nc. caloria (t. cam.)* ristoro che si dà alle terre dopo raccolto il frumento concimandole e seminandovi biade o civaie per rinvigorirsi, che in dial. dicesi **ristoccia di mascèse:** quando si semina frumento due anni di seguito dicesi propr. *ringranare;* il campo ov'è lo stoppio dicesi *stoppia.*

Ristùccio, *nc. stoppio, biaduli, seccia,* sono i gambi delle biade dopo la mietitura.

Risulatùro, *nc. grisatolo,* ferro che rode i vetri per contornarli.

Rita, *nc. rete,* e dicesi tanto di

quelle da pesca, che di quelle di funi a larghi buchi ad uso di riporvi paglia per gli animali nel trasportarsi da luogo a luogo.

Ritàgghio, *nc. ritaglio,* pezzetti di panno, tele, cuoi e simili.

Ritinelle, *nc. dande,* sono due strisce o falde per mantenere ritto il bambino nell'avvezzarlo a camminare.

Ritorta, *nc. terranina,* spago a tre fili.

Ritràgnola, *nc. risucchio (t. mar.)* il retrocedere dell'onda che si è franta in uno scoglio.

Riumàre, *vn. ruminare,* dicesi per celia a chi non avendo denti molari non può frangere il cibo e sembra ruminare. L'usa il volgo.

Riva (a), *v. Scere.*

Rivàle, *nc. verone, soglia,* parte esterna di un parapetto di pietra: deriva da riva per traslazione dell'idea di estremità.

Rivetto, *nc. orlo,* lista stretta di pelle che si cuce come orlo alle scarpe.

Rivuèto, *nc. baragazzo,* confusione di cose—ammutinamento di popolo.

Rivutarsi a vita, *id. temer forte,* aver forte paura per alcun sinistro improvviso.

Rizza, *nc. rinzaffatura,* il primo intonaco rozzo che si dà al muro.

Rizzilddo, *v. Azzicchit' a me.*

Rizzo, *nc.* tumore ossillare sotto le ascelle, ed è così detto perchè curasi col guscio del riccio monaco cotto al forno e polverizzato — *riccio marino,* crostaceo armato di acutissime punte, il cui frutto è corallino formato a stella. Trai suoi spicchi sonvi delle vescichette che gonfia per camminare: nella parte alquanto appianata ha la bocca e nell'interno un grumoletto bianco. Tre sono le sue specie, il **monaco** ch'è bianco e senza punte, la **madre di ricci** e 'l riccio proprio. I pescatori hanno osservato ch'essi dimagriscono col declinar della Luna. Narra Plinio che quando il riccio si attacca alli scogli è indizio di tempesta, di calma poi quando sta sull'arena. I ricci proprii di mar piccolo sono pieni e sapidissimi.

Rizzòla, *nc. brocca,* vaso di terra cotta invetriato con manichi ad uso di acqua.

Rizzuto, *nc. orcio, orciuolo,* vaso invetriato di terra cotta con becco ad uso di vino od olio.

Rògica, *nc. anitra,* uccello palustre propr. la femmina del *mergo oca,* volgarmente **capoverde.**

Ròina, *nc. incastro, rosetta,* ferro dei maniscalchi col quale si tagliano le unghie delle bestie da soma: il tagliarle dicesi propriamente *bianchire,* e l'unghia tagliata *disolatura.* La parola deriva dalla francese **rogne** che vale *,incastro*.

Rolnetta, *nc. curasnetta*, ferruzzo de' maniscalchi curvo in punta per pulire le unghie degli animali e torne il guasto.

Romice, *nc. romice*, erba tenuta dalle donne segretiste quale rimedio al dolor di capo e contro le ancine, applicandosi pesta, in gusci di noci alle braccia, ai polsi o nelle palme delle mani.

Rompere, *va. fendere, (t. cam.)* è la prima aratura del campo, la seconda che in dial. si dice **ntra-virsàre**, prett. *ingigliare*, la terza e quarta **terziàre** e **quartiàre** propr. *interzare*, ed *inquartare*.

Ròsola, *v.* **Prudicliddi.**

Rota, *nc. ruota*, è quella de' carri; sue parti sono: **miodda**, *mozzo*, la testa o parte di mezzo a cui son conficcati i **rai**, *razze*, pezzi di legni che uniscono il mozzo alle caviglie — *trasto*, tavolone orizzontale con una o più manovelle per uso de' funaiuoli — *bindolo*, è la ruota della macchina idraulica che dà acqua ai terreni — **rota di puppa**, *nc. trigante, (t. mar.)* l'ultima trave che tien salda la poppa della nave — **rota di mulino**, *v.* **Mulino** — *prov.* **ungi l'asso ca a rota camina**, vale per scorrere la ruota bisogna unger la sala, e corrisponde al *proverbio* latino, *ne rota crepet ungitur axis*, e vale *chi vuol ottenere favori non sia avaro*.

Ròzzola e trozzola, *nc. carrucola a girella*, der. da rotolare — al *pl. verticchi (t. mar.)* sono le palle bucate e scanalate per ove con funi si tirano pesi sulle navi ed anche le antenne.

Ruàna, *v.* **Duàna.**

Rucigghiòne, *nc. pennato*, strumento tagliente per potare le piante e le viti.

Rùe rùe, *nc. pigolio, gemito*, è onomatopeia della voce dei colombi — *met. ruffiano*, che in Toscana dicesi **ruccola** parlandosi di femmina.

Rùcola e arùcola, *nc. ruca, ruchetta*, erba campestre di sapore piccante e buona a mangiarsi.

Ruèccolo, *nc. torsolo*, fusto e radice del cavolo — *prov.* **càulo è figghio a ruèccolo**, vuol dire che i difetti e' vizii paterni spesso si ereditano da' figli.

Ruèngo, *v.* **Gruèngo.**

Ruètolo, *nc. rotolo*, misura di peso di oncie 33 1/3 pari a circa 8/9 di chilogramma — *Prov.* **caricàr' u ruètolo e scarsiare l'onza**, corrisponde al *prov.* italiano *santo nel poco e ne' bei colpi nò*.

Ruezzolo, *nc. raganella*, balocco fanciullesco che consiste in un picciol congegno di legno con manubrio che voltandosi con una mano, una rotellina dentata in cima fa scattare una lista sottile ch'è conficcata nel congegno, è fa sentire un continuo suono stridulo.

Ràfala, *nc. sbuffo di vento impetuoso*, *met.* moltitudine di gente che corre.

Rugna, *nc. rogna, scabbia*, malattia cutanea, schifosa e contaggiosa. — Ad un intrigante che va spiando i fatti altrui dicesi per rimprovero, **gràttiti a rugna**, cioè *vedi i tuoi guai*.

Rulugiàro, *nc. oriolaio, orologiaio*, chi fa o accomoda oriuoli.

Rumanedda, *nc. radicchiella*, pianta tenera per insalata.

Rummàto, *nc. letame, spazzature, ingrasso, concime;* tutte le specie si comprendono collettivamente in questa voce — sembra deriva da **aromata** per antifrasi, cioè dal suo puzzo forte, ironicamente aromatico.

Rummo, *nc. rombo*, pesce squisito della famiglia delle sogliole; i piccoli che non crescono vengono appellati dai pescatori **pràizze**, *v.* **Praizza**.

Rumpamiinto, *nc. seccatura, petulanza*, donde l'*idiot.* **rumpamiinto di capa**, nell'istesso significato.

Rumòre di piatti, *nc. acciottolio*, il rumore che i piatti fanno quando si distribuiscono vuoti a' posti della mensa o quando si ammontano.

Runcedda, *nc. roncola*, piccolo coltello ricurvo in punta ad uso de' vendemmiatori.

Runfa, *nc. moltitudine di gente*, der. dallo spagnuolo **runfa**.

Rusacchio, *nc. peza, ripale (t.pisc.)* piccola rete da pesca carica di piombo che si tende da terra rasente il lido e di forma conica. Con questa si prendono di giorno negli ultimi due mesi dell'anno le triglie nelle ore della bassa marea o riflusso o come dicono i pescatori nella **serra**, tirando un cordellino per istringer la rete dopo fatta la pesca.

Rùscere, *vn. grillettare*, il rumore dell'acqua prima dell'ebollizione — *rugghiare*, il suono sordo del leone per dolore, fame od ira, ed anche dell'uomo — *rubbolare*, il rumore del mare che precede la tempesta — *met.* mormorare sotto voce.

Rùscita, *nc.* Questa voce ha molti significati: vale *bruito, borborigmo*, il rugghiar degl'intestini — *rugghio*, quello del vento impetuoso — *mormorio*, quello di voci sorde di persone — *russo*, de' gatti — *id.* **tenere a ruscita com' a li latti**, vale brontolare mormorando sotto voce come fanno i gatti col russo.

Rùsetta, *nc. borchia*, arnese tondo d'ottone indorato che si avvita all'estremità di un chiodo per sostener quadri, specchi o alle estremità de' bracciuoli delle tende.

Rusicare, va. rosicchiare, rodere leggermente — met. far piccolo guadagno.

Russo, nc. torlo, tuorlo, il rosso dell'uovo.

Russoll, nc. corbezzole, roselle, specie di frutte silvestri e gustose di una pianta alta detta corbezzolo ed albatro.

Rutedda, nc. girandola, è quella che gira ne' fuochi artificiali dando bella vista per gli svariati colori ed intrecci.

Rutiiddo, v. Muline.

Ruttòrio, nc. fontanella, fonticolo, cauterio, piaghetta che si fa in una parte del corpo ordinariamente nel polpaccio interno sotto la rotella del ginocchio per purgare il corpo degli umori nelle malattie morbose.

Ruttùra, nc. ernia, è la rottura dell'anello inguinale.

Ruvàgne, nc. stoviglie, di argilla o di terra cotta.

Ruvàgne, nc. fune ligata alle corna de' buoi che regola il cammino di essi sia arando che tirando il carro.

Ruza, nc. ruggine, ferruggine, materia rossiccia che si forma sul ferro, rame ed altri metalli e li consuma. — id. a ruza si mangia u firro, la ruggine rode il ferro, e vale le spese che oltrepassano gl'introiti distruggono i capitali, e ne' debiti gl'interessi assorbono i beni del debitore.

Ruzzulare, vn. cader rotoloni, capitombolare, dicesi di chi cade rotolando — va. rinfrancescare, il ripeter di continuo e noiosamente una cosa, ed usasi per derisione.

Ruzzulatàre. nc. matterello, mestola di legno con la quale si rivolta il latte bollendosi per coagularsi — spino, altra mestola piena di piuoli che rivolta il latte già rappreso affin di condensarlo a cacio nel caccavo.

S

Sacca, v. Potà.

Sacchitiddo, nc: sacchetta, dim. di sacco.

Saccio e sciaccio, va. so, è la prima persona del verbo irregolare sapere. La voce saccie fu già usata dagli antichi scrittori italiani ne' primordii della lingua.

Sacca, v. Vela.

Sacristia,, nc. sagrestia, stanza nelle chiese ove si preparano i sacerdoti.

Sagnàre, va. salassare, cavar sangue, è un'antica voce italiana.

Sagnia, nc. salasso.

Saima, nc. sugna, lardo, grasso strutto di maiale; è pure voce italiana antiquata.

Safttèra, *nc. feritoia, archibusiera,* apertura verticale e stretta nel muro per ove a difesa possonsi scaricare armi da fuoco.

Salàttca, *nc. sciatica, ischiade,* sorta di malattia.

Salamilicce, *nc.* Con questa parola detta pure in Toscana **salamelecche** che significa *la pace sia con voi,* der. dall'ebraico **salem-leka**, i tarantini la pronunziano piegandosi nel fare uno scherzevole saluto — *id.* **fare li salamilicchi**, dicesi di quelle cerimonie religiose che le coppie di confratelli fanno nella visita de' sepolcri o nel darsi la muta, o incontrandosi per via.

Salamùra, *nc. garo, salamoia,* intriso di sale ed acqua per conservare pesci, capperi od altro.

Salèra, *nc. saliera,* vasetto di vetro, argilla o metallo in cui si tiene il sale minuto per tavola.

Salère, *vn. salire,* montar le scale, o ascendere un altura.

Salvietto, *nc. mantile, tovagliuolo, topagliuolino,* pezzo di biancheria da tavola per forbire le labbra mangiando.

Sanaccione, *nc. crescione, senazione, nasturzio acquatico,* è un erba palustre mangereccia in insalata. — *met.* uomo grossolano detto per celia.

Sangicchio, *nc. mallegato, boldone, migliaccio, sanguinaccio,* è il sangue di majale con altri ingredienti posti in budello e cotti in acqua per vivanda.

Sango du naso, *id. epistassi,* emoragia nasale. Sogliono i secretisti per far che il flusso cessi, alzare in alto le braccia del paziente e tenervele fino a che cessi.

Sanguetta, *nc. mignatta, sansuga,* insetto palustre che succia il sangue, *met. petulante.*

Sanola, *nc. ponte,* piccolo tavolato sulle barchette da pesca sostenuto da baglietti.

Santacròce, *nc. brogiotto,* fico nero, grosso e sapido che matura al principio d'autunno — *crocesanta,* la tavola dell'alfabeto.

Santarliddo, *ag. santarello,* dicesi di fanciullo tristo quando è quieto, e ad uomo di buona vita.

Sanza (a), *mo. avv. ad usanza,* come a — *id.* **dare a sanza di cane,** valè *bastonare come ad un cane,* cioè senza pietà.

Sapunàro, *nc. saponaio,* chi fa e vende sapone.

Sapunèra, *nc. saponiera, saponeria,* luogo ove si fabbrica il sapone.

Saràca, *nc. salacca,* pesce salato molto in uso — *id.* **saràca mazza**, *mingherlino,* chi è troppo delicato di corporatura.

Sargente, *nc. sergente*, strumento de'legnaiuoli per tener fermi i legni incollati.

Sàrica, *nc. giubetto*, sorta di veste vecchia con maniche che copre il busto.

Sàrio, *nc. sargo*, pesce squisito che si pesca nel canale di porta di Lecce detto il Fosso con l'impetratura specie di rete *v.* e nel sito di Rotondo *v.* **Tunni**.

Saròla, *nc. ficcatoia*, è un terreno paludoso e molliccio si che passandovi si profonda e corresi rischio di perdersi l'uomo senza il pronto soccorso di una fune che gli si gitti cui afferrarsi ed esserne tirato, non potendovi altro uomo accedere per aiuto senza correr lo stesso pericolo. Ordinariamente trovansi presso le sponde de'fiumi e nei terreni paludosi. È detta pure da' pescatori Auso dal latino *haustus aquæ* per l'acqua che sorge.

Sarpa, *nc. salpa*, pesce commune del mediterraneo.

Sarpàre, *va. sbrancare (t. mar.)* è lo staccare dal fondo del mare le branche dell'ancora.

Sarsiàme, *nc. sartiame*, nome collettivo di tutte le funi di una nave, specificatamente le più note son queste:

Arganiiddo, *tornavira*, fune che serve a salpar l'ancora legando ad essa la gomena.

Arriva, *tosso*, quella che attraversa le sartie degli alberi bassi.

Brudèse, *provese, amarra, ormeggio*, quella che tien ferma la nave da poppa e la lega alla riva.

Candellizza, *gherlino*, fune sottile che liga al di sopra l'antenna all'albero.

Canestredde, *staffe*, funicelle intralciate insieme e servono a fare scorrere alcuna cosa alla sommità degli alberi.

Cazzàme, *ralinga*, pézzo di fune che tiene stirata la vela al di sotto.

Crona, *mantiglia di pennone*, quella che tien fermo il pennone o l'antenna all'albero. Il pezzo di fune con pallottole infilzate ch'è d'intorno a quést'albero dicesi *trozza*.

Crudo di prura, *viradore*, fune che si applica alla gomena e si avvolge all'argano per salpare o levar l'ancora.

Cumanni o **spilacci**, *tarrozzi*, funi vecchie e disfatte da cui si fanno altre provvisionali le quali diconsi *trinelle* o *comandi* e dai marinai **brema**.

Mante, *mánto*, quelle onde legansi le vele e le antenne.

Matafùni, *salmastre, gaschette, sartie*, quelle che ligano la vela all'antenna o al pennone.

Mbròggbia, *mura*, quella che mura le vele.

Ntennale, *ternale*, quella che tiene stirata la vela di sopra.

Ostia, *scotta*, fune principale

attaccata alla vela, che allentandosi o tirando regola il cammino della nave.

Paragnilletti, *prodano,* son due funi alle estremità inferiori dell'antenna una tirante verso poppa detta in dial. **braccio,** e prett. *poggia,* e l'altra tirante a proda detta **davante,** e propr. *quinale* o di *sopravento.*

Paràgnili, *parango, sinale,* sono le funi che passano per li **Puzzieddi,** *bozzelli,* cioè per le carrucole ad una o due girelle e sostengono l'albero al carico e contro la furia de'venti.

Paròma, *stroppolo,* quella che attornia il bozzello della puleggia.

Sciuaco, *drizza,* quella che servé ad alzare una vela od un pennone: esse sono due una passa per la girella fissa alla cima dell'albero per tirar pesi e dicesi prettam. *ghia,* l'altra sostiene l'albero alla parte di poppa e dicesi *poppese* — *Cordino,* è la fune che tira giù la vela ammainata che in dial. pur dicesi **Sciuaco**—*flonco,* è quella su cui fanno forza i marinai per issare l'antenna.

Stralli, *straglio,* quelle che tengono fermi gli alberi.

Stralli fermi, *gambadona,* quelle che tengon fermi gli alberi di gabbia — *staggio,* quella tirata dall'estremità di un albero al piede dell'altro per impedire che il primo penda alla parte opposta.

Turtizza, *quadernale,* altra fu-

ne di uso detta pure in italiano *cavo a tortizza.*

Vùmena, *gomena,* quella ond si tira a terra la nave.

Sarvàgio, *ag. selvaggio, scortese, incivile, inurbano.*

Sarvàre, *va. conservare,* der. dal latino *servare.*

Satùro, *np.* È nome di una contrada in quel di Taranto sulla costa orientale del golfo e al sud della città alla distanza di circa 12 Chilometri, rinomato per gli ameni e feraci giardini e sorgenti di limpide acque, ed ove sorgeva in antico una città di simil nome distrutta, secondo la tradizione da'tarantini. La voce deriva dal siriaco **saturim,** *acque sorgenti.*

Savèrra, *nc. zavorra, soro,* è la ghiaia che si mette in fondo della nave scarica per darle peso ed equilibrarla in mare.

Sazizza, *nc. salsiccia, salciccia,* carne trita e posta in budelli, i cui rocchi o salsicciuoli diconsi in dial. **cughiùncoli** o **spicoli.**

Sbachirsi, *vnp. invaghirsi,* l'attivo è **sbachescere,** *part.* **sbachisciuto:** l'usa il volgo.

Sbacullàre, *vn. dimenarsi quà e là,* come fanno gli ubbriachi.

Sbafante, *ag. vanitoso. millantatore.*

Sbafàre, *nc. disfogare,* con parole

un interno risentimento, o *ricrearsi* dopo lungo lavoro.

sbannito, *ag. bandito, met.* fanciullo inquieto.

sbariàre, *vn. divertirsi,* consumare il tempo in alcun piccolo passatempo.

sbintiearsi, *vnp. smenticarsi,* uscir dalla memoria, l'usa il volgo.

sbiseilàto, *ag. sviscerato,* aggiunto di àmor grande; l'usa il volgo.

sbissàre, *va. subissare,* rovinare alcuno: l'usa il volgo.

sbricchitiiddo, *ag.* di giovine insolente, l'usa il volgo.

sbringhilisciàta, *nc. suono di tabella.* È uso de'sagrestani delle compagnie religiose la notte del giovedì santo fare una suonata di tabella alle porte de'rispettivi confratelli per svegliarli affinchè levati accedessero agli oratorii per fare processionalmente la visita de'sepolcri. Questo suono nel commune dialetto dicesi **truccullisciàta,** da'pescatori credendosi darvi più importanza è detto **sbringhilisciàta.**

sbrivuègno. *nc. svergognamento,* manifestazione de'difetti proprii od altrui.

sbruvignàre, *va. detrarre,* manifestare i difetti altrui.

sbruvignàto, *ag. svergognato.*

sbuènno, *nc. diluvione, mangione,*

usasi pure per quantità grande di cose detto con esagerazione.

sbulacchiàre, *vn. svolazzare,* dicesi delle galline.

sbunculàre, *va. sgranare,* il torre i legumi freschi dai loro baccelli — *id.* **sbunculàre n'uecchio,** *savare un occhio,* detto per risentimento e sfogo d'ira.

sbunnàre. *vn. sfondare, precipitare, profondare.* Questa voce usasi pure per isfogo d'impazienza quando si sia stato lunga pezza in aspettativa di alcuno.

sbutàre, *va. sedurre,* persuadere alcuno in contrario di quel che si pensava o credeva.

scacàrsi, *vnp. avvilirsi,* perdersi di coraggio, l'usa il volgo — il finire di rotolare della trottola: *v.* **Currùculo.**

scaccàre, *vn. mangiare,* ma ghiottamente ed in abbondanza una vivanda o che piaccia o per fame — *met.* considerare attentamente e con interesse una cosa, onde l'*id.* **scaccàre l'uecchi.** L's, suona come il ch, francese.

scacchiàre, *va. scegliere.*

scacchiàto, *agg. scelto* e *met.* per ingiuria dicesi a fanciullo nato illegittimo: *dim.* **scacchiatiiddo.**

scaceo, *nc. scaccolo,* la quarta parte di un foglio di carta: L's, suona come il ch, francese.

scadatùra, *nc. intertrigine,* scorticatura della pelle per soverchio cammino o´ per fregamento, o per acqua bollente che vi cade.

Scafarèa, *nc. scodella*, vaso d'argilla per uso di cucina di cui si servono i contadini per mettervi minestra. L's, suona come il ch, francese.

Scafazza, *nc. bovina* e *buina*, è la forma dello sterco del bue — *met.* di ogni cosa eccessivamente schiacciata che vi somigli ed usasi per dispregio.

Scaffo, *nc. gotata, guanciata, schiaffo*, colpo con la mano aperta sulla guancia: accr. **scaffòne**, *guancione*. L's, suona come il ch, francese.

Scàgghie, *nc. vagliatura*, è la mondiglia che si separa dal grano in vagliandolo.

Scagghiòne, *nc. crantero*, il dente del senno — *id.* **cacciar' u scagghione**, dicesi per dilegio a donna avanzata negli anni.

Scagnisciàre, *va. schifare, abborrire*, l'usa il volgo.

Scalèra, *nc. gobbo, cardo, cardone*, sono getti della pianta del cardo che si cuoprono di terra per bianchire ed intenerirsi: la nuova pianta del cardo poi dicesi *cardoncello*.

Scaletta, *v.* **Nascaletto**.

Scalorcio, **a**, *agg.* di uomo o donna alta, brutta e magra.

Scama, *nc. squama, lamella*, sono le scaglie de'pesci — *glama*, la cispa degli occhi.

Scamàre, *va. scagliare*, torre le squame ai pesci — *schiamazzare* le grida di certi animali come il latrare del cane, il miagolar gatto, lo schiattire della volpe e simili, ed in questi significati l's. suona come il ch, francese.

Scampagnàre *va. spalancare*, aprire e dicesi di usci, finestre, bocca, ed altro.

Scampàre, *v. impers. spiovere*, il cessar di piovere.

Scamusia, *nc. discorso indecente*, l'usa il volgo.

Scamùso, *ag. cisposo*, dicesi per ingiuria ad alcuno: la cispa dicesi pur prett. *glama*.

Scamunèa, *nc.* moltitudine di fanciulli che fanno fracasso.

Scancro, *nc. ganghero*, specie di ferramenti per unire le parti di usci, finestre e simili.

Scanigghiàre, *vn.* presumere di parlar bene, e dicesi per derisione.

Scannàgghio, *nc. scandaglio, sonda*, è la pruova di checchesia.

Scannia, *nc.* rosseggiamento alla faccia per rimprovero ricevuto — *lentiggine*, macchiette brunastre che escono sulle parti del corpo esposte al Sole. L's, suona come il ch, francese.

Scannittiddo, *nc. deschetto,* è un panchetto a tre piedi di legno per sedere.

Scanno, *nc. panca,* arnese di legno ove possono sedere più persone.

Scantàto, *ag. croccolare,* è il suono di cose rotte. Il ch, è di suono francese.

Scanzafatia, *nc. sbuccione,* chi con pretesti cerca scanzar la fatica.

Scanzìa, *nc. scaffale,* specie di armadio a più ordini per tenervi carte e libri — **Scanzìa di piatti,** *nc. scanceria,* ordigno di cucina formato di assi e palchetti per poggiarvi piatti ed altro; *rastrelliera* è poi quella dove tengonsi le stoviglie. La parola deriva da scancia o scansìa.

Scapèce, *nc.* frittura di pesce o frutte di mare marinata con aceto ed altri ingredienti aromatici. La parola sembra derivare da **esca Apicii;** Apicio patrizio romano era ghiotto di questo manicaretto.

Scapizzo, *nc. scampolo,* pezzo di tessuto o legname che rimane dal tutto.

Scappacippùni (a), *mo. avv.* all'impensata, *senza riflessione, inconsideratamente, alla carlona.*

Scappàre, *va. svellere, svegliere,* parlandosi di piante che si spiccano dalla terra — vale pure *fuggire,* sottrarsi dalle mani della giustizia con la fuga.

Scapula, *nc. cofano,* specie di grosso paniere.

Scapulàre, *vn.* alzar mano dalla fatica — togliere le pastoie agli animali — il primo camminare da se che fanno i bambini.

Scapulatùro, *nc. cestino,* arnese in cui i bambini imparano a camminare: quello poi fatto a ruote dicesi *carruccio.*

Scapuzzàrsi, *vnp. spezzarsi,* dicesi di funi.

Scarabàttolo, *nc. tabernacolo,* nicchia coverta di vetri per riporvi alcuna immagine.

Scarafàta, *nc. scapaccione, scapezzone,* colpo sul capo con la mano aperta.

Scaranzòne, *nc. sgorbio,* caratteri mal fatti sulla carta al *pl.* **scaranzùni.**

Scaravàscia, *nc. scarafaggio, scarabeo,* insetto nero a dorso duro

Scarcagnàre, *va. scalcagnare,* lo storcersi il calcagno della scarpa per soverchia pressione — *met.* spiare destramente i segreti altrui.

Scarcedda, *nc.* è un involto di pan pepato a forma di panierino, di bambola o di boccellato con entro delle uova sane che si fa nella Pasqua. La voce der. da scarsella che vale tasca, borsa, che tale può appellarsi poichè contiene uno o più uova, e borsa in lingua spagnuola dicesi e-

scarcela. L's, suona come il ch, francese.

Scarcioppòla, *nc. carciofo*, frutto del cardo: quando è sfogliato restandovi il tenero dicesi *girello* — il selvatico appellasi *carlina acaule* o *presame*.

Scarda, *nc. feldispato*, pietra focaia che percossa con l'acciarino scintilla — *sverza*, sono piccole pietre onde riempionsi i piccoli vuoti tra due pietre nel murare — *scheggia* di legname — *met.* donzella avvenente detto con ammirazione.

Scarfalitto, *nc. caldano*, arnese di rame concavo con manico di legno ad uso di lisciare i pannilini o asciugarli passandolo di sopra col fuoco che contiene.

Scarfàre, *va. riscaldare*, parlandosi di vivande o liquidi al fuoco o di altri oggetti al Sole — *np.* riscaldarsi al fuoco o al Sole o con liquori — *met.* adirarsi.

Scarfasèggia, *nc. disutilaccio*, uomo buono a nulla.

Scaricabòmma (a), *nc. scaricalasino*, giuoco fanciullesco, in cui alcuni sono piegati l'un dopo l'altro ed altri correndo vi saltano su ponendosi ritti a cavalcioni e battendo le mani.

Scaricàre, *va. distivare (t. mar.)* disfare o mutare lo stivaggio del bastimento.

Scarmòne, *nc. scalmo (t. mar.)*

pezzo di legno a cavicchio nella barca ove si poggia il remo.

Scarmiselàre, *va. razzolare*, scoprire il fuoco col paletto — *ruspare*, il razzolar de'polli raspando.

Scaròla, *nc. ascaruola, indivia*, sorta di ortaggio buono a mangiarsi. L's, suona come il ch, francese.

Scarpiddo, *nc. tagliuolo*, scalpello da bottai per turare le fessure delle capruggini con la stoppa.

Scarpòne, *nc. pantofola, pianella*, scarpa che si usa in casa. Le pianelle sono per l'està perchè più sottili, le pantofole per l'inverno essendo di strisce di panno. Le scarpe vecchie e rotte diconsi *ciabatte*. *Prov.* **ogni scarpetta diventa scarpòne**, vale tutte le cose invecchiano e finiscono.

Scarpuntiscio, *nc. scalpiccio, fruscio*, il rumore che fa la scarpa strisciandola per terra.

Scarpapiddi, *nc. spinelli*, piccoli pesci salati ed affumigati di uso commune detti pure *avannotti* cioè d'infra l'anno.

Scasàre, *vn. rovistare, rivilicare*, cercare una cosa mettendo sossopra le masserizie — vale pure mutare abitazione.

Scasiddo, *nc.* pretesto per non fare alcuna cosa, che in Toscana dicesi **scasimo**: der. dallo spagnuolo **casillo**.

scassàre, *va.* *depennare*, dar di penna, o raschiare uno scritto, o togliere uno sgorbio cassando.

scatapuènzolo, *nc.* è una conchiglia bivalve della forma e grandezza di un ostrica avente sù gusci esterni delle punte acuminate: l'esterno è di un bel porporino ed il frutto di grato odore, ma d'ingrato sapore se non cotto con pan grattugiato, olio, pepe ed aglio trito. La parola deriva dalle due greche σκαπτειν, *forare*, e σκονδυλον, *spondilo*, poichè questo crostaceo annida fra gli spondili, e co'pungoli lì perfora per succiarne la sostanza.

scatenàre, *vn.* *diveltare*, *dissodare* (*t. cam.*), il coltivare profondamente la terra togliendone le pietre per metterla in coltivazione; se fassi per piantar viti dicesi propr. *avvignare*.

scattacòre, *nc.* *crepacuore*, detto per esclamazione. L's, suona come il ch, francese.

scattamiinto, *nc.* *crepacuore*, detto per dispetto. L's, suona pure come il ch, francese.

scattàre, *vn.* *crepare*, *fendersi*, dicesi di cose che si rompono da se, come un uovo al fuoco, un tumore e simili. L's. suona come ch, francese—*id.* **scattarsi di riso**, *ridere a crepapelle*.

scattarisciàre, *vn.* *chioccare*, *schioccare*, lo scoppiettar della frusta —*met.* di ogni cosa che rumoreggia come *spetezzare*, *schiaffeggiare* e simili usato attivamente, così **scattarisciàre nu pideto**, **nu scaffo**, ecc.—L's, iniziale della parola suona come il ch, francese.

scattarizzo, *nc.* *crepito*, sorta di trastullo fanciuilesco consistente in piegare in un dato modo un foglio di carta, il quale fa rumore facendolo scoppiettare —al *pl.* il crepito del sale gittato sul fuoco, o i carboni nell'accendersi.—L's, suona come ch, francese.

scattiagnola, *nc.* *nacchera*, *castagnetta*, trastullo da ragazzi. L's, suona come il ch, francese.

scattòne, *nc.* *gelto*, nuovo germoglio di pianta, al *pl.* **scattùni**. L's, come sopra.

scatulàre, *vn.* mormorare sottovoce per alcuna contrarietà o per dispendio involontario. L's, suona come sopra.

scavunèdda, *nc.* *sio*, pianta palustre simile al crescione ma con le foglie più allungate e buona per insalata. L's, come sopra.

scazàta (alla), *mo. avv.* *scalzo*, in peduli senza scarpe.

scazzamàuriiddo, *v.* **Auro.**

scazzàto, *ag.* *simo*, *camuso*, *rincagnato*, chi à il naso schiacciato.

scazzètta, *nc.* *zucchetto*, piccol berretto per coprire la chierica; se è più grande dicesi *calotta* o *papalina*.

Scazzicàre, *va. sollalzare*, sollevare o smuovere alquanto parlandosi di cose mobili e pesanti — *id.* **scazzicare l'appitito**, *aver fame* — **la paglia**, *rimenare la paglia* o i cartocci del letto per divenir più soffice — usato neutralmente parlandosi di animali vale *entrare in caldo*.

Scazzillo, *nc. buffetto, scoccamento*, colpo leggiero dato col dito indice posto ad arco col pollice facendolo scattare sul naso o altra parte della testa altrui.

Scèggia, *nc. sedia*, arnese per sedere: la parte impagliata di essa dicesi *paglierino*.

Scenca, *v.* **Scilinco**.

Scennersi, *vmp. scendersi*, il fuggire che fa la donzella dalla casa paterna coll'amante.

Scèrpule, *nc carabattole*, masserizie di casa de'poveri; dim. **scirpulècchie**.

Scere, *v. irr. n. andare*. La coniugazione di questo verbo veggasi in testa al libro — *id.* **ci yè e ci vene**, *via vai*, chi va e chi viene, parlandosi di luogo frequentato da molti passanti — **scere a u franco**, vale *rispettarsi a vicenda* — **scere ripa ripa o pare pare**, tirare innanzi a stento, o lo speso equiparare l'introito — **scere pi sott'e pi suso**, *andar di quà e di là*, parlandosi di chi è molto affacendato — **scere da mpiedi ncapitale**, vale non trovar riposo, parl. d'infermi — *Prov.* **All'uecchi beddi vè u fumo**, *agli occhi belli va il fumo* e vuol dire che la bellezza si macula ad ogni lieve soffio — **scere a riva**, *calcese (t. mar.)* salire sull'albero della nave per fare scoperta — *id.* **no ti ni sce scenne**, vale non andar via.

Scerza, *v.* **Scirzo**.

Scesa, *nc. dichino, calata, china, sdrucciolo*, luogo declive.

Scèsciola, *nc. giuggiola, zizola, zizifa*, frutta del giuggiolo.

Scet frura, *id. mar.* che vale tira su la lenza.

Schiacco, *nc.* pezzetto tondo di legno che si appica ad alcuna crepatura dell'otre ben ligato affinchè non percoli.

Schiaffàre, e **scaffàre**, *va. intromettere, rincalzare*, parlandosi di letto — *id.* **scaffarsi ncapa**, *figgersi in mente*, ma usasi più sovente con la negazione. L's, suona come il ch, francese.

Schinella, *nc. soprosso*, durezza che si forma sotto il ginocchio del cavallo

Schiriminniddo e **Schiriminnedda**, sono voci vezzeggiative e vuol dire bambino e bambina graziosi.

Sciàbica, *nc. grifo, gripo, sagena (t. pisc.)* rete da pesca a maglie strette attaccata a·due lunghe soghe che si tira dal lido e raccoglie ogni sorta di pesce anche minuto; dim. **sciabichiddo**, *tartanone*, rete più piccola della precedente, che i pescatori tirano stando in barca. Questa pesca è permessa nelle sole notti estive — *met.* **menàr' a sciabica**, vale raccogliere il buono ed il cattivo quando torna utile. *v.* **Calàri**.

Sciacquàre, *va. sciorinare*, de'pannilini, *risciacquare*, delle stoviglie.

Sciacquitto, *nc.* banchetto brioso di lieta brigata o di famiglia o di amici.

Sciaddèo, *agg.* di uomo scioperato.

Sciàia, *nc. giava (t. pisc.)* con questo nome s'indica il luogo di mare destinato a deposito o serbatoio di frutti o crostacei marini, cioè *ostriche, mitoli*, in dial. **cozze pelose** ed altri crostacei in un recinto di mare mercè palafitte di legno di pini.—La voce **sciaia**, esprime pure quelle cellette ne'frattoi ove si conservano le ulive raccolte per frangersi. La parola quindi importa deposito e bene è traslata da giava ch'è il luogo di deposito degli attrezzi sulle navi. Alcuni han preteso che derivi da σκια, ombra che in senso traslato vale difesa, ma questa traslazione di significato è troppo remota dall'idea di somiglianza, laonde riteniamo appartenersi piuttosto alla voce giava italiana, tanto più che le parole italiane comincianti per *gia* nel dial. tarantino si mutano in scia, come da *giardino* **sciardino**.—Nella giava marina vi sono i seguenti ordegni:—i pali che sono piantati a sette piedi di distanza l'un dall'altro in linee parallele per aver libero il flusso e riflusso del mare—le **ventie**, *libani*, specie di sarzie o funi d'erba palustre, che si ligano a'pali, poco sotto le superficie del mare: a queste son appesi i **privulàri**, *penzoli* di ostriche innestate ed intrecciate a coppie dette in dial. **cannucchiedde**, con **zoche** *soghe* e *libàni*: essi penzoli sono appesi a due libàni uniti appellati **ricchile**. Il custode, il padrone e'pescatori addetti appellansi **sciaiarùli**.

Sciammerga, *nc. giubba*, abito da uomo con falde che cuoprono le natiche.

Sciàmo, *v. irr. andiamo*, prima voce plurale del presente dell'indicativo di **scere**: in Toscana dicono **gnamo** — **sciamini** e **sciaminilli**, valgono *andiamcene, andiam via*.

Sciamrichino, *nc. corpetto*, farsettino che si porta sotto la sopravveste, detto pur gilè.

Sciampagna (alla), *mo. avv. alla*

spensierata, sinceramente, senza fine, secondario.

Sciampagnàta, *nc. sollazzo,* divertimento in compagnia di lieta brigata per lo più in campagna.

Sciampagnòne, *ag. compagnone, mattacchione, giovialone.*

Sciàna, *nc. leggerezza di mente* derivante da disposizione del corpo, onde l'*id. stare di bona e mala sciàna,* secondo che si è lieto o pensieroso.

Scianàro, *nc. instabile,* leggiero di mente, chî per poco si adombra: der. dal greco verbo σκιάζω, *adombrarsi.*

Sciangìa, *nc. gengìa, gengiva,* il tessuto carnoso della bocca che comprende e tien fermi i denti.

Sciannòne, *ag. stupido,* detto per celia ed eufemismo.

Sciapito a, *ag. scipido, insipido,* dicesi di vivande scarse di condimenti—*met.* uomo di poco senno, insulso.

Sciàrcina, *nc. fascinotto,* fastello di piante macchiose da ardere: dim. **sciarcinedda**—*cespite,* fascio d'erbe o di virgulti: der. dal latino *sarcina.*

Sciarcinàle, *nc. comignolo,* la linea superiore del tetto ove si uniscono le due parti declivi di esso alla trave maestra.

Sciardino, *nc. giardino,* recinto campestre murato d'intorno e pieno d'alberi fruttiferi e piante varie, con pergolati o senza— *id. casa sciardinàta, casinetta con giardino.*

Sciarìscio, *nc. piccolo spazio di suolo:* l'usa il volgo.

Sciarisciàre, *vn. spander bene le sementi nel campo.*

Sciarpisciàre, *vn. parlar bioscio,* smozzicar le parole.

Sciarpo, *ag. bisciòlo,* chi smozzica le parole per difetto di pronunzia.

Sciàscio, *nc. bagattella,* cosa da poco—*pezzo di roba minuta.*

Sciàtico, *nc. grosso crivello dei muratori.*

Sciàuro, *nc. puzzo,* esalazione fetida.

Sciccco e scicca, *ag. eccellente.*

Sciculàre, *vn. scivolare, sdrucciolare, smucciare.*

Sciculàta, *nc. sdrucciolamento,* lo sdrucciolare.

Scicumèo, *nc. calore eccessivo di* Sole; l'usa il volgo.

Scidda, *nc. ascella, ala—id. tavula cu na scidda e doi, tavola a ribalta con una o due mastiettate; mensoline* poi appellansi le traverse di legno che sostengono le ribalte.

Scigghiàre, *va. disordinare,* metter sossopra, imbrogliare.

Scigghiàto, *ag. disordinato, scompigliato*.

Scigghio, *nc. disordine*.

Scinco, *nc. giovenco*, il bue oltre un anno: al fem. **scenca**, *giovenca*: dim. **scincariddo** e **scincaredda**—met. i fanciulli grassotti e ben nutriti soglionsi appellare con questi diminutivi secondo il sesso.

Sciniro, *nc. genero*, marito della figlia di alcuno; la femmina poi dicesi *nuora*, cioè la moglie del figlio.

Scijre, *nc. diarrea*, da **scere** andare: i due i si pronunziano con un sol suono prolungato.

Scijrzo e scerzà, *ag. novale*, terreno da coltivarsi; quale se è di vigna usasi al fem.

Scijtto, *nc. vomito*, da gittare: i due i come sopra.

Scilatina, *nc. gelatina*, vivanda di brodo rappreso per cottura di carni viscose con infuso di aceto o vino—qualunque altra vivanda glutinosa cosi preparata.

Scilatùra, *nc. brinata*, rugiada che si congela sulle piante o in terra pel loro raffreddamento.

Scimàre, *vn. svettare, dicimare (t. cam.)* il tagliare o torcere le cime delle piante.

Scimàre, *vn. simulare*, il fingere di non sentire o capire.

Scimiatòre, *nc. fagno, fagnone*, chi finge non saper ciò che fà.

Sciniseo, *nc. marcorella*, erba che nasce tra le viti e dà pessimo sapore al vino.

Scinucchiatùro, *nc. altarino*, panchetto ove si genuflettono i sacerdoti per orare.

Scinucchio, *nc. ginocchio*, al *pl.* **scinocchiri**, *ginocchia* — *id.* **stare alli sette scinocchiri**, vale *essere al settimo grado di parentela*, l'usa il volgo.

Sciò, voce per cacciar via le galline ed è in uso pure in Toscana.

Scionа, *nc. spruzzo, (t. pis.)* lieve spargimento d'olio sulla superficie del mare che fa il pescatore per toglierne la increspatura prodotta dal vento, affinchè chiarito il fondo vegga i pesci e crostacei.

Sciòngere, *va. aggiungere*.

Sciònta, *nc. tarantello*, la giunta di carne o altri comestibili per agguagliare il peso — *giunta*, è il cambio che si fa ne'frattoi e centimoli delle bestie alla fatica una dopo l'altra.

Sciòrgio, *nc. topo, sorcio*, animaletto noto: il grosso dicesi **zòccola**, *ratto*.

Sciòtta, *nc. bioscia*, vivanda brodosa ed insipida — al *pl. millanterie esagerate*.

Scippàre, *va.* carpire con destrezza l'altrui — *id.* **Scippa core**, suono melodioso

Scirràrsi, *vnp.* *dimenticarsi*, l'usa il volgo.

Scisciacchio, *nc.* *bagattella*, cosa di poco conto, errore grossolano.

Scisciamiinto, *nc.* *tramestio*, *confusione*, *disordine*.

Scisciàre, *va.* *stracciare*, *lacerare*.

Scittàre, *va.* *gittare*, sprecar denaro — *id.* **scittar'u pallino**, obbligare alcuno a fare cosa o fatica, anche suo malgrado — *np.* *condiscendere*, darsi in balia del volere altrui — *Prov.* **Agghi sort'e scittit'a mare**, vale chi è fortunato non teme sciagura. — *id.* **scittàr'a robba**, *abbacchiare*, il vendere cose a vil prezzo.

Scittaròia, *nc.* *smaltitoio*, *bottino*, *fogna*, *privata*, luogo ove si versano le acque sporche.

Scittatiiddo, *nc.* *storno*, polizzino di lotto esposto in vendita — *trovatello*, fanciullo esposito: anche in Toscana in questo significato dicesi **gittatello** e **gettatello**.

Scittùso, *nc.* *millantatore*, *gonfianugoli*.

Sciucàre, *vn.* *giuocare*, *ruzzare* è lo scherzo di parole e di mani per allegria — *met.* mentire per fare scherzo.

Sciucariiddi, *nc.* *crepunde*, trastulli fanciulleschi,

Sciuculàro, *ag.* *scherzoso*, *faceto*, *allegro*.

Sciuèco, *nc.* *giuoco*, — *Prov.* **sciuèco di mani sciuèco di villani**, vuol dire che lo scherzare incompostamente con le mani percuotendo altri è atto villanesco — *id.* **Sciuèco sciucanno e sciucanno sciucanno**, vale *scherzando scherzando*, senza avvedersi.

Sciuesghio, *nc.* *loppa*, *loglio*, erba nociva alle biade.

Sciuffàto, *ag.* di uomo zoppo, ed usasi per dispregio.

Sciugitàte, *nc.* *società*, l'usa il volgo.

Sciùgo, *nc.* *giogo*, legno che va sul collo dei buoi o nel tirare il carro o nell'arare: la fune che liga il giogo al collo del bue dicesi *giuntoia*, in dial. **sciuntòra**. Il piuolo di ferro o legno che ferma l'aratro al giogo dicesi *nervo*, ed in dial. **canecchia**, il manico dell'aratro *bure*, *v.* **chevo**.

Sciumintàro, *nc.* *buttero*, *mandriano*, chi ha cura delle mandrie de' cavalli.

Sciummedda, *nc.* *giumella*, quantità di cose che può prendersi nel cavo delle due mani unite insieme.

Sciummo, *nc.* *gobba*, *scrigno*, è il rilievo sul dosso o sul petto per deviazione della colonna vertebrale o dello sterno, o d'entrambi se la gobba è avanti e dietro onde l'*id.* **sciammo nnanti e reto.**

Sciummàto, *ag. gobbo.*

Sciuncàta, *nc. giuncata,* latte rappreso e posto ne' giunchi.

Sciùnco, *nc. giunco,* pianta palustre con lunghi e sottili gambi — **sciunco radice,** erba nociva alle biade — *v.* **Sarsiame.**

Sciuntòra, *v.* **Sciúgo.**

Sciùppo, *nc. giubbone,* sopravveste da donna a farsetto.

Sciuràre, *vn. giurare,* chi afferma il vero con giuramento; se si afferma con giuramento il falso dicesi *giuracchiare.*

Sciurgidinio, *nc. porcellino d'India,* animaletto quasi simile al coniglio.

Sciurgitiiddo, *v.* **Sparo.**

Sciurnàta, *nc. giornata,* durata di un giorno dal levare al tramontar del sole — stato dell'atmosfera onde l'*id.* **bella o brutta sciurnàta,** ed anche secondo i rapporti sociali, politici e storici del giorno — mercede di lavoro di un giorno agli operai e manovali.

Sciurnicàto, *nc.* fregamento sul condotto tracheale che fa la levatrice al bambino appena nato per aprirgli il traspirabile.

Sciuscètta, *nc. spola,* de' tessitori.

Sciuscètto, *nc. figlioccia,* fanciullo tenuto a battesimo ed è così chiamato dal padrino — *Prover.* **muèrto u sciuscetto no fuèmmo chiù cumpàri,** vale gli amici si rinvengono solo nelle prosperità.

Sciusciariiddo, *nc. cannello, soffietto,* è un cannuolo metallico curvo in cima col quale gli orefici soffiando la fiamma su metalli li saldano.

Sciusciiillo, *nc. brodetto,* vivanda di uova dibattute e cotte nel brodo di lesso con fronde di prezzemolo tagliuzzate.

Sciàta, *nc. gita, andata,* vale pure *evacuazione alvina.*

Sciuticàre, *va. maltrattare,* malmenare alcuna cosa.

Sciavidio, *np. Giovedì,* nome del quarto giorno della settimana.

Scivulàre, *v.* **Sciculàre.**

Scivuli scivuli, *id. traveggole,* dicesi di quell'ombreggiamento che produce alla vista la luce improvvisa nello svegliarsi, a chi guarda il Sole, o a chi duole forte il capo.

Scivulàni (a), *mo. avv. a declivio, sdrucciolevole,* parlandosi di luogo.

Scocca, *nc. sbarra,* pezzetto di legno o d'osso che si mette in bocca ai fanciulli per castigo — pezzo di legno inchiodato nel banco de' legnaiuoli per mantenere il legno nel piallarsi. L's, suona come il ch, francese.

Scognadlinti, v. **Cuquigghi**.

Scolamaccarrùni, nc. colabrodo, arnese di latta per colar l'acqua dalle paste lesse, e suol essere pure di argilla bucherellato.

Scola, nc. scuola, ammonizione.

Scolla, nc. cravatta, striscia di lino, lana o seta per coprir la gola.

Scopa, nc. granata, spazzola, arnese per ispazzare — saggina, manella, spargola, pianta simile al formentone di cui si fanno le granate: i gambi diconsi sanali e spargole — id. **fruscio di scopa nova**. vuol dire che i servi mostrano diligenza nel principio che pongonsi a servire e poi s'impigriscono, come la granata nuova fa sentire il fruscio nello spazzare e poi non più.

Scopamàre, v. **Vela**.

Scòrfano, nc. scorpione, scorpena e scrofano, pesce spinoso, pien di lische e di colore scuro che sta nelle alghe.

Scorza, nc. corteccia, il maschile è **scuèrciolo**, e dicesi de' frutti a guscio duro, **scorza** de' molli. Le cortecce hanno nomi speciali, come flocine quella degli acini d'uva: buccia, delle frutte

come del fico ecc.; mallo l'esterna verde della noce, mandorla e castagna diricciata; buccella del pane; malicorio della melagranata che usasi in medicina come astringente ad espellere la tenia, e da' tintori invece della galla — **Scorza di pigna** v. **Pigna**.

Scòscia, nc. sbrocco, minuzzolo d'impurità nella bambagia in stoppa o nella seta, che in Toscana dicesi lisca. L's, iniziale suona come il ch, francese.

Scòsere, va. discucire, scucire, disfare il cucito.

Scotta, v. **Seuètto**.

Scrafagnàre, va. schiacciare, dirompere, ammaccare, dicesi di frutte ed altri oggetti capaci di ammaccarsi — id. **scrafagnàr' a capa**, fracassare il capo, ma usasi come minaccia.

Scrafògghia, nc. qualunque ortaggio o erba campestre buona a mangiarsi, detto per dispreggio.

Scràscia, nc. rovo, pianta selvatica spinosa e sermentosa che assiepa i fondi rustici sulle vie, il cui frutto dicesi mora, in dial. **alummiro**. L's, iniziale suona come il ch, francese.

Scrasciàre, va. raschiare, raspare leggiermente la terra con la zappa. L's, iniziale come sopra.

Scraselatòra, nc. *raschiatura*, leggiero sgraffio sulla cute. L's, iniziale come sopra.

Scriàre, va. *distruggere*, e dicesi di topi, scardafoni ed altri insetti molesti. Estendesi la voce a ciò che è capace di essere distrutto e consumato come chiocciole, frutte e simili.

Scrima, nc. *scriminatura*, partizione de' capelli sulla testa col pettine.

Scripilato, nc. *petrosa*, *(t. cam.)* il terreno macchioso e pien di pietre che si dissoda.

Scrivanía, nc. *scrittoio*, tavola su cui si scrive avente più cassettini. Anche in Toscana dicesi **scrivania**, e deriva dalla voce spagnuola **escribanía**.

Scrofa e scrufazza, nc. *sbregaccia*, donna di mala vita.

Scròfola, nc. *giavella*, *copiglio*, piastrina di ferro imperniata con la quale si ferma il perno avvitandosi.

Scrufina, nc. *spianatoio*, strumento di ferro per lisciare le pietre — *scuffina*, lima de' legnaiuoli co' tagli a larghi solchi orizzontali.

Scuccaràto, ag. *canuto*, *calvo*, chi ha pochi capelli o n'è privo affatto.

Scucchiàre, va. separar cose da cose, o persone che si rissano.

Scucellàto, v. **Sguanguariddàto**.

Scuèppo, nc. *scoppio*, avvenimento istantaneo, onde l'*id.* sott' a **scuèppo**, *sotto lo scoppio*, *improvvisamente*. L's, suona come il ch, francese.

Scuèrciolo, nc. guscio duro di mandorle, nocciuole, noci e simili — nicchio delle conchiglie marine — la corteccia delle angurie, e de' poponi dicesi in *dial.* **scorza** — L's, suona come il ch, francese, v. **Scorza**.

Scuerno, v. **Vrivogna**.

Scuèrpolo, nc. sterpo con piccoli rami, o legne con un piccol ramo sporgente, al *pl.* **scuèrpili**.

Scuèrzo, nc. *crosta*, è quella di sotto di un pezzo di pane, *buccella* la superiore, *orliccio* la laterale.

Scuètto e scotta, agg. di cose cotte soverchiamente secondo il genere rispettivo, onde **pesce scuetto**, **carna scotta** e simili.

Scuezzi, nc. *calestro*, *petrosa*, terreno sassoso, in cui i sassi sono sporgenti.

Scuffulàre, vn. *cadere*, *crollare*, *rovinare*, dicesi di muri o edificii che crollano per qualsiasi causa.

Scuffàra, nc. *crestaia*, donna modista che fa e vende cuffie.

Scugnàto, v. **Avvuzzàto**.

Sculatòra, nc. *abbeveraticcio*, residuo di liquidi in un vaso.

Sculustramiinto, nc. acirologia, maniera impropria ed indecente di parlare.

Sculustràre, vn. misdire, parlar di cose indecenti.

Sculustràto, ag. sboccato nel parlare.

Scuma, nc. stummia, schiuma, spuma, bollicine che si formano sù liquidi o per ebollizione o quando vengono agitati — id. scuma di galèra, vale uomo ribaldo. — L's, suona come il ch, francese.

Scumàre, va. stummiare, schiumare, despumare, torre la schiuma dalla carne o da'legumi quando bolliscono in pentola, o dal zucchero che si giulebba. L's. come sopra.

Scumatùro, nc. mestola, strumento a coppa di metallo bucherato per ischiumare le pentole. L's. come sopra.

Scummughicàre, va. scoprire, e dicesi di cose e persone — np. scompannarsi, togliersi i panni di dosso.

Scumro, nc. sgombero, pesce salato; questo pesce quando è fresco appellasi in dialetto naccariéddo, v.

Scuncicamiinto, nc. guasto, usasi come rimprovero per opera sbagliata, ed è voce del volgo. L's. suona come il ch, francese.

Scuncicàre, va. guastare, far male un opera. L's. come sopra.

Scuncignàmiinto, nc. poltroneria, inerzia, L's. come sopra.

Scuncignàto, ag. poltrone, fuggi-fatica.

Scunfunnàre, va. nascondere, dicesi di oggetti nascòsti e non facili a rinvenirsi presto.

Scunnigghio, nc. nascondiglio, covo, ricettacolo qualunque.

Scunnutula (alla) mo. av. capanniscondere (a), giuoco fanciullesco per cui uno o più si nacondono e gli altri li cercano.

Scuntrubbo, nc. disturbo, rissa, der. dal lat. conturbo, turbare; vale pure turbamento viscerale. L'usa il volgo.

Scunucchiàre, vn. cempennare, il piegarsi delle gambe per debolezza derivante da infermità lassezza o fame.

Scupatòre. nc. spazzatore, spazzaturaio, spazzino, chi spazza le vie.

Scupatùro, nc. fruciandolo, pertica con pannaccio ligato in cima per pulire il forno, che dicesi pure spazzaforno.

Scupetta, nc. spazzola, arnese per ripulire abiti, scarpe ed altro.

Scùpolo, nc. pennellone, grosso pennello di crini o setole da muratore per bianchire.

scuppàre, *vn. cadere per terra,* succedere alcun avvenimento — *met.* morire. L's. suona come il ch, francese.

scuppetta, *nc. schioppo, archibugio,* L's, come sopra.

scuppulòne, *nc. scapezzone,* colpo dato con mano aperta sulla parte posteriore del capo.

scurciàre, *va. spellare, scorticare,* il torre la pelle agli animali — *decorticare,* torre i malli alle noci e mandorle — *met.* **scurciàto, à,** aggiunto di persona che abbia somiglianza di fattezze con un altra. L's. suona come il ch, francese.

scurcogghia, *nc. rovistìo,* lo smuovere masserizie, o cercar le tasche di alcuno per rinvenirvi oggetti.

scurcugghiàre, *vn. rovistare,* il cercare alcuna cosa rivoltando sossopra masserizie od altro.

scurèscere, *vn. imbrunare, abbujarsi, oscurarsi,* parlandosi dell'appressarsi la sera — *par.* **scurisciùto** — *id.* scurèscere u core, vale *temere.* L's. suona come il ch, francese.

scurfugghiòne, *nc.* grosso pezzo staccato di un pane, e dicesi per rimprovero d'eccesso d'intemperanza ai fanciulli.

scurïàto, *nc. scuriada,* frusta per isferzare gli animali. L's. come sopra.

scarnacchiàto, *ag.* di uomo svergognato detto per dilegio.

scuròrio, *nc. oscurità completa.*

scarruculàre, *vn. scorrere, rotolare,* dicesi di oggetti tondi e ammonticchiati che scappando dal loro ritegno cadono rotolando quasi *scarrucolare,* cioè scorrere precipitosamente come fa la carrucola.

scarruttamìnto, *nc. intemperanza di mangiare,* detto per rimprovero.

scarrutto, *ag. intemperante,* scorretto nel mangiare.

scarzetta, *nc. guardione,* pezzo di cuoio in giro del calcagno nell'interno della scarpa.

scarzòne di mare, *nc. serpe,* piccolo zoofito marino simile al terrestre e di color nero.

scuscìnàre, *va. importunare petulantemente.* L's. iniziale suona come il ch, francese.

scuscitarsi, *vnp.* sbrigarsi dalle faccende. L's. come sopra.

scuscitàto, *vnp. sicuro.*

scuso e cuso, *nc. rimpetto,* è il muro che si riprende dalle fondamenta per togliere lo strapiombo.

scutaràta, *nc. collata,* colpo di mano sul collo.

scutedda, *nc. scodella, catino,* specie di stoviglia di terra cotta per uso di cucina, o per porvi minestra la gente bassa, la quale la chiama pure **scafarèa**, v.

Scutaffarsi, *vnp.* urtare cadendo all'osso sacro.

Scutulàre, *va. scotolare*, agitare alcun oggetto per togliervi la polvere.

Scuvilrto, *agg. scoperto*, dicesi di luogo.

Scuzzulàre, *va. ripulire (t. pis.)* de'muscoli, **cozze nere**, dalla melma. Quando si tolgono le barbe dicesi in dial. **smustazzare** *togliere il mustacchio*. cioè le barbe — *met.* vincere più fiate al giuoco.

Scuzzaliummo, *nc. capitondolo, tombolo, capriola*, salto di ragazzi per terra rivoltandosi prima col capo poi col corpo. Il salto che fanno i giuocolieri senza toccar terra dicesi propriamente *salto mortale*.

Scuzzunàre, *va. dirozzare*, è il primo insegnamento quasi a sgrossare la crassezza della mente.

Sdignàto, *ag. fastidioso*, chi fa moine insipide, usasi pure per incompiacente.

Sdivacàre, *va, vuotare*, il torre i liquidi da'vasi, o le vettovaglie dai sacchi.

Sdrunghiulàre, *va.* il ritorcere i

zampetti di agnelli o majali dalle rotelle delle ginocchia.

Secca, *nc. sete*, desiderio di bere *met.* qualunque desiderio.

Secchia, *nc. moltra*, vaso di legno in cui si munge il latte.

Secela *v.* **Ceccia**.

Senga, *nc. incrinatura*, piccola fessura di materie fragili, come piatti, tazze e simili senza che le parti sieno separate, ed anche lunga e stretta crepatura che vedesi nel muro.

Sengàre, *va. segnare*, il far segni con matita, gesso od altro su carta, muro, tessuti ecc.

Sèrchia, *nc. setola*, scoppiatura che si produce nelle mani, labbra e mammelle con bruciore e dolore.

Serpa, *nc. cuppè*, parte anteriore con sedile e mantice delle vetture da nolo.

Serpe, *nc. voltigliuole (t. mar.)* pezzo di legno tagliato a balaustri formanti la parte superiore del tagliamare, e corrispondenti tra loro con mastiette.

Serpillo, *nc. pepolino, sermolino*, pianta della specie del timo ma di odore più forte e più grato

Serra, *nc. zozana, (t. mar.)* riflusso o alta marea, è la corrente di mar grande che entra nel mar piccolo, fenomeno di sei in sei ore, der. dal siriaco **serat** che vale riflusso. L'opposto dicesi in dial. **chioma**, *v*. Si osserva nell'alta marea che passando la corrente pe'luoghi ove sono i muscoli durante il periodo delle sei ore li rende amari, al contrario sono dolci durante il flusso — **serra** vale pure *sega*

serrazza, *nc. segatura*. ed è proprio quella de'legnami che segansi.

serva, *nc. fante*, donna che presta servizio per mercede; *fattora*, è quella che tengono le monache pe'servizi esterni.

sessola, *nc. votazza, (t. pis.)* ordigno piscatorio per votar l'acqua dalla barca.

seta, *nc. melagrana*, frutto del melogranato: il fiore dicesi *balausto*, i granelli rossi *chicchi*, la corteccia *malicorio*, appellasi pure *mela punica*: der. dal greco σιδη, città di Beozia ove abbondavano.

sfacelòmmo. *nc. barbagianni*, uccello di rapina simile al gufo — Al *pl. telamoni*, sono i visacci di uomini o animali in pietra che sostengono cornicioni od architravi — *met.* al *sing.* uomo deforme.

sfasulàto, *ag. privo di quattrini.*

sfasulazione, *nc. mancanza, privazione, di quattrini.*

sfattàto, *agg. poltrone, perdigiorni.*

sfera, *nc. lancetta*, è la laminetta che indica le ore nell'oriuolo — *ostensorio*, arnese d'argento entro cui si ripone l'ostia consecrata per esporsi all'adorazione de' fedeli.

sfilenzo. *ag. gretto, melenso*, dicesi di uomo avaro.

sfirrare *v.* **spirrare.**

sfiziarsi *vnp. dilettarsi*, prendersi gusto.

sfizio, *nc. gusto, diletto, soddisfazione.*

sfraianàta, *nc. fracassata*, bastonatura solenne, l'usa il volgo.

sgaliàre *v.* **livoria.**

sgangàto, *ag. sgangherato, sconcio*, dicesi propr. chi è privo di denti.

sgarràre. *va. abbattere, crollare*, parl. di edificii.

sgarràzza, *nc. fessura*. buca stretta — *id.* **sgarrazza di feròne**, è la buca del salvadanaio, e *met.* dicesi a chi ha gli occhi piccoli ma per ingiuria.

sgarrazzàre, *va. socchiudere*, parlandosi d'imposte o finestre.

sgarrupàto, *ag. trarupato*, dicesi di luogo alpestre e pieno di dirupi — *met.* aggiunto di fabbriche scrollate.

sgattamente, *avv. astutamente*, con malizia.

sguèo, *ag. brutto*, parlandosi di persona deforme.

Sgrazàre, *va. sbrancare*, torre le branchie a'pesci — *met. np. dirsi villanie* — graffiarsi forte le carni per torre il prurito.

Sgrazòne. *nc. ceffata*, colpo dato col rovescio della mano; al *pl.* **sgrazùni**.

Sguanguariddàto, *ag. bazzone*, chi ha il mento curvo ed è senza denti, onde alla bazza si unisce l'esser bioscio; dicesi pure **sencellàto** a chi ha la bazza.

Sguarràre, *va. aprire, rompere, scosciare,* voce bassa dicesi con stizza e con segni ed aggiunti indecenti.

Sguessa e Sguescia. *nc. bazza. v.* **Pisciò**.

Sguttàre, *va. aggottare*, vuotare i vasi de'residui di liquidi che contenevano — cavar l'acqua dai navigli con la tromba, e dalle piccole barche con la votazza, in Toscana diecsi **gottàre**.

Sguttatòra, *nc. sgocciolatura*, residuo di liquidi ne'vasi.

Siccarezza, *nc. siccita, alidore,* il tempo secco per mancanza di pioggia, che in Toscana dicesi **seccareccia** — **Siccarezza e levezza**, *nc. alidore, (t. mar.)* dicesi del mare quando ritiratosi indietro per l'affluenza al polo ne'novilunii e plenilunii lascia scoperta una parte presso il lido.

Siculenza, *nc.* colezione briosa in compagnia.

Sicco, *nc. soglia, (t. mar.)* luogo ove arrena la nave — *arsura,* seccore ne'campi prodotto da caldo.

Sicurduna (a), *mo. avv. all'improvviso, impensatamente.*

Sicurezza (à) *mo. av. in sicuro,* il cercar di fare un punto nel giuoco della trottola per non perdere — *v.* **Curruculo**.

Siddino, *nc. bardature*, arnese da bardamentare un animale per tirare il carro, che in dial. diconsi **Vuarnimiinti**.

Sidile, *nc. traslo, (t. mar.)* luogo nella nave 'ove seggono i passaggieri.

Sigghiutto, *nc. singulto. singhiozzo*

Siglòne, *nc. sedino,* seggiola con piedi alti per tenere a tavola i bambini.

Signa, *nc. scimia,* animale de'bimani — *Prov.* **ven'a signa e caccia a patrona d'a vigna**, *viene la scimia e caccia la padrona dalla vigna,* dicesi di chi violentemente occupa il luogo di altrui.

Signo, *nc. segnale,* tutto ciò che si pone per segno; der. dal latino *signum*.

Sii *v.* **Naugare**.

Siinzi, *nc. sensi,* organi nel corpo umano per cui si avverte tutto ciò ch'è fuori di esso — *id.* **assère di sienzi**, *impazzare,* usasi come intercalare quando uno chiede l'arduo o l'impossibile.

sitsio, *nc. assetto, sesto*, assestare una faccenda, o porre in ordine le cose. È voce propria Spagnuola.

simòa, *nc. fornello di riverbero*, è un cilindro spaccato di ferro nel cui concavo gli orefici mettono il fuoco e di sopra il crogiuolo per fondere i metalli nobili.

sine, *avv. si*, la sillaba *ne* è aggiunta per paragoge.

siniechiùtili, *nc. zughi*, specie di pezzetti di pasta cavati e fritti in padella, indi volti nel miele che si fanno nel Natale.

sintinàro, *v.* **trappito**.

siòne, *nc. silo (t. pisc.)* con questa parola i pescatori intendono il sito di alcuno scoglio particolare, ad alcuni soltanto noto produttore di spugne e coralli; come pure è il segnale per la pesca delle nasse: deriva dal greco σημεῖον, *segno*.

sirèna, *v.* **Natàre**.

sirràceo, *nc. saracco*, specie di sega corta e larga de'legnaiuoli.

sisimo, *nc. fine secondario — id.* **metter'u sisimo**, fare osservazioni critiche e sinistre su qualche discorso non chiamato.

sitònno, *nc. spaccone, appaltone*.

sivo, *nc. sego*, grasso consistente

del bue e di altri animali — *ralla*, è il sego nero ch'esce dalla ruota del carro per fregamento del cavo del mozzo con la sala.

smammàre, *va. spoppare*, svezzare i bambini dal lattare — *met.* profferire spropositi madornali.

smargiassàta, *nc. bravura affettata*.

smargiàsso, *ag. bravasso*, chi la fa affettatamente da bravo — **alla smargiassa**, *da bravasso*.

smersa (alla), *mo. av. al rovescio, al contrario*.

smèstere, *va.* accalappiare con arte alcuno per frodarlo; sorprenderlo all'impensanta.

smieciàre, *va. sbirciare*, aguzzar la vista chiudendo un occhio per meglio osservare. *v.* **Alluzzàre**.

smimmiràto, *ag. caramoggio*, dicesi per celia di persona contraffatta.

smirciàre, *va. sbilucciare*, guardar sott'occhio, usasi sovente per rimprovero additando una cosa e vale, *vedi quà, eccola pure*.

smirsàre, *vn. rivoltare, ripiegare* dicesi di colletti, manichi, abiti e somiglianti.

smustazzàre, *v.* **Scuzzulàre**.

sòbba, *prep. sopra*, Prov. **sobb' u muerto si cantino l'asequie**;

presente il cadavere si fanno le esequie, e vuol dire, ne' contratti dall'apprezzo della cosa si determina la valuta.

Sobracavaddi, *nc. falsi polloni degli alberi — id.* **tagghiàre li sobracavaddi**, vale *spollonare.*

Sobramìno, *v.* **Cosere.**

Sobratàvola, *nc. pospasto*, dicesi delle frutte che si mangiano a mensa come ultimo servito — *id.* **no tene pane pi sobratavola e no farina pi nfarinà na sardedda**: si appropria a colui che vanta agiatezza nulla possedendo.

Socra, *v.* **Suècro.**

Sodo, *ag. quieto.*

Sola, *nc. suolo*, cuoio conciato per solare scarpe od altro.

Songhj, *v.* **Onghj.**

Sopranòme, *nc. nomignolo*, è quello alquanto offensivo che si dà alle persone.

Sora, *nc. sorella, suora.*

Sottacuverta, *nc. felze, (t. mar.)* spazio coperto sulle barche per comodo de' passaggieri.

Sottamìno, *nc. mancia segreta*, per ottenere un intento — *dogaia*, passo di strada ove la ruota affonda.

Sottapanza, *nc. sopracinghia*, striscia di cuoio terminata all'estre-

mità con due occhi che s'intromettono nelle stanghe del legno passandola sotto la pancia dell'animale.

Sottasùso, *avv. sossopra.*

Sottavesta, *nc. faldiglia, sottoveste, cintino*, sottana di tela cerchiata di funicelle per esser tesa usata dalle donne per far comparire teso l'abito.

Sova, *agg. poss. sua.*

Soza, *ag. salsa*, dicesi di acqua sorgente da mare e tirata da pozzo.

Sozza, *v.* **Suezzo.**

Spaccàto, a, *ag. spicco, a*, aggiunto di frutte che sugli alberi si aprono prima di maturare.

Spaccazza, *nc. rimulina, spaccatura, fessura.*

Spacco, *nc. taglio, fenditura.*

Spaco, *nc. spago*, piccolo c rdellino di fili di canapa ritorti — *id.* **tirar' u spaco**, *aspettare molto.*

Spadda, *nc. spalla, omero*, parte posteriore del corpo umano dagli omeri in giù.

Spaddàccia, *nc. spallaccia*, malattia del cavallo per cui si gonfia ed incallisce la spalla.

Spaddàto, *ag. slogato*, parl. di omero.

Spaddèra, *nc. spalliera*, parte della sedia ove poggiasi la spalla — *capezziera*, pezzo di tela ricamata che per pulizia ed ornamento si mette alle spalliere di poltrone e divani.

spàdola, *nc. echio, monacucce, spadacciuola*, pianta che nasce tra le biade e fa un fiore roseo a spighe appellata in botanica *buglossa selvatica*.

spagghiàre, *va. spagliare*, torre la paglia dal frumento dopo la trebbiatura — *terminare*, voce usata *met.* da' giuocatori quando uno abbia perduta tutta la moneta che aveva.

spànnere, *va. soleggiare, spandere*, dicesi di frumento o lingerie che spandonsi al Sole per asciugarli — *sciorinare*, parl. delle robe del bucato. Quando i panni spandonsi al Sole dicesi *assolitare*; se al fresco *dare asolo.* — *met. id.* **spànnere li panni a u sole**, *mettere in chiaro alcun dubbio*.

spantàre, *vn. rompere il sonno*, per causa producente t'more, se questo improvviso richiamo avviene quando si è desto dicesi *spantare*, ma è voce bassa.

spantlcàre, *vn. struggersi d'amore*, *partic.* **spantlcàto**.

spàrgl, *nc. asparagi*, sono talli della pianta detta sparagio selvatica, in *dial.* **sparacina**, la cui radice dicesi *prett. fonjia* ed il

gambo *scopa.* — I talli sono ottimi a mangiarsi cotti e sono diuretici.

sparlatòrli, *nc. fochetti*, voce collettiva di tutti i piccoli fuochi artificiali.

sparo, *nc. scaro*, pesce sapido, schiacciato e pieno di scaglie. Varie sono le sue specie: quando sono piccoli si appellano in *dial.* **surgitliddi** quei di mar piccolo, e **sparitliddi** *sparuli* quei di mar grande; i più grossi diconsi **varangueddi** — altra specie sono i **pizzùti** simili alle orate ma senza le macchiette giallo-oro; i grossi diconsi **vallineddi**.

spàrtere, *va. dividere in parti*.

spasso (a), *ag. inoperoso*, operaio cui manca il lavoro, onde l'*id.* **stare a spasso**.

spavàno, *nc. spavenio*, tumore molle all'interno del garretto del cavallo.

spazlòne, *nc. soddisfazione*, l'usa il volgo.

spedlcàre, *va. ravviare i capelli*.

spenta, *nc. spinta*, urtone che si dà altrui: la spinta che si riceve dalla pressione di popolo affollato dicesi *pressa*.

spicanàrda, *nc. lavanda, spigo* pianta a spiga di gratissimo odore.

spicatrlce, *nc. spigolistra*, donna

che raccoglie le spighe dopo la mietitura.

Spicchiàro, *nc. specchio*, l'usa il volgo.

Spicci, *nc. minuta*, monete minute, o spezzati di grosse per agevolare il cambio nel commercio.

Spicciàre, *va. finire, compiere, terminare, np. sbrigarsi.*

Spiculo, *nc. spicchio*, una delle parti dell'aglio e della melarancia — *rocchio*, quella di salsiccia — *v.* **Cughiùneulo.**

Spidicatàro, *nc. pettine*, per pulire e ravviare i capelli, il largo dicesi *rado*, lo stretto *fitto*.

Spièga, *nc. versione*, il tradurre i classici da una in altra lingua.

Spigghiazzàre, *va. imbrucare, sbrucare, spicciolare*, il togliere le fronde dal fiore.

Spiirto e dimiirto, *id.* d'imprecazione e vale *ramingo e disperato* — *id.* **scere spiirto**, andar premurosamente in cerca di alcuno, o di alcuna cosa.

Spilacci, *v.* **Sarsiàme.**

Spilàre, *va. depilare*, togliere i peli — *sfilare*, disfare le maglie delle calze.

Spina, *nc. ononine*, pianta spinosa detta pure in dial. **spina vianca**, di cui son ghiotti gli asini. — *spigola, ragno*, sorta di pesce

squisitissimo — *v.* **Primo.**

Spinàle, *nc. schiena*. la spalla dell'uomo.

Spinapùdici, *nc. psillo, pulicaria*, pianta i cui semi neri e lucidi somigliano alle pulci.

Spinaròla, *nc. sponderuola*, pialla de'legnaiuoli stretta e col taglio ad angoli retti.

Spinatòra, *nc. spianatoia, mattera* specie di cassa aperta in cui si fa il pane o dove si stende la pasta col matterello.

Spingitùro, *nc. spinta*, dicesi per rimprovero a chi è molto lento a muoversi od operare, che abbia bisogno di spinta.

Spingola, *nc. spilletto* — *accr.* **spinghillòne**, *spillettone*, sottil filo di metallo corto ed acuto da una parte e con piccol capo dall'altra per appuntar vesti ed altro.

Spingulàre, *vn. grillare*, cominciare a bollire parl. di liquidi.

Spinola, *nc. succhio, succhiello, terebra*, piccolo strumento da legnaiuoli per far buchi.

Spinolàrsi, *vnp.* lo spostarsi dei muscoli o per caduta e per forza fatta,

Spintirròne, *nc. urtone, spintone*, al. *pl.* **Spintirràni.**

Spinziro, *nc.* uccelletto dilicato — *met.* persona delicata, mingherlino.

spiòne, *nc. fiutafatti, fiutone*, chi ascolta i discorsi di uno e li riferisce ad altrui per fine sinistro.

spirdàto, *ag. spiritato*, dicesi di persona inquieta.

spirràre e **sàrràre**, *va. scoppiare*, o dal riso o dalla bile — *scattare*, è quando scappa una cosa tesa dal suo tenitoio, come la molla dell'orologio.

spirruzzulàre, *vn. crescere in età*, dicesi di bambini che si fanno grandicelli — *met. adirarsi*.

spirticàto, *agg.* di persona alta, e deriva da pertica; è voce toscana **sperticato** — usasi pure nel significato di strano.

spirtusàre, *va. forare, bucare*, far buchi col succhiello o con qualunque arma; la voce è estesa anche a significare le ferite di coltello che succedono nelle risse — *met. deflorare*.

spitallère, *nc. pappino*, il servo dell'Ospedale.

spito, *nc. schidione, spiede, spiedo*, arnese di ferro da cucina per infilzare carni od altro affin d'arrostirle.

spitterràre, *vn. traboccare*, liquidi che si versano da vasi o per soverchianza o per forte ebollizione — *part.* **spitterràto**, dicesi a chi per caldo tiene scoperto il petto.

spittinisciammilinto, *nc. pettinatura*, il pettinarsi, l'usa il volgo per ingiuria alle donne che consumano molto tempo a pettinarsi.

spitùre, *nc. sputo*.

spiulàre, *va. desiderare ardentemente*, dicesi di chi appetisce alcuna cosa mangereccia.

spiùlo, *nc. desiderio*, brama di alcuna cosa.

spiuncino, *nc. piccolo canocchiale*, con due o più cannelli metallici e varie lenti per veder chiari gli oggetti lontani.

spizzicafùso, *ag. avaraccio*.

spizzicàre, *va. succhiellare*, dicesi delle carte da giuoco quando il giuocatore le muove pian piano con la punta delle dita in aspettazione di una che gli giovi.

spizzillo, *nc. lippa*, giuoco fanciullesco consistente in un bastoncello ed un piccol piuolo che percosso col bastoncello si gitta in distanza, donde si respinge indietro e si accosta ad un cerchio designato in terra, indi battendo sul piuolo per tre volte dicendo: **mazze una, dol, treti**, dal punto ove arriva si misura la distanza dal cerchio e secondo essa si assegnano i punti.

spizzulisciàre, *va. piluccare*, lo staccare a poco a poco alcun cibo, come se si saggiasse.

Spizzulàre, *va.* *smozzicare*, dicesi del togliere o tagliare le estremità delle cose.

Spontammocca, *v. Fava.*

Sponza, *nc.* *spugna*, dal latino *spongia* o dal greco σπογγος, è un zoofito o piantanimale che vive e vegeta sotto li scogli del mare, piena di pori per cui assorbisce l'acqua. Essa cresce in mare in un involucro bruno; presa dai pescatori la si fa imputridire fuori dell'acqua, e tolto esso involucro esce la spugna bella e gentile.

Sporchia, *nc.* *orobanche, succiamele*, erba che cresce dalle radici di alcune piante leguminose e le isterilisce succiando la sostanza.

Sprachilo, *nc.* *spiracolo*, id. **sprachilo d'a sorta**, vale unico rifuggio — l'usa il volgo.

Spràino, *nc.* pannolino per coprire i bambini fasciandoli: der. dal greco σπαργανον, per figura metatesi.

Sprasimàre, *va.* *abbramare*, bramare con avidità — *part.* **sprasimato**, *ingordo, abbramato* — l'usa il volgo.

Spriculàre, *vn.* *sgretolare, scricchiolare*, dicesi di cose che si frangono e riducono in minuti pezzi.

Sprigiàto, *ag.* *sfregiato*, aggiunto di cosa che ha perduto il pregio, l'usa il volgo.

Spritto, **a**, *agg.* *soffritto*, dicesi di fave fresche soffritte, e di ceci secchi bagnati con acqua e soffritti in padella.

Spròia, *nc.* *puta*, è il taglio del legname e fronda inutile degli alberi d'ulivo: la frasca che cade dicesi in dial. **stroma** e prettamente *libbia.*

Spruàre, *av.* *bruscare, potare, diramare*, il tagliare i rami inutili dalle piante.

Sprusciàre, *vn.* *sguizzare*, dicesi di cose che sfuggono di mano a chi li tiene, come pesci e simili

Spruscinàre, *vn.* *scuocersi*, di vivande scotte in modo che son ridotte a pappa.

Spruvière, *nc.* *sparviere, nettatoia*, tavoletta quadra con manico di sotto su cui i muratori tengono la malta per intonacare.

Spueàre, *sfogare*, l'usa il volgo.

Spùcere, *va.* *sturare*, torre il turacciolo ai vasi pieni di liquidi per cavarneli.

Spucèio, *nc.* *sfogo*, l'usa il volgo.

Spuègghio, *nc.* *lolla, loppa*, è il guscio delle biade — *spicchio*, uno degli strati della cipolla — *scoglia, spoglia*, la pelle del serpe. La voce è alterata da spoglio.

Spuènzolo, *nc.* *carnume, spondilo*: der. dal latino *spondylus* e dal greco σπονδυλον, è un zoofi-to avente la forma di una vertebra dorsale donde il nome e della famiglia de' balani. Gli spondili sono di due specie, appellati in *dial.* **napoletàni e molli,** i primi sono duri e 'l frutto è color carniccio, gli altri sono mollicci e il frutto è giallognolo, entrambi sono pregiati si che il Redi gli appellò uova di mare.

spuerto, *nc. sporta,* arnese intessuto di vimini o di liste sottilissime di legna con due manichi all'orlo per trasportar robbe, paste e simili.

spugghiàre, *va. spogliare,* torre i panni di dosso. — *met.* rovinare alcuno nelle sostanze per usura, frode o furto.

spuntaletta, *nc. bompresso (t. mar.)* asta che va avanti la barca a cui va attaccato il **balaccòne,** *vela di trinchetto, v.* **vela.**

spuntòne, *nc. cantèra,* scalpello triangolare de' legnaiuoli per rivotare il legno — *spranga,* ferro lungo e puntuto che si conficca ne' lavori di legno per tenere unite le parti.

spunzàle, *nc. cipollina* e *cipollino,* cipolla senza bulbo, tenera che mangiasi fresca.

spunzàre, *vn. spugnare, inzupparsi,* dicesi di oggetto ben bagnato ch'è divenuto quasi come spugna — *met.* di chi è molto sudato.

spupuràre, *vn. sfogare,* ma proprio del ballo. La paròla ebbe origine ne' balli delle tarantolate che finiva con la prostrazione completa della persona. Si usa promiscuamente anche per isfogo d'ira — *v.* **spucàre.** La gente volgare per coonestare la foia di tali sollazzi rinvenne il *prov.* **Gente allegra Dio l'aiuta,** che vàle da chi ha lo spirito lieto i guai passano, confondendo i piaceri materiali con le delizie dello spirito.

spurpàre, *va. spolpare,* torre la polpa dalle ossa rosicchiandole, o dalle spine del pesce succiandole — *id. met.* **spurpàre uno,** vale spogliarlo destramente dei quattrini o de' beni.

sputàcchia, *nc. sputacchio, farfallone,* grosso sputo.

sputafùso, *agg. scocca il fuso,* dicesi di donna non atta a nulla.

squagghiàre, *va. colliquare, illiquidire, sciogliere, squagliare,* è il risolvere in liquido le cose rapprese come neve, ghiaccio, olio, grasso e simili — *id.* **squagghiàre di sudòre,** *andare in sudore*

squartatùro, *nc. squartatoio,* grosso coltello da beccai col quale squartano le bestie macellate.

squàtro, *nc. squalo, squadro, lima, rina,* pesce agreste con pelle scabrosa la quale usasi da' legnaiuoli per lisciar le tavole, e dagl'industriosi per coprir cassettini e tabacchiere conosciuta col-l'appellativo di Zigrino — *squa-dra*, strumento da muratori formato di due regoli di ferro ad angolo retto per lavorare i conci.

Squasciàre, *va. rompere*, quasi squassare: in Toscana dicesi **sco-sciare**. L's. iniziale della parola suona come il ch, francese.

Squascianfiirno, *nc. consumatore*, e dicesi a fanciullo che consuma, lacera e rompe presto gli abiti, quasi che squasserebbe l'inferno, detto iperbolicamente. L's. iniziale come sopra.

Squincio (a), *mo. avv. a scancio, obliquamente*, movimento o urto obliquo per liberarsi da altro di fronte: der. dallo spagnuolo e-**squince**.

Sruvizio, *nc. servizio*.

Stacchie, *nc. morelle, piastrelle*, giuoco fanciullesco consistente in gittare delle lastrine di pietra, facendo i punti chi più accosta le sue al *lecco* in *dial.* **mereo**.

Stacchino, *nc.* trave lunga circa 6 metri, quella di palmi 40 poi appellasi quarantina.

Staddigno, *agg. stallio, stallivo*, dicesi di animale stato più tempo nella stalla senza essere adoperato onde diviene vizioso ed impertinente.

Staffe, *nc, cigoli*, sono due strisce-to di pelle o della stessa robba

de' calzoni i quali abbottonati o cuciti ad essi passandoli per sotto le scarpe tengono i calzoni tirati e tesi.

Staffòne, *nc. montatoio, predellino*, piastra di ferro per montare in carrozza o su qualunque veicolo.

Stàgghio, *nc. stabbio, cavallina*, è lo sterco de' cavalli.

Stàgno, *nc. invetriatura, marzacotto*, è la vernice che danno i vasai o figuli ai vasi di argilla o terra cotta.

Stalle e starèie, *nc, stallia (t. mar.)* la dimora che fa la nave in un porto.

Staminàli, *nc. staminali* e *stamina-re (t. mar.)* pezzi di legno alquanto ricurvi e paralleli che si uniscono co' pezzi del madiere e terminano presso il bracciuolo e formano l'ossatura della barca o nave.

Stampo, *nc. spina*, conio di ferro col quale i fabbriferrai bucano i ferri roventi.

Stancachiazza, *agg.* di uomo sfaccendato, pigro e perditempo.

Stancariiddo, *nc. stinco* e *tibia*, ossa anteriori della gamba dell'uomo e dell'animale: al *pl.* **stan-carèddiri**.

Stanfedda, *nc. gruccia, stampella*, arnese di legno su cui poggiansi i zoppi per sostenersi.

stanfurro, *nc.* piede ch'esce fuori della scarpa rotta ed usasi come rimprovero che le madri fanno a' figli che han rotto le scarpe.

stennardo, *nc. stendardo, gonfalone,* è quello che alcune società religiose usano portare nelle processioni invece del Crocifisso.

stàntaro, *nc. stipite,* telaio delle imposte e d'altri pezzi d'opera di legname.

stare di facce nterra, *id. stare senza quattrini.*

starèie, *v.* **stalie.**

stascedda, *nc. assicella,* striscia di legname segato.

stascióne, *nc. stagione,* una delle divisioni annuali del tempo; al *pl.* **stasciùni.**

statèra, *nc. stadela,* ordigno di ferro per pesare formato di un asta propr. *stilo,* e del contro peso detto *romano* e *sagoma.*

statìa, *nc. estate,* una delle quattro stagioni — **statìa di S. Martino,** sono i primi dieci giorni di novembre precedenti la festa di quel Santo che ordinariamente soglion esser caldi.

stedda, *nc. stella, astro, id.* **forta stedda,** influsso maligno di costellazione che la femminile superstizione crede esser nel giorno dell'Epifania (6 gennaio) ed iu quelli di S. Giovanni e S. Pietro (24 e 29 giugno).

stedda di mare, *nc. stella di mare,* è un zoofito marino di due specie una spinosa, l'altra chiomata, la prima più grande è petrosa coverta di pungoli e con cinque raggi terminanti in punte con le quali camminano, l'altra specie è coperta di una scoria rasposa.

stènnere, *va. stendere, distendere, id.* **stennere li piidi,** *allungarli,* e *met.* morire.

stesa, *nc. tempiale,* parte del telaio che tien disteso nella sua lunghezza l'ordito o il panno che si tesse.

sti, *v.* **Chisti.**

stinniechiarsi, *vnp. sbadigliare, prostendersi,* vale pure coricarsi, detto per celia.

stinniechio, *nc. sbadiglio.*

stinnùto, *agg. disteso,* participio del verbo **stènnere.**

stipo, *nc. ripostiglio, armadio, recondito,* voce generica di ogni luogo ove ripongonsi oggetti: quello ove si conservano gli abiti dicesi prettamente *repositorio* e *guardarobba,* in *dial.* **stipòne.**

stiràto, *agg. avaraccio.*

stiratrice, *nc. insaldatora,* donna che insalda i pannilini con amido e poi li liscia con ferro caldo.

stirpigna, *nc. stirpe, progenie, razza,* ma dicesi per dilegio.

13

stivatòre, *nc. penese, lastratore,* chi stiva e distiva le mercanzie nelle navi.

stizza, *nc. stilla, schizzo,* parlandosi di liquidi.

stìzzica, *nc. zacchera,* sono gli schizzi di fango sulle vesti o d'inghiostro sulla carta.

stizzo, *nc. scritta,* quasi schizzo, è la nota det corredo nuzziale della bassa gente.

stoccapesce, *nc. stoccofisso,* pesce secco propriamente *pesce bastone,* molto in uso.

stodica *v.* **stuedico.**

stola, *nc. stuoia,* intreccio di giunchi o d'erbe palustri per molti usi—*stuoino,* è quello che si mette sotto i tavolini per poggiare i piedi, ed il giunco ond'è formato dicesi *biodo.*

storta, *nc. rimbalzo,* malattia del cavallo derivante dall'aver messo un piede in fallo, e dicesi pur prettamente *storta.*

stòzziri — *plur.* di **stuezzo**, *nc. copponi,* sono le schegge del legno che si lavora — *sciaveri,* i pezzetti grezzi del legno che si riquadra — *pezzetti* voce generica di reliquie di cose d'ogni sorta come pane ecc.

stracchino, *nc. gelato,* specie di sorbetto congelato per rinfresco.

stracco, *agg. stanco, defatigato.*

stracquàre *vn. straccare,* essere stanco, per cammino, lavoro od altro.

strafinzolo, *nc. lembo,* sfilatura all'estremità del tessuto, quasi *extra fimbriam* o *extra finem.*

strafucàre, *vn. ingollare,* mangiare avidamente, e dicesi per rimprovero e con stizza.

strafucco, *nc. cibo,* detto per rimprovero: il volgo usa **strafucelo.**

stralli, *v.* **sarsiame.**

stramazzo, *nc. rancio, (t. mar.)* è il letto de'marinai, i quali appellano rancio il luogo ov'è il letto stesso.

stramazzuèlo, *nc. cordellino,* è la funicella de'muratori per allineare.

stramio, *ag. losco,* chi ha gli occhi torti.

strammuettill, *nc. baie,* facezie giocose.

strangulapriiviti, *v.* **Pizzicariiddi**

strascillàni (a) *mo. av. penzoloni—id.* **purtar'u cannamilo a strascillàni,** portare il goletto o cravatta torta e pendente, ma vale uomo senza modi e senza mente, detto per dispregio.

straulòne, *nc. spilungone,* dicesi di uomo troppo alto; der: dal latino *extra aulam,* quasi ironicamente che superi l'altezza della porta.

straviàre, *va.* percuotere fieramente producendo contusioni e ferite.

straviso, *ag. uomo dappoco.*

strazzalàine, *ag. vagabondo, straccione, disperato, cencioso.*

strazzàre, *va. stracciare, lacerare* — *id.* **Strazzàr'a mappina a uno,** vale fargli una solenne bastonatura, ma dicesi per minaccia.

strazzaríe, *nc.* cibi varii ed asciutti.

strazzo, *nc. straccio, brano, brandello,* parte di panno lacero — spoglia umana — al *pl.* cenci.

stremàre, *va.* dare l'estrema unzione ai moribondi.

stricàre, *va. strofinare, fregare, stropicciare,* dicesi di lingerie che si lavano, di panni che si fregano per togliere la mota o si spazzano dalla polvere — rigovernar bene le stoviglie facendovi forza per nettarle.

stricatùre, *nc. vassoio,* arnese di legno con tagli orizzontali e paralleli per lavare fregandovi su le biancherie.

strigghia, *nc. streggghia,* arnese di ferro laminato con manico per torre la polvere al cavallo: le seghette dentate ed orizzontali di che essa è formata diconsi *lamine.*

strignolo, e **stringhilo**, *nc. brio,* ed è il soverchio di fanciulli.

strimignolo, *nc.* esattezza rigorosa nel fare una cosa, o come suol dirsi a punto e virgola: l'usa il volgo.

stringimiinto di piltto, *nc. alena,* mancanza di respiro.

stritto, *ag. stretto,* contrario di largo, *met.* avaro, onde l'*id.* **stritto di piltto,** secondo l'antica astrologia giudiziaria che la strettezza o larghezza del petto indicavano avarizia o prodigalità — *id.* **flàre stritto,** indica essere avaro, o severo o rigoroso.

strittolo, *nc. vico, chiasso, chiassuolo,* via stretta che dalla principale mena alle abitazioni in dentro: quello che non ha uscita dicesi propr. *angiporto* o *ronco.*

stròma, *nc. libbia,* frasca d'olivo potato.

stròppio, *nc. frenello (t. mar.)* la cordella che liga il remo allo scalmo.

strullicàre, *vn. sparlare, delirare* dicesi del vaniloquio di chi delira nella febbre — *borbottare* parlar solo. La voce deriva da astrologare, quasi fosse una misteriosa loquacità degli astrologhi, cui non si da retta.

strumòlo, *nc. strombo,* lat. *strombus* ed in greco στρομβος è una conchiglia univalve della famiglia de'turbinati che in greco turbine significa. Tutta spirale ha la figura di cono con puntine lungo il giro della spira. Narra Plinio che se lascia putrefarsi in aceto esala un puzzo pestifero: il crostaceo non è calcolato.

Strumpigghio, *nc.* mescolanza di medele o bevande mal fatta onde la voce si traslata a significare operazione mal fatta.

Strùscere, *va. consumare,* parlandosi di abiti e di cose: in Toscana dicèsi **strusciare.**

Struscione, *ag. dissipone,* consumatore di robbe e denaro.

Strusciullro e **struscinlèra,** *ag. consumatore e consumatrice.*

Stu, sta, ed al *pl.* **sti** — *ag. ind. questo, questa, questi, queste,* si usano come aggettivi indicativi non come pronomi.

Stuecco, *nc. stocco.* specie di spada che portasi nel bastone.

Stuèdico e **stodica,** *ag. stupido, a, ignorante.*

Stuèrcio, *nc. errore grossolano,* cosa mal fatta.

Stuezzo, *nc. tocchetto,* piccola parte di checchesia — *tozzo,* del pane: *met.* persona, onde il *prov.* **Ogni stuezzo vòl'a suezzo,** e vale ognuno cerca il suo eguale parlandosi di ceto.

Stuffare, *va. nauseare,* parlandosi di cibo o bevanda — *abborrire,* di persona.

Stuffaria, *nc. noia, fastidio.*

Stuffùso e **Stuffòsa,** *ag. noioso, fastidioso,* pien di vezzi e moine.

Stumpagnàre, *va. scoperchiare,* torre il coperchio — *sfondare,* parlandosi delle botti cui toglisi il fondo per ripulirle ed accomodare.

Stumpàre, *va. follare, ammostare, pigiare,* il calpestar l'uva per ispremerne il mosto: dicesi pure d'ogni cosa che si spreme per cavarne i succhi.

Stunamiinto, *nc. assordaggine,* frastuono che assorda — *id.* **stunamiinto di capa,** chi sente assordaggine nella testa.

Stuntino, *nc. orifizio,* estremità inferiore dell'intestino retto.

Stuppàgghio, *nc. stoppacciolo,* stoppa che si mette nel fucile o nel cannone — ogni ammasso di cenci per turar vasi o altro che dicesi pure *zaffo.*

Stuppàta, *nc. cataplasma,* ma usasi per celia e *met.* di minestra stracotta simile ad un cataplasma.

Stuppiiddo, *nc. stuppello,* misura dell'ottava parte del tomolo così delle quantità discrete che continue.

Sturdèscere, *va. scottare, fermare,* è il dar breve cottura alla carne o pesce per non putire o corrompersi.

Sturdùto, *agg. stordito,* chi per infermità, stupore o paura non è presente a se stesso con la mente.

Sturtigghiàre, *va. storcere, ritorcere* — *id.* **Sturtigghiàre a noce du cueddo,** usasi per isfogo d'ira e minaccia imprecativa e corrisponde alla frase italiana *conciar uno per le feste.*

Sturtigghiàto, *ag. sbilenco, storto.*

Stusciàre, *va. nettare, pulire, asciugare* — *np.* nettarsi, forbirsi — *id.* **Stusciarsi li musi,** *forbirsi le labbra* — **Stusciarsi l'uecchi,** *rasciugarsi le lagrime.*

Stutacannèle, *nc. spegnitoio,* pezzo di ferro laminato a forma di cono posto in cima ad un asta per ispegnere le candele.

Stutàre, *va. spegnere, smorzare* — *met.* disonorare: al *partic.* **stu, tàta** vale *disgraziata, disonorata* parlandosi di donzella.

Stuvàle *nc. stivale, bottaglie* — *dim.* **Stuvaletti,** *piccoli stivali, accr.* **Stuvalùni,** *tromboni, stivali grossi e lunghi.*

Stuvalette, *nc. ghette,* specie di calzari di panno o grossa tela abbottonati che coprono le gambe: *ghettine,* sono quelle a mezza gamba.

Stuviddo, *nc. stuello,* filacce che si mettono nelle ferite per non chiudersi.

Sucamèle. *nc. lamione,* erba nociva ai grani.

Suchre, *va. succhiare, succiare,* trarre il succo con le labbra da alcun oggetto: vale pure *poppare.*

Suco, *nc. succo, succhio, sugo,* parte liquida che contiene una frutta, ed è voce propria spagnuola — *id.* **suco di cippòne,** *succo di vite, met.* vino, detto per celia.

Suècro e Socra, *nc. suocero e suocera,* sono voci spagnuole da **Suegro,** e **Suegra.**

Suèlo, *nc. suolo,* la terra battuta nell'abitato su cui camminasi dallo spagnuolo **suelo** — usasi pure per la *suola* che si adopera nelle scarpe.

Suenno, *nc. sonno, sogno,* dallo spagnuolo **sueno.**

Suèno, *nc. suono,* voce propria spagnuola — **suèno scantàto,** *crocchio,* è il suono delle campane rotte o de' coppi crepati

Suezzo e sozza, *ag. eguale, soccio*

Sugghia, *nc. lesina,* ferruccio sottile e pontuto messo in un manico di legno col quale i calzolai forano le suole per cucire le scarpe.

Sugghiarda e sugghiardazza, *nc.* donna che va girando continuamente per le vie senza utile scopo.

Sugghiardàre, *vn. gironzare, an.*

dar vagando e dicesi per dile-gio.

Subbio, *nc. subbio,* pezzo di legno lungo di forma cilindrica sul quale i tessitori ravvolgono il tessuto man mano che si tesse — *subbio,* travetta non lavorata che si adopera in varii lavori.

Sullne, *np. parelio,* è l'immagine del Sole riflesso in una nube.

Samàna, *nc. settimana,* spazio di sette giorni continui dal lunedì al domenica: der dallo Spagnuolo **semana.**

Samaseca (a) *nc. stizza, ira,* l'usa il volgo quando una cosa non va ai versi, aggiugnendo l'*id.* **mo mi sale,** e vale *or mi viene la stizza,* e corrisponde a *montare in collera.*

Sumenta, *nc. semente, semenza.*

Sumuragghia, *nc. medaglia,* quella propriamente che ha impressa l'immagine di alcun santo.

Sunagghièra, *nc. bastonatura.*

Sunale, *nc. sparalembo, pancella,* è il grembiale degli artefici per non lordarsi lavorando — *grembiule,* il pannolino che dalla vita in giù nel davante portano ligato le donne.

Sunatore. *nc. suonatore,* chi suona qualche strumento musicale — *!Prov.* **A casa di sunatùri no si facino matinàte,** vale chi vuol ingannare il savio, resta di corto·

Suppa, *nc. zuppa,* minestra di pane brustolato in brodo ed anche i pezzetti di pane che si mettono o in qualunque brodo o caffè — *id.* **stare na suppa,** *essere bagnato di sudore.*

Suppigno, *nc. soppalco, soffitta,* spazio sottoposto al tetto superiore della casa.

Suppuntàre, *va. puntellare,* dicesi delle travi che si pongono agli edifizii crollanti, o a qualunque altra cosa per tener fermo.

Suppànto, *nc, puntello.*

Suprissàta, *nc. salsiccione,* grossa salsiccia. In italiano la soppressata è propriamente la mortadella.

Surcàre, *vn. solcare,* far solchi, la voce è tutta spagnuola — *id.* **surcàre drìtto,** *condursi bene,* detto per ammonizione o minaccia.

Surchiàre *vn. sorbire,* trar su il moccio col naso: sorbir cose liquide e calde a sorsi.

Surchio, *nc. scia, (t. mar.)* è il solco che lascia dietro a se la nave in corso.

Sureo, *nc. solco,* linea tirata nel campo con l'aratro più larga dell'ordinario — *magolato,* lo spazio di campo ove si fanno le porche il doppio delle altre, contigue e divise co' solchi. Il campo lavorato senza solchi dicesi prett. *lavorato a minuto.* — La voce è spagnuola.

Surdàto, *nc. soldato, milite.*

Surdìa, *nc. sordità, sordaggine.*

Surèzza, *nc. sodezza*, l'usa il volgo.

Surgitìliddi, *v.* **Sparo.**

Susta, *nc. tedio, noia*, stato della persona che si annoia di tutto.

Sustùso, *agg. tedioso, schizzinóso*, che si annoia.

Sutazzo, *nc. staccio*, specie di vaglio di seta o crini per separare la farina dalla crusca.

Suticàre, *va. inseguire*, correr dietro ad una persona. È voce del volgo.

Suvaràta, *nc. garello, (t. mar.)* è il sughero in fondo al manico della rete.

Suvo e **Sova**, *agg. poss. suo, sua.*

Suvro e **Sarvo**, *nc. sughero, alcornoch*, corteccia leggerissima e molle di un albero, la quale si usa per turaccioli e per mantenere a galla chi impara il nuoto.

Svunculàre, *va. sgranare*, cavare i legumi freschi dai loro baccelli, più propriamente le fave fresche.

T

Tacca, *nc. truffa*, dicesi di chi compra oggetti a credito e non più li paga: in Toscana dicesi **taccolo**.

Taccàgghia, *nc. ligaccio, calciamento, usoliere*, legaccia da calze, deriva da attaccare quasi attaccaglia.

Taccainèlo, *nc. truffatore.*

Tàccaro, *nc.* piccol ramo d'albero tagliato in pezzi per ardere — *met. tanghero*, uomo sciocco.

Tàccia, *nc.* chiodetto a testa larga.

Tacco, *nc. tacco, guardone, guardione*, pezzo di suolo posto in giro nel calcagno della scarpa.

Tàgghia, *nc. tacca, taglia, tessera*, legnetto spaccato per mezzo su cui s'intaccano segni per chi non sa scrivere — *taglia (t. mar.)* strumento composto di carrucole per muovere grandi pesi.

Tagghiapaste, *nc. falcinella*, strumento di ferro col quale i pasticcieri tagliano i lembi delle paste.

Tagghiàre, *va. tagliare, recidere — tagghiàr' a sicco, succidere (t. cam.* il tagliare le viti a fior di terra per più ingrossare — *tagghiare a mele, castrar le arnie*, quando le son piene si tagliano e si ha il doppio prodotto di miele e cera — **tagghiàre li virmi**, alcune donne secretiste quando i bambini soffrono la verminazione prendono un pezzo di carta tagliuzzandola sul ventre e pronunziando misteriose parole credono e fan credere alle madri ignoranti che col tagliarsi la carta si tagliano i vermi — *id.* **tagghi ch' è russo,** vale *coraggio, segui; dalli 'ch' è già tempo* — **tagghiàr' a vammaee,** *imbianchire,* separare con la macchina il cotone da' suoi semi.

Tagghiariiddi, *v.* **Maccarrùni.**

Tagghiàta, *nc. fettata,* dicesi di angurie e poponi onde si complimentano gli amici nel mutarsi di abitazione — *fettata di salame* per uso di tavola — La voce deriva dalla spagnuola **tajàda** che ha lo stesso significato.

Tagghiàto, *ag. attagliato,* si usa per aggiunto di persona adatta ad alcuna cosa.

Tagghiatùro, *nc. tagliuolo,* scalpelletto col quale i ferrai tagliano il ferro quand'è rovente.

Tagghio, *v.* **Mamozio.**

Taiddo, *nc. assero,* piccola trave; der. dal lat. *tigillum,* travicello.

Taiedda, *nc. teglia* e *tegghia,* arnese di cucina di rame rosso.

Taiuerno, *nc. petulanza continua.*

Tamarro, *ag. zotico, rozzo,* dicesi di persona.

Tammùrriddo, *nc. tamburrello, cembalo,* strumento formato di un cassino coperto da una parte di pelle e contornato di dinderii o piccoli sonagli che si suona battendo con le dita, usato dai contadini e dalla bassa gente nei loro balli ed allegrie

— *tamburretto (t. mar.)* piccolo ripiano triangolare alla prora della barca ove può sedere una persona.

Tant ci tant, *id. giacchè.*

Tara, *np.* È il nome di un piccol flume ad otto chilometri dall'odierna città sul lato di ponente. Quivi approdò la colonia de' tirii e cretesi che nelle sue adiacenze edificaronvi la città che da essi ebbesi il nome di *Taras* conversi i due i in a. per dialetto credesi dorico, o dal nome del loro duce *Tiras* secondo le congetture tradizionali creduto figlio di Jafet e nipote di Noè. Questa città fu distrutta con l'irruzione de' Partenii di Sparta guidati da Falanto i quali edificarono la nuova città al sud della presente in forma triangolare che fu chiamata *Tarentos,* distrutta poscia dai Saraceni. Il flumicello *Tara* è storicamente rinomato per la conciliazione su di esso avvenuta fra Augusto e Marcantonio per opera di Ottavia sorella del primo e moglie del secondo, la quale dimorava in Taranto posciacchè il marito l'ebbe ripudiata per Cleopatra regina d'Egitto. Questo avvenimento è riportato e descritto ampiamente da Appiano, *libro V.*

Taràdde, *nc. ciambella,* specie di dolciume fatto di farina, zucchero, uova e sugna a forma di anello: dim. **taradduzzo** — ogni sorta di pane della stessa forma

— **taraddo eu ii passiii**, *maritozzo*.

Taràuta, *nc. tarantola, tarantella*, piccolo ragno: la velenosa dicesi propriamente *falangio*.

Tarantàta, *nc. tarantolismo*, malattia per passione smodata al ballo prodotto dal morso della tarantola, ed il ballo istesso.

Tardivo, *ag. serotine*, dicesi di frutti che maturano al termine della loro stagione.

Tarèm e tarèo, *nc. teddèo*, l'inno ambrosiano Te Deum; l'usa il volgo.

Tartagghiàre, *vn. tartagliare, balbettare*, smozzicar le parole.

Tartagghio, *nc.* chi tartaglia o smozzica le parole.

Tartaro, *nc. gruma*, parte sedimentosa del vino che resta attaccata alle botti — *ipostasi*, sedimento delle orine.

Tassa, *nc.* misura di vino eguale ad un quarto di caraffa, *v.* **Iarràpa**.

Tata, *nc. padre*, è così appellato il genitore dal volgo, dagli artigiani poi **tatà**, dal medio ed alto ceto **papà**.

Tavagghiùlo, *nc. pezzuola*, fazzoletto da naso, l'usa il volgo.

Tavaulèra, *nc. zanzariere*. covertura superiore del letto per custodire dalle zanzare chi vi giace.

Tàvola, *nc. mensa*, quella su cui si pongono le vivande per mangiare, ed intorno a cui seggono i commensali — *asse*, legname non lavorato: *accr.* **tavulòne**, *pancone, e met. ignorante, stupido: dim.* **tavuledda**, *assicella* — **tavole di llitto**, *assicelle, panchette*.

Tavulatliddo, *nc. ballatoio*, luogo in mezzo le scalinate ov'evvi un piccol ripiano.

Tavulàto, *nc. solaio, assito*, il piano di tavole e travi che copre le stanze o camere e separa il vano inferiore dal superiore.

Tavulozza, *nc. sottopiede*, la predella dietro la carozza ove si pone in piedi il servitore.

Tele, *pron. te*, per figura paragoge, anche in Toscana usasi la stessa voce.

Tela di sacchi, *nc. traliccio*, tela grossa per sacchi.

Tenna, *nc. tendale (t. mar.)* tenda grande onde si cuoprono le navi ed è di lana grossa appellata in dial. **canodda**, quella dì cannavaccio è detta **frischera**, e propr. *rinfranto*.

Termite, *nc. oleastro*, ulivo selvatico.

Terrarossa, *nc. sinopia*, è la terra con cui i legnaiuoli tingono un filo bagnato per fare i segni sù legnami.

Testa, *nc. cursoncello (t. camp.)*

capo di vite lasciato a tre o quattro occhi.

Tiàno, *v.* **Tièsto.**

Tigna, *nc. acore, tigna* — *v.* **zella** — *Prov.* **Sobb'a tigna a capa pilàta**, vale il sopravvenire un male ad un altro, o sventura a sventura, come la testa pelata al tignoso per cui soffre spasimi maggiori.

Tignúso, *ag. tignoso*, chi patisce la tigna, al *pl.* **tignòsiri.** Questa voce **tignòsiro, i** si usa da poco in quà a significare, *cattivo, brutto.*

Tiimpo, *nc. tempo*, voce tutta spagnuola — *id.* **far'u tiimpo suo**, essere d'età avvanzata.

Tiisto, *nc. testo, coccio*, tegame di terra cotta per cuocer vivande: in dial. dicesi pure **tiano**, *dim.* **tianiddo, tisticiddo** e **tistizzúle:** la voce è tutta spagnuola — *e. felide*, macchia sulla cute riarsa dal Sole o prodotta da riscaldamento.

Timunèra, *nc. losca (t. mar.)* l'apertura nel forno di poppa per la testata del timone in una nave.

Tina, *nc. brenta*, tino per travasar vino, e colui che lo porta a spalle dicesi *brentatore*, in dial **munaciàro.**

Tinàccio, *nc. bigoncia*, vaso di legno a doghe per pestarvi le uve.

Tinàgghia, *nc. tanaglia*, strumen-to di ferro di varie arti per cavar chiodi.

Tinagghiamiinto, *nc. maldicenza*, detrazione della fama altrui, der. da tanaglia quasi che la riduca a brani.

Tinàscio, *ag. stupido, inetto*, l'usa il volgo.

Tiniiddo, *nc. combriccola, conventicola*, unione di più persone che concertano il modo di nuocere ad altrui: la voce è traslata da tinello luogo ove insieme mangiano i servitori di famiglia distinta, ed in cui fanno le loro conventicole.

Tinningio, *nc. ugola* è il pendolo carneo sulla trachea, il cui contorno membranoso dicesi *velo pendolo palatino* — *batocchio*, della campana.

Tino, *nc. calinozza*, vaso di legno a doghe ove si conservano le carni salate — *bariglione, botticello*, quello ove sono i pesci salati, ma questo usasi più sovente al fem. **tina.**

Tiranti, *nc. bertelle, cigne, straccali*, fermagli de' calzoni o alla vita o sugli omeri: der. da tirare — *tirelle*, due strisce di cuoio o due funi che si appiccano al bilancino o ai funghi de' carri tirati da cavalli.

Tirlampisciare, *v. impers. lampeggiare*, l'usa il volgo.

Tirlàmpo, *nc. lampo*, lo splendore

della saetta quando passa da una in altra nube: l'usa il volgo.

Tirliggiàre, *va. dileggiare, burlare*, è voce del volgo.

Tirlògio, *nc. orologio, cronometro*, macchinetta che misura le ore, il cui frutto dicesi *castello*, è voce del volgo.

Tirnedde. *nc. trinelle (t. mar.)* funicelle intrecciate di canapi vecchi per ligare o fasciar cavi sulle navi.

Tirragnòla, *nc. allodola, lodola*, uccelletto, così appellato in dial. dal perchè và sempre rasente la terra.

Tirruezzòlo, *nc. terrame*, la terra mista a calcinaccio ch'esce dalle fabbriche disfatte,

Tirzarulàta, *v.* **Vela**.

Tirzarùlo, *nc. licciaiuola*, strumento di ferro col quale i segatori torcono i denti della sega.

Tistèra, *nc. testiera, v.* **Vrigghia**.

Titiddico, *nc. ditello, ascella* al *pl. ditella*, cavità sotto le braccia del corpo umano.

Titiddicare, *va. dileticare, solleticare, titillare, vellicare*, è l'eccitare ne'nervi del corpo animale una leggiera emozione — *np. dileticarsi, vellicarsi* chi prova tale emozione.

Tizzòne, *nc. fumacchio, fumaiuolo*, pezzo di legna o carbone non del tutto bruciato che fa fumo.

Togna, *nc. lenza, cateta, (t. mar.)* arnese da pesca formato di un cordellino lunghissimo di crini ritorti a tre a tre avente un piccol piombo a cui sono appesi due o tre ami per pescare i pesci.

Tomotòmo, *ag. taciturno, pensieroso*, dicesi di uomo che concentrato in se o svagato col pensiero non parla nè opera.

Torre, *nc. casina, casile*, casa rurale. Le casine si ebbero il nome di torri nel passato secolo perchè eran ben munite e capaci di difendersi e stare in salvo gli abitanti da'corsari turchi che sbarcando sulle coste s'inoltravano dentro terra e traevano schiava la gente che cadeva nelle mani di loro.

Tortora, *nc. sprocco, stroppa, stroppia, ritortola*, è un fascetto di giunchi, felci od altro ravvolti per ligar fascine: la voce è corrotta da ritorta.

Totta, *ag. tutta*, è il femminile di tutto.

Trafàna, *ag. trusiana*, donna faccendiera e sciatta.

Tragghia, *nc. mazzuolo (t. cam.)* strumento rusticano di legno per rompere le zolle — *marra*, strumento per radere il terreno.

Tragghiàre, *vn. marreggiare, (t. cam.)* il ricoprire le sementi del grano o avena con la marra.

Tragghiàta, *nc. minuto (t. cam.)* campo lavorato senza solchi,

Tragno, *nc. attignitoio,* arnese di pelle con orlo e manico di legno per attigner acqua: der: da trarre.

Trainàta, *nc. carrata,* quantità di robba portata in una volta nel carro.

Trainèlla, *nc. carretto,* picciol carro tirato a mano.

Tralumànza, *nc. tranello,* maneggio segreto per danneggiare altrui — *coenzione, monopolio,* accordo di speculatori a comperare tutta una derrata per rivenderla con usura: l'usa il volgo per dispregio.

Tramàgghia, *nc. tramaglio (t. mar.)* rete da pesca a maglie strette che si stende tra li scogli tenendola aperta da un sol punto per ove passa la barca. I pescatori battono fortemente i remi, e' pesci così spinti innanzi vanno ad incappar nella rete, e questa peca è detta in dial. **della màzza.**

Traminzàno, *nc. soppalco,* spazio chiuso di una parte di stanza nel mezzo dell'altezza di essa, ed a cui si ascende con scaletta per lo plù di legno.

Tramòscia *v.* **Mulino.**

Tramòto, *nc. tremuoto, terremoto,* scuotimento della terra.

Tramùta, *nc. decantazione,* il travasare i liquidi.

Tramutàre, *va. decantare,* il travasare il vino o l'olio d'uno in altro vaso separandolo dalla feccia — il mutare i ferri alle bestie quando cresciute le unghie convien pareggiarle con l'incastro.

Trapanàre, *vn. perforare,* passar da parte a parte — *inzupparsi* parlandosi di sudore che insuppa fino gli abiti.

Trapano, *nc. verrina, trapano,* strumento da legnaiuoli per forare — quello degli orefici è ad archetto, il cui bottone triangolare dicesi *nespola.*

Trappitàro, *nc. trappetaio, fattoiano,* chi lavora nel fattoio dell'olio, il capo fattoiano dicesi in dial. **nagghiiro.**

Trappito, *nc. trappeto, fattoio,* luogo ove si frangono le ulive — La vasca ove si frangono appellasi *pila, piatto o fondo* — **Cazzatòra,** *pilata, macina,* è la quantità delle ulive da frangersi in una volta — **Mamma,** *strettoio, verrocchio* — **Delfino,** *lucerna,* vaso di pietra o ferro fuso in cui scende l'olio prima di passare nel tinello — **Angelo,** *tinello,* vasca a pian terreno in cui scende dalla lucerna la sentina e l'olio — **Sintinàro,** *inferno,* luogo ove va la sentina — **macina,** *verrucana,* è la pietra che frange le ulive — **Sciàla,** *cammino, giava,* è il serbatoio del *frutto.*

Tràpula, *nc. trappoleria, gherminella, trufferia,* deriva dallo spagnuolo **trapola.**

Trapulòne ed al *fem.* **trapulèra**, *nc.* trappoliere, giuntatore, biante, busbaccio, imbroglione, der: dallo spagnuolo **trapalon**.

Tràscina, *nc.* cobio, pesce armato di acute punte.

Trascurso, *nc.* discorso, l'usa il volgo.

Trasére, *vn.* entrare — *part.* trasuto, la prima voce del verbo è io **traso** e **trasco**.

Trastuddo, *nc.* plasma, figura di pastore o animale di terra cotta che si pongono nelle capannucce in dial. **prisepii**, al tempo dì Natale: der. da trastullo poichè è veramente oggetto di trastullo fanciullesco.

Trasùta, *nc.* entrata — *met.* avvicinamento a persona dignitosa.

Tratùro, *nc.* cassetta, ripostiglio di un armadio o simili.

Tràulo, *nc.* lacerto, sorta di piccol pesce della famiglia delle palamite.

Traunàta, *nc.* bufera, ed è la tempestosa con tuoni, der: dallo spagnuolo **tronàda**, i marinai dicono **ntraunàta**.

Travanedda, *nc.* segone, grossa sega con manichi de'legnaiuoli e segatori.

Traversa, *vc.* traversone, pezzo di legno che ne'carri regge le stanghe per traverso.

Trègghia, *nc.* triglia, mullo, pesce squisitissimo; le migliori e più sapide son quelle che si pescano in mar piccolo le sere estive quando non vi è Luna dette perciò triglie all'oscuro.

Trèmola, *nc.* torpedine, torpiglia, pesce dilicato simile alla razza nella forma e piena di elettricità in modo che toccandola spesso ne fa sentire la scossa. Specioso è il modo onde si procaccia il nutrimento, poichè si appiatta nell'arena ed ai pesciolini passandovi di sopra dà la scossa e restando quelli intorpiditi li fa suo pasto.

Treti, *agg.* num. tre, la sillaba ti si aggiunge per paragoge.

Triàngulo, *nc.* saetta, gran candeliere di legno su cui pongonsi le quindici candele negli ufficii della settimana santa, ed è così appellato dalla sua figura terminante in triangolo — al pl. spigoli, sono le bandelle di ferro su cui si figgono le candele o sugli altari od innanzi le immagini.

Tricàre, *vn.* durare, trattenersi, dicesi di chi fa passare tempo oltre il bisognevole al disbrigo di alcuna faccenda: der. dal latino tricor.

Tricchitracco, *nc:* salterello, specie di fochetto artificiale che scoppia scricchiolando secondo l'onomatopea della sua voce, e deriva dallo spagnuolo **triquetraque** che vale scricchiolata.

Tridente, *nc.* ventilabro, forcone (t. cam.) asta con traversa in cima a cui son conficcati tre piuoli e serve per ventilare la trebbiatura ed altri usi campestri.

Trigghi, *np. Triglio*, è un sito a 15 Chilometri dalla città al lato nord-est, ove sono i grandi serbatoi di acqua che l'imperatore Carlo 5.° fece introdurre in città col mezzo di condotti e doccioni.

Trimèntere, *va. guardare*, voce composta da tener mente, onde nella seconda voce del presente dell'indicativo dicesi **trimilinti** e **tiinimente**.

Trimòne, *nc. boccia*, vaso di argilla invetriato dentro e fuori con bocca strettissima, e collo lungo per riporvi vino, *dim.* **trimunchiddo**.

Trimulizzo, *nc. parletio*, è il tremolio delle mani e del capo che hanno i vecchi.

Tripiredda, *nc. saliera*, vasetto da riporvi sale o pepe, l'usa il volgo quasi voglia dire a tre piedi.

Tripolo , *nc. frassinella*, è una pietra con cui gli orefici raffinano i metalli.

Trippòne, *nc. buzzone*, chi ha il ventre grosso: der. da **trippa**.

Tristilddi, *nc. scanni o panchetti* di ferro o legno per letto.

Triuscère, *vn. tracannar vino*, a larghi sorsi.

Triusco, *nc. bevuta di vino* = *met.* il vino stesso.

Troccola, *nc. tabella*, arnese di legno con maniglette di ferro che si suona nella settimana santa in luogo delle campane.

Tromba, *nc. dragone (t. mar.)* tromba marina.

Tronchèsa, *nc. tanaglia a taglio*, tenaglia da orefici per tagliare i metalli.

Trono, *nc. desco*, luogo ove siede il capo delle confraternite religiose nell'oratorio e gli altri ufficiali subalterni.

Tròzzola, *v.* **Mozzola**.

Trubico e **Trubicùto**, *ag. idropico*, chi patisce l'idropisia — *met.* chi ha il ventre grosso.

Trucculisciàta, *v.* **Sbringhilisciàta**.

Tràcculo, *nc. frode*, ed è quella commessa con astuzia e malizia.

Truddo, *np. Trullo*, dal latino *trullus* che significa cappella con cupola. È il nome di un sito campestre in quel di Taranto ov'eravi un tempio dedicato a Mercurio.

Truèno, *nc. tuono*, rombo dello scoppio della folgore, dallo spagnuolo **trueno** — al *pl.* tronetti, piccoli fuochi artificiali — *Prov.* **aria chiara no ave paura di truèni**, vale *chi ha la coscienza pura non prova rimorsi.*

Truèzzolo, *nc. frode*, propr. debito fatto con industria e disegno di non pagare.

Trufolo o piretto, *nc.* è un piccol vaso da riporvi vino simile alla boccia in *dial.* **trimòne**, con lungo collo e senza manichi.

Truinèra, *nc. bastione*, fabbricato di fortezza e difesa ne' castelli; l'usa il volgo: der. dallo spagnuolo **tronera**, che vale *feritoia, cannoniera*.

Truthea, *nc. teriaca*, è una medela farmaceutica pe' bambini.

Trummètta, *nc. trombetta*, strumento da suono — *id.* **sunàr' a trummetta e trummittisciàre**, *strombettarre i fatti altrui*.

Trumpàre, *va. impastare*, intridere acqua con farina per fare la pasta od il pane: der. dal francese **trempèr**.

Trunco, *nc. cioppo, ciocco, tronco*, ceppo da ardere, è voce propria spagnuola.

Truppillddo, *nc. drappello*, riunione di poche persone o cose: deriva da piccola truppa.

Trusciàre, *va. rubare destramente*, è voce del volgo.

Trusulàre, *va. rapare*, è il tagliar rasi i capelli o le unghie.

Truttazza, *nc. radazza (t. mar.)* la scopa della nave.

Tràvolo, *ag. torbido*, dicesi così de' liquidi rimescolati col sedimento che dell'atmosfera coperto di nubi. In Toscana il tempo nuvoloso dicesi **torbato**.

Tuba, *nc. sussiego, alterigia, burbanza*, proprio della persona.

Tubetto, *nc. cappelletto*, bocciolino metallico con polvere fulminante che si mette nel luminello dello schioppo che percosso dal cane lo fa esplodere: der. da **tubo**.

Tubo, *nc. caminetto*, grosso cilindro di ferro laminato per ove esce il fumo nelle macchine a vapore ed anche i fumaiuoli di simile materia.

Tuecco, *nc. tocco*, giuoco che si fa con le dita tirando a sorte — quantità di tela ravvolta in rotolo.

Tuerno, *nc. filatoio*, macchinetta a ruota per filare.

Tuerto, *ag. torto*, voce spagnuola

Tuèssico, *nc. tossico*, veleno.

Tuèsto, *ag. duro — met. implacabile*, non pieghevole.

Tulàro, *nc. telaio*, macchina ove si tesse — *stipite*, cui sono attaccate le imposte, finestre e simili.

Tuletta, *nc. pettiniera*, mobile di legno con marmo, specchio ed altri arnesi donneschi per pettinarsi.

Tullipano, *nc. mitolo*, in lat. *my. tilus*, è una conchiglia bivalve dal preciso colore del tullipano fiore donde il nome: le due valvolette sottili si adoperano nella confezione di fiori artificiali.

Tumminiséi, *nc. sbricchi*, giuoco fanciullesco che consiste nell'indovinare quante nocciuole od altri piccoli oggetti uno tenga chiusi in pugno. La tradizione patria attribuisce a questo giuoco l'importanza di un gran fatto storico delle antichità tarantine. Quando i congiurati tarantini cioè col concorso di Annibale ebber meditato assalire la rocca occupata dai romani, subornarono un soldato di questi a nome *Tumulus* con donativi e col pretesto di passar la serata in allegria stando egli di guardia. La sera designata vi andarono e bussato all'uscio uno di questi disse, *Tumulus es ? aperi portas:* le quali parole corrispondono alle due prime parti del giuoco **Túmmini o Tomolo séi ? Apri porta**. Il soldato risponde — *Quot ne portas ?* e quel di fuori accenna un numero il che corrisponde alle altre due parti del giuoco, **quante ne porto**, X. numero arbitrario. La porta fu aperta ed entrati i Congiurati vi successe il grande eccidio descritto da Tito Livio.

Tùmmino, *nc. tomolo*, unità delle vecchie misure di aridi, di olio a minuto e dell'estensione agraria; degli aridi è uguale a litri 55, 45, dell'olio a due quinti di pignatella, e delle agrarie ad are 67 2|3.

Tumo, *nc. timo*, pianta selvatica odorosissima.

Tumpagno, *nc. coperchio*, ciò che copre o chiude — *fondi*, sono quelli delle botti — *cariello*, quello del cesso, il cui foro dicesi *coriello* — *lastrone*, *chiusino*, quello del forno.

Tunni, *nc. Rotondo*, era questo il nome di un'antica torre di guardia sita al luogo di mare di simil nome convertito poscia in Tondi e **Tunni** dalla credenza di essere stata quivi la tonnara. In questo sito evvi un grossissimo scoglio appellato in *dial.* **pentima di li Tunni** e propriamente pietra di Rotondo. La voce è corrotta da **turrunda** contratta di *turris unda*, ch'era la torre posta sul littorale, *v.* **pentima**.

Tunno e **tonna**, *ag. tondo. a* — *nc. tonno*, sorta di pesce mastino la cui carne salata dicesi *mosciame* ed in dial. **tunnina**.

Tuppo, *v.* **Pumo**.

Tup tùp, *nc. picchiata*, è onomatopea del busso.

Turcigghiòne, *nc. bilia*, bastone ritorto che stringe le legature delle some.

Turcitùro, *nc. randello*, bastone più corto della bilia ma pur servibile a stringer legature di some: la voce ha somiglianza con tortoro parola di uso toscano che ha lo stesso significato.

Turdpùd, *nc. sassello*, specie di piccolo tordo.

Turlio, *nc. chiurlo, chiurlì*, uccello che ha i piedi lunghi e sottili e lunghissimo becco, ed è così appellato dal suono della sua voce, ed appartiene alla famiglia delle beccacce.

Turnisi, *nc. monete, danaro.*

Turno, *nc. maneggio*, luogo ʼdove si ammaestra il cavallo.

Turrière, *nc. casiere*, custode della casa rurale: la voce si conserva ancora fin da quando queste case appellavansi torri — *v.* **Torre.**

Turso, *nc. caule*, tronco de'cavoli e di altri ortaggi: la cima di queste piante dicesi *caulino.*

Turtièra, *nc. teglia*, arnese di rame rosso ad uso di cucina.

Turtigghiùni (a), *mo. prepositivo, contro*, è l'avventare contro alcuno un qualche oggetto nell'ira per colpirlo—*met.* l'*id.* scer'a turtigghiùni, vale *andar di fretta.*

Turtuvagghia, *nc. pipistrello, nottola, vispistrello*, animale notturno che partecipa del topo e dell'uccello.

Tusello, *nc. baldacchino*, ornamento che si fa in chiesa per porvi in mezzo alcuna immagine: derdallo spagnuolo **dosel.**

Tùtiri, *nc. gruzzoli*, quantità di monete fatte a poste uguali.

Tuvàgghia, *nc. tovaglia, asciugatoio*, pannolino per asciugar la faccia.

Tuzzàre, *va. picchiare, bussare, urtare, battere del capo.*

Tuzzàta, *nc. picchiata*, il percuotere col battitoio un uscio chiuso — *urtata*, il battere del capo in alcuna parte.

Tuzzo, *nc. pallata*, è la percossa che si dà con la palla ad un altra nel giuoco.

U

U, *art. il, lo.*

Ubbrigàre, *va. obbligare—part.* **Ubbrigàto**, *obbligato.* Questo participio usasi pure come avverbio di affermazione e vale certamente. Anche in Toscana si usa ubbrigare nello stesso significato.

Uecchio, *nc. occhio*, organo della vista ne'corpi animali. Sue parti sono il **frutto**, *bulbo* o *globo*, il **bianco**, *sclerotica*, la **ninna**, *iride della pupilla* — *id.* **Uecchi ngirchiàti**, *calamari*, cerchi lividi intorno agli occhi — **Fare uecchio**, *adocchiare*, dicesi di uno che adocchia un oggetto per rapirlo — **Uecchi pisciàti**, *occhi lagrimanti*, ma usasi per dilegio — **Uecchi neannèle**, *occhi vigili*, — **Uecchi uecchi**, *oculatamente, attentamente* — **Fare l'uecchio rizzo**, *far l'occhiolino, ammiccare* — *Prov.* **Tieni l'uecchi quant'a chiesia e no vid'a sacristia**, *tieni gli occhi quanto la chiesa e non vedi la sacrestia:*

14

è rimprovero che si fa a chi finge di non vedere alcuna cosa.

Uecchi di lupi, *nc. sgonfiotti*, gustosa vivanda composta d'intriso di paste dolci con tuorli d'uova battute e fritta in padella.

Uecchi di prura, *nc. cubie (t. mar.)* sono due buchi alla proda della nave per ove passano le gomene delle ancore quando si da fondo.

Uegghio, *nc. olio*, — **Uegghio fino**, *olio onfacino*, quello fatto da ulive immature.

Uergio, *nc. orzo*, specie di frumento noto — *met.* busse.

Uerto, *nc. poponaio, cocomeraio, orto*, luogo ove si seminano e coltivano i poponi e le angurie: deriva dallo spagnuolo **huerto**.

Uesimo, *nc. occasione, opportunità*.

Uesso, *nc. osso* — **Uesso pizzillo**, *osso spinale*, sono le vertebre spinali — **Uesso di balèna**, *nc. fanone*, osso di questo cetaceo che serve a molti usi.

Uevo, *nc. uovo*, dallo spagnuolo **huevo** — **Uevo scarrùtto**, *uovo barlaccio*, dicesi dello stantio — **Uevi a priatorio**, *uova affogate*, vivanda di uova cotte in brodo —*id.* **Ròmpere l'ov'a mano**, rimproverare alcuno de'suoi difetti, o smentirlo d'un mendacio.

Uffo, *nc. femore*, osso della coscia nel corpo umano.

Ugnitura (a) *mo. avv. smentare*, il tagliare il legno o piallarlo a ugnatura.

Unto, *nc. grasso sciolto*.

Uscapièdi, *nc. serpe, razzomatto*, specie di fochetto artificiale che si spicca ondeggiando. L's, suona come il ch, francese.

Uscitùre, *nc. esantema*, eruzione di macchie, pustole o vescichette sulla cute.

Usss, *usta*, voce con cui si aizza il cane.

Utro, *nc. otre*, la pelle di castrato o becco chiusa per mettervi olio o vino nel trasportarsi da luogo a luogo.

Uva cornola, *nc. galletta*, uva lunga bianca o nera quasi corniola perchè simile nella forma al corniuolo. Quando l'uva comincia ad annerire dicesi prettamente *saracinare*.

Uva sarvàgia, *nc. raverusto, lambrusca;* la vite di quest'uva selvatica si appella *ambrostolo*.

Uzzi. Questa voce si usa per eccitare il porco a camminare ed è alterata dalla toscana di uso **trucei** — Usasi pure come interposto dispregiativo, come **uzz'addà**, che vale *trucci là*.

V

Vacante, *ag. vuoto*, e dicesi di vasi non meno chè di frutti come nocciuole, noci e simili quando la polpa interna è secca o fradicia e del frumento a cui gl'insetti han distrutto l'interna sostanza. La voce deriva dal latino *vaco, esser vuoto.*

Vacantìo, a, *ag. celibe,* giovine o zitella non ancora casati.

Vacàre, *va. versare,* il porre i liquidi da uno in altro vaso o gli aridi come frumento e simili, onde l'*id.* **vacàre,** o **sdivacàre na sacco,** vale versarlo in altro recipiente.

Vaccàro, *nc. boaro,* guardiano di buoi.

Vacìle, *nc. bacile, catinella,* vaso di argilla o di rame per lavarsi.

Vagnàre, *va. bagnare* — *id.* **Vagnàr'a vela;** *inamidare,* è lo spruzzar l'acqua sulla vela — *np. toccare una infradiciata,* è la pioggia che uno riceve sopra di se.

Vaina, *nc. guaina,* cuscinetto imbottito che si appunta al pettale delle bestie al di dentro per custodirlo dalle pressioni di questo.

Vainetta, *nc. baionetta,* arma che si mette in canna al fucile da munizione — *id.* **vàtter'a vainetta,** *patir fame,* ed è pur frase di uso toscano.

Valassa, *nc. fantesca ciarliera.*

Valestra, *v.* **Nzirragghia.**

Valintazza, *ag. diligente,* donna valente al lavoro, e vigile nel maneggio domestico — *id.* **valin-**

tazza **spicchiarisciàta,** *valente à tutta pruova,* è frase del volgo, ma talvolta usasi per ironia.

Vallineddi, *v.* **Sparo.**

Vammacedda, *nc. borra,* filacce di seta o cotone che si pongono nel calamaio con l'inghiostro per inzupparvi la penna e scrivere

Vammacegna, *ag. bambaggino,* aggiunto di tela di bambagia.

Vammàcia, *nc. bambagia,* pianta e prodotto del cotone — *id.* **metters'a vammacia mmocca,** *mettersi la bambagia in bocca* vale intimorirsi fortemente.

Vammaciàro, *ag.* di terreno ove fu seminato il cotone.

Vancariiddo, *nc. mento,* parte inferiore della faccia umana.

Vaneo, ed al *plurale* **Vaneri,** *nc. baglietto (t. mar.)* travicelli collocati per traverso nella barca e paralleli per sostenere i ponti e rinforzare le coste. Quello della nave appellasi *baglio.*

Vangàle, *ag. molare,* aggiunto dei denti grossi mascellari.

Vanna, *nc. banda, parte,* luogo qualunque.

Vannisciàre, *vn. pubblicare,* propr. fare le pubblicazioni matrimoniali.

Varaneo, *nc. granchio,* sorta di malattia per contrazione nervosa.

Varangueddi, *v.* **Sparo.**

Varca, *nc. barca,* piccol naviglio a remi per la pesca, od a vela per viaggio ed è più grossa. Le sue parti veggansi nell' indice metodico alla parola barca.

Varcarùlo, *nc. barcaiuolo,* chi fa le barche.

Varcòne, *nc. balcone, finestra,* apertura nella facciata di un edificio, al *pl.* **varconìri.**

Varda, *nc. basto,* arnese che si adatta all'animale per trasportar la soma. Lo scannello che serve di base dicesi in dialetto **incìni,** e prettam. *imbasatura.*

Vardàro, *nc. fustaio, bastiere,* chi fa o vende basti.

Vardiìddo, *nc. bardella,* piccolo basto.

Varlècchia, *nc. paletto,* spranga di legno che chiude le imposte delle piccole abitazioni — *v.* **Puntàle.**

Varòla, *nc. ghiera, viera,* cerchietto di ferro o d'altro metallo che mettesi attorno a certi oggetti per non fendersi, come coltelli con manico di legno od osso, alle cannucce delle pipe ecc. — *gorbia,* cerchietto di ferro che si mette appiè del bastone.

Varra, *nc. sbarra, stanga,* grossa pertica di legno che si adopera come contrafforte per serrare a traverso gli usci — *martinicca,* stanga di legno appesa alla vettura la quale stretta con funi agli estremi mantiene il mozzo della ruota ed impedisce che questa giri negli sdruccioli. La voce deriva dalla spagnuola **vara** nel primo significato.

Varràta, *nc. bastonata, bussa,* al *plurale,* rissa con percosse e ferite.

Varràttolo, *nc. barattolo,* vaso di terra cotta invetriato, o di majolica per riporvi conserve e nelle farmacie per sciroppi.

Varrèse, *nc. guidalesco,* piaga sulla schiena degli animali da soma.

Varrìare, *va. sbarrare,* chiudere con sbarre gli usci — *bastonare,* ed in questo senso deriva dalla voce spagnuola **varear.**

Varrìàta, *bastonatura, busse.*

Vàrrolo, *nc.* picciol foro che fa la botte o per vetustà o per tarlo donde percola il vino.

Varròne, *nc. paletto,* stanga di ferro che chiude a traverso le imposte.

Varva, *nc. barba,* i peli della faccia dell'uomo.

Varvaredda, *nc. bavaglio,* pannolino che si pone alla gola dei bambini sopra le vesti per non lordarsi mangiando.

Varvazzàle, *nc. barbazzale,* catenella della briglia del cavallo.

Vasàre, *va. baciare,* il dar baci.

Vasarìddo, *nc. cosetta, faccenduo-*

la, al *pl.* **vasarèddiri** — *id.* **accunzàre li vasarèddiri,** dar sesto alla meglio alle cose domestiche; terminare una lite ecomicamente.

vasetto, *nc. alberello,* vasetto di vetro o di terra cotta per tenervi unguenti.

Vasinicòla, *nc. basilico,* erba odorosissima: La voce è storpiata dalla spagnuola **basilicòn.**

vaso, *nc. bacio* — *dim.* **vasicchio,** *baciucchio* — *id.* **vaso a pizzichiddo,** è quello che danno i bambini afferrando con le tenere dita d'ambe le mani le guance di chi lo riceve.

Vaso di fiùri, *nc. cunziera,* vaso di maiolica o porcellana ove si tengono fiori od erbe odorose raccolte in fascetto. Il fascetto dicesi prett. *cunzia.*

Vastasiddo, *nc. sbarazzino,* voce di uso in Toscana, ed indica fanciullo rissoso e di cattivi costumi, quasi piccolo vastaso.

Vastàso, *nc. facchino,* uomo che per mercede fa servigi a chiunque: der. dal greco verbo βαστάζω, *portare.*

Vaticàle, *v.* **Viaticàro.**

Vatinne, *vn. vattene,* imperativo di **scere,** *andare.*

Vattasciòne, *nc. sferza,* arnese per bastonare i fanciulli.

Vàttere, *va. accordellare,* è il battere il cotone a corda per mezzo dell'arco.

Vattinniiri e **Battendieri,** *np. Gualchiera,* è un sito adiacente al mar piccolo per ove corre il fiumcello Cervaro nel quale i religiosi Cappuccini follavano i panni de'loro abiti. In antico eravi quivi il bosco sacro a Diana.

Vattisciàre, *va. battezzare,* amministrare il sacramento del battesimo — *met.* dare il nome ad alcuna cosa per celia o ingiuria.

Vattitrice, *nc. accordellatrice,* donna che con l'archetto batte la bambagia in stoppa facendola a pennecchi per potersi filare.

Vattitùra, *nc.* mercede dell'accordellare il cotone riducendolo a pennecchi.

Vava, *nc. bava,* saliva schiumosa.

Vavisciàre, *va. scombavare, biasciare, rugumare,* dicesi di chi mangiando o parlando caccia saliva schiumosa per difetto di denti.

Vavùso, *ag. bavoso,* dicesi di chi parlando caccia saliva schiumosa.

Vela, *nc. vela,* nome collettivo delle vele di una nave: specificatamente son queste:

Balaccòne, *trinchetto,* vela triangolare, e l'albero sul davanti della nave che porta questa vela dicesi in dial. **spuntaletta** *v.*

Barrucchetto, *parrucchetto*, è la vela superiore, ed anche l'albero.

Cicaròla, *cecaròla*, vela piccola.

Maistra, *artimone*, *treguo*, è la vela maestra.

Minzàna, *mezzana*, quella che si spande alla poppa.

Quària, *treo*, è la vela quadra.

Sacco, *spazzacoverta*, altra sorta di vela.

Scopamàre, *coltellaccio*, vela stretta e lunga che si pone a lato delle vele quadre,

Tirzarulàta, *terzaruolo*, la vela minore.

Vel'a cappiddo, *penna*, è la piccola vela che si alza sulla penna dell'antenna quand'è buon tempo.

Vela latina, *larchia*, vela triangolare de'piccoli legni.

Ventàre, *va. scorgere*, adocchiare una cosa che fu nascosta appositamente.

Ventia, *nc. ispirazione* — *(t. mar.)* v. **Sciaja**.

Ventilàre, *va. spulare (t. cam.)* il separare il frumento dalla paglia e pula co'rastrelli dopo la trebbiatura.

Veppita, *nc. bevuta*, di acqua o vino.

Verdèa, *nc. bergo*, specie di uva così appellata dal suo colore verdognolo.

Verdesicco, *nc. golpe (t. camp.)* malattia onde periscono le biade andando in polvere.

Verdumàro, *nc. erbivendolo*, ch[i] vende erbaggi.

Vèria *nc. ralla (t. cam.)* bastone appuntato da una parte per stimolare i buoi, e con piastra di ferro dall'altra per raschiare la terra attaccata all'aratro.

Verme di pere, *nc. fucignone*, è il bacherozzolò che rode le pere internamente.

Verre, *va. irr. vedere:* il presente dell'indicativo fa **vescio, viti, vere, virimi, viriti, vèrini**, è di uso del volgo.

Vèscia, *nc. (t. mar.)* sono le serpule vermiculari descritte da Linneo le quali s'introducono in uno strato calcareo bianco e si attaccano tenacemente ai muscoli (**cozze nere**) ed alle ostriche e ne succiano la sostanza. I vermi appel'ansi in dialetto **ricignàte**, dalla voce greca ριχνηϵϭ, che vale *rugoso* che tale è la loro figura. I custodi delle giave di continuo purgano queste conchiglie dalle **patate** e dalle **ricignàte** — *teredo*, *teredone*, verme marino che sott'acqua rode le navi.

Veste, *nc. conopeo*, drappo di seta ricamato che copre la pisside.

Vetta, *v. sciugo*.

Vezze, *nc. moine, vezzi, lustre*, suno dimostrazioni noiose ed affettate, onde l'*agg.* **vizzùso**, che vale *stucchevole*.

Vi, *v. irreg. vedi*, imperativo del verbo vedere.

Viaggio, *nc. toccamano*, è la mancia o mercede che si da al facchino per servigio prestato.

Viaticàro e **vaticàle**, *nc. vetturale*, chi guida bestie da soma.

Viàto, *ag. fortunato, beato*. Questa voce usasi quale interposto, come **viàt'a te**, *oh te felice*—**viàt'a cì ti vede**, *beato a chi ti vede*, ed è quando due amici si riveggono dopo molto tempo.

Vicitàro, *nc. avventore*, chi spende sempre in una stessa bottega.

Viddìco, *nc. ombelico*, parte del corpo umano sull'addome: l'incavo dicesi *gangame*, ed il budello sporgente dall'addome del neonato dicesi *tralce* e *belliconchio* ed in dial. **ntrama**.

Viddàso, *nc. fettuccia*, ritaglio di tessuto.

Vigghiùlo, *nc. bigonciuolo (t. pisc.)* vaso piccolo di legno a doghe simile alla caletta con un solo manico ricurvo e fisso con cui i pescatori prendon acqua da mare, od in cui mettono i frutti de'muscoli ed ostriche.

Viínto, *nc. vento*, dalla voce Spagnuolo **viento**.

Vilanza, *nc. bilancia*, i piatti diconsi *lance*, e l'ago d'equilibrio *linguetta* in dial. **giudice**.

Vilanzino, *nc. bilancino*, parte delle vetture da nolo o da trasporto a cui si legano le tirelle dell'animale fuor delle stanghe o del timone.

Vilanzòla, *nc. bilancia, traversone*, pezzo di legno che nei carri regge le stanghe per traverso.

Vilanzòne, *nc. caldaiuola*, è una mezza palla vuota di rame rosso in cui gli orefici bianchiscono i metalli preziosi.

Vilèno, *nc. veleno, id.* **mangia vilèno**, *agg. bilioso, iracondo* — **pigghiàrsi vilèno**, *adirarsi, incollerirsi*.

Villùto, *nc. velluto, sciamito*, specie di tessuto di cotone o seta.

Vinàzzo, *nc. vinaccia*, sono le spoglie e i graspi dell'uva dopo essersene spremuto il mosto: prima di spremersi diconsi *grasse*, in dial. **pasta**.

Vinchio, *nc. vimine, vinco, gorra*, specie di vinchi onde fansi gabbie ed altri oggetti: *dim.* **vinchitiíddo**. — *Prov.* **Turci vinchitíddó, do quann'è tinirííddo**, vale la pianta si raddrizza quando è tenera, ed appropriasi a' fanciulli da educarsi con la sferza quando si mostrano riottosi.

Vinère, *vn. venire — id.* **a come vene vene**, vale *comunque succeda; venga quel che venga*.

Vinirdio, *np. Venerdì*, il quinto giorno della settimana.

Vinnègna, *nc. vendemmia*, il raccoglier le uve mature e pestarle per fare il vino, e tutto il tempo che s'impiega.

Vinaitùra, *nc. implicita*, mercede del tanto per cento che riceve chi vende merci per conto altrui.

Vinocuètto, *nc. vinocotto*, il quale se ha perduto solo una terza parte dicesi propr. *caroèno*, se due terze parti *sapa*, se riducesi allo stato di consistenza *defritto*.

Vino latino, *nc. vino secco*, è quello privo di dolce.

Vintàgghio, *nc. rosta, ventola*, arnese per farsi vento — *parafango*, riparo di cuoio circondato di ferro che stà d'innanti ai veicoli a due ruote per riparo della persona dal fango.

Vintartiddo, *nc. venticello*, leggiero soffio di vento.

Vintaròla, *nc. banderuola*, ventola che si mette in cima ai campanili, torri e fumaiuoli la quale volta secondo il vento. In Toscana pur dicesi **ventaròla**. — *Anemoscopio*, strumento che fa conoscere la direzione dei venti.

Vintilisciàre, *va. ventilare*, pubblicare i fatti altrui. — *id.* **vintilisciàre na stuppiddo di canigghia**, vale non temere per le cose pubblicate, come se si spargesse al vento la crusca che non produce danno essendo cosa da poco — il volgo dice **vissinisciàre**, per rimprovero.

Vintrùto, *agg. panciuto*, dicesi di ogni cosa pingue, e deriva dallo spagnuolo **ventrùdo**.

Viràre o appuggiàre, *vn. sivertare, ribandare, (t. mar.)* è il mutar la direzione della nave girandola — *travirare*, avvolgere dalla cima le gomene facendo le manovre.

Virdàte, *nc. verità*, l'usa il volgo.

Virdìcia, *nc. ortìca*, pianta di luoghi incolti che toccandola eccita stimolante prurito. — Zoofito marino che si attacca alli scogli o ai cocci, ed è così appellata perchè caccia un succo pruriginoso come la terrestre.

Virdillina, *nc. meconio*, escrementi verdastri e nericci del bambino appena nato.

Virgulette, *nc. freghi e freghetti*, sono due virgole in cima al rigo dello scritto per indicare una citazione altrui.

Virmacocca, *nc. albicocca*, frutta dell'albicocco o armellino: quella che ha il seme amaro appellasi *armeniaca*, e *meliaca* quella che l'ha dolce.

Virmiciddo, *nc. idra*, è un zoofito che si trova in fondo al mare, di cui ogni parte che si stacca si riproduce e vive, ed è biforo o fosforescente — al *pl. vermicelli*, paste lunghe e sottili per minestra.

Virminàto, *ag. bacato*, dicesi di frutte verminose.

Virmizzùlo, *nc. marmeggia*, vermicciuolo che nasce nella carne salata e la rode.

Virnacchio, *nc.* scorreggia fatta con la bocca per dispregio.

Virrùculo, *nc. bruco*, insetto.

Virtullina, *nc. carpiccio, bastonatura — gradella (t. mar.)* arnese di cannucce ingraticolate in cui i pescatori chiudono i pesci per conservarli in mare.

Visazza, *nc. bisaccia, bolge* arnese di tessuto a due tasche per portar robbe: quella dei frati questuanti appellasi propriamente **sacca**.

Visièra, *nc. tettino*, parte anteriore d'ornamento al berretto, der. da viso perchè lo copre.

Visinterio, *nc. dissenteria*, flusso degl'intestini puzzolente quasi mesenterio, e dicesi per celia a chi spetezza.

Vissica. *nc. vescica*, borsa membranosa degli animali entro cui calano le urine — *id.* **vènnere vissiche**, *vender ciarle*.

Vissichedda, *nc. bolla*, rigonfiamenti dell'acqua o quando piove o quando bolle.

Vissicòne *nc. spinella*, vescicone, tumore molle ed indolente nel garretto del cavallo.

Vissìna, *nc. loffia, vescia*, leggera scorreggia senza rumore.

Vissinisciàre *v.* **Vintilisciare**.

Vissivògghia, *avv. molto*, corrisponde alla locuzione *ne avessi tu voglia*, per dinotare esservi abbondanza di ciò che si chiede. Lo stesso valore ha pure l'*avv.* composto **vogghia vogghia**, cioè *abbastanza, sì molto*, come pure l'altro **pufà**. pronunziandosi l'**u** aperto.

Visticedda, *nc. gonnellino, vestitino*, piccola veste da bambini.

Vitàmi, *nc. macera*, muro di pietre senza calcina che si fa nell'interno de'pozzi di acqua sorgente.

Vitragnòla, *nc. rosolìa*. malattia cutanea per macchiette rosse che dopo sette giorni si disquamano.

Vitrèra, *nc. invetriata*, imposta a vetri di finestre ed altro.

Vitrina. *nc. bacheca*, è quella ove gli orefici tengono custoditi i lavori di oro.

Vitùso, *nc. fittone (t. cam.)* radici delle viti rimaste sotterra dopo strappata la vigna.

Vivio, *ag. ardito. vivace*, e suolsi raddoppiare per maggior forza: l'usa il volgo.

Vizzùso *v.* **Vezze**.

Vocca, *nc. bocca*, organo degli animali per ove si mangia, si respira e si parla — **vocca di lupo**, *bocca di leone*, pianta con fiori rossi e violetti in punta — *id.* **dulère a vocca di l'anima**, doler lo stomaco, propr. per bocca dell'anima il volgo intende l'orifizio del piloro punto di passaggio del cibo dallo stomaco agl'intestini — **arrappàr'a vocca,** *allappare la bocca* — **mmocca mmocca ste,** vale non ricordarsi bene una cosa, ma tenerla sulla punta della lingua, lo stesso significato ha l'altro *id.* a **ment'a mente u tegno,** vale *sta in cima della mente.*

Vocca di rancio, *nc. forcola (t. mar.)* pezzo di legno nelle barche a remi con un incavo a cui si appoggia il remo per vogare.

Voccàplirto, *ag. rinvesciardo,* dicesi di chi palesa le cose confidategli.

Voccola, *nc. chioccia,* la gallina che cova — così appellasi pure l'ostrica lattiginosa quando corrotta caccia il seme che trasportato dalla corrente va ad attaccarsi agli sterpi e cocci gittati in mare per la nuova prolificazione.

Vodda, *nc. saltante, cicatricula,* è la macchietta sul tuorlo dell'uovo, la quale è il germe della generazione del pulcino.

Vògghla vògghla, *v.* **Vissivògghla.**

Vònola, *nc. foladina (t. mar.)* pianta della famiglia delle alghe.

Vopa, *nc. boga, boope,* in latino *boops,* pesce squisito e lattiginoso da settembre a dicembre.

Vorpa, *sc. volpe,* al *pl.* **varpi,** quadrupede astutissimo: *dim.* **vurpicedda,** *volpino.*

Vorsa, *nc. borsa,* arnese per riporvi denari, oggetti ecc. ed è di varie specie — *ferriera,* quella ove i chirurgi tengono i ferri minuti — *mozza,* piccolo cacio chiuso in vescica e ligata per mezzo — *id.* **Fars'a vorsa,** espressione ironicca che vale *non avrai nulla.*

Votapannèra, *ag. infedele,* dicesi di chi cangia opinione facendo il voltafaccia, come fa la banderuola che voltasi secondo il vento.

Votta, *nc. irr. botte,* al *pl.* **vutti.** Sue parti sono *mezzule,* il fondo in dial. **tumpàgno;** *fecciaia,* la buca onde si cava la feccia in dial. **partiddo;** *cocchiume,* la buca per ove s'intromette il vino ed anche la doga che ha questa buca ed il sughero che la chiude — *fondi,* in dial. **tumpagni** — *biodo,* erba palustre con cui si ristoppano i fondi per non percolare in dial. **vudazza.**

Vove, *nc. bue,* il toro castrato da due anni in su al *pl.* **vuèvi.** Propriamente al *pl. buoi,* sono quei di fatica, *bovi* o *manzi,* quei da macello, *trioni* quelli dell'aratro: *cao,* è il bue marino: *bonaso* il selvatico; *birracchio,* il vitello non non castrato dal primo al secondo anno — *Prov.* **U vove ten'a lenga longa e no parla,** *il bue ha la lingua lunga e non parla,* vuol dire che bisogna far uso di prudenza secondo le circostanze, cioè che non sempre puol dirsi quel che si vuole.

Vozza, *nc. boccia*, vaso di argilla tondo e panciuto che finisce con collo, ed è invetriato dentro e fuori. Questa specie di vasi in dialetto se ha le anse dicesi **vozza**, se non le ha **trimòne**, la piccola con manichi **vuzzarèdda**, senza **piretto**, il grande vaso poi con bocca larga dicesi **capasòne**, prett. *coppo* ed *orcio*.

Vòzzola, *nc. gozzo*, gonfiamento alla gola.

Vràca, *nc. braca, imbraca, straccale, soccodagnolo*, arnese di cuoio attaccato al basto che fascia i fianchi della bestia.

Vràgio, *nc. beveraggio, mancia*, piccola regalia per servigio prestato, deriva dal francesc **ouvrage**, che vale *opera prestata*.

Vrancuzza, *nc. branca, (t. pisc.)* ferro a cinque rebbii perpendicolari ad una lunghissima asta da arrivare al fondo del mare, col quale si pescano i ricci, le ostriche i crostacei ed alcuni pesci.

Vranza, *v.* **Cefalo.**

Vrazzàta, *nc. bracciata*, quantità di cose capace di tenersi nelle braccia.

Vrazzo, *nc. braccio*, membro del corpo umano che pende dalla spalla.

Vrazzulàre, *va. infrasconare*, il seppellire un sermento di pianta senza reciderlo da essa ma lasciandolo esternamente ad arco piantato in una grasta con terra finchè metta le radici.

Vrenna, *nc. crusca*, la parte più grossa della farina, deriva dalla voce spagnuola **brèn**.

Vriàre, *va. manipolare, spianare*, lavorare la pasta per fare il pane dopo essere stata lievitata, cresciuta e rimenata.

Vrieciàme e **Vriecio**, *nc.* quantità di pietre frante o ammontate o sparse sulla massicciata delle vie rotabili.

Vrigghia, *nc. briglia*, è la testiera le redini ed il morso per guidare il cavallo. Le parti del morso sono: *l'esse* in dial. **bastòne**; la *stanghetta* in dial. **brudòne**, quella che va in bocca dell'animale — la *seghetta* **serretta**, la parte dentata che va sul naso per frenarli, ed il *barbazzale* **varvazzàle**, catenella a maglie.

Vrigolo, *v.* **cefalo.**

Vrivògna, *nc. vergogna, rossore*, ed usasi per correzione e rimprovero: il volgo dice **vrivugnaria**, con esclamazione — al *plur.* **vrivògne**, l'usa il volgo per le pudende, come eufemismo.

Vròccola, *nc. nespola*, è il bottone triangolare del trapano dei legnaiuoli.

Vrucculàro, *nc. pappagorgia, buc-

cola, la cute sporgente sotto la gola per pinguedine.

Vuàdola o guàdola, *nc. guada, gangamo, negossa (t. pisc.)* è una rete da pesca attaccata a due aste prett. *staggi*, che si cala alla corrente del ponte detto di Napoli ove si fa la pesca. Questa rete è conica, larga alla bocca per quanto è il vano del ponte ove si tende, e stretta al fondo che dicesi *vangaiola:* il punto ove i pesci rimangono presi dicesi propr. *verta*. Quando nelle serate estive non vi splende la Luna questa rete raccoglie le triglie più grasse e più sapide appellate triglie all'oscuro, che la corrente del mare insieme con altri pesci spinge in essa.

Vuagnedda e guagnedda, *nc. fanciulla, citta, tosa, zitella;* questo nome si conserva sino a che non prenda marito, ed anche dopo si usa rispetto all'età giovanile — **crella** è la contadinotta vispa e bella.

Vuagnòne e guagnòne, *nc. fanciullo, citto, cittolo, toso,* questo nome si conserva sino all'età di 16 anni, poi appellasi giovine. Usasi dare tal nome ai fanciulli plebei, al medio e superiore ceto si dà quello di ragazzi. — Il fanciullo servo di bottega appellasi prett. *fattorino*. Questa voce sembra derivare dal greco nome γκιννοι, contadini o coloni di masserie i quali erano e sono alimentati e talora vestiti dai padroni, onde per una certa similitudine venne estesa la voce a significare i fanciulli non ancora atti a procacciarsi il sostentamento. Questa è pure l'opinione del Carducci (annot. al d'Aquino lib. 1.° p. 82).

Vuagnunàta, *nc. ragazzata, fanciulleria,* atto da fanciulli

Vuagnuuèria, *nc. fanciullaia,* moltitudine di fanciulli.

Vuàio, *nc. guaio, calamità, imbroglio.*

Vualàno, *nc. colono (t. cam.)* chi serve come lavoratore nei vasti poderi detti masserie.

Vuànolo, *nc. ondulazione, dondolo,* il mandare quà e là una cosa sospesa e poi spingerla, come chi agita le braccia per prepararsi alla corsa.

Vuantièra e guantièra, *nc. vassoio, spasa,* specie di cesta piana di ferro laminato ed inverniciata di varie grandezze per porvi abbigliamenti puliti e di gala, per tazze, dolciumi e simili.

Vuapparìa, *nc. bravata, braveria, millanteria,* ma usasi anche in senso ironico. — *id.* **i' sò còm' aràta ca tène l'oro nfronte e luce,** *io sono come l'orata che ha la testa dorata e splende,* cosi braveggiando dicono le donne vanitose.

Vuàppo e guàppo, *nc. bravaccio, squarcione, cospettone — accresc.*

vuappóne e guappóne: nell'uso toscano dicesi **vappo** e deriva dallo spagnuolo **guapo**. Usasi pure come aggiunto e vale *eccellente*.

Vuàrdia e guardia, *v.* **Nzirràgghia**.

Vuardincííddo, *nc. tramezza*, striscia di cuoio che si cuce in giro alla scarpa tra il suolo ed il tomaio.

Vuàrdolo, *nc. trivellone, cruccia, gruccia, foraterra (t. cam.)* strumento rusticano per piantar viti e magliuoli — *broccaio*, strumento de'legnaiuoli per allargare i buchi fatti col succhiello.

Vuarèscere e guarèscere, *vn. godere*, relativamente alle commodità della vita; l'usa il volgo.

Vuarère, *vn. guarire*, risanare da infermità: l'usa il volgo..

Vuarletto, *nc. barletto, granchio*, ferro forcuto de'legnaiuoli che tien fermo il legno nel piallarsi.

Vuàt-pòrt, *nc. boccaporto, battiporto (t. mar.)* apertura sulla coverta della nave per ove s'introducono le mercanzie.

Vuarnimentàro, *nc. sellaio*, artefice che fa e vende selle e simili.

Vuàt vuàt, *avv. aggattonato, quatto quatto, catellon catelloni*, e dicesi di chi cammina piegato e tacito per non essere scorto.

Vuavuà, *abbaiamento* onomatopea del cane baiante, e si rapporta a chi corregge o rimprovera gridando, onde l'*id.* **far'u vuavuà**, *far l'abbaione*.

Vuchìa, *nc. giara*, piccola brocca di argilla per bere, der. da *aqualis* che vale brocca.

Vuchàle, *nc. orinale*, piccol vaso da urina.

Vuchàta. *v.* **Culàta**.

Vucchìle, *nc. bocca*, è la pietra bucata in mezzo che serve di bocca al pozzo ed è corrotta dalla voce spagnuola **brocal**.

Vucchetto, *nc. concio*, pezzo di pietra atta ad esser riquadrata e conciata per murare.

Vucciaria, *nc. beccheria*, bottega ove si fa spaccio di carne.

Vucciiro, *nc. beccaio*, chi uccide, macella e vende la carne di animali.

Vucciuolo, *nc. bocciuola*, la buca del candeliere ove si pone la candela od il lucignolo.

Vucciarìca, *nc. vocio*, cicaleccio noioso, l'usa il volgo.

Vudazza, *nc. sala, pannia*, erba palustre per impagliar sedie e foderar fiaschi di vetro ed altri usi — *biodo* è il giunco palustre con cui si ristoppano le botti.

Vuddicàre, *vn. palpitare, agitarsi*, è il muoversi de'pesci.

Vuèffolo, *nc. boccata*, sorso che si tiene in bocca, o di quanto liquido la bocca è capace di contenere.

Vuellà, *interp. olà*, oh, si usa nell'incontrarsi due amici.

Vuèlo, *nc. volo*, voce proprio spagnuola.

Vuèmico, *v.* **Vummicàre.**

Vuèrcio, *ag. bercilocchio*, chi ha gli occhi torti.

Vuerra, *nc. guerra*,

Vuestro, *ag. vostro*, voce tutta spagnuola.

Vuèt. *ag. num. otto*, deriva dal francese **ouit.**

Vugghiàre, *v.* **Margiàta.**

Vúgghia, *nc. aguglia (t. mar.)* pezzo di ferro ritto sulla ruota di poppa per far girare il timone della nave; l'anello entro cui s'introduce appellasi in dialetto **femmina.**

Vugghina, *nc. nervo*, è la cravascia di nervo di bue secco e ritorto.

Vùgghio, *nc. bollore*, urto di ebollizione — *croscio*, il rumore dell'acqua che bolle.

Vui, *prov. voi*, quando si unisce ad altra parola si accorcia in **Vu.**

Vùmena, *v.* **Sarsiame.**

Vummicàre, *va. vomitare, recere*: la materia, che si vomita dicesi

in dial. **vuèmico** e prett. *rscitiscio*.

Vunazza. *nc. bonaccia, maccheria (t. mar,)* calma di mare.

Vùncolo, *nc. gagliuolo, baccello*, è la fava fresca col suo guscio, anche *gagliuoli* si dicono i baccelli degli altri legumi ed in dialetto si esprimono co'nomi dei rispettivi legumi: il frutto della fava sgranata dicesi propriamente *baggiana*, ed *unghia* è la particella del seme che attacca questa al baccello.

Vunnedda, *nc. gonna*, veste da donna dalla cintola in giù.

Vurfo, *nc. vento*, o corrente del golfo *(t. mar.).*

Vurpo, *ne. polipo*, specie di mollusco, che ha parecchie granfie in dial. **cirri** — *Prov.* **U varpo si coce cu l'acqua sova,** *il polipo si cuoce con l'acqua sua stessa*, vuol dire chi fa il danno da se stesso ne risente la pena.

Vurrascina, *nc. ferrana, farraggine*, miscuglio di biade in erba che si miete e dassi a mangiare alle bestie.

Vurri, *nc. bizze*, il frignare dei bambini.

Vursiddo, *nc. taschino*, piccola tasca da calzoni o corpetto.

Vusciòla, *nc. diarrea*, flusso ventrale; l'usa il volgo.

Vutàre, *va. voltare*, rivolgere indietro — id. **vutare ll midodde**, *essere agitato da molesti pensieri* — **a vutare**, *a voltare (t. cam.)* è l'arare per dritto e giunto ad un estremo l'aratore solleva l'aratro, volge i buoi per seguire il lavoro sempre in linee parallele. — *Prov.* **Quann' u vove mangia a u vutàre brutt'annata si pripàra**, vuol dire che in arando se il bue mangia l'erba è indizio di cattivo ricolto, poichè l'aratura succedendo nel mese di febbraio se l'erba trovisi cresciuta si teme che le successive brinate distruggano gli erbaggi e' campi cresciuti prematuramente.

Vutàta, *nc. svolta*, luogo o via tortuosa ove si svolta.

Vuttàto, *ag. dottato*, qualità di fichi bianchi sapidissimi.

Vuttazzo, *nc. bottascio*, barile tutto cerchiato meno al sito del cocchiume.

Vavitliddo, *v.* **Curmòne**.

Vùvito, *nc. gomito, cubito*, parte anteriore del braccio, propr. la piegatura di esso — *id.* **azar' u vuvito**, *alzare il gomito*, e vale bere molto vino; e dicesi per celia.

Vuzo, *nc. gattofodero*, borsa di pelle di gatto.

Z

Zà e **chià**, *fuori, và via*, voce pronunziata con forza per cacciar via i cani.

Zaffaràno, *nc. agucchia (t. mar.)* ago col quale si cuciono le vele.

Zammùco, *nc. scoppietto*, giuoco da fanciulli consistente in un pezzo di legno cilindrico forato per mezzo, entro cui si pongono due stoppaccioli o di carta pesta, o di stoppa appellati in dialetto **tappi**, che si spingono con una bacchetta e n'esce uno scoppiettando rumorosamente.

Zancòne, *nc. sonco comune*, pianta campestre le cui foglie sono spinose, ed è buona a mangiarsi cotta per insalata.

Zannèra, *ag. tristanzuola*, di donna inquieta: der. da zanni.

Zanzanèra, *nc. zanzariere*, cortinaggio che chiude il letto affinchè chi dorme non sia molestato dalle zanzare.

Zanzanarìa, *nc. senseria*, mercede che riscuote il sensale per la sua opera.

Zanzàno, *nc. sensale di piazza*, ed anche mezzano di affari.

Zànzico, *nc. sansugo, maiorana*, erba odorifera.

Zanzillo, *nc. demonio*, così viene appellato lo spirito infernale.

Zappàre, *vn. palleggiare*, dicesi del cavallo quando con le gambe percuote la terra.

Zappino, *nc. pino selvatico*, ma

propriamente il suo legno che si adopera da' tintori a far le tinte. In Toscana dicesi **zampino.**

Zappòne, *nc. marrone, azzirone,* strumento più stretto della marra e più lungo: *dim.* **zappunciddo,** *marroncello, sarchiello, bollero, marra,* strumento da muratore per stemperar la calce — *beccastrino, marra,* grossa zappa e stretta per cavar sassi dal terreno.

Zasso, *nc. guattero,* aiutante del cuoco ne' servizii bassi.

Zazariddo, ed al *plur.* **zazareddiri,** *nc. balocco,* dicesi di oggetti minuti per trastullo di fanciulli — *met.* masserizie e stoviglie minute di casa.

Zeccola, *nc. paletto,* spranga di ferro quadrangolare che scorre verticalmente ne' piegatelli per chiudere in alto e in basso la mezza imposta quando è a due mandate.

Zella, *nc. tigna,* malattia per eruzione di pustole alla testa — *id.* **cu ti vegna na zella,** *che ti venga una tigna,* imprecazione giocosa — **zilluso,** *ag. tignoso,* affetto da tigna.

Zenna, *nc. sdentatura,* è la rottura alla punta dello scalpello de' legnaiuoli.

Zeppa, *nc. zirbo, omento,* è la rete che copre gl'intestini del corpo animale.

Zeppo e zeppa, *ag. pieno, colmo,* **zeppa zeppa,** *pienissima.*

Ziàno e ziàna, *nc. zio, zia.*

Ziaredda, *nc. fettuccia, nastro,* e son quelle di seta o cotone.

Zifèrro, *nc. demonio,* ma usasi nel significato di fanciullo inquieto, e tristanzuolo.

Zilàto, *agg. sporco,* bruttato di lordura sciolta — *id.* **carcagno zilàto,** rimprovero ingiurioso a donna e vuol dire vile e da nulla.

Zinzolo e zinzlo, *nc. cencio, strambello,* pezzo di robba sottile o parte lacerata e pendente di veste — *id.* **Quaremma zinzilòsa,** dicesi a donna vanitosa nel vestire, e nel camminare.

Zippro, *nc. bruscolo, fuscello, respo,* piccolo sterpo — **zippro dece,** *liquerizia,* è la radice dolce di una pianta donde si fabbrica la liquerizia o regolizia — *id.* **no tinère manc' u zippro da luce,** vale *essere sprovvisto di tutto.*

Ziro, *nc. boccale,* di argilla non invetriato; coperto e con piccoli fuori dond'esce l'acqua.

Zirri, *nc. bizze,* il frignare dei bambini con moti d'ira — *id.* **salére li zirri,** *infuriarsi, adirarsi.*

Zirùlo, *v.* **Bizzùlo.**

Zita, *nc. sposa, fidanzata,* donzella da marito. Il maschio dicesi **zito,** *sposo, fidanzato:* der. dal greco ζυγη, *matrimonio.*

Zizinidde, *nc. deretano, podice* l'usa il volgo per eufemismo.

Zizze, *nc. poppa, mammella, zinna.*

Zoca, *nc. soga,* fune di giunchi — *libàni,* funi d'erba palustre di simil nome.

Zucàro, *nc. cordaio, filatore,* chi fa corde di giunchi o soghe: der' dallo spagnuolo **soguero.**

Zuccàre, *nc. scavare,* il tagliare e cavar le pietre dalla petraia col piccone — *met.* lavorare e studiare assiduamente per riuscire nel fine proposto.

Zuccàta, *nc. petraia,* luogo donde si cavano le pietre.

Zuccatòre. *nc. pietraio,* chi taglia e cava le pietre.

Zuccotto, *nc. zucchero in pergamena o in pane,* è il zucchero raffinato e ridotto a forma conica.

Zucculòne, *nc. ratto,* grosso topo — *met.* uomo astuto.

Zucculiddi, *nc. staffe,* funicelle che reggono le licciate e le calcole dei tessitori.

Zuacco, *nc. gravina.* strumento da una parte zappa, e dall'altra piccone.

Zumpàre, *vn. saltare, trasalire,* il varcar d'un salto un passo, un fosso e simili, o semplicemente saltellare.

Zumpiliàre, *va. alleppare, agghermigliare,* rapire destramente.

Zumpo, *nc. salto;* il salto che fa poi il cavallo ad arco dicesi propriamente *repellone o falcata* — A Zumpariddo, *ambio,* è l'andatura dell'animale a passi corti ed a salti.

Zurfo. *nc. zolfo. solfe.*

Zurla, *nc. gromma,* crosta di lordura alle mani, o alle stoviglie

Zurlèra, *ag.* di donna sudicia ed intrigante.

Zurròne, *ag.* di uomo rozzo. tapino e idiota der: dello spagnuolo **zorro.**

Zuzo, *nc. presame,* caglio secco che sciolto con acqua si mette nel latte per coagularsi.

FINE.

INDICE METODICO
ITALIANO-TARANTINO
PER MATERIE
delle voci contenute nel Vocabolario

SEZIONE 1.ª

1. CIELO

Astro, *stedda*.

Cielo, *Ciilo*.

Mondo, *Munno*.

Orsa minore, *puddara*.

Parelio, *sulino*.

Stella, *stedda*.

2. ATMOSFERA.

Alidore, *siccarezza*.

Batacchiare, *azzuppare*.

Bioscia, *frolla*.

Brina, *chiatrore*.

Brinajuola, *acquariccia*.

Brinata, *scilatura*.

Bufera, *traunata*.

Buffata)
Buffo } *jatata di viinto*.

Caldo, *cavito*.

Calore eccessivo, *scicumèo*.

Chiarezza, *chiarima*.

Chiarire. *chiariscidre*.

Folata, *jatata di viinto*.

Freddo, *friddo*.

Freddura, *friddura*.

Fresco, *frisco*.

Ghiaccio, *chiatro*.

Intorbidarsi } *ntruvularsi*
amarescere

Lampeggiare, *tirlampisciare*.

Lampo, *tirlampo*.

Nebbia, *negghia*.

Piovere. *chiovere*.

Piovigginare } *nziddicare*
chiuvizzicare

Pioviscolare, *chiuvizzicare*.

Raffica, *jatata di viinto*.

Remolino. *matassa di viinto*.

Rezzo, *frisco*.

Rinfrescatura, *àifriscata*.

Rubbolıre, *vugghiàre*.

Rubbolata, *margiata di viinto.*

Rugghio, *ruscita.*

Rugiada, *acquariccia.*

Sbuffo, *rufola.*

Scionata, *matassa di viinto.*

Siecita. *siccarezza.*

Spi vere, *scampare.*

Spruzzaglia, *pipio.*

Spruzzolare, *chiuvizzicare.*

Stellone. *cavito.*

Stillare, *nziddicare.*

Strosciare, *azzuppare.*

Torbido, *truvolo.*

Tuono, *truéno.*

Venticello, *vintariiddo.*

Vento, *viinto.*

Ventocaldo, *faugno.*

. . . . . *onghi e songhi.*

3. TEMPO

Abbujarsi, *scurescere.*

Avvenire, *ntravinére.*

Estate, *statia.*

Farsigiorno, *allucescere.*

Futuro, *ntravinere.*

Giornata, *seiurnata.*

Giorno, *dia.*

Giorno di lavoro, *filannegna.*

Giovedì, *sciuvidio.*

Imbrunare, *scurescere.*

Maggio, *Mascio.*

Mezzogiorno, *menzadia.*

Oggi, *osci.*

Ognissanti, *Ogninsanti.*

Oscurarsi, *scurescere.*

Oscurità, *scurorio.*

Settimana, *sumana.*

Stagione, *stasciòne.*

Tempo, *tiimpo.*

Venerdì, *Vinirdio.*

4. TERRA

Acquazione, *lavarone,*

Belletta, *lippo.*

Burrone, *gravina.*

Fiumana, *jumára.*

Fiume, *jume.*

Limo, *lippo.*

Ringone, *gravina.*

Spaglio, *lavarone.*

Terremoto e } *tramoto*

Tremuoto } *cotlacotla.*

Trarupato, *sgarrupato.*

5. PIETRE.

Concio, *vuccetto.*

Feldispato, *scarda.*

Gabbro, *petra vitriola.*

Galattite, *petra di latte.*

Lazzùlite, *petra di sango.*

Macia)
Masiera) *muntone.*

Massicciata, *liitto di petre.*

Mora, *muntone.*

Petraia, *zuccata.*

Pietra, *petra.*

Pietre frante, } *vricciame e vriccio.*

---

6. CITTÀ, LUOGHI PUBBLICI

Ammazzatoio, *maciiddo.*

Angiporto, *strittolo.*

Banda, *vanna.*

Bandita, *lueco sarvo.*

Bottega, *putea.*

Calata, *scesa.*

Cantoni, *pisuli.*

Cantuccio, *pizzulo.*

Chiasso)
Chiassuolo } *strittolo*

China)
Dichino } *scesa.*

Dogaia, *sottamàno.*

Fondaco, *funico.*

Ghiacciaia, *nivèra.*

Luogo, { *lascio, luego.*

Piazza, *chiazza.*

Piuoli, *pisùli.*

Poggiuolo, *pisulo.*

Rezzo, *mantagna.*

Ronco, *strittolo.*

Sdrucciolevole, *scivuluni.*

Spazzo, *lario.*

Suolo,) *suelo, sciarliscio.*

Svolta, *vutata.*

Vico, *strittolo.*

---

7. LUOGHI PARTICOLARI INTERNI.

China e) *pistergola e*
Discesa) *pistervula.*

Cittadella, *citatedda.*

Dogana, *duana.*

Ebreo, *Abreie.*

Fosso, *Fuesso.*

Murorotto, *Murrutto.*

Pescheria, *ruana.*

Rione, *pittaggio.*

Sdrucciolo o)
Pendio) *Pendino*

---

8. LUOGHI PARTICOLARI ESTERNI

Arcovata, *Archi,*

Citrello, *Citriiddo.*

Citrezze, *Citrezze.*

Collepazzo, *Collepazzo.*

Corvisea, *Curvisea.*

Diulo, *Diulo.*

Fontanella, *Monte di li queccili.*

Galeso, *Galiso.*

Gualchiera, } *Vattinniiri e Battendieri.*

Levrano, *Levrano.*

Lucignano, *Lucignano.*

Mesole, *Mesole.*

Murimaggio, *Murimaggio.*

Patimisco, *Patimisco.*

Penna, *Penna.*

Rasca, *Rasca.*

Rondinella, *Rininiiddo.*

Rotondo, *Tunni.*

Sassosa, *Lizzosa.*

Saturo, *Saturo.*

Tara, *Tara.*

Triglio, *Trigghi.*

Trullo, *Truddo.*

SEZIONE 2.ª

L'UOMO

1. L'UOMO E SUE PARTI

Addome, *panza.*

Anguinaia, *encida.*

Ascella, *titiddico.*

Asperarteria, *cannanoce.*

Barba, *varva.*

Belliconchio, *ntrama.*

Bocca, *vocca.*

Braccio, *vrazzo.*

Buccola, *vrucculàro.*

Budello, *ntramòne.*

Bulbo, *frutto.*

Cannone, *cudedda.*

Capezzolo, *capicchio.*

Capo, *capa.*

Cervello, } *midodda cirviiddo.*

Chiappe, *pacche.*

Ciglio, *cegghia.*

Cistifellea, *fele.*

Cizza, *menna.*

Collo, *cueddo,*

Collottola, *noce di cueddo.*

Corpo, *cuerpo.*

Coste, *grible.*

Cranio, *coccoro.*

Crantero, *scagghione.*

Cubito, *vuvito.*

Cuore, *core.*

Cuticola, *pedda.*

Deretano, *ziziniiddo.*

Ditello, *titiddico.*

Dito, *discito.*

Dito mignolo, *discitiiddo.*

Dorso, *cuturso.*

Epidermide, *pedda.*

Esofago, *canna.*

Fegato, *fetico.*

Femore, *uffo.*

Fiele, *fele.*

Frenulo, *filo da lenga.*

Gamba, } *anca* } *jamma.*

Gangamè, *viddico.*

Gengia e gengiva, *sciangia.*

Ginocchio, *scinucchio.*

Globo, *frutto.*

Gomito, *vuvito.*

Gorgozzule, } *cannanoce e* } *cannarile.*

Grifosi, *ogna.*

Inguine, *encida.*

Interame, *ntrame.*

Iride, *ninna.*

Labbro, *muso.*

Lappole, *pili.*

Laringe, *cannicchio.*

Lingua, *lenga.*

Malleolo, *nuro.*

Mammella, } *menna* } *zizza.*

Mele, *conche.*

Mento, *vancariiddo.*

Molare, *vangale.*

Mostacchio, *mustazzo.*

Narici, *nasche.*

Nasuccio, *nasicchio.*

Natiche, *caravagghi.*

Nocca del collo, *noce di cueddo.*

Nuca, *cuzzetto.*

Occhio, *uecchio.*

Ombelico, *viddico.*

Omento, *zeppa.*

Omero, *musco.*

Orecchia, *recchia.*

Orifizio, *stuntino.*

Osso, *uesso.*

Osso spinale, *uesso pizzillo.*

Pancia, *panza.*

Pappagorgia, *vruccularo.*

Piede, *pede e pere.*

Podice, *ziziniiddo.*

Pollice, *pudicaro.*

Polmone, *prummone.*

Polso, *puzo.*

Poppa, } *menna* } *zizza.*

Schiappe, *caravagghi.*

Schiena, *spinale.*

Sclerotica, *bianco.*

Spalla, *spadda.*

Spoglia umana, *strazzo.*

Sputo, *spituro.*

Stinco, *stancariiddo.*

Testa, *capa.*

Tibia, *stancariiddo.*

Tonsille, *cannarili.*

Trachea, *cannicchio.*

Tralce, *ntrama.*

Ugna e unghia, *ogna.*

Ugola, *tinninglo.*

Vescica, *vissica.*

Zirbo, *zeppa.*

---

2. INTELLIGENZA E SENSAZIONI

Allegare, *alliare.*

Anima, *arma.*

Corto intendimento, *ntinnicchio.*

Dileticare, *titiddicare.*

Giudizio)
Ingegno) *gnegniro.*

Intendimento, *ntinnacchio.*

Mordere)
Prurire) *prodere.*

Sbirciare, *alluzzare.*

Scorgere, *affittare.*

Senno, *ntinnacchio.*

Solleticare, *titiddicare.*

Talento, *gnegnero.*

Titillare)
Vellicare) *titiddicare.*

Vedere, *affittare.*

---

3. QUALITÀ, STATI, ATTI E DIFETTI UMANI FISICI E MORALI.

Abbacchiare, *scittar'a robba.*

Abbarcare, *ammuntunare.*

Abbassare, *avasciare.*

Abbattere, *sgarrare.*

Abbietto, *catarunaro.*

Abbondone, *pallunaro.*

Abboracciare,) *abbarrucare*
ammarrunare,

Abboracciarsi, *mburracciarsi.*

Abbordare, *ammurrare.*

Abborrire, *cagnisciare.*

Abbracciamento,) *abbrazzo*
abbrazzamiinto.

Abbracciare, *abbrazzare.*

Abbramare, *sprasimare.*

Abbricarsi, *nzipparsi.*

Accaffare, *accioffare.*

Accalappiare, *smestere.*

Acchiocchiolarsi, *acquaquagghiarsi.*

Accigliuto, *cigghiuto.*

Accomodare, *accunzare.*

Accomodarsi,) *accuiescersi*
aggiustarsi.

Accoppiare, *accucchiare.*

Accordellare, *vattere.*

Accumulare, *nzimilare.*

Acirologia, *sculustramiinto.*

Acquietarsi, *accuitarsi.*

Adatto, *attus'attuso.*

Additare, *ammezzare.*

Aderpicarsi, *nzipparsi.*

Adirarsi,) *nbazzarsi*
spirruzzulare

Adirato,) *nfanfaruto*
ncazzato.

Affacendarsi, *ammuinarsi*.

Afferrare, } *azziccare acciaffare avuantare.*

Affliggersi, *ripitare*.

Afflitto, *ntravagghiato*.

Affrettarsi, *manisciarsi*.

Aggaffare, *acciaffare*.

Agghermigliare, *zumpliare*.

Aggiungere, *sciongere*.

Agglobare, *nturtigghiare*.

Aggranchire, *arrunghiare*.

Aggranditore, *pallunaro*.

Aggrinzare, *arrappare*.

Aggrovigliare, *arravugghiare*.

Agguagliare, *assuzzare*.

Agguantare, *avuantare*.

Allappare, *arrappare*.

Allegrezza, } *priiscio priscezza, guascezza.*

Allegrie, *cuntantizzi*.

Allegro, *sciuculuro*.

Alleppare, *zumpliare*.

Alterigia, *tuba*.

Altero, *grannizzuso*.

Alto, } *spirficato iirto.*

Alzare, *azare*.

Amareggiare, *ntussicare*.

Amattamento, *nzignale*.

Ammaccare, *scrafagnare*.

Ammencire, *ammusciare*.

Ammonizione, *scola*.

Amoreggiare, *murtificarsi*.

Andare, *scere*.

Andata, *sciuta*.

Andatura, *caminatura*.

Anfanatore, *ciarlone*.

Appaltone, *sitonno*.

Appartenere, *attuccare*.

Aprire, *sguarrare*.

Arcigno, *accirrato*.

Ardito, *vivlo*.

Arrestarsi, *affiscersi*.

Arrovellarsi, *ncazzarsi*.

Ascolto, *arenzia*.

Aspettare, } *panticare astittare camuldre.*

Assentazione, *lavie*.

Assetto, *siisto*.

Assordaggine, *stunamiinto*.

Astuto, } *maippo marpione.*

Attaccabrighe, *appizzicalite*.

Attagliato, *tagghiato*.

Attendere, *astittare*.

Avaraccio, } *stirato spizzicafuso.*

Avaro, *marcinese*.

Avventore } *accunto, vicitaro.*

Avvertirsi, *addunarsi*.

Avviamento, *miata*.

Avvilirsi, *scacarsi*.

Avvinato, *mbriaco.*

Avvinazzare, *mbriacare.*

Avvinazzato, *mbriaco.*

Babbalà (alla), *abbabbare.*

Baciare, *vasare.*

Bacio, *vaso.*

Baciucchio, *vasicchio.*

Baccano, *fraiasso.*

Bagascia, *mucitazza.*

Bagattella, *pappasale.*

Baggiana, *panzana.*

Bagnare, *vagnare.*

Bagnato, *nicato.*

Baja, *luffa.*

Baje, *strammuettili.*

Balbettare, *tartagghiare.*

Balia, *nutrizza.*

Balordo, *mucculone.*

Bambino, a, } *piccinno e piccenna.*

Bandito, *sbannito.*

Bastardo, *mulo.*

Bastare, *avastare.*

Bava, *vava.*

Bavoso, *vavuso.*

Bazza, } *pisciò, sguessa.*

Bazzone, *sguanguariddato.*

Beato, *viato.*

Beffa, *chigghiona.*

Bella, *fata.*

Bellezza, *biddezza.*

Bercilocchio, *vuercio.*

Berghinella, *murcinara.*

Bersagliato, *malassurtato,*

Bestemmia, *jastema.*

Bestemmiare, *jastimare.*

Biante, *trapulone.*

Biasciare, *vavisciare.*

Bigotto, *capisotto.*

Biosciare, *ntartagghiare.*

Birbantello, *carogno.*

Birbo, *mpamo.*

Bischizzare, *maciddarsi a mamoria.*

Bisciolo, *sciarpo.*

Bocchi, *ngiuramiinto.*

Borbottare, *strulicare.*

Bracciata, *vrazzata.*

Brancata, *francata.*

Bravaccio, *vuappo.*

Bravasso, *smargiasso.*

Bravata } *vuapparia.*
Braveria }

Bravura, *smargiassata.*

Bricconata, *malandrinaria.*

Briccone, } *carnetta birbone.*

Broncio, } *punto grugno.*

Bruscello, *lucculata.*

Brutto, } *sgheo. tignosiro.*

Bucare, *spirtusare.*

Buffonata, *prucinellata*.

Buffone, *prucinello*.

Bugia, } *chiacchiera buscia*.

Bugiardo, } *panzanaro chiacchiarone*.

Burbanza, } *tuba attazio*.

Burla, } *nfurrata ficeo chijghiona*.

Burlare, } *mpapucchiare frecare friscere tirliggiare buzarare*.

Bussare, *tuzzare*.

Butterato, } *pizzilato carpicato*.

Buzzone, *trippone*.

Cabala, *pittiglia*.

Calcio, *caucio*.

Calmarsi, *accuitarsi*.

Calpestare, *catisciare*.

Calunnia, *crima*.

Calvo, *scuccarato*.

Camuso, *scazzato*.

Canuto, *scuccarato*.

Caparbio, *capituesto*.

Capassone, } *capasone mbriaco*.

Capetto, *capascirrata*.

Capo artefice, *mestro*.

Caramoggio, *smimmirato*.

Carpire, } *scippare cogghiere*.

Castrimagia, *lapa*.

Celibe, *vacantio*.

Cempennare, *scunucchiare*.

Cencioso, *strazzalaine*.

Cenno, *nzignale*.

Ciabattone, *ciavattone*.

Ciarlare, *chiacchiariare*.

Ciarliero, *ditticaro*.

Cicalare, *chiacchiariare*.

Cicaleccio, } *chiacchiariata vuciarica*.

Cispa, *scama*.

Cisposo, *scamuso*.

Citta, *vuagnedda*.

Citto Cittolo } *vuagnone*.

Coccoloni, *appizzutato*.

Coerzione, *trajumanza*.

Coglionella, *chigghiona*.

Combriccola, *tiniiddo*.

Cominciare, } *ingegnarc azziccare*.

Commodo, *cianfrone*.

Compagnia, *fiato*.

Compagnone, *sciampagnone*.

Comperare, *accattare*.

Compiere, *spicciare*.

Complotto, *crosca*.

Conchiudere, *cuncrurre*.

Conciare, *accunzare*.

Concubinato, *prattica*.

Concussare, *cutulare.*

Condurre, *annucere.*

Confondere, *cumpunnere.*

Conoscere, *canoscere.*

Conservare, *sarvare.*

Consigliare *insajare.*

Consumare, *struscere.*

Consumatore,) *squasclanflirno*
) *strusciliiro.*

Consumatrice, *struscilera.*

Conteggio, *cunto.*

Contentarsi, *addubbare.*

Coprire, *accummughicare.*

Cornamento, *fisco di recchie.*

Cospettone, *vuappo.*

Crapulone, *ribusciato.*

Credere, *crerre.*

Crepacuore,) *·scattacore*
) *scattamiinto.*

Crescere, *spirruzzulare.*

Crespa, *crespola.*

Crollare, *sgarrare.*

Crudele, *carnetta.*

Curiosità, *muslamiinto.*

Curvarsi, *asciummare.*

Daddolo, *ngiuramiinto.*

Dappoco, *straviso.*

Dà qui, *mo.*

Debosciato, *ribusciato.*

Delatore, *fischittone.*

Delirare, *strulicare.*

Demonio, *ziferro.*

Depilare, *spilare.*

Derisione, *chigghiona.*

Desiderare,) *assannare*
) *spiulare.*

Desiderio, *splulo.*

Detrarre, *sbruvignare.*

Detrattore, *malalenga.*

Detto, *ditto.*

Diavoletto, *diavulicchio.*

Difendere, *difennere.*

Difetti comuni, *liniangrinia.*

Digiuno, *disciuno,*

Digrignare, *arrignare.*

Dileggiare, *tiriuggiare.*

Dilettarsi, *sfiziarsi.*

Diletto, *sfizio.*

Diligente, *valintazza.*

Diluvione,) *sbuenno*
) *mangione.*

Dimagrito, *arrisinato.*

Dimenarsi, *sbaculiare.*

Dimenticarsi,) *scirrarsi*
) *sbinticarsi.*

Dirompere, *scrafagnare.*

Dirozzare, *scuzzunare.*

Discervellarsi, *mangiarsa midodda.*

Discorso,) *trascurso*
) *discurso.*

Disfogare *sbafare.*

Disordinare, *scigghiare.*

Disordinato, *scigghiato*.

Disordine, } *scigghio mbruegghio*.

Disperato, *strazzalaine*.

Dispiacersi, *ncagnarsi*.

Dissipare, *fuchisciare*.

Dissipone, *struscione*.

Disteso, *stinnuto*.

Distruggere, *scriare*.

Disutilaccio, *scarfaseggia*.

Divenire stizzoso, *arruspare*.

Dondolo, *vuanolo*.

Donzella, *pucciledda*.

Dottare, *cuscitare*.

Drappello, *truppiiddo*.

Eccesso, *acciisso*.

Egoista, *fattimio*.

Eguale, *parapatta*.

Empimento, *inghimiinto*.

Empire, *anghiere*,

Entrante, *ficchitimmiinzo*.

Entrare, *trasere*.

Entrata, *trasuta*.

Eruttazione, *dirrutto*.

Esageratore, *pallunaro*.

Esattezza, *strimignolo*.

Esercitare, *insagare*.

Evacuazione, *sciuta*.

Faceto *sciucularo*.

Faccia tosta, } *mutria facciantaddata*.

Fagno }
Fagnone } *scimiatore*.

Fagotto, *fangotto*,

Fallito, *fadduto*.

Falotico, *faluetico*.

Fama, } *losa, muntivata*.

Fanciulla, *vuaguedda*.

Fanciullaia, *vuagnuneria*.

Fanciulleria, *vuagnunata*.

Fanciulletto, *piccinno*.

Fanciulli, *scamunea*.

Fanciullo, } *vuagnone criaturo*.

Fandonia, } *papocchia cniacchiera*.

Farda, *rattica*.

Fardello, } *fangotto, mappata*.

Farfallone, *sputacchia*.

Fastidii, *murretile*.

Fastidio, *stuffaria*.

Fastidioso, } *murritiluso stuffuso sdignato*.

Fattarello, *fatticiiddo*.

Fattorino, *vuagnone*.

Fecondare, *mprenare*.

Ficcanaso, } *musiliiro ficchitinfrotta*.

Ficchino, } *prisciuddo ficchitimmiinzo*.

Fidanzata, *zita*.

Figuro, *birbone*.

Fine secondario, *sisimo*.

Finire, *spicciare*.

Fischiare, *fiscare*.

Fischiata, *fiscata*.

Fiutare, *jatare*.

Fiutafatti } *spione*.
Fiutone }

Forare, *spirtusare*.

Fortunato, *viato*.

Fregamento, *sciurnicato*.

Fretta, *persa*,

Frodare, } *jabbare*
} *mpirnacchiare*
} *nfurrare*
} *ntraumare*.

Frode, } *truccolo*
} *truezzolo*.

Fuggifatica, } *scanzafatia*
} *scuncignato*.

Fuggire, *fuscere*.

Furbaccio, *piizzo*.

Furbo, *carnetta*.

Furto, *chimito*.

Gabbare, *jabbare*.

Ganascino, *carizzo*.

Garbo, } *prubosto*
} *muero*.

Gargagliata } *fraiasso*.
Gavazza }

Gherminella, *trapula*.

Ghiotto, *cannaruto*.

Gingillone, *friddo*.

Gioja, *priiscio*.

Gioire, *prisciarsi*.

Giovalione, *sciampagnone*.

Giovinetta, *pucciledda*.

Giovinetto, *pucciliddo*.

Giramento, *nturniiddo*.

Girare attorno, *nturnisciare*.

Gironzare, *sugghiardare*.

Gita, *sciuta*.

Gittare, *scittare*.

Giudizioso, *cristiano*.

Giumella, *sciummedda*.

Giuntatore, *trapulone*.

Giuracchiare } *sciurare*.
Giurare }

Glama, *scama*.

Gobba, *sciummo*.

Gobbo, *sciummuto*.

Godere, } *guarescere*
} *vuarescere*.

Gola, *nascita*.

Golosità, *cannaturia*.

Goloso, } *allampato*
} *annancato*
} *cannaruto*.

Gonfianugoli, *scittuso*.

Gonfiare, *abbuttare*.

Grappariglia, *arranc'arranca*.

Gravida, *prena*.

Graziano, *graziuno*.

Grazioso, *ngraziato*.

Gretto, *sfilenzo*.

Gridacchiare, *lucculare*.

Gridacchiata, *lucculata*.

Grido, *lucculo*.

Grinza, *crespola.*

Grossa, *pricquacquala.*

Grosso, { *majatico chiatto gruesso.*

Gualcìre, *arravugghiare.*

Guardare, *trimentere.*

Guardatura, *cera.*

Guardatura bieca, *malacera.*

Guastare, *scuncicare.*

Guasto, *scuncicamiinto.*

Gusto, *sfizio.*

Idioto, *zurrone.*

Ignorante, *gnurante.*

Ignoranza, *minchiunitate.*

Ignudo, *anuro.*

Illegittimo, *scacchiato.*

Imbrogliare { *mbrugghiare ntraumare*

Imbroglio, *mbruegghio.*

Imbroglione { *arefícc trapulone.*

Imparare, *mpacchiare.*

Impaurirsi, *assurmarsi.*

Impertinenze, *misterie.*

Impiombare, *nghiummare.*

Importunare { *petulare pizzilare scuscinare.*

Impregnare, *mprenare.*

Incamminarsi, *miarsi.*

Incavare, *friceddare.*

Incesso, *caminatura.*

Inciampare { *ncappare attruppicare.*

Incivile, *sarvaggio.*

Incollerirsi, *amarescere.*

Incominciare, *accuminzare.*

Incrocicchiare, *alliare.*

Indecenza, *scamusia.*

Indegnità, *lazzarata.*

Indovinare { *addivinare ammestere incarrare.*

Indovinello, *duviniiddo.*

Indurire, *ntustare.*

Inerpicarsi, *arrampicarsi.*

Inerzia, *scuncignamiinto.*

Infagottarsi, *nturtigghiare.*

Infame, *mpamo.*

Infantare, *figghiare.*

Infantata, *figghiata.*

Infedele, *votapannera.*

Infelice, *malassurtato.*

Iufinocchiare, *mpapucchiare.*

Infrangere, *cazzare.*

Infunata, *catena.*

Inginocchiarsi, *asciunicchiarsi.*

Ingiuriare, *ngiurare.*

Ingollare, *strafucare.*

Ingombro, *matafone.*

Inoperoso, *spasso (a).*

Inquietare, *ncuitare,*

Inquieto, *artetica.*

Insaccare, *nzaccare.*

Inseguire, *dare ncueddo*.

Insolente, *sbricchitiiddo*.

Instabile, *scianaro*.

Intasare, *focere*.

Intemperanza, *scurruttamiinto*.

Intendere, *accamuffare*.

Intimorire, *malimentere*.

Intoppare. } *ntruppicare ntuppare attruppicare.*

Intorcere, *ntartagghiare*.

Intormentire } *addurmescersi. durmescere.*

Intridere, *ntrutulare*.

Introdursi, *mpizzarsi*.

Intromettere *schiaffare*.

Invaghirsi, *sbachirsi*.

Invenia, *lavie*.

Investire, *ammestere*

Inzeppare, *nzaccare*.

Inzupparsi, *trapanare*.

Ira, *sumasesca*.

Iroso, *arraggiato*.

Ispirazione, *ventia*,

Istruire, *ammezzare*.

Lacerare } *scisciare strazzare.*

Ladruncolo, *mariunciiddo*.

Lanternuto, *mancreo*.

Lasciare, *lassare*.

Leggere, *lescere*.

Leggerezza, *sciana*.

Letizia, *priiscio*.

Levatrice, *mammara*.

Lezii } *múrretile chirichiddi*

Litigioso, *appizzicalite*.

Loffia, *vissina*.

Loquace } *dillicaro chiacchiarone.*

Loquacità *jujata*.

Lordo } *mucito zilato.*

Losco, *stramlo*.

Lustre } *lavie vezze.*

Maccherone, *chiangiluso*.

Magnanimo, *curazzone*.

Magra, *scalorcia*.

Magro, *mazzo*.

Maldicenza, *tinagghiamiinto*.

Malmenare, *sciuticare*.

Maltrattare } *malimentere sciuticare.*

Mangione, *sbuenno*.

Maschio, *masclo*.

Mattacchione, *sciampagnone*.

Melenso, *sflenzo*.

Mensogna, *paddone*.

Mentecatto, *paccio*.

Millantatore } *larduso scittuso.*

Millanteria { *sciotta fanuiata vuapparia.*

Minaccia, *minezza*.

Minacciare, *amminizzare*.

Mingherlino, } *spinziro ndelico.*

Misdire, } *malancare sculustrare.*

Moccicoso } *muccuso.*
Moccioso, }

Moccione, *murvulone.*

Modo, *muero.*

Moglie } *mugghiera.*
Mogliera, }

Moine, *vezze.*

Molestare, *ncuitare.*

Moltitudine, *runfa.*

Monco, *muzzo.*

Monocchio, *minuecchio.*

Monopolio, *trajumanza.*

Morire, *murere.*

Mormorare, } *scatulare muscere.*

Mortificata, *ntravagghiato.*

Morto, *muerto.*

Motto, } *mutto ditto.*

Muggire, } *muscere e musciare.*

Nascondere, *scunfunnare.*

Niffolo } *muccieuerno.*
Nifo, }

Noia, } *stuffaria susta.*

Noioso, *stuffuso.*

Nomignolo, *sopranome.*

Nominata, *muntivata.*

Nutrice, *nutrizza.*

Obbligare, *ubbrigare.*

Occasione, } *uesimo encite.*

Occhi semichiusi, *papúd papiud.*

Ondulazione, *vuanolo.*

Opportunità, *encite.*

Ordinare, *arrengare.*

Orgia, *guascezza.*

Orma, *pedata.*

Ornarsi, *nfistilirsi.*

Ospite, *furastiere.*

Pagare, *pajare.*

Palpare, *atlantare.*

Parassìto, *mangione.*

Parlantina, *chiacchiariata.*

Parlar bioscio, } *sciarpisciare ditticaredda.*

Parlar male, *scanigghiare.*

Partorire, *figghiare.*

Passeggiare, *passiàre.*

Paura, *cacazza.*

Pazienza, *pacenzia.*

Pazzo, *paccio.*

Peloso, *piluso.*

Pensieroso, *tomotomo.*

Perdigiorni, *sfatiato.*

Perditempo, } *stancachiazza cunedda.*

Perforare, *trapanare.*

Perseguitare, *pirsuticare.*

Peto, *pidito.*

Pettegola, *pittecula.*

Petulante, *piulo.*

Petulànza, } *pulea rumpamiinto lotano taluerno.*

Piagnisteo, *chiangisterio.*

Piagnolone, *chiangiluso.*

Piagnoloso, *picciuso.*

Piagnucolare, *picciarc.*

Piagnucolone, *picciuso.*

Piangere, *chiangere.*

Piangolare, *picciare.*

Pianto, *chianto.*

Picchiare, *tuzzare.*

Picchiata, *tuzzata.*

Piccolo, a, } *piccinno piccenna.*

Piega, *chieca.*

Piegare, } *jutticare chiecare.*

Piegatura, *jutticatura.*

Piglio, *cera.*

Pingue, } *majatico chiatto.*

Pisciatura, *pisciaturo.*

Pizzica, *pizzica pizzica.*

Poggiare, *accommere.*

Polendone, *pudicone.*

Poltrone, } *scuncignato sfatiato.*

Poltroneria, *scuncignamiinto.*

Portare, *annucere.*

Posare, *accommere.*

Possa tu, *digghi.*

Poverello, *puviriiddo.*

Povero, *dimiirto.*

Povertà, } *pionica puvirtale.*

Pregare, *priare.*

Pregna, *prena.*

Premuroso, *spiirto.*

Prendere, *pigghiare.*

Presina, *pizzicata.*

Pressa, *persa.*

Prestanza, *mpriisto.*

Pretesto, } *scasiiddo uesimo.*

Primaiuola, *primarola.*

Privazione, *sfasulazione.*

Prostendersi, *stinniochiarsi.*

Provano, *capituesto.*

Prurito, *frecole.*

Pubblicare, *vintilisciare.*

Pugnello, *piuno.*

Pulcella, *pucciledda.*

Quieto, *cujeto.*

Rabberciare, *accunzare.*

Rabbia, *raggia.*

Rabbuffare, *cancriare.*

Rabbuffo, } *rimenata cancriata.*

Racciabattare, *acciavattare.*

Raccogliere, } *accogghiere cogghiere.*

Racconto, *cunto.*

Raffreddare, *jazzare.*

Raffreddato, *riscilato.*

Ragazzata, *vuagnunata.*

Rallegrarsi, *prisciarsi.*

Rammarichio, *chiangisterio.*

Rangolamento, *lucculo.*

Rangolare, *lucculare.*

Rannicchiarsi, *arrunghiarsi.*

Rapina, *raccugghiaquesumo.*

Rassettatura, *risidio.*

Rattoppare, *accunzare.*

Razzolare, *scarnisciare.*

Recere, *vummicare.*

Recidere, *tagghiare.*

Reciticcio, *vuemico.*

Reggere, *resistere.*

Reggime, *riesce.*

Relatrice, *mmasciatara.*

Ribaldo, *galioto.*

Riconvenire, *parole (dicere.)*

Ricreazione, } *guascezza vuascezza.*

Ridere, *rirere e rirre.*

Rifilatore, *fischittone.*

Rigovernare, *stricare.*

Rimboccare, *muccare.*

Rimediare, *arranciare.*

Rimeno, *nturniiddo.*

Rimescolare, *ntrutulare.*

Rimproverare, *parole (dicere.)*

Rincalzare, *schiaffare.*

Rincappellazione, *ncappillata.*

Rinfrancescare, *ruzzulare.*

Rinomanza, *losa.*

Rinvenire, *acchiare.*

Rinvesciardo, *voccapiirto.*

Rinvestire, *accattare.*

Rinzeppare, *focere.*

Riscaldare, *scarfare.*

Rischiare, *arrisicare.*

Risentirsi, *arrizzicare.*

Ritorcere, *sturtigghiare.*

Rodere, *rusicare.*

Rombo, *fisco di recchie.*

Rompere, } *squasciare cazzare sguarrare.*

Ronzare, *frattisciare.*

Ronzare (il), *frattiiscio.*

Rosicchiare, *rusicare.*

Rossore, } *vrivogna vrivugnaria.*

Rovesciare, *muccare.*

Rozzo, } *rauseo nzarro zurrone.*

Rubare, *trusciare.*

Ruffiano, *ruc ruc.*

Ruga, *crespola.*

Rugumare, *vavisciare.*

Ruminare, *riumare.*

Ruspare, *attantare.*

Rutto, *dirrutto.*

Saggiare, *pruvare.*

Salire, } *salere*
nghianare.

Saltare, *zumpare.*

Salto, *zumpo.*

Santarello, *santariiddo.*

Sbadigliare, *stinnicchiarsi.*

Sbadiglio, *stinnicchio.*

Sballone, *pallunaro.*

Sbarazzino, *vastasiiddo.*

Sbarra, *scocca.*

Sbilucciare } *smicciare.*
Sbirciare, }

Sboccato, *sculustrato.*

Sbregaccia, } *scrofa*
scrufazza.

Sbrigarsi, *scuscitarsi.*

Sbuccione, *scanzafatia.*

Scapigliato, *scigghiato.*

Scaracchio, *rattica.*

Scattare, *sfirrare.*

Scegliere, *scacchiare.*

Scempiaggine, *faluticaria.*

Scelto, *scacchiato.*

Scendersi, *scennersi.*

Scherzoso, *sciucularo.*

Schiacciare, *scrafagnare.*

Schifare, *cagnisciare.*

Schifiltoso, } *mugniluso*
cuntignuso.

Schifo, *cagniiscio.*

Schizzinoso, *sustuso.*

Sciocco, *mannese.*

Scioperato, } *sciaddeo*
bazarioto.

Scivolare, *sciculare.*

Scocca il fuso, *sputafuso.*

Scombavare, *vavisciare.*

Scompannare, *scummughicare.*

Scoppiare, *spirrare.*

Scoprire, *scummughicare.*

Scorgere, *ventare.*

Scorreggia, } *pidito*
fitecchia
virnacchio.

Scortese, *sarvagio.*

Scorticare, *scurciare.*

Scosciare, *sguarrare.*

Scostumato, } *lazzaro*
bazzarioto.

Screanzato, *biddizzo.*

Scricchiolare, *spriculare.*

Scrigno, *sciummo.*

Scuola, *scola.*

Sdrucciolamento, *sciculata.*

Sdrucciolare, *sciculare.*

Seccatura, } *pulea rumpamiinto.*

Sedere, } *accippunarsi acciuncarsi.*

Sedersi, *azzirersi.*

Sedurre, *sbulare.*

Segnare, *sengare.*

Selvaggio, *sarvagio.*

Separare, *scucchiare.*

Sepellire, *prucare.*

Servizio, *sruvizio.*

Sesto, *siisto.*

Sete, *secca.*

Sfaccendato, *stancachiazza.*

Sferza, *vattascione.*

Sfogare, } *spucare spupurare.*

Sfogo, *spucoio.*

Sfortunato, *malassurtato.*

Sfregiato, *sprigiato.*

Sgangherato, *sgangato.*

Sgorbio, *scaranzone.*

Sgranare, *svunculare.*

Sgretolare, *spriculare.*

Sicuro, *scuscitato.*

Simo, *scazzato.*

Simulare, *scimiare.*

Simulatore, } *puzzocupo maulone facciaro.*

Smorfie, *chirichiddi.*

Smorzare, *stutare.*

Smozzicare, *spizzutare.*

Smucciare, *sciculare.*

Socchiudere, *sgarrazzare.*

Soddisfazione, *spazione.*

Sodezza, *surezza.*

Sofflare, *jatare.*

Sofistico, *fisicuso.*

Soffoggiata, *mappata.*

Soiare, *cugghiunare.*

Sollalzare, *scazzicare.*

Sollazzo, *sciampagnata.*

Somigliare, *assimigghiare.*

Sorbire, *surchiare.*

Sorbone, *fattimio.*

Sornacchio, *rattica.*

Sorprendere, *ncazzulare.*

Sotterrare, *prucare.*

Spaccone, } *protasquamquero silonno.*

Spalancare, *scampagnare.*

Sparlare, *strulicare.*

Spegnere, *stutare.*

Spellare, *scurciare.*

Sperticato, *jirto.*

Spettare, *attuccare.*

Spilungone, } *straulone lintirnone.*

Spione, *fischittone.*

Spiritato, *spirdato.*

Spogliare, *spugghiare.*

Spoppare, *smammare.*

Sporcato, *zilato.*

Sporco, *mucito.*

Sposa, *zita.*

Sprecare, } *fuchisciare scittare.*

Sputacchio, *sputacchia.*

Squarcio, *culacchio.*

Squarcione, *vuappo.*

Stancarsi, *stracquare.*

Stanco, *stracco.*

Stendere, *stennere.*

Stimolare, *apprittare.*

Stizza, *sumasesca.*

Stizzoso, *rauseo.*

Storcere, *sturtigghiare.*

Stordire, *attassare.*

Stordito, *sturduto.*

Storto, *sturtigghiato.*

Stracciare, } *scisciare strazzare.*

Straccione, *strazzalaine.*

Straccare, *stracquare.*

Strano, *spirticato.*

Strappare, *arrancare.*

Stravizzo, *guascezza.*

Strillare, *lucculare.*

Strillo, *lucculo.*

Struggersi d'amore, *spanticare.*

Stupido, } *ambrone sciannone pizzimiano missere stuedico tinascio babbione.*

Sturare, *spucere.*

Subissare, *sbissare.*

Succhiare } *sucare.*
Succiare, }

Sucido e lacero, *laine laine.*

Sudicia, *zurlera.*

Suista, *fattimio.*

Suonatore, *sunatore.*

Superbia, *ragghi.*

Sussiego, *tuba.*

Svergognamento, *sbrivuegno.*

Svergognato, } *sbruvignato scurnacchiato curnuto.*

Svescione, *portannuci.*

Tacca, *tagghia.*

Tacere, *abbuzzare.*

Taciturno, *tomotomo.*

Taglia, *tagghia.*

Tagliare, *tagghiare.*

Tanghero, *taccaro.*

Tapino, *zurrone.*

Tarchiato, *mastagghiuto.*

Tartagliare, *tartagghiare.*

Tastare, *attantare.*

Tedio, *susta.*

Tedioso, *sustuso.*

Tentennamento, *cutulamiinto.*

Tentennare, *cutulare.*

Tentennata, *cutulata.*

Tentennio, *cutulannizzo.*

Terminare, *spicciare.*

Tessera, *tagghia.*

Timidezza, *cacazza.*

Timido, *cacazzone.*

Torto, *tuerto.*

Torzone, *capuezzolo.*

Tosa, *vuagnedda.*

Toso, *vuagnone.*

Tracollare, *accapuzzare.*

Traforello, *mariunciiddo.*

Tranello, *trajumanza.*

Trappoleria, } *minchiata trapula.*

Trappoliere, } *trapulone trapulera.*

Trasalire, *zumpare.*

Trattenersi, *tricare.*

Traveggole, *scivuli scivuli.*

Tristanzuola, *zannera.*

Tristanzuolo, *bazarioto.*

Tristarello, *capuzziiddo.*

Tristezza, *paturnia.*

Trovare, *acchiare.*

Truffa, *tacca.*

Truffare, } *frecare buzarare.*

Truffatore, *taccaiuelo.*

Trufferia, *trapula.*

Trusiana, *trafana.*

Turare, *focere.*

Ubbriacarsi, } *mburracciarsi mpacchiarsi.*

Ubbriaco, *mbriaco.*

Ubbriachezza, } *pedda mofa gnofa.*

Udienza, *arenzia.*

Unione, } *accucchiô mazzamurra.*

Unire, } *accucchiare azziccare.*

Urina, *pisciaturo.*

Urtare, } *tuzzare azzuppare scutuffarsi.*

Urtata, } *tuzzata azzueppo.*

Usato, *ausato.*

Uscire, *assere.*

Uzzolo, *piccio.*

Vagabonda, } *sugghiarda sugghiardazza.*

Vagabondo, } *cazzacarne strazzalaina bazarioto.*

Vagare, *ciaddisciare.*

Vagire, *picciare.*

Vanità, *ragghi.*

Vanitoso, } *sbafante ofano.*

Vedere, *verre.*

Vedovare, *cattivare.*

Vedovo, a, *cattivo, a.*

Venire, *vinere.*

Ventilare, *vintilisciare.*

Venustà, *biddezza.*

Vergine, *pucciledda.*

Vergogna, } *vrivogna*
          } *vrivugnaria.*

Versione, *spiega.*

Vescia, *vissina.*

Vezzi, *vezze.*

Vicano, *casalino.*

Vigoroso, *mastagghiuto.*

Vivace, *vivlo.*

Vivere, *campare.*

Vocio, *riciddia.*

Voglia, *gola.*

Voltare, *vutare.*

Vomitare, *vummicare.*

Vuotare, *sdivacare.*

Zerbinotto, *prisciuddo.*

Zitella, *vuagnedda.*

Zoppo, *sciuffato.*

Zotico, *tamarro.*

Figlioccio, *sciuscetto.*

Fratello, *frate.*

Genero, *sciiniro.*

Genitore, *attane.*

Madrigna, *matreja*

Padre, } *attàne*
        } *papà*
        } *tata*
        } *tatà*

Padrigno, *patrìo.*

Progenie, *stirpigna.*

Razza, *stirpigna.*

Santolo, *nunno.*

Sorella, *sora.*

Stirpe, } *lignaggio*
         } *stirpigna.*

Suocera, *socra.*

Suocero, *suecro.*

Suora, *sora.*

Zia, *ziana.*

Zio, *ziano.*

4. PARENTELE

Ava, } *mammaranna*
      } *nanna.*

Avo, } *nanno*
      } *nonno*
      } *paparanno.*

Babbo, *papà.*

Casato, *lignaggio.*

Cognato, *canato.*

Cugino, *cussiprino.*

5. ATTI CIVILI

Ammogliare, *nzurare.*

Avallo, *pregio.*

Bozza, *bozzo.*

Canone, *canolo.*

Diritto, *jusso.*

Garenzia, *pregio.*

Legato, *lascito.*

Malleveria, *pregio.*

Memoriale, *mumriale.*

Piegio, *pregio.*

Pubblicare, *vannisciare.*

Sceda, *borro.*

Scritta, *stizzo.*

Sequestro, *imparo.*

Sposare, } *affidare affirare.*

---

6. LITIGI E BUSSE

Altercare, *arrajarsi.*

Ammutinamento, *rivueto.*

Aver busse, *abbuscare:*

Baragazzo, *rivueto.*

Bastonare, *varriare.*

Bastonata, } *varrata mazzata.*

Bastonatura, } *ciuppunisciata sunagghiera varriata mazziata.*

Buffetto, *scazzillo.*

Bussa, *varrata.*

Busse, } *pizzugni mazzate basciuschi.*

Capata, *capuzzata.*

Carpiccio, } *virtullina ficuzziata.*

Ceffata, *sgrazone.*

Colpi, } *butti cuerpi.*

Colpire, *accogghiere.*

Cosotto, *cazzotto.*

Dar busse, } *pizzugnare ciuppunisciare.*

Disturbo, *scuntrubbo.*

Fracassata, *sfrajanata.*

Frastuono, *barbuglia.*

Frugone, *ficozza.*

Frugoni, *pizzugni.*

Ganascione, *mascone.*

Golino, *paneca.*

Gotata } *scoffo*

Guanciata, } *papagno.*

Labiata, *muffittone.*

Manrovescio, } *manimmersa mappino.*

Mordere, *muzzicare.*

Morsecchiatura, *muezzico.*

Morsicare, *muzzicare.*

Morsicatura } *muezzico.*

Morso, }

Mostaccione, *mustazzone.*

Musone, *muffittone.*

Percuotere, *stravisare.*

Picchiata, *botta.*

Pizzicotto, *pizzico.*

Pressa, *spenta.*

Puccetto, *piuno.*

Pulcesecca, *pizzico.*

Quistionare, *cummattere.*

Recchiata } *ricchiale.*

Recchione, }

Rissa, } scuntrubbo arrajamiinto.

Rissarsi, arrajarsi.

Scapaccione } scarafata
Scapezzone } scuppulone.

Scappellotto, } piripicchio botta naccaro.

Schiaffo, scaffo.

Sgrugnone, piuno.

Sommommo, cazzotto.

Spinta, spenta.

Spinte, butti.

Spintone } spintirrone.
Urtone, }

Urtoni, butti.

Vibici, curduni.

V. INDISPOSIZIONI E MALATTIE

Accapacciamento, dulore.

Acne, puntiddo.

Acore, } tigna zella.

Alena, stringimiinto di piitto.

Amenorrea, mpagghiatura.

Andata, cacaredda.

Antrace, ntrascia.

Apoplessia, goccia.

Basimento, gnuvulanza.

Bernoccolo, panocchia.

Boccia } mpodda.
Bolla, }

Bottacciuoro, prudiciiddo.

Bruciore, asquore.

Buganza, prudiciiddo.

Cacaiuola, cacaredda.

Cachessia, maliciiddo.

Caldana, custipo.

Callo, caddo.

Capogatto, capijatto.

Carbonchio, ntrascia.

Carnosità, carna crisciuta.

Catarro, frussione.

Chiodo, frunchio.

Cieco, cicato.

Cimurro, ciammuerro.

Cocciuola, foca.

Coglia, cugghia.

Convulsione, gnuvulanza.

Corizza, frussione.

Cosso, dulore.

Diarrea, } vusciola sciire.

Dimagrire, ammazzescere.

Dissenteria, visinterio.

Doglia, dogghia.

Dolore, dulore.

Efelide, tiisto.

Epilessia, male di S. Dunato.

Epistassi, sango du naso.

Ernia, } *cugghia ruttura guallera ntoscia.*

Ernia incarcerata, } *cugno paddacchera.*

Ernioso, *guallaruso.*

Erpete, *pitiscina.*

Esantema, *usciture.*

Etico, *jettico*

Febbre, *freva.*

Fignolo, *frunchio.*

Flaccida, *cufia.*

Flati, *flati.*

Flemmone, *capijatto.*

Flussione, *frussione.*

Foruncolo, *frunchio.*

Gambaccia, *jammascione.*

Gelone, *prudiciiddo.*

Gonfio, *abbisacchiato.*

Gozzo, *vozzola.*

Graffio, *rasco.*

Granchio, *varanco.*

Grossetto, *puntiddo.*

Idropico, } *trubico trubicuto.*

Impetigine, *pitiscina.*

Infreddato, *abbranculato.*

Infrigno, *lagno.*

Intertrigine, *scadatura.*

Ischiade, *sajatica.*

Isterismo, *matricone.*

Lattime, *crostalatta,*

Lentiggine, *scannia.*

Malandare, *malagnare.*

Malandato, *cripintato.*

Malcaduco, *male di S. Dunato.*

Manteggiare, *assaccare.*

Mareggiatura, *male di mare.*

Morbiglione, *murvidd'acquarulo.*

Morbillo, *murviddo.*

Nicchiare, *dogghie.*

Orecchioni, *ricchiascini.*

Orzaiuolo, *rasciulo.*

Ozena, *naso flente.*

Parletio, *trimulizzo.*

Paturnia, *camascia.*

Pedignone, *pruddiciiddo.*

Peso, *chiuppo.*

Piaga, *chiaja.*

Pipita, *pitiscina.*

Porrigine, *munnatura.*

Porro, *puerro.*

Prudore } *cigghio*
Prurito, }

Raffata, *rasco.*

Raffreddore, *jazzore.*

Rannicchiato, *ammattulato.*

Ranto } *grueffolo*
Rantolo, }

Roco, *abbrucato.*

Rauco, *abbrucato.*

Risipola, { *capijatto risibela*

Rogna, *rugna.*

Rosolia, *vitragnola.*

Satiriasmo, *ricchiascini.*

Sberletto, *rasco.*

Scabbia, *rugna.*

Scalmana, *custipo.*

Sciatica, *sajatica.*

Scorrenza, *cacaredda.*

Scottare, *asquare.*

Setola,) *pilo.*
) *serchia.*

Sgraffio, *rasco.*

Singhiozzo)
) *sigghiutto.*
Singulto,)

Slogato, *spaddato.*

Sobbollito, *frivulito.*

Solata)
) *insulazione.*
Solinata,)

Sordaggine)
) *surdia.*
Sordità,)

Spostarsi i muscoli, *spinolarsi.*

Squacchera, *cacaredda.*

Stranguglioni, *ancìna.*

Svenimento, *gnuvulanza.*

Tarantolismo, *tarantata.*

Tendere, *ntisare.*

Tigna,) *tigna*
) *zella*

Tignoso, *tignuso.*

Tisico, *jeitico.*

Tormini, *dulari.*

Tremolare, *ntringhilare.*

Tumore ossilare, *rizzo.*

Ulcere, *chiaja.*

Varicella, *murvidd' acquarulo.*

Volatica, *piliscina.*

Vomito, *sciitto.*

---

8. DISGRAZIE e AVVENIMENTI

Cadere,) *scuffulare*
) *scuppare*

Capitombolare, *ruzzulare.*

Capitombolo, *crapatuezzolo.*

Crollare, *scuffulare.*

Incappare)
) *accappare.*
Intervenire,)

Precipitare)
) *sbunnare.*
Profondare,)

Rovinare, *scuffulare.*

Scoppio, *scueppo.*

Sfondare, *sfunnare.*

---

9. RIMEDII E SANITÀ

Bagno, *piidiluvio.*

Cartolina, *cartedda.*

Cataplasma, *stuppata.*

Cauterio, *ruttorio.*

Cinto erniario, *liatura.*

Evaporazione, *fumiinto.*

Faldella, *piduzzo.*

Fomento, *fumiinto.*

Fontanella ⎫
Fonticolo, ⎬ *ruttorio*

Frego, *merco*.

Gruccia, *stanfedda*.

Guarire, *vuarere*.

Idromele, *acquamele*.

Innestare, *nzitare*.

Innesto, *nzito*.

Inoculare, *nzitare*.

Inoculazione ⎫
Insito, ⎬ *nzito*.

Liquerizia, *maurizio*.

Pezzetta, *chiumazzo*.

Pillola, *pinilo*.

Piumacciuolo, *chiumazzo*.

Regolizia, *maurizio*.

Risanare, *vuarere*.

Rivivere, *abbivescere*

Setone, *lazzo*.

Stampella, *stanfedda*.

Stuello, *sluviiddo*.

Teriaca, *trujaca*.

Unguento, *muento*.

Vaccinare, *nzitare*.

Vaccinazione, *nzito*.

SEZIONE 3.ª

L'ABITARE

1. CASA E SUE PARTI

Abbaino, ⎬ *purtiiddo*
lume ingrediente.

Abituro, *iuso*.

Agiamento, *cummune*.

Alcova, *arcuevo*.

Andito, *passetto*.

Appoggiamento, *passamano*.

Arca, *foggia*.

Archibusiera, *saittera*.

Assito, *tavulato*.

Ballatoio, *tavulatiiddo*.

Banderuola, *vintarola*.

Basso, *iuso*.

Basto, *cannutto*.

Battuto, *astrico*.

Bottega, *putea*.

Bottino, ⎬ *scittarola*
cummune.

Bracciuolo, *passamano*.

Calpestio, *catiiscio*.

Camino, *fucarile*.

Cancello, *canciiddo*.

Cantuccio, *cantone*.

Capanna, *cappa*.

Cappellina, *farnariiddo*.

Cariatidi, *mammocci.*

Cateratta, *cataratto.*

Cesso, *cummune.*

Comignolo, *sciarcinale.*

Coppo, *embrice.*

Doccome, *canale.*

Feritoia, *saittera.*

Ferrata, *cancedda.*

Focolare, *fucarile.*

Fogna, *scittarola.*

Fumaiuolo, } *canolo vucculo ciminera.*

Giuso, *juso.*

Gorna, *canale.*

Gradino, *grarone.*

Grondaia, *cannutto.*

Irmice, *embrice.*

Lato, *cantone.*

Legnaia, *lignera.*

Lupa, *chiavica.*

Muro, *parete.*

Oliario, *postura.*

Paletto, *varlecchia.*

Pergolo, *astrico.*

Pianerottolo, *ballaturo.*

Portello, *purtiiddo.*

Pozzonero, *cummune.*

Privata, *scittarola.*

Quartiere, *quarto.*

Ringhiera, *ferrata.*

Ripiano, } Riposatoio, } *ballaturo.*

Scoperto, *scuviirto.*

Sgabuzzino, *murieta.*

Smaltitojo, *scittarola.*

Smiraglio, *fuoro.*

Soffitta, *suppigno.*

Soglia, *rivale.*

Solaio, *tavulato.*

Soppalco, } *suppigno traminzano.*

Telamoni, *sfacciommi.*

Terrazzino, *loggia.*

Terrazzo, *astrico.*

Tugurio, *murieta.*

Ventola, *purpitagno.*

Verone, *rivale.*

---

3. ARNESI E MOBILI DI CASA

Agucchiotto, *cucedda.*

Alberetto, *vasetto.*

Antenitorio, *fituro.*

Appendere, *appennere.*

Attaccabiti, *appennarrobbe.*

Bacile, *vacile.*

Bellicone } Bicchiere, } *bucchiere.*

Bisaccia, *visazza.*

Borchia, *rusetta.*

Borsa, *vorsa.*

Braciere, *frascera.*

Bugliuolo, *jaletta.*

Caldano, } *frascera scarfalietto.*

Canestro, *canistro.*

Capezziere, *spaddera.*

Carabattole, *scerpule.*

Cariello, *tumpagno.*

Carruccio, *scapulaturo.*

Carrucola, *rozzola.*

Cassa, *cascia.*

Cassetta, *traturo.*

Cassettone, } *cantarano cumò.*

Catinello, *vacile.*

Cavagno, *panaro.*

Cestino, *scapulaturo.*

Coltello, *curtiiddo.*

Coltrone, *mbuttita.*

Coperchio, *tumpagno.*

Cucchiajo, *cucchiara.*

Cucchiaione, *cucchiarone.*

Cunziera, *vaso di fiuri.*

Deschetto, *scannitiüddo.*

Erro, *mulletta.*

Ferriera, *vorsa.*

Ferrolino, *friciiddo.*

Forchetta, *furcina.*

Fornellino, *furnacedda.*

Gabbia, *cagiola.*

Gattafodero, *vuzo.*

Ghiera, *varola.*

Giara, *vucala.*

Gorbia, *varola.*

Granata, *scopa.*

Imbottita, *mbuttita.*

Lavamano, *pede di vacile.*

Manico, *asulo.*

Matterello, *lajanaro.*

Mortajo, *murtale.*

Moscajuola } *cacciamosche. muschera.*

Mulinello, *maciniiddo.*

Orinale, *vucale.*

Padella, *pala.*

Padelline, *fiuriere.*

Palchetto, *purtiere.*

Panca, *scanno.*

Panchetto, *pedarola.*

Paniere, } *canistro panaro.*

Pendone, *purtiere.*

Pepaiuola, *pipèra.*

Pestello }
Pestone, } *pisaturo.*

Piattelli, *fiuriere.*

Pitale, } *nanno priso.*

Portacappello, *cappiddera.*

Portiere, *purtiere.*

Quadrello, *cucedda.*

Raffio, *lampauddo.*

Rosta, *vintagghio*.

Sacca, *visazza*.

Sacchetta, *sacchitiiddo*.

Saliera, } *tripiredda salera*.

Scaffale, *scanzia*.

Scamato, *bacchetta*.

Scatolino, *cascitiiddo*.

Scrittoio, *scrivania*.

Secchia, *jaletta*.

Sedia, *sceggia*.

Sedino, *siggione*.

Seggetta, *cascetta*.

Spalliera, *spaddera*.

Spasa, *vuantiera*.

Spazzola, } *scopa scupetta*.

Specchio, *spicchiaro*.

Sporta, *spuerto*.

Stuoja, *stola*.

Stuoino, *stola*.

Tafferia, *mattaredda*.

Tavola, *banca*.

Tenda, *purtiere*.

Testa }
Testo, } *grasta*.

Tinozza, *bagnarola*.

Trabiccolo, *assucapanni*.

Trappola, } *cagiola mastrillo*.

Trespolo, *pede di vacile*.

Uncino, *lampauddo*.

Utello, *pisciariiddo*.

Valigia, *balice*.

Vassoio, } *piattone vuantiera*.

Ventola, *vintagghio*.

Vetro, *lastra*.

Vettina, *pisciariiddo*.

Viera, *varola*.

---

3. ABITARE

Abitare, *javitare*.

Adattarsi, *aggiustarsi*.

Armadio, *stipo*.

Conservare, *astipare*.

Guardarobba, *stipone*.

Inquilino, *javitaclo*.

Ornare, *addubbare*.

Pigionale, *javitaclo*.

Recondito, *stipo*.

Repositorio, *stipone*.

Rispostiglio, *stipo*.

Socchiudere, *ammarrare*.

---

4. CUCINA, SUOI ARNESI E STOVIGLIE

Attizzafuoco, *jataturo*.

Caldaja, } *cadara catarotto*.

Caminetto, *tubo*.

Canavaccio, *mappina*.

Catena da fuoco, *camastra.*

Coccio, } *tiisto* *tiano.*

Colabrodo, *scolamaccarruni.*

Craticola, *radicola.*

Fornello, } *furnacedda* *furniiddo.*

Gratella } Graticola, } *radicola.*

Grattugia, } Grattugio, } *grattacasa.*

Guattero, *zasso.*

Mestola, *scumaturo.*

Mestolo, *cucchiara.*

Mezzaluna, *acciaturo.*

Olla, *pignata.*

Padella, *frizzola.*

Paiuolo, } *caldara* *catarotto.*

Pentola, *pignata.*

Pentolo, *caccavedda.*

- Pestarola, *accialardo.*

Romaiuolo, *cuppino.*

Rottami, *cuviirchio.*

Rotto, *cripintato.*

Scanceria, *scanzia.*

Schidione, *spito.*

Soffietto, *jataturo.*

Spiede } Spiedo } *spito.*

Stoviglie, *ruvagne.*

Tamburlano, *brustulaturo.*

Tegghia, *tajedda*

Teglia, *turtiera.*

Teglione, *furno di campagna.*

Testo, } *tiisto* *tiano.*

Truogolo, *pila.*

---

5. FUOCO E MATERIE DA ARDERE

Accendere e affocare, *appicciare.*

Bruscolo, *zippro.*

Brusta, *muniglia.*

Capannello, *fanojo.*

Carbone, *carvone.*

Carbonella, *carvunedda.*

Ciocco } Cioppo, } *trunco.*

Coprire il fuoco, *accucciare.*

Facella, } Facellina, } *facidda.*

Falò, *fanoio.*

Fascinotto, *sciarcina.*

Fastello, *mucchio.*

Favilla, *facidda.*

Fioraglia, *fuoco di paghia.*

Fumacchio } Fumaiuolo. } *tizzone.*

Fuoco, *fueco.*

Fuscello, *zippro.*

Legna, *liona.*

Lolola, *facidda.*

Rammontare, *accucciare.*

Ramo, *taccaro.*

Razzolare, *scarnisciare.*

Respo, *zippro.*

Ritortola } *tortora.*
Sprocco, }

Sterpo, *scuerpolo.*

Stipa, *mucchio.*

Stoppa } *tortora.*
Stroppia, }

Torsolo, *capuezzolo.*

Tortoro, *fanojo.*

Tronco, *trunco.*

_____

6. IL PREPARARE

Abbruciacchiare, *abbruscare.*

Ammassarsi, *acchiancare.*

Arrabbiare, *appaddare.*

Bollore, *vugghio.*

Condimento, *cuenzo.*

Cotto } *cucinato.*
Cucino, }

Despumare, *scumare.*

Falcinella, *tagghia paste.*

Fermare, *sturdescere.*

Frigere, *friscere.*

Garo, *salamura.*

Gorgogliare, *quacquarisciare.*

Grasso, *unto.*

Incaciare, *cunzare.*

Intramischianza, *mescapesca.*

Lessare, *addilissare.*

Mescolamento, *mescapesca.*

Pentolata, *misso.*

Pillottare, *lardiare.*

Rosolare, *arrussare.*

Salamoia, *salamura.*

Schiumare, *scumare.*

Scottare, *sturdescere.*

Scuocersi, *spruscinare.*

Strinare, *abbruscare.*

Stummiare, *scumare.*

Tramestare, *cucchiarisciare.*

_____

7. IL MANGIARE

Appetito, *appitito.*

Avanzuglio, *rimasugghio.*

Banchetto brioso, *sciacquitto.*

Bere, *ammusarsi.*

Bevuta, *triusco.*

Boccata, *vueffolo.*

Cibi asciutti, *strazzarie.*

Cibo, *strafueco.*

Colezione, } *incignatura siculenza.*

Companatico, *cumpanaggio.*

Desiderio, *gulio.*

Desinata, *mangiata.*

Dividere, *spartere.*

Divorare, *gnuffulare.*

Edulio, *cumpanaggio.*

Far colezione, *incegnarsi.*

Fettata, *tagghiata.*

Forbire, *strusciare.*

Golare, *ngulare.*

Gorgata, *gnutto.*

Inghiottire, *gnottere.*

Insipido, *sciapito.*

Intramesso, *piatto di rinforzo.*

Lardo,) *saima*
) *lardo.*

Leccare, *alliccare.*

Mangiar di grasso, *incammarare.*

Mangiar ghiottamente, *scaccare.*

Masticare, *mazzicare.*

Mensa, *tavola.*

Merenda, *mirenna.*

Nauseare, *stuffare.*

Pezzetti, *stozziri.*

Piacere, *accamuffare.*

Piluccare, *spizzulisciare.*

Pospasto, *sopratavola.*

Refezione, *mirenna.*

Regaglia, *rimasugghio.*

Reliquie, *stozziri.*

Ricrearsi, *addicriarsi.*

Rimasuglio, *rimasugghio.*

Ritaglio, *refola.*

Saime, *nzogna.*

Satollarsi, *abbinghiarsi.*

Scipido, *sciapito.*

Scorpacciata, *mangiata.*

Soffritto, *spritto.*

Songia, *nzogna.*

Spolpare, *spurpare.*

Stecco, *palicco.*

Strozzarsi, *nudicarsi.*

Stuzzicadenti, *palicco.*

Sugna, *saima.*

Tavola a ribalta) *tavola cu na*

» a 2 mastiette) *scidda o doi.*

Tracannare, *triuscare.*

---

8. CIBI, VIVANDE, DOLCIUMI, BEVANDE.

Ammorsellato, *antipasto.*

Animelle, *armuledde.*

Anseri, *Castagne du previte.*

Basina, *cucinato.*

Berricoccolo, *cunfitto.*

Berlingozzo, *melinfante.*

Bevuta, *neppita.*

Bioscia, *sciotta.*

Boglio, *polia.*

Boldone, *sangischio.*

Brigidino, *frisedda.*

Brodetto, *sciuscitto.*

Bruciate, *cott'e eavite.*

Burro }

Butirro, } *manteca.*

Cacio cavallo, *casicavaddo.*

Carne, *carna.*

Castagnesecche, *pistiddi.*

Ciambella, *taraddo.*

Cibreo, *cazzimarro.*

Confetto, *cugghianiro.*

Confortino, *cazzatedda.*

Crochetta, *purpetta.*

Cotighino, } *nugghia*
} *cutichino.*

Cupata, *cupeta.*

Diavolini, *cunfurtini.*

Focaccia, *pizza.*

Frittella, *pettola.*

Frittura marinata, *scapece.*

Galantine, *patedde cucinate.*

Gelatina, *scilatina.*

Gelato, *stracchino.*

Ghiacciatina, *acquagelata.*

Guaccino, *cazzata.*

Involtino, *gnummariiddo.*

Lardinzo, *frizzilo.*

Lesso, *allesso.*

Mallegato, *sangicchio.*

Mandorlato, *pasta d'amenola.*

Manicaretti, *miculecchie.*

Maritozzo, *taraddo.*

Marzapane, } *cupeta*
} *pasta d'amenola.*

Mescolamento, *ncrapiata.*

Mescolanza, *strumpigghio.*

Migliaccio, *sangicchio.*

Misalta, *carna salata.*

Mostacciuolo, *mustazzuelo.*

Nocellata, *cupeta.*

Offelle, *cazuni.*

Pambollito }

Pancotto, } *panicuetto.*

Pappa, } *cialedda*
} *panicuetto.*

Pennito, *franfillicco.*

Piccatiglio, *ammullicato.*

Polpette, } *pailembucate*
} *purpette.*

Presciutto }

Prosciutto, } *prisutto e prigiotto.*

Prevatura }

Privatura } *casicavaddo*
} *provola*

Provatura } *muzzaredda.*

Raviuoli, *cazuni.*

Rocchio, } *cughiunculo*
} *spiculo.*

Salciccia }

Salsiccia, } *sazizza.*

Salsiccione, *suprissata.*

Sanguinaccio, *sangicchio.*

Sgonfiotti, *uecchi di lupi.*

Sorbetto, *mantecato.*

Stufato, *raù*.

Succiola, *castagna allessa*.

Torrone, *cupeta*.

Tortelli, *cazuni*.

Tortello, *panzarotto*.

Uova affogate, *uevi a priatorio*.

Zucchero in pergamena, *zuccotto*.

Zughi, } *cartiddate sinicchiutili*.

Zuppa, *suppa*.

---

9. PASTE LAVORATE E CASALINGHE.

Bavette, *tagghiariiddi*.

Cannelloni, *maccarruni*.

Capellini, *fililini*.

Fischi, *maccarruni di zita*.

Maccheroni, *maccarruni*.

Nastri, *tagghiariiddi*.

Semino

Semoletta

Semolino } *pasta minuta*.

Stelline,

Tagliarini } *tagghiariiddi*.

Tagliatelli,

Vermicelli, *virmiciiddi*.

Casalinghe

Campanelline, *chiancaredde*.

Cannoncetti, *cannaruezzili*.

Fischietti, *fiscaruli*.

Gnocchetti, *gnuecchili*.

Gnocchi, } *pizzicariiddi strangulapriiviti*.

Lasagna, } *laina massa*.

---

10. PANETTERIA, PANE, FARINE.

Boffice, *abbuffulato*.

Briccia

Bricciola } *muddicola*.

Buccella, *scorza*.

Bugnolo, *curvedda*.

Canina, *puddica*.

Cantuccio, *cucuruzzo*.

Cassino, *canzo*.

Cernitoio, *cirnituro*.

Covaccino, *pizzo*.

Cresentina, *feddarossa*.

Crivello, } *farnaro cassizzo*.

Crosta, *scuerzo*.

Crostello, *fedda*.

Crusca, } *canigghia vrenna*.

Cruschello, *gruesso*.

Focaccia. } *cazzata miscitata puccia*.

Friscello, *ponila*.

Gonflare, *abbuffulare*.

Impastare, *trumpare.*

Infornare, *azatura (all').*

Lievito, } *criscito*
} *luvato.*

Manipolare, *vriare.*

Mattera, *spinatora.*

Mazzero, *ascimo.*

Mello, *rascaturo.*

Mica, *muddicola.*

Micca, *panedda.*

Midolla }
Mollica } *muddica.*
Molga, }

Orliccio, *scuerzo.*

Pagnotta, *panedda.*

Pane inferigno, *cazzata.*

Panpepato, *scarcedda.*

Pezzo di pane, *scurfugghione.*

Piccia, *pagnoccola.*

Rasco, *rascaturo.*

Schiacciata, *cazzata.*

Scrosciare }
Sgretolare } *rinesciare.*
Sgrigliolare, }

Spianare, *vriare.*

Spianatoia, *spinatora.*

Stacciare, *cernere.*

Staccio, *sutazzo.*

Tozzo, *stuezzo.*   . . . .

Tritello, *canigghiulo.*

Vaglio, *farnaro.*

---

11. LUMIERE E LUMI

Bioccolo, *mucculo.*

Bocciuolo, *vucculo.*

Cerume, *muzzone.*

Lampadario, *lamparo.*

Lampana, *lampa*

Lucerna, *luce.*

Lucernetta, *lucirnedda.*

Lucerniere, *lucirnale.*

Lucignolo, *lucigno.*

Lume, *luce.*

Lumiera }
} *lamparo.*
Luminaio, }

Moccolaia, *mucculo.*

Paralume }
} *pànnarola.*
Ventola. }

---

12. METALLI E FERRAMENTI

Acciaio, *azzaro.*

Arpione, *gruecco.*

Bandella, *frunticcia.*

Calibe, *azzaro.*

Chiodetto, *taccia.*

Cornacchia, *maniglia.*

Femminella, *fimminedda.*

Fermare, *ncappare*.

Ferro, *firro*.

Ferrugine, *ruza*.

Fitta, *ammaccatora*.

Gancetto, *ferretto*.

Gangherella, *fimminedda*.

Ganghero, *scancro*.

Paletto, *zeccola*.

Piombo, *chiummo*.

Rampino, *ncappaturo*.

Ruggine, *ruza*.

---

13. SERRAMI.

Boncinello, } *chiavino licchetto*.

Chiave, *chièia*.

Anello
Fusto } *manico canolo*
Canna

Ingegno } *nasiiddo*.
Nasello

Nottolino, *pirruezzolo*.

Paletto, *varrone*.

Sbarra, *varra*.

Sbarrare, *varriare*.

Staffa, *grappa*.

Stanga, *varra*.

Toppa, *nzirragghia*.

Buco, *bocchetta*.
Contramolla, *vuardia*.

Coperchio, *cappelletto*.

Mandata, *vutata*.

Molla, *valcstra*.

Piastra, *piancia*.

Piegatelli, *favuzzi*.

Scudetto, *mostra*.

Stanghetta, *masco*.

---

14. LO SCRITTOIO E LO SCRIVERE.

Borra, *vammacedda*.

Dipennare, *scassare*.

Foglio, *fuegghio*.

Freghetti } *virgulette*.
Freghi,

Lustrino, *rena*.

Polverino, *rinarulo*.

Quaderno, *cartularo*.

Regolo } *rica*
Riga,

Scaccolo, *scacco*.

---

15. LAVORI E STRUMENTI DOMESTICI.

Accia, *azza*.

Aggrovigliato, *arrizzato*.

Arcolaio, *macenila*.

Aspo, *matassaro*.

Basta, *nghimatura*.

Bindolo, *matassaro*.

Cocca, } *pizzo moscia*.

Compito, *appunitora.*

Cotone, *cuttone.*

Cresciuto, *criscitora.*

Cucire, *cosere.*

Discucire, *scosere.*

Fatica, *fatia.*

Faticare, } *fatiare* *maciddarsi.*

Filatoio, *tuerno.*

Gomitolo, *gnuemmiro.*

Guindolo, *macenila.*

Imbastire, *inghimare.*

Imbastitura, *nghimatura.*

Impuntura, *miinzo punto.*

Lavorare, *fatiare.*

Lavoro, *fatia.*

Legatura, *liatura.*

Lutto, *pupo.*

Naspo, *matassaro.*

Orlare, *capitisciare.*

Orlatura } *africo*

Orlo, } *africiiddo.*

Pennecchio, *pupo.*

Pottiniccio, *ripiizzo.*

Puntiscritto, *cifra.*

Punto Indietro, *retipunto.*

Puntura, *pungitora.*

Racciabattare, *arrunzare.*

Rattoppare, } *aggiustare* *arripizzare.*

Ravviluppare, *mbrugghiare.*

Re'e, *azza.*

Rimboccatura, *chieca.*

Rimendare, *rinacciare.*

Rimendatura, *rinaccio.*

Rocca, *cunocchia.*

Sopraggitto, *sobramano.*

Stretto, *mancatora.*

---

16. IL DORMIRE.

Addormentarsi, } *addurmescersi* *appaddarsi* *durmescere.*

Appisolarsi, *appapagnarsi.*

Assicelle, *tavole.*

Capezzale, *cuscino.*

Capoletto, *capitale.*

Cartocci, *pagghia di granone.*

Coltrone, *cutra.*

Coprire, *accucciare.*

Covaccio, *fuesso.*

Culla, *naca.*

Cullare, *durmescere.*

Cuna, *naca.*

Destare, *riscitare.*

Destarsi, } *discitarsi e* *risqitarsi.*

Dondolare, *nazzicare.*

Dondolare (il), *nazzicamiinto.*

Dondolatura, *nazzicata.*

Dormita, *durmuta.*

Dorsale)
Dossiere,) *capitale*.

Federa, *mestitora*.

Guanciale, *cuscino*.

Guscio, *fodera*.

Levarsi, *azarsi*.

Liena, *manta*.

l'anchetti, *tristiiddi*.

Rompere il sonno, *spantare*.

Roncheggiare, *gruffulare*.

Ronfo, *grueffolo*.

Ronfare)
Russare,) *gruffulare*.

Sogno funesto, *manicazia*.

Sonno, *suenno*.

Svegliare, *riscitare*.

Svegliarsi, *discitarsi*.

Zanzariere,) *zanzanera e tavaniera*.

---

17. IL VESTIRE.

1° COPERTURA DEL CAPO.

Berretto,) *bunetto coppola*.

Cappello, *cappiiddo*.

Cappello di treccia, *paglietta*.

Capperone, *cappiddaccio*.

Caschetto, *coppola*.

Cuffiotto, *bartino*.

Parrucca, *barrucca*.

Rete, *rezza*.

Soggolo, *passante*.

Tettino, *visiera*.

2. DEL CORPO.

Allentare, *allascare*.

Calzoni, *cazuni*.

Camiciotto, *blussa*.

Cappotto, *palatucco*.

Cintino, *sottavesta*.

Collare, *cuddaro*.

Corpetto,) *camisola gialecco sciamrichino*.

Cravatta, *scolla*.

Dandè, *retinelle*.

Faldiglia, *sottavesta*.

Ferraiolo, *cappa*.

Gabano, *capano*.

Giubba, *sciammerga*.

Giubbone, *sciuppo*.

Giubetto, *sarica*.

Goletto, *cannamilo*.

Gonna, *vunnedda*.

Gonnellino, *visticedda*.

Grembiale, *sunale*.

Grembiule, *mantisino*.

Ladra, *mariola*.

Manichetto)
Manicotto,) *manulo*.

Mantello, *mantiiddo*.

Panciotto, *gialecco.*

Pantaloni, *cazuni.*

Pelliccione, *piddizzone.*

Rimboccare, *affrutticare.*

Ripiegare
Rivoltare, } *smirsare.*

Scolla, *cannamilo.*

Sottoveste, *sottavesta.*

Strozzato, *assittato.*

Tasca, *pota.*

Taschino, *vursiiddo.*

Vestitino, *visticedda.*

3.º BIANCHERIE.

Asciugatoio, *tuvagghia.*

Bavaglio, *varvaredda.*

Biancheria, *biancaria.*

Brache
Brachetto, } *cazunetti.*

Camicia, *cammisa.*

  Crespe, *chieche.*
  Gheroni, *guatriiddi.*
  Goletta, *cuddaro.*
  Solini, *puzi.*
  Sparato, *spaccato,*

Camicina, *camisodda.*

Lenzuolo, *ghiascione.*

Lingeria, *biancaria.*

Mantile, *salvietto.*

Mappa, *mesale.*

Mutande, *cazunetti.*

Pannolino, *spraino.*

Pezzuola, *tavagghiulo.*

Salvietta, *manilone.*

Telo, *fersa.*

Tovaglia, *tuvagghia.*

Tovagliuolino, *salvietto*

Tovagliuolo, *manilone.*

4.º CALZARI

Anse, *fibbie.*

Babbuccia, *papuscia.*

Bottaglie, *stuvali.*

Calza, *cazetto.*

Calzare, *culurno.*

Cigoli, *staffe.*

Ghette, *stuvalette.*

Pantofola
Pianella. } *scarpone.*

Stivale, *stuvale.*

Tromboni, *stuvaluni.*

5.º LIGATURA.

Bertelle, } *brittelle cruscelle*

Calciamento, } *attaccatora taccagghia.*

Cigne, *tiranti.*

Comandole, *taccagghie.*

Cordellino, *filazzulo.*

Coreggiuolo, *crusciulo,*

Laccio, *lazzo.*

Legacciolo, } *taccagghia attaccatora.*

Straccali, *tiranti,*

Stracche, } *cruscelle brittelle.*

Usoliere, } *attaccatora taccagghia.*

---

18. ORNAMENTI ED ARNESI DONNESCHI.

Ago, *aco.*

Agoraio, *acarulo.*

Balzana, *farballà.*

Bindella, *ziaredda.*

Bocciuolo, *acarulo.*

Brigidino, *nocca.*

Cappio, *chiacco.*

Cesoie, *fuerfici.*

Coccarda, *nocca.*

Contigia, *ngingilingì.*

Cruna } *culo d'aco.*
Cruno, }

Ditale, *discitale.*

Fettuccia, *capisciola.*

Forbici, *fuerfici.*

Fusaiuolo, *furticiddo.*

Galano, *nocca.*

Gangherella } *ciappetta.*
Ganghero. }

Merletto, *pizzllo.*

Nappa, } *flocco ciacciolo nocca.*

Nastro, *ziaredda.*

Pendenti, *circhietti.*

Piumino, } *flocco ciacciolo.*

Spilletto, *spingola.*

Spillettone, *spinghilone.*

Spilliera, *acarulo.*

Torsello, *cuscinetto.*

---

19. PETTINATURA E CAPELLI

Capelli radi, *cragnili,*

Capello, *capiddo.*

Cernecchio, *cadduzzo.*

Cipollotto } *cudino.*
Codino. }

Dirizzatoio, *pittinessa.*

Fiaccagota, *cadduzzo.*

Forcine, *ferretti.*

Forfora, *canigghiola.*

Lendinella, *pettine.*

Mazzocchio, *ciciniiddo.*

Oricanno, *buttuncino.*

Pettinatura, *spittinisciamiinto.*

Pettine, *spidicaturo.*

Pettinella, *pettine.*

Pettiniera, *tuletta.*

Rapare, *trusulare,*

Ravviare, *spedicare.*

Scriminatura, *scrima.*

Tignone, *pumo*

Toppè, *tuppo.*

Tosare, *carusare.*

Tosato, *carusato.*

Treccia, *jetta.*

20. PULIZIA.

Accantonare, *arruccare.*

Asciugare, *stusciare.*

Forbire, *annettare.*

Nettare, *pulizare*

Pulire, *stusciare.*

Rassettare, *arrisidiare.*

Rigovernare, *nurcare.*

Scamato, *finucchietto.*

Scotolare, *scutulare.*

Stuzzicorecchie, *annettarecchie.*

---

21. BUCATO E LISCIA.

Abbronzare, *abbruscare.*

Acquastrino, *ammuddato.*

Amido, *posima.*

Asciugare, *assucare.*

Bianchire, *chiarisciare.*

Bucato, } *culata e vucata.*

Ceneraccio, *cinirata.*

Ceneracciolo, *ciniraturo.*

Chiareggiare, *chiarisciare.*

Colatoio, } *culaturo grasta.*

Conca, *grasta.*

Dimoiare, *ammuddare.*

Fecola, *posima.*

Fregare, *stricare.*

Indurato, *ntaddato.*

Insaldare, *mpusimare.*

Insaldatora, *stiratrice.*

Intignere } *assuppare.*

Insuppare, }

Lavare, *ricentare.*

Lavatoio, *pila.*

Laveggio, *grasta.*

Lisciа, *lissia,*

Rammollire, *ammuddare.*

Ranniere, *limmo.*

Ranno, *nurcatura.*

Risciacquare, *nurcare.*

Sciorinare, } *sciacquare spannere.*

Soleggiare } *spannere.*

Spandere, }

Strofinare, *stricare.*

Stropicciare, *stricare.*

Umido (in), *ammueddo.*

Vassoio, *stricaturo.*

---

22. LA CANTINA.

Bettola, *cantina.*

Brentatore, *munaciaro.*

Calostra, *puesto.*

Calza, *monaco.*

Canova, *cantina.*

Castellata, *puesto.*

Cola } *monaco.*

Colatoio, }

Coperchiare, *attumpaynare.*

Coppo, *capasone*.

Decantare, *tramutare*.

Decantazione, *tramuta*.

Feccia, }

Fondaccio, } *fezza*.

Gemere, *colare*.

Gruma, *tartaro*.

Imbottitoio }

Imbuto, } *muto*.

Madre, *mamma*.

Orcio, *capasone*.

Pevera, *muto*.

Saggiuolo, *mostra*.

Scoperchiare, *stumpagnare*.

Sedili, *puesti*.

Sfondare, *stumpagnare*.

Spillo, *puntarulo*.

Torcifeccia, *monaco*.

---

23. VASI.

1° DI CRETA.

Acquereccio, *pedale*.

Ansa, *manica*.

Attignitoio, *inghituro*.

Barattolo, *varrattolo*.

Boccale, *ziro*.

Boccia } *trufolo piretto*

Vettina, } *trimòne vozza*

Brocca, *vucala*.

Catino } *limmo*.

Conca, }

Coppo, *pedale*.

Fiasco, *mummile*.

Mezzina, } *rancedda rizzola menza*.

Orcio } *rizzulo e*

Orciuolo, } *zirulo*.

Scodella, *scutedda*.

Vaso, *capasa*.

2° DI LEGNO.

Bariglione, *tina*.

Bigoncia, *tinaccio*.

Bottaccio, *vuttazzo*.

Botte, *votta*.

Cocchiume, } *cacone doce*.

Fecciaia, *purtiiddo*.

Fondo, *tumpagno*.

Foro, *varrolo*.

Mezzule, *tumpagno*.

Spina, *pirtuso*.

Zipolo, } *cannedda pipiro*.

Botticello, *tina*.

Brenta, *tina*.

Catinozza, *tino*.

Doglio, *carrizza*.

Tinello, *cato*.

---

24. A'LIQUIDI.

Abbeveraticcio, *sculatora*.

Aggottare, *sguttare*.

Bolla, *vissichedda*.

Colliquare, *squagghiare*.

Gallozza, *campanedda*.

Grillare, *spingulare*.

Illiquidire, *squagghiare*.

Olio, *uegghio*.

Olio onfacino, *uegghio fino*.

Percolare, *colare*.

Posatura, *posa*.

Rimescolarsi, *ntruvularsi*.

Salsa, *soza*.

Schiuma, *scuma*.

Schizzo, *stizza*.

Sciogliere, *squagghiare*.

Sgocciolatura, *sguttatura*.

Spuma, *scuma*.

Squagliare, *squagghiare*.

Stilla, } *goccia nziddo stizza*.

Striscia, *carisciola*.

Stroscia, *mposta*.

Stummia, *scuma*.

Torbido, *truvolo*.

Traboccare, *spitterrare*.

Versare, *vacare*.

Zinzino, *nziddo*.

AL VINO.

Aceto, *acito*.

Acquerello, *acquata*.

Cerboneca, *cifeca*.

Innacquare, *addacquare*.

Posca } Vinello, } *acquata*.

---

25. RECIPIENTI.

Bocca, *vuccale*.

Moia, *conca*.

Otre, *utro*.

Pozzo profondo, *puzzo cupo*.

SEZIONE 4.

ARTI, MESTIERI E INDUSTRIE.

ARTI.

1. ARMAIUOLO E ARMI.

Archibugio, *scuppetta*.

Armaiuolo, *armiere*.

Baionetta, *vainetta*.

Cappelletto, *tubetto*.

Innescatura, *civatora*.

Schioppo, *scuppetta*.

Stile, *mullettone*.

Stocco, *stuecco*.

Stoppacciolo, *stuppagghio*.

---

2. ARROTINO.

Arrotare, *ammulare*.

Arrotino, } *ammulatore molaforbisi*.

Cote, *petramola*.

3. BARBIERE E FLEBOTOMO.

Barbetto, *pezza.*

Cane, *pulicane.*

Depressore, *puntaradice.*

Flebotomista } *sagnatore.*
Flebotomo,

Rasoio, *rasulo.*

Salassare, *sagnare.*

Salassatore, *sagnatore.*

Salasso, *sagnia.*

4. BOTTAIO.

Asce, *ascia capistro.*

Asce larga, *ascione.*

Cane, *incino.*

Capruggine, *guaglio.*

Cerchio, *ciirco.*

Cocchiumatoio, *caconara.*

Coltello a petto, *noce.*

Mannarolo, *marrazzo.*

Pialla, *chianola appustata.*

Rasiera, *raspa a tagghio.*

Tagliuolo, *scarpiiddo.*

Tirafondi, } *cacciatumpagno*
mappa.

5. CALDERAIO.

Battirame, *ramaro.*

Calderaio, *cadararo.*

Ramaio, *ramaro.*

6. CALZOLAIO.

Becchetti, *ricchiedde.*

Bischetto, *bansariiddo.*

Bisegolo, *piseclo.*

Bussetto, *pede di puerco.*

Ciabattino, *conzascarpe.*

Cinturini, *ricchiedde.*

Guardione, *scurzetta.*

Lesina, *sugghia.*

Lisciapante, *mazzariiddo.*

Marmotta, *marmo.*

Orecchie, *ricchiedde.*

Orlo, *rivetto.*

Quartiere, *quarto di reto.*

Rialzo, *auso.*

Riscappinare } *rimuntare.*
Risolare,

Risolatura, *rimuntatura.*

Scalcagnare, *scarcagnare.*

Soletta, *chiantedda.*

Suolo, } *sola*
suelo.

Tacco, *tacco.*

Tomaio, *mpigna.*

Toppa, *pezza.*

Tramezza, *vuardinciiddo.*

Tramezzo, *chiantedda.*

Trincetto, *curtiiddo.*

Vantaggino, *pezza.*

7. CARPENTIERE E VEICOLI IN GENERALE.

Acciarino } *arsiculo.*
Assiculo,

Bilancino, *vilanzola*.

Bilancino, *vilanzino*.

Calesse, *jalesso*.

Carpentiere, *carrettaro*.

Carreggiata, *cazzatora*.

Carretto, *trainella*.

Contramantice, *mantisino*.

Copiglia, *chieja di scrofole*.

Cuppè, *serpa*.

Flacchero, *cittadina*.

Giavetta, *chieja di scrofole*.

Incassato, *cariola*.

Martinicca, *varra*.

Montatolo, *staffone*.

Mozzo, *miodda*.

Orbe, *canto*.

Parafango, } *mantisino vintagghio*.

Pernetto. *arsiculo*.

Pernio)
Perno,) *pierno riale*.

Ralla, *sivo*.

Razza, *rajo*.

Reggetta, *canto*.

Ridoli, *infusulaturi*.

Ruota, *rota*.

Sala, *asso*.

Sottopiede, *tavulozza*.

Sterzo, *quarto di nanti*.

Timonella, *cittadina*.

Traversone, } *naticale. traversa*.

Zoccoli, *castagnole*.

---

8. FERRAIO.

Anello, *catiniiddo*.

Arroventare, *arrussare*.

Arruginire, *arruzare*.

Inacciaiare, *azzarare*.

Incudine, *ncutina*.

Mantice, *manice*.

Mastellare, *caudisciare*.

Quadrella, *limaquadra*.

Soffice, *cioffa*.

Soffietto, *manice*.

Sparalembo, } *pittale sunale*.

Spina, *stampo*.

Tagliuolo, *tagghiaturo*.

Toppo, *cippo*.

---

9. FORNAIO.

Chiusino, *tumpagno*.

Fornaio, *furnaro*.

Fruciandolo, *scupaturo*.

Lastrone, *tumpagno*.

Spazzaforno, *scupaturo*.

---

10. FUNAIOLO, GABBIAIO, FUNI E LORO SPECIALITÀ.

Arrotolata, *nturtigghiata*.

Calappio
Capestro } *chiappo.*
Cappio,

Cordaio, *zucaro.*

Cordella, *curdedda.*

Duglia, *nturtigghiata.*

Filatore, *zucaro.*

Fune grossa, *insarto.*

Gabbiaio, *fiscularo.*

Lacciaia, *chiappo.*

Legnuolo, *curdone.*

Lezzino
Merlino, } *curdedda.*

Sagola, *chiappo.*

Spago, *spaco.*

Soga, *zoca.*

Terranina, *ritorta.*

Trapelo, *insarto.*

Trasto, *rota.*

11. FUSTAIO E SELLAIO.

Bardature, *siddino.*

Bardella, *vardiiddo.*

Bastiere, *vardaro.*

Basto, } *mmasto varda.*

Bilia, *turcigghione.*

Braca, *vraca.*

Fustaio, *vardaro.*

Imbasatura, *incini.*

Imbraca, *vraca.*

Punteruolo, *puntarulo.*

Randello, *turcituro.*

Sellaio, *vuarnimentaro.*

Soccodognolo
Straccale, } *vraca.*

12. LASTRICATORE.

Cementare, *chiamintare.*

Lastra, *chianca.*

Lastricato, *chiancata.*

Lastricatore, *chiancataro.*

Mazzapicchio
Mazzaranga, } *pistone.*

13. LEGNAIUOLO.

Agglutinare, } *ncuddare nziccare.*

Aguto, *chiuevo.*

Barletto, *vuarletto.*

Bietta, *cugno.*

Broccaio, *vuardolo.*

Brocchetta, *chiantaruelo.*

Brucioli, *farfugghi.*

Cantera, *spuntone.*

Capitello, *manico.*

Cavicchio, *cavigghio.*

Chiodo, } *centra chiuevo.*

Cote, *petramola.*

Cuneo, *culagnulo.*

Dollare, *chianuzzulare.*

Farfalla, *chiuevo.*

18

Forma, *cavigghiera*.

Granchio, *vuarletto*.

Grisatoio, *risulaturo*.

Impiallacciare, *impelliceiare*.

Inchiodare, } *centrare nchiupare*.

Incollare, *ncuddare*.

Incuneare, *ncugnare*.

Legnaiuolo, *mestro d'ascia*.

Maniglia, *manica*.

Martello, *martiiddo*.

Nespola, *vroccola*.

Ottuso, } *avvuzzato scugnato*.

Pialla, *chianola*,

Piallaccio, *impellicciatura*.

Piallare, *chianuzzulare*.

Pialletto, *chianuezzolo*.

Presella, *ribuzzo*.

Quadrella, *limaquadra*.

Ragellare, *assuzzare*.

Raspa, *raspa*.

Saetta, } *brachettone dentetto*.

Saracco, *sirracco*.

Sbarra, *scocca*.

Scuffina, } *raspa scrufina*,

Sdentatura, *zenna*.

Sega, *serra*.

Sergente, *sargente*.

Sgorbia, *gorbia*.

Silocolla, *coddacaravella*.

Sinopia, *terrarossa*.

Smentare, *ugnitura (a)*.

Sponderuola, *spinarola*.

Spranga, *spuntone*.

Steccone, *aristone*.

Succhiello Succhio, } *spinola*.

Tacchie, *farfugghi*.

Tanaglia, *tinagghia*.

Terebra, *spinola*.

Tozzetto, *chiuevo*.

Trapano, *trapano*.

Trucioli, *farfugghi*.

Verrina, *trapano*.

LEGNAMI GREZZI E LAVORATI.

Asse, *tavola*.

Assero, *taiddo*.

Assicella, } *stascedda lavuledda*.

Copponi, *stozziri*.

Corrente, *murale*.

Invetriata, *vitrera*.

Pancone, *tavulone*.

Scampolo, *scapizzo*.

Scheggia, *scarda*.

Sciaveri, *stozziri*.

Stipite, } *tularo stantaro*.

Subbio, *sugghio.*

Telaio maestro, *mostra.*

Trave, *stacchino.*

---

14. MANISCALCO

Bistori, *bistori.*

Curasnetta, *roinetta.*

Doccia, *gubbietta.*

Ferratore, *ferracavaddi.*

Frenello, } *spontammocca mazzicaturo.*

Incastro, *roina.*

Mastigatore, } *mazzicaturo nascaletto scaletta.*

Rosetta, *roina.*

---

15. MUGNAIO

Balzuoli, *ponti.*

Caviglia, *palo.*

Molino, *mulino.*

Mugnaio, *mulinaro.*

Nottole, *jarapiiddi.*

Pistrinaro, *mulinaro.*

Pistrino, *mulino.*

Rubecchio, *rota.*

Stile, *arvulo.*

Tentennella, *rutiiddu.*

Tramoggia, *tramoscia.*

. . . ., *sciugo.*

---

16. MURATORE

Azzirone Bollero, } *zappone.*

Burbera, *macenila.*

Centina, *forma.*

Cordellino, *stramazzuelo.*

Crivello, *sciatico.*

Gucchia, *pede di puerco.*

Maglietto, *magghiulo.*

Manovale, *manipulo.*

Marra Marrone, } *zappone.*

Martinello, *crapia.*

Muratore, *frabicatore.*

Nettatoia, *spruviere.*

Pennellone, *scupplo.*

Picone, *pede di puerco.*

Schifo, *cato.*

Sorgozzone, *gattone.*

Sparviere, *spruviere.*

Spianatoio, *scrufina.*

Squadra, *squatro.*

Stangone, *palo di ferro.*

Vassoio, *cato.*

Verricello, *crapia.*

MURATURA

Ambrogetta, *mattone.*

Ammattonato, *mattunata.*

» a coltello, *mattunata a tagghio.*

Bollette, *fungi.*

Calce, *caucia.*

Calcinaio, *camino.*

Gesso, *cisso.*

Immaltare, *cazzafittare.*

Imposta } *appesa.*
Incasco,

Intonaco, *cazzafitta.*

Moriccia, *morbo.*

Puntellare, } *suppuntare*
puntiddare.

Puntello, } *suppunto*
puntiddo.

Quadrone } *mattone.*
Quadruccio,

Rimpetto, *scuso e cuso.*

Rinverzamento, *ingusciatura.*

Rinzaffatura, *rizza.*

Sbarra, *puntiddo.*

Sbarrare, *puntiddare.*

Sbollature, *fungi.*

Sovvaggiolo, *puntiddo.*

Stuoia, } *cannizza*
lamia finta.

Sverze, *scarde.*

Terrame, *tirruezzolo.*

Terriccio, *murtiere.*

---

17. OREFICE

Abbracciatoie, *pinzette.*

Affinatoio } *forgia.*
Atanor,

Bacheca, *vitrina.*

Bottoniera, *carcapia.*

Caldaiuola, *vilanzone.*

Cannello, *sciusciariiddo.*

Fornello, *simoa.*

Frassinella, *tripolo.*

Grattapugia, *grattauscia.*

Martello a bocca dolce, *abbuzzaturo.*

Morsetti, *morselle.*

Morsetta, *pizzicarola.*

Nespola, *trapano.*

Orefice, *arefice.*

Soffietto, } *manice*
sciusciariiddo.

Tanaglia a taglio, *tronchesa.*

Tavolello, *limaturo.*

Trapano, *trapano.*

Verguccio, *canale.*

Verrina, *trapano.*

---

18. OROLOGIAIO

Cronometro, *tirlogio.*

Lancetta, *sfera.*

Oriolaio } *rulugiaro.*
Orologiaro,

Orologio, *tirlogio.*

---

19. PASTAIO

Pastaio } *maccarunaro.*
Vermicellaio,

N. B. *Le paste lavorate si veggono*
Sez. 3ª num. 9.

---

20. PITTORE

Pennello, *pinniiddo.*

Pittare, *pittiare.*

21. RAZZAIO

Artificiere, *fucarulo.*

Fochetti, *spariatoril.*

Gazzarro, *mariamagna.*

Girandola, *rutedda.*

Miccia, *miccio.*

Polvere, *porva.*

Razzaio, *fuchisto.*

Razzo, *fruvolo.*

Salterello, *tricchitracco.*

Serpe, *uscapiidi.*

Tronetti, *trueni.*

---

22. SAPONAIO

Maestra, *frisco.*

Saponaio, *saponaro.*

Saponiera, *Sapunera.*

---

23. SARTO

Bugrane, *pezzotto.*

Cesoie) *forbici.*
Forbici,)

Imbastire, *inghimare.*

Sartore, *cusitore.*

N. B. *Le altre voci di Sartoria si veggano nei lavori domestici. Sez. 3ª num. 15.*

---

24. SEGATORE

Canteo, *varlecchia.*

Licciaiuola, *tirzarulo.*

Pietica, *puntale.*

Segatura, *serrazza.*

Segone, *travanedda.*

---

25. TESSITORE

Calcole, *pedarole.*

Cannello, *canolo.*

Filatoio, *ndriatura.*

Incorsare, *cocchie (fare).*

Licci, *lezziri.*

Maestrella, *cascino.*

Spola, *sciuscetta.*

Staffe, *zuculiiddi.*

Stamaiuola, *currente.*

Subbio, *sugghio.*

Telaio, *tularo.*

Tempiale, *stesa.*

TESSUTI E LORO PARTI

Accincignare) *affrizzilare e ag-*
Ammencire,) *grappilare.*

Anchina, *anchetta.*

Bambaggino, *vammacegna.*

Brandello, *zinzolo.*

Brano, *strazzo.*

Camojardo, *canodda.*

Cenci, *zinzili.*

Cerro, *piduzzo.*

Cimossa, *cimosa.*

Fettuccia, *vidduso.*

Gremignuola, *pipiriiddo.*

Gualcire,) *affrizzilare*
) *e aggrappilare.*

Invoglia, *cannavazzone.*

Lembo, *strafinzolo.*

Percale, *brigalla.*

Rado, *lasco.*

Ritaglio, *ritagghio.*

Sciamito, *villuto.*

Sgualcire, *affrizzilare.*

Straccio }
Strambello, } *strazzo.*

Terzone, *cannavazzone.*

Tirella, *cimosa.*

Traliccio, *tela di sacchi.*

Velluto, *villuto.*

Vivagno, *cimosa.*

---

26. VASAIO

Cocciaio, *furnaciaro.*

Invetriatura, *stagno.*

Lutifigolo, *critarulo.*

Marzacotto, *stagno.*

Vasaio, *critarulo.*

N. B. *I vasi veggonsi alla Sezione 3ª
num. 23.*

MESTIERI, INDUSTRIE
E SERVITU'

Accordellatrice, *vattitrice.*

Acquacedrataio, *acquaiuolo.*

Acquaruolo, *acquarulo.*

Barcaiuolo, *varcarulo.*

Barullo, *acoatt' e vinne.*

Beccaio, *vucciero.*

Beccheria, *vucciaria.*

Descheria, *cippo.*

Squartatoio, *squartaturo.*

Beccamorto }
Becchino, } *procamuerto.*

Berrettaio, *cuppularo.*

Bottinaio, *nettacummuni.*

Bracciante, *bracciale.*

Caffettiere, *caffittiere.*

Bricco, *cucuma.*

Chicchera, *chichera.*

Cogoma, *cucuma.*

Fornellino, *furnacedda.*

Macinello }
Mulinello, } *maciniiddo.*

Conciabrocche, *conzagraste.*

Crestaia, } *scuflara*
} *modista.*

Cuoco, *cueco.*

Erbivendolo, *verdumaro.*

Facchino, *vastaso.*

Fante, } *serva*
} *vajassa.*

Fattora, *serva.*

Giornaliero, *bracciale.*

Granaiolo, *granista.*

Letamaiuolo, *nettarummato.*

Lustrino }
Lustra stivali, } *pulimmo.*

Nettacessi, *nettacummuni.*

Occhiellaia, *pirtusara.*

Pannajuolo, *pannacciaro.*

Pappino, *spitaliere.*

Pietraio, *zuccatore*.

    Gravina, *zuecco*.

    Scavare, *zuccare*.

Pizzicagnolo, *putijaro*.

Portatore, *panariiddo*.

Rigattiere
Rivenduglìolo, } *accat'e vinne*.

Sensale, *zanzano*.

Smacchiatore, *macchiarulo*.

Spaccalegne e taglialegne.

    Cepperello, *asca*.

    Cuneo, *accetta*.

    Schiappa, *asca*.

    Scure, *cugnato*.

Spazzatore
Spazzaturaio } *scupatore*.
Spazzino,

Treccone, *accatt' e vinne*.

Vetturale, *viaticaro*.

SEZIONE 5.

1. VESTI ED OGGETTI DEL CULTO RELIGIOSO ESTERNO

Acqua benedetta, *acquasanta*.

Altarino, *scinucchiaturo*.

Ambone, *purpito*.

Anse, *fibbie*.

Atauto, *chiauto*.

Baldacchino, *tusello*.

Battezzare, *vattisciare*.

Bossolo, *cascetta*.

Breve, *abitino*.

Cacherelle, *panedde*.

Candela, *cannela*.

Candellaia, *Canilora*.

Cantoria, *orchesta*.

Capannuccia, *presepio*.

Catafalco, *castellana*.

Cataletto, *chiauto*.

Ceppo, *cascetta*.

Cereo, *canolo*.

Cerimonie, *salamilicco*.

Ciborio, *custodia*.

Ciocca, *frasca*.

Coltrone, *panno*.

Conopeo, *veste*.

Cordiglio, *lazzo*.

Cornucopia, *cornacopia*.

Cunzia, *mazzo di fiuri*.

Dare l'estrema unzione, *stremare*.

Desco, *trono*.

Dindonare, *murtore*.

Drappello, *panneggio*.

Epifania, *Bufania*.

Falcola, *cannela*.

Feretro, *chiauto*.

Fermata, *pisss*.

Festone, *machina*.

Figura, *fiura*.

Fusciacco, *panno.*

Gonfalone, *stannardo.*

Inverberato, *Mirvirato.*

Lanternoni, *lampioni.*

Leggio, *litturino.*

Medaglia, *simuragghia.*

Mortorio, *min min tòn tòn.*

Mozzo, *cicogna.*

Ornare, *addubbare.*

Ostensorio, *sfera.*

Palmizio, *parma.*

Piletta, *acquasantera.*

Pippori, *curaddi.*

Plasma, *trastuddo.*

Processione, *princissione.*

Pulpito, *purpito.*

Purgatorio, *Priatorio.*

Quaresima, *quaremma.*

Ramarro, *mazziere.*

Saetta, *triangulo.*

Sagrestia, *sacristia.*

Santese, *rimito.*

Sarocchino, *pellegrina.*

Scampanare, *scampanisciare.*

Scampanata, *campanisciata.*

Secchiolina, *acquasantera.*

Spegnitoio, *stutacannele.*

Spigolo, *triangulo.*

Stendardo, *stannardo.*

Suffragare, *difriscare.*

Suffragio, *difrisco.*

Suono di tabella, ⟩ *sbringhillisciata* *trucculisciata*

Tabella, *troccola.*

Tabernacolo, *nicchia.*

Teddèo, ⟩ *tarem* *tarèo.*

Viticcio, *cornacopia.*

Zucchetto, *scazzetta.*

---

2. SEGRETI E SUPERSTIZIONI

Coste, *grible.*

Facimola, *mascìa.*

Garamantite, *petra du maliciiddo.*

Magia Malìa, ⟩ *mascìa.*

Romice, *romice.*

Tagliare i vermi, *tagghiare li viirmi*

---

3. IDEALI

Biliorsa Chimera, ⟩ *nannuerco* *e nannorca.*

Ficchino, *nziiddo*

Lúna (macchie), *Marcoffo.*

Malurio, *malaurio.*

Orco, *nannuerco.*

Spirito familiare, ⟩ *auro* *scazzamauriiddo.*

Trentavecchia, *nannuerco.*

---

3. MACCHINE E STRUMENTI

Aerostato, *pallone.*

Bacchette, *mazzaredde.*

Canocchiale, *acchialone.*

    » piccolo, *spiuncino.*

Catubbe
Cennamelle, } *piattini.*

Cennamella, *ciaramella.*

Chitarra, *catarra.*

Curro, *curlo.*

Fionda
Frombola, } *jonola.*

Piatti turchi, *piattini.*

Protelo, *guancio.*

Rullo, *curlo.*

Tamburrello, *tammuriiddo.*

Trombetta, *trummetta.*

Vapore, *papone.*

5. VALUTE

Aggio, } *cambiatura lagia.*

Denaro, *turnisi.*

Discreto, *marcato.*

Gruzzoli, *tutiri.*

Minuta, *spicci.*

Moneta, *cinquina.*

Monete, *turnisi.*

Piastra, *pezza.*

Rincarare, } *ncarescere nghianare.*

6. MISURE

Accortare, *accurtescere.*

Bilancia, *vilanza.*

Caraffa, *jarrapa.*

Colmatura, } *accurmatora e curmatora.*

Foglietta, *figghietta.*

Giunta, *rifosa.*

Mezzina, *menza.*

Misura, } *tassa liatro.*

Misurare, *annizzare.*

Moggio, *minzuddo.*

Oncia, *onza.*

Pesata
Pesatura, } *pesa.*

Pesa, *piso.*

Rasiera, *rasòla.*

Rotolo, *ruetolo.*

Scandaglio, *scannagghio.*

Segno, *nizzo.*

Sonda, *scannagghio.*

Stadera, } *statela linguetta giudice.*

Stuppello, *stuppiiddo.*

Tarantello, *scionta.*

Tomolo, *tummino.*

V. MERCEDI

Beveraggio, *vraggio.*

Giornata, *sciurnata.*

Implicita, *vinnitura.*

Mancia, } *sottamano rialia.*

Mercede, *mazzetta.*

Regalo, *rialo.*

Senseria, *zanzanaria.*

Toccamano, *viaggio.*

8. VOCI MILITARI

Bastione, *truinera.*

Casotto, *galitta.*

Milite
Soldato, } *surdato.*

Staffa, *livoria.*

---

9. TRASPORTI

Carrata, *trainata.*

Pellicino, *piscione.*

Trasportare, *carrisciare.*

Trasporto, *carresela.*

---

10. ODORI, PUZZE, LORDURE, LETAME

Abbruciaticcio, *flizzo d'asquato.*

Afrore, *furtore.*

Alezzare, *fetere.*

Annasare, *annascare.*

Bovina
Buina, } *scafazza.*

Catarzo, *mucitia.*

Cavallina, *stagghio.*

Cerume, *mucitia.*

Concime, *rummato.*

Fanghiglia, *mogghia.*

Fango, *muggiacco.*

Fardata, *nghiacco.*

Fetore, *flizzo.*

Fiutare, *annascare.*

Frittella, *macchia.*

Fuliggine, *piluscina.*

Gromma, *zurla.*

Grommato, *mpicilato.*

Imbrattare, *nghiaccare.*

Impostime, *posa.*

Ingrasso, *rummato.*

Ipostasi, *tartaro.*

Letame, *rummato.*

Lezzo, *flizzo.*

Loja, *mucitia.*

Lordare, *mucitare.*

Lordura, *mucitia.*

Meconio, *virdillina.*

Moccio
Muco, } *mucco.*

Odorare, *addurare.*

Odore, *addore.*

Ozena, *flizzo.*

Polveraccio, *letame picurino.*

Polvere, *porva.*

Putire, *affitescere.*

Puzzare, *fetere.*

Puzzo, } *flizzo sciauro.*

Ragnatelo, *piluscina.*

Ridolere, *addurare.*

Sgorbiare, *nghiaccare.*

Sgorbio, *nghiacco.*

Sito, *flizzo.*

Spazzatura, *rummato.*

Stabbio, *stagghio.*

Sterco, *cajonza.*

Sudicio, *mpicilato.*

Sudiciume, *mucitia.*

Tanfo, } *flizzo tanfa.*

Zacchera, *stizzica.*

---

11. SUONI, VOCI, RUMORI

Abbaiamento, *vuà vuà.*

Acciottolio, *rumori di piatti.*

Alza, *iza.*

Borborigmo Bruito, } *ruscita.*

Chioccare, *scattarisciare.*

Crocchio Croccolare, } *sueno scantata.*

Croscio, *vugghio.*

Fruscio, *scarpuniiscio.*

Fuori, } *zà chià.*

Grillettare, *ruscere.*

Issa, *iza.*

Mormorio, *ruscita.*

Picchiata, *tup tup.*

Rubbolare, *ruscere.*

Scalpiccio, *scarpuniiscio.*

Schioccare, *scattarisciare.*

Spracche, *muaft.*

Suono, *sueno.*

Trucci, *uzzi.*

Usta, *usss.*

12. VOCI BAMBINESCHE

Bambino, *ninno.*

Bao bao, *pò pò.*

Bere, *mbrumma.*

Bizze, } *vurri zirri.*

B.io, *stringhilo.*

Cilecca, *cagnavola.*

Graffiatura, *bojo.*

Grazioso, } *cazziniiddo schiriminniiddo.*

Pidocchio, *pipio.*

Pisciacchera Piscialetto. } *pisciacchiara.*

Scherzo, *chiricomma.*

Uovo, *cuco.*

---

13. BALOCCHI

Balocco, *zazariiddo.*

Bamboccio, *marammoccio.*

Bambola, *pupa.*

Bubboli, *campaniiddi.*

Burattino, *pupazzo.*

Castagnetta, *scattlagnola.*

Crepito, *scattarizzo.*

Crepunde, *sciucariiddi.*

Fantoccio, *pupazzo.*

Fessura, *sgarrazza.*

Marionetta, *mammoccio.*

Nacchera, *scattlagnola.*

Neurospasto, *pupazzo.*

Raganella, *ruezzolo.*

Salvadanaio, *ferone.*

14. GIUOCHI

Bocco, *padda.*

Divertirsi, *sbariare.*

Giuocare, *sciucare.*

Giuoco, *sciueco.*

Lotto, *bonafciata.*

Mora, *murra.*

Pallata, *tuzzo.*

Postare, *apparare.*

Primiera, *primera.*

Storno, *scittatiiddo.*

Succhiellare, *spizzicare.*

Tocco, *tuecco.*

Vincere, *arrazzare.*

---

15. GIUOCHI FANCIULLESCHI

Aliosse, *arunghiole.*

Altarino, *fisticedda.*

Aquilone, *fumeca.*

Beccalaglio, *macenila cilona.*

Bucherella, *puzzedda..*

Capanniscondere, *scunnutula.*

Capitombolo ⟩
Capriola, ⟩ *crapiola.*

Castellina, *castiiddi.*

Cervo volante ⟩
Cometa. ⟩ *fumeca.*

Filetto, *andriana.*

Lecco, *merco.*

Lippa, *spizzillo.*

Morelle, *stacchie.*

Moscacieca, *jattaceca.*

Nocino, *castiiddi.*

Palla, *cocla.*

Piastrelle, *stacchie.*

Poma, *cantuni.*

Saltamartino, *podice.*

Sassaiuola, *pitriscina.*

Sbricchi, *tumminisei.*

Scaldamano, *manirosse.*

Scaricalasino, *scaricabomma.*

Scoppietto, *zammuco.*

Smerelli, *andriana.*

Stacciaburatta, *niinnare.*

Sussi, ⟩ *mestro*
⟩ *pipiribisso.*

Tombolo, *scuzzilitummo.*

Trachelismo, *portare ncueddo.*

Trottola, *curruculo.*

>Barberare, *attattr' attattra,*
>Butteri, *azzugni.*
>Cordicina, *cuenzo.*
>In sicuro, *a sicurezza.*
>Ruzzulare, *quagghiare.*

Trucco, *livoria.*

SEZIONE 6.ᵃ

PARTI DEL DISCORSO E VOCI GENERALI

1. ARTICOLI

Il)
Lo)   *u*

La, *a*

I
Gli)   *li*
Le)

Uno, *nu*

Una, *na*

2. AGGETTIVI

Alto, *tirto.*

Altro, a, *oto, ota.*

Colmo, *chjno.*

Doppio, *dublo.*

Duro, *tuesto.*

Eccellente, *seisco.*

Erto, *tirto.*

Mia, *mea.*

Molle, *modde.*

Nero, a, *gnuro, gnora.*

Nostro, *nuestro.*

Pieno, *chjno.*

Poco, a, *picco, a.*

Questo, *stu.*

Questa, *sta.*

Questi, *sti.*

Queste, *sti.*

Suo, *suvo.*

Sua, *sopa.*

Sviscerato, *sbiscilato.*

Tondo, a, *tunno, tonna.*

Tutta, *totta.*

Vostro, *vuestro.*

AGGETTIVI NUMERALI

Due, *doi.*

Tre, *treti.*

Quattro, *quatt.*

Cinque, *cinco.*

Otto, *vuèt.*

Dodici, *durict.*

Cento, *ciinto.*

Duecento, *dociinto.*

3. PRONOMI

Altri, a, *otro, a.*

Che, *ce.*

Chi, *ci.*

Chiunque,) *ciunche*
) *cincata.*

Ciò [di], *zi.*

Egli, *id.*

Ella, *jed.*

Esso, *id.*

Essa, *jed.*

Io, *i.*

Me, *meje.*

Nessuno, *nisciuno.*

Noi [a], *ni.*

Quegli, *quid.*

Quella, *quedda;*

Quelli, e, *chiddi.*

Questa, *questa.*

Questi, o, *chist.*

Questi, e, *chisti.*

Te, *tqis.*

Voi, } *vui*
vu.

4. AVVERBI

DI TEMPO

Adagio, *a chian' a chiano.*

A piano, *adasci.*

Adesso, } *mone*
momò.

Appena appena, *arrend' arrenda.*

Da molto tempo, *pù.*

Dinuovo, *arrèta.*

Domani, *crei.*

Domattina, *cremmatina.*

Indomani [l'], *piscrei.*

In questo anno, *aguanno.*

L'altrièri, *nusterza.*

Mentre [nel], *ntramente.*

Opportunamente, *mpierna mpierna.*

Ora, *mo.*

Prestamente, *pirtacchio.*

Quando, *quàn.*

Subito, *puft.*

DI LUOGO

Abbasso, *abbascio.*

Appena appena, *renza renza.*

Dietro, *reto.*

Dove, *addò.*

Fondo [a], *affunno.*

Là, *addà.*

Ovunque, } *addonca*
addoncata.

Quà dentro, *quà intra.*

DI MODO

Abbastanza, *vogghia vogghia.*

Aggattonato, *vuàt vuàt.*

Appositamente, *apposta.*

Appresso, *appiirso.*

Assai, *assèi.*

Astutamente, *sgattamente.*

Benvenga, *bivegna.*

Cima [in], *mpizziriclo.*

Come, *fazzame.*

Corpo [a], *ammuzzo.*

Così, *accussì.*

Dippiù, *dicchiune.*

Diritto [per], *dretta.*

Dirittura [a], *aggrittùra.*

Ecco già, *eccutid.*

Eccola, *ela.*

Inaspettatamente, *a no bulenno.*

Insieme, *acqueto.*

Lima lima, *arràggia arràggia.*

Molto, *vissivogghia.*

Moltissimo, *numunno.*

Neppure, *manco.*

Non, } *no*
none,

Non è così? *no?*

Non più, *nocchiù.*

O, *ofa, oi.*

Oibò, *aibò.*

Peggio, *pescio.*

Pensolone)
Pesolo, } *pesulo pesulo.*

Più, *chiù.*

Poco, } *filo*
muerso
n'ogna.

Proposito [a], *giusto giusto.*

Quanto, *quànt.*

Sì, *sine.*

Sì veramente, *buenghilo.*

Sossopra, *sottasuso.*

Veramente, *propria propria.*

Zitto, *cit cit.*

MODI AVVERBIALÌ

A buon senno, *abbunisinno.*

A colombella, *appirniclo.*

A croce, *ncruciuni.*

Ad usanza dì, *a sanza di.*

Alla carlona, *a scappacippuni.*

Alla spensierata, *a sciampagna.*

All'estremo, *mponta mponta.*

All'improvviso, *a sicurdùna.*

All'istante, *ncanna ncanna.*

Al rovescio, } *all'ammersa*
alla smersa.

A perpendicolo, *appirniclo.*

A piè pari)
Adagino, } *a cazzapède.*

A scancio, *a squincio.*

A tentoni, *all'attantùni.*

Con soverchieria, *a cuttàna.*

Di nuovo, *n'ota vota.*

Dio non voglia, *maisìa.*

Esser nell'armeggiare, } *mmocca*
mmocca.

Frettolosamente, *ricatt'a ricatta.*

In gola, *ncanna.*

In vicinanza, *a muso a muso.*

Niente e nulla)
Niente affatto, } *nient'e nud.*

Pensoloni, *a strasciluni.*

Pian piano, *jappica jappica.*

Scalzo, *a scazata.*

----

5. PREPOSIZIONI

A, *a.*

Circa, } *mera*
ncata.

Con, } *appierso a*
cu.

Contra, *a turtighiuni.*

Da)
Dalla, } *da.*

Del, *du.*

Dentro, *intra.*

Di fronte
Dirimpetto } *faccinfronte.*
Frontista,

In, *a.*

Per, *pi.*

Sino a, } *mpign' a*
nzino a.

Sopra, *sobba.*

Verso, *mmera.*

Vicino, *ngocchia.*

---

6. CONGIUNZIONI

Che, } *ca*
cu.

Dunque, *poca.*

Giacchè, *tant ci tant.*

Perchè, *purcè.*

Perciò, } *piddenga*
piddenna.

Poi, *po.*

---

7. INTERPOSTI

Capperi, *cagno.*

Eh via, } *ghiazze*
jazze.

Guai, *mara.*

Male abbia, *mannagghia.*

Oh, } *na*
cazzatedda.

Oh correte ! *alèa alèa.*

Olà, *vueilà.*

Poffardio, *caspita.*

Puh, *pù.*

Ti colga il malanno, *alanca.*

Ve', *nanà.*

---

8. VOCI GENERALI

Altezza, *iirtezza.*

Bagattella, } *sciascio*
scisciacchio.

Buco, *pirtuso.*

Calamità, *vuaio.*

Capecchio, *linazzica.*

Carta sugante, *cartastrazza.*

Colmo, *zeppo.*

Coppia, *cocchia.*

Cosetta, *vasariiddo.*

Covo, *scunnigghio.*

Crepare, *scattare.*

Demonio, *zanzillo.*

Eguale, } *suezzo*
e sozza.

Endice, *ricuerdo.*

Faccenduola, *vasariiddo.*

Fanone, *uesso di balena.*

Fendersi, *scattare.*

Fenditura, *spaccazza.*

Fessura, *sgarrazza.*

Fonta, *minnedda.*

Foro, *pirtuso.*

Fosso, *finnuesso.*

Guaio, *vuaio.*

Incrinatura, *senga.*

Ingombro, *orchimo.*

Inzuppare, *spunzare.*

Lungo, *luengo.*

Macca, *muntone.*

Maglio, *magghio.*

Minchioneria, *fissaria.*

Mozzicone, *mizzone.*

Nascondiglio, *scunnigghio.*

Paio, *cocchia.*

Panciuto, *vintriuto.*

Pertugio, *pirtuso.*

Pieno, } *chjno* / *zeppo.*

Punta, } *ponta* / *pizzulo.*

Quantità, *pugghia.*

Ricordo, *ricuerdo.*

Rimulina, *spaccazza.*

Rotolare, *scurruculare.*

Sbrocco, *scoscia.*

Scorrere, *scurruculare.*

Seccheria, *fissaria.*

Segnale, *signo.*

Società, *sciugitàte.*

Solfo, *zurfo.*

Spaccatura, *spaccazza.*

Spinta, *spingituro.*

Spiracolo, *sprachilo.*

Spugnare, *spunzare.*

Taglio, *spacco.*

Tesoro, *acchiaturo.*

Topaia, *nido di sciurgi.*

Tossico, *tuessico.*

Tramestio, *scisciamiinto.*

Veleno, *vileno.*

Verità, *virdate.*

Volume, *orchimo.*

Zolfo, *zurfo.*

SEZIONE 7.ª

1. ANIMALI

Agnella, *pichiredda.*

Agnello, } *aino* / *pichiriiddo.*

Ariete, *muntone.*

Asino, *ciuccio.*

Bardotto, *canzirro.*

Becco, *crapone.*

Bellula, *jonola.*

Birracchio, *vove.*

Bonaso, *vove.*

Bricco, *ciucciariiddo.*

Bue, *vove.*

Cagna, *cana.*

Cagnolino, *cuccio.*

Cagnuolo, *cagnulo.*

Caprone, *magghiato.*

Cavallo, *cavaddo.*

Cinghiale, *puerco.*

Coniglio, *cunigghio.*

Donnola, *jonola.*

Faina, *fuina.*

Gatto, *jàtta.*

Gattomammone, *jatmàmone.*

Giovenca, *scenca.*

Giovenco, *sciinco.*

Lucertola, *lucerta.*

Majale, *puerco.*

Manzo, *vove.*

Muletto, *canzirro.*

Nincio, *purcidduzzo.*

Nottola
Pipistrello, } *turtivagghia.*

Porcellino d'India, *sciurgidinio.*

Porco, *puerco.*

Rana
Ranocchio, } *maravuetto.*

Ratto, } *zuccolone zoccola.*

Scimia, *signa.*

Sorcio, *sciorgio.*

Tasso, *milogna.*

Topo, *sciorgio.*

Trione, *vove.*

Verro, *puerco.*

Vispistrello, *turtuvagghia.*

Volpe, *vorpa.*

2, UCCELLI

Allodola, *tirragnola.*

Avina, *calandra.*

Barbagianni, *sfacciommo.*

Chiurlo
Chiurlì, } *turlio.*

Cingallegra, *cacamargiale.*

Civetta, *cuccuvascia.*

Codibugnolo, *codavianca.*

Colombaccio, *palummo.*

Cornacchia
Corvo, } *ciola.*

Cuccoveggia, *cuccuvascia.*

Cucùlo, *cucco.*

Cutrettola, *cucosa.*

Fanello, *faniiddo.*

Formichiere, *furmicarulo.*

Fringuello, *franciddo.*

Gaza
Gazzuola, } *marco.*

Lodola, *tirragnola.*

Mergo
Merlo, } *merula.*

Moschivoro, *pappamosche.*

Sassello, *turdpiud.*

Sparviere, *castariiddo.*

Strige, *cucco di notte.*

Taccola, *ciola.*

Uccello, *aciddo.*

     Guascherino, *curciulo.*

Upùpa, *pupa.*

---

3. POLLI

Billo, *jaddidinio.*

Cappone, *capone.*

Chioccia, *voccola.*

Dindio,   } *jaddidinio.*
Gallinaccio, }

Gallina, *jaddina.*

Gallo, *jaddo.*

Pollanca, *gallotta.*

Pulcino, *pudicino.*

Tacchina, } *gallotta*
         } *pulla.*

Tacchino, *jaddidinio.*

---

4. UCCELLI MARINI

Alcione, *colapiscatore.*

Anitra, } *natredda*
      } *rogica.*

Arzagola, *marzarola.*

Gabbiano, *cagiana.*

Garza, *garzotta.*

Martin pescatore, *colapiscatore.*

Mergo oca, *caporerde.*

Mugnaio, *pintafarro.*

Piombino, *chiummariiddo.*

---

5. VERMI

Bruco, *campio.*

Cerasta, *ciozo.*

Fucignone, *verme di pere.*

Marmeggia, *virmizzulo.*

Mignatta } *sanguetta.*
Sansuga, }

Taradore, *ciozo.*

---

6. INSETTI

Accaro, *piducchio.*

Asello, *curnacchiulo.*

Beco, *mosca.*

Bigatto, *piducchio.*

Bruco, *virruculo.*

Culice, *cinifes.*

Falangio, *taranta.*

Farfalla, *palummedda.*

Filatessera, *ciintipiidi.*

Formica, *frummicola.*

Gorgoglione, *favarulo.*

Lendine, *linino.*

Mosca, *moscia.*

Moscherino } *muscagghiùlo.*
Moscherella, }

Moscione, *muschillo.*

Piattola, *melota.*

Piattone, *chiattiddo.*

Pidocchio, *piducchio.*

Pinzacchio, *piduecchio.*

Pulce, *podice.*

Scarabeo ⎫
Scarafaggio, ⎬ *scaravascia.*

Scarafone, *melota.*

Scolopendra, *pizzicafuerfici.*

Tarantella ⎫
Tarantola, ⎬ *taranta.*

Tarma, *pisciuddo.*

Tonchio. ⎫ *favarulo*
⎬ *piducchio.*

V. LUMACHE

Buccino, *cozzagrossa.*

Chiocciolino, *cozzanuda.*

Lumaca nuda, *cozzammummola.*

Lumacone, ⎫ *giammarruchi*
⎬ *cirvuni.*

Martinaccio, *cozzagrossa.*

Patella, *patedda.*

---

8. MALATTIE DEL CAVALLO

Anticore, *anticore.*

Crepaccio, *crepazza.*

Fava, *fava.*

Garpa, *carpa.*

Guidalesco, *varrese.*

Malpizzo, *restia.*

Orzuolo, *bulurdone.*

Palatina, *fava.*

Raffe ⎫
Ragadi, ⎬ *fersiature.*

Rappa, *fauzoquarto.*

Rimbalzo, *storta.*

Senici, *picciunara.*

Soprosso, *schinella.*

Spallaccia, *spaddaccia.*

Spavenio, *spavana.*

Spinella, *vissicone.*

Sproccatura, *nchiuvatura.*

Tarola, *furmicarola.*

Testudine, *capostuèdico.*

Ugnella, *castagna.*

Verme, *falcina.*

Vescicone, *vissicone.*

---

9. POLLAIO

Appollaiarsi, *ammasunarsi.*

Greppo, *mizzone.*

Mutile, *ammasueno.*

Pipillare, *pizzulare.*

Pollaio, ⎫ *puddaro*
⎬ *jaddinaro.*

Ruspare, *scarnisciare.*

Starnazzare, *milutarsi.*

Stia, *caggiola.*

Svolazzare, *sbulacchiare.*

---

10. UOVA

Barlaccio, *scurrutto.*

Cicatricula, *vodda.*

Pannume, *piddecchia.*

Saltante, *vodda.*

Torlo)
Tuorlo,) *russo.*

Uovo, *uevo.*

Uovo col panno, *apulo.*

---

11. VOCI DI E PER ANIMALI

Arri, *a.*

Billi billi, *pì pì pì pì.*

Gemito, *ruc ruc.*

Gorgoglio, *glù glù.*

Pigolio,) *pi pi*
) *ruc ruc.*

Pipita, *pipitola.*

Rugghiare, *ruscere.*

Russo, *ruscita.*

Schiamazzare, *scamáre.*

Sdrisciare, *isci.*

Va via, *ist.*

. . . . . *sciò.*

---

12. ARNESI DI CACCIA

Cappio, *chiappo.*

Carnaiuolo, *biugia.*

Chioccolo, *fischetto.*

Fornuolo, *jacca.*

Frugnuolo, *bacucco.*

Peneri, *chiappi.*

Ramata, *paletta.*

Tentenno, *jacca.*

Zimbello, *ciamiillo.*

---

13. ARNESI PER ANIMALI

Bossola, *brusca.*

Briglia, *vrigghia.*

Barbazzale, *varvazzale.*
Esse, *bastone.*
Seghetta, *serretta.*
Stanghetta, *brudone.*
Voltoio, *catiniiddo.*

Camarra, *camarda.*

Cavagno, *musarola.*

Chiavarda, *chiave.*

Collare, *cuddaro.*

Copiglio, *scrofola.*

Dossiera, *cignone.*

Frusta, *scuriato.*

Frustino, *puntetta.*

Giavetta, *scrofola.*

Groppiera, *cudone.*

Guaina, *vaina.*

Mello, *cuddaro.*

Nervo, *vugghina.*

Pettiera)
) *pitterrale.*
Pettorale,)

Posolino, *cudone.*

Rosetta, *nocca.*

Scorreggia, *curescia.*

Scuriada, *scuriato.*

Sopracinghia, *sottapanza.*
Stregghia, *strigghia.*
Testiera, *tistera.*
Tirelle, *tiranti.*

---

14. VOCI GENERALI

Adombrarsi, *ammagnarsi.*
Ala, *scidda.*
Ambio, *a zumpariiddo.*
Animale, *fruscolo, a.*
Arella, *purcile.*
Ascella, *scidda.*
Bezzicata, *pizzico.*
Bime, *mandra di puerci.*
Boaro, *vaccaro.*
Boldrone, *lanata.*
Brago, *purcile.*
Buttero, *sciumintaro.*
Carcame, *scheletro.*
Catriosso, *carnale.*
Cipolla, *ciciriiddo.*
Coda, *cora.*
Coppia, *chioppa.*
Coratella ⎫
Corazzuolo. ⎭ *curatedda.*
Corno, *cuerno.*
Cuoio, *cuero.*
Falcata, *zumpo.*
Ferrata, *pidata.*
Frattaglie, *curatedde.*

Golosità, *nanca.*
Gozzo, *cavazzo.*
Graffa, *granfa.*
Gregge, *morra.*
Greppia, *mangiatora.*
Grifo ⎫
Grugno, ⎭ *muso.*
Lattizio, *fascetto.*
Mandriano, *sciumintaro.*
Maneggio, *turno.*
Mezzina, *fersa di lardo.*
Montone, *caucinaro.*
Morticina, *murtaccina.*
Muscia, *coda di vorpa.*
Paio, *chioppa.*
Palleggiare, *zappare.*
Panicata, *lazzarata.*
Pastone, *canigghiata.*
Pelle, *pedda.*
Posto, *puesto.*
Puledro, *pudditro.*
Recalcitrante, *caucinaro.*
Repellone, *zumpo.*
Rimbalzo, *cagnuolo.*
Rosume, *raditora.*
Sagginato, *nfurchiato.*
Scoglia, *spuegghio.*
Sego, *sivo.*
Spoglia, *spuegghio.*
Stallio ⎫
Stallivo, ⎭ *staddigno.*

Torcere i zampetti, *sdrunghiulare.*

Tosare, *cercinare.*

Tosone, *pedda.*

Tuello, *fattone.*

Volo, *vuèlo.*

Voltolarsi, *milutarsi.*

Zampa, *ciampa.*

Zampetto, *pede.*

SEZIONE 8.

LA CAMPAGNA

1. FABBRICATI, VIE, TERMINI

Calla
Callaia, } *carrara.*

Casile
Casina, } *torre.*

Colombaio, *palummàro.*

Macèra
Maceria, } *muro a crudo vitani.*

Pariefe, *parete.*

Scorciatoia, *carrara.*

Termine, *fineta.*

2. PERSONE

Campagnuolo, } *furese misarulo.*

Capoccia, *fattore.*

Capo fattojano, *nagghiiro.*

Casiere, *turriero.*

Colono, *vualàno.*

Contadino, *poppito.*

Fante, *femmina di fore.*

Fattoiano
Trappetaio, } *trappitaro.*

Spigolistra, *spicalrice.*

3. TERRENI

Arsura, *sicco.*

Brughiera, *fattizza.*

Calestro, *scuezzi.*

Caloria
Stoppia, } *ristoccia.*

Campiccio, *aratizza.*

Capitagna, *fattizzone.*

Erpicaia, *futtizza.*

Favaio, *favale.*

Ferace, *cucivulina.*

Ficcatoia, } *sarola auso.*

Menzina
Aggina
Pascolo
Prato, } *difesa.*

Novale, } *sciirzo e scerza.*

Pastura, *erbaggio.*

Petrosa, } *scripiinto scuezzi.*

Sterpeto, *fattizza.*

Terreno a bambagia, *vammaciaro.*

Terrinello, *lavatore.*

Zolla, *gnofa.*

------

4. COLTIVAZIONE

Aiuola } *rasola.*
Areola, }

Arroncare, *masciare.*

Buchette [a], *pizzico (a).*

Cafagnare, *fare le fosse.*

Calmo

    Marza

    Portello } *nzito.*

    Scudo,

Diradare

    Scannellare, } *allascare.*

Dissodare }
Diveltare, } *scatenare.*

Divettare, *rimunnare.*

Fendere, *rompere.*

Infrasconare, *vrazzulare.*

Marreggiare, *tragghiare.*

Minuto, *tragghiata.*

Mondare, } *munnare e munnatura.*

Piantare, *chiantare.*

Potare

    Bruscare } *sprujare.*

    Diramare,

Puta, *sproja.*

Ricorcare, *accufanare.*

Ripiantare, *ricazare.*

Semente }
Semenza, } *sumenta.*

Semenzire }
    Tallire, } *cimare.*

Solcare, *surcare.*

Solco, *surco.*

Spandere, *sciarisciare.*

Svellere, *scappare.*

Svettare }
    Dicimare, } *scimare.*

Voltare [a], *vutare (a).*

------

5. IRRIGAZIONE

Annacquare, *addacquare.*

Bindolo, *rota.*

Bigoncioletto, *jaletta.*

Cantarello, *cantariiddo.*

Gora, *canale.*

Riserbatoio, *parmiinto.*

------

6. STRUMENTI CAMPESTRI

Attignitoio, *tragno.*

Brocca, *canna spaccata.*

Cacciapassere
  Spauracchio, } *magnone.*

Caniccio
  Cannaio
  Cannato
  Graticcio, } *cannizza.*

Coltro, *curtiiddo (a).*

Corba, *cufio.*

Falce, *foce.*

Fune, } *pulegna ruvagno.*

Gancio
  Ranfione, } *gruecco.*

Manico, *margiale.*

Marra
Mazzuolo, } *tragghia.*

Nasello, *nasiiddo.*

Pennato, *rucigghione.*

Piuolo, *palo.*

Presacchio, *pedata.*

Pungitoio
Pungolo
  Stimolo, } *pungituro.*

Ralla, *veria.*

Rastello, *aristiiddo.*

Rete, *rita.*

Sargana e
Sargina, } *racana.*

Staggio, *puntiddo.*

Trivellone
  Cruccia
  Gruccia
  Foraterra, } *vuardolo.*

ARATRO E GIOGO

Aggiogare, *ncapulare.*

Bomberaja, *dentale.*

Bure, *manica.*

Capolo, *pedistera.*

Ceppo, *pede.*

Chiovolo, *cuevo.*

Giogo, *sciugo.*

Giuntoia, } *insarto sciuntora.*

Manecchia, *manutenola.*

Nervo, *canecchia.*

V. ALBERI

Albero, *arvulo.*

Albicocco
Armellino, } *virmacoeca.*

Baccone, *magghiola.*

Bracchie, *nache.*

Capitozza, *ncurmunato.*

Caprifico, *prufico.*

Ceppaia, *pitincone.*

Ceppatella
  Talea, } *curmone.*

Germoglio
  Mignolatura, } *cacciata.*

Getto, *scattone.*

Ginepro, *frasciannipulo.*

Glaba, } *vuvitiiddo*
curmunciiddo.

Leccio } *lezza.*
Elce, }

Galluzza, *galla.*

Oleastro, *termite.*

Peruggine, *calapricio.*

Pino selvatico, *zappino.*

Pioppo, *chiuppo.*

Polloni, *sobracavaddi.*

Radice, *radica.*

Spollonare, *tagghiare li sobracavaddi.*

Sughero } *suvro e*
Alcornoch, } *survo.*

Tenereto, *cavaddùzzo.*

---

8. PIANTE

Ambrostolo, *uva sarvagia.*

Asparagi
Fongia } *spargi.*
Scopa, }

Bambagia, *vammacia.*

Barbatelle
Pollone } *ripuddone.*
Sortita, }

Bocca di leone, *vocca di lupo.*

Capreoli, *cimili.*

Faggiolo caracola, *caracò.*

Fiore, *fiuro.*

Gelsomino di notte)
Maravèdis, } *fiuro di notte.*

Gobbo
Cardo } *scalera.*
Cardone, }

Lavanda, *spicanarda.*

Liquerizia, *zipprodoce.*

Matricaria indica } *fiuro di l'Ange-*
lo Raffaele.

Mirto }
Mortella, } *murtedda.*

Oleandro, *liandro.*

Ononine, *spina.*

Ornitogalo, *campaniiddo.*

Ortica, *virdicla.*

Pianta, *chianta.*

Psilio }
Pulicaria, } *spinapudici.*

Rovo, *scrascia.*

Scalera, *cardo.*

Scardiccione, *cardunciiddo.*

Saggina
Spargola } *scopa.*
Manella, }

Spellicciosa, *cardunciiddo.*

Timo, *tumo.*

---

9. ERRE

Amareggiola }
Amarella, } *cimamaredda.*

Appiastro, *melissa.*

Artemisia
Canapaccia } *arcimesa.*
Targoncello, }

Aveɲa fatua
Logliola, } *biava sarvaggia.*

Basilico, *vasinicola.*

Bietola, *gneta.*

Borraggine, *burraccia.*

Brinaiuola, *pilo canino.*

Camamilla, *campumilla.*

Canɳuzza
Caleggiolo, } *cannazza.*

Cicoria
Radicchio. } *cicora.*

Echio
Monacucce
Spadacciuola, } *Spadola.*

Erba
Cotica
Guaime, } *erva.*

Eruca
Ruchetta, } *arucola.*

Farfaro
Tossillaggine, } *farfo.*

Favagello, *cucumiddo.*

Ferrana
Ferraggine. } *vurrascina.*

Forbicina, *azzichit' a me.*

Giusquíamo, *erva d'assame.*

Incensaria, *mentascina.*

Iperico crespo, *fumolo.*

Lamione, *sucamele.*

Loppa
Loglio, } *sciuegghio.*

Maiorana
Sansugo, } *zanzico.*

Malva, *marvula.*

Marcorella, } *mircuredda*
scinisco.

Mentastro, *mentascina.*

Milleria, *chirazza.*

Nepitella, *nepila.*

Novellina, *rafaniiddo.*

Origanŏ, *arieno.*

Orobanche
Succiamele, } *sporchia.*

Papavero selvatico
Rosolaccio
Reas, } *paparina.*

Parietaria
Vetriuola
Muraiuola, } *erva di viinto.*

Pepolino
Sermolina, } *serpillo.*

Porcellanɩ
Procacchia, } *prighiazza.*

Prezzemolo, *pitrusino.*

Rafano
Ramolaccio, } *rafaniiddo.*

Robiglia, *pisiiddo.*

Romiçe, *romice.*

Sassefrica, *crispili.*

Sonco comune, *zancone.*

Timileo, *lilà.*

Vilucchio
Viticchio, } *rimena.*

ERBE PALUSTRI

Crescione
Nasturzio
Senazione , } *sanaccione,*

Giunco, *sciunco.*

Pannia)
Sala,) *vudazza.*

Sio, *scavunedda.*

---

10. FRUTTE

Agave, *fichidinia.*

Agriotte, *graffiuni.*

Albicocca
    Armeniaca } *virmacocca.*
    Meliaca,

Amarino
    Agriotta } *marena.*
    Amarasca,

Amoscina, *cascavedda.*

Aprone, *cioza rossa.*

Azzeruola, *lazzarola.*

Bergamotta, *bregamotta.*

Brogiotto, *santacroce.*

Capperi, *chiapparini.*

Carciofo, *scarcioppola.*

Carruba
    Carata, } *cornola.*

Carato, *nuzzolo di cornola.*

Cetrangolo
Melangola, } *marangia rizza.*

Ciliegia, *cirasa.*

Corbezzole)
Rosolle,) *russoli.*

Fico domestico, *fracazzana.*

Fico dottato, *vuttato.*

Fico flore
    Fiorone. } *culummiro.*

Fraga
    Fragola. } *fravola.*

Gelsa, *cioza.*

Ghianda, *fragna.*

Giumma, *dattilo.*

Lomia, *limone di S. Marta.*

Mandorla, *amenola.*
    » specarella, *cazzarola.*

Mela, *muliddo.*

Melacotogna, *culugno.*

Melagrana
    Balausto
    Chicchi } *seta.*
    Malicorio,

Melarangia, } *marangia purtijallo.*

Mirabella, *pernodda.*

Mirabolano, *liscino.*

Mora, *cioza rossa.*

Mora, *alummiro.*

Morajuola)
Morola,) *cioza rossa.*

Nocciuola
    Avellana
    Corilo } *nucedda.*
    Nocchia,

Noce premice, *noce muddisco*

Orbola, *fasola.*

Peperone, } *diavulicchio pipirusso.*

Persica)
Pesca.) *pricueco.*

Pesche cotogne, *persiche.*

Pignolo
Pinocchio, } *pignuèlo.*

Pina, *pigna.*

Solano pomo d'oro, *pumidoro.*

Spiccatoia, *aprituro.*

Susina, *pumo.*

Uliva, *alia.*

---

11. STATO E PARTI
DELLE FRUTTE

Afato
Affralito, } *affraiato.*

Afro, *affio.*

Allegare, *alliare.*

Amento, *scorza.*

Ammuffire, *mbruscinare.*

Annebbiare, *annigghiare.*

Annerire
Vaiare, } *gnuricare.*

Bacato, *virminato.*

Buccia, *scorza.*

Carpolito, *arramato.*

Corteccia, *scorza.*

Dacchiume, *mpassulato.*

Fico immaturo, *paddone.*

Fiocine, *scorze.*

Gherigli, *cosche.*

Guscio, *scuerciolo.*

Imbozzacchire
Incatorzolire, } *ammannare.*

Indurire, *arramare.*

Mallo, *scorza.*

Molliccio, *muddisco.*

Osso, *nuzzolo.*

Pennacchio, *pinnacchio.*

Picciuolo, *pidicino.*

Ruggine, *ficatale.*

Serotine, *tardivo.*

Spicchio, } *cughiunculo*
spiculo.

Spicco, *spaccato.*

Succhio
Sugo, } *suco.*

Tortone, *auce.*

Vizzo, *carachizzo.*

Vuoto, *vacante.*

FRUTTE SECCHE

Castagne, *pistiddi.*

Passi
Zibibbi, } *passili.*

Rocchio, *jctta.*

---

12. CUCURBITACEI

Anguina
Mellone, } *cucomero.*

Cetrijulo, *citrulo.*

Cocomero
Anguria, } *milone d' acqua.*

Elaterio, *cucummarino.*

Mellone
Popone, } *milone di pane.*

Molignana

    Melanzana } *marangiana.*

    Petronciana,

Poponella

    Popone vano } *pagghiotta.*

    Zatta,

Zucca, *cucuzza.*

Zucchettini, *cucuzzedde.*

Bulbo, *capa.*

Cipollina, *spunzale.*

Fungo, *fungio.*

Giacinto silvestre, *lampascione.*

Pamporcino, *lampazzo.*

Scilla } *cipedda canina*

    Squilia, } *e cipuddazza.*

Spicchio, *spuegghio.*

13. ORTAGGI

Acciughera }

Lattuga, } *lattuga.*

Ascaruola }

Indivia, } *scarola.*

Broccoli, *mugnili.*

Cavolino, *cavulicchio.*

Finocchio, *finucchio.*

    Anice, *finucchieddo.*

Gambugio, *cappuccio.*

Ortoggio, *scrafogghia.*

    Caule, *turso.*

    Cesti, *figghiuli.*

    Foglia, *figghiazza.*

    Fogliame, *fogghia.*

    Garzuolo }

    Grumolo, } *cima.*

    Torsolo, *rueccolo.*

Radichiella, *rumanclla.*

Sedano, *accia.*

14. BULBI

Aglio, *agghio.*

15. VETTOVAGLIE E CIVAIE.

Avena }

    Biada, } *biava.*

Bagiana } *fava fresca.*

    Baccello }

    Gagliuolo } *vunculo.*

    Unghia,

Calvello }

    Tosetto, } *carusedda.*

Ceci, *ciciri.*

Faggiuolo, *fasulo.*

Formentone } *granone*

    Grano turco }

    Maiz } *granidinio*

    Spigone } *pupo*

    Chicco } *acino*

    Cartocci, } *pagghia.*

Legume, *liumi.*

    Cottojo, *cucivolo.*

    Crudele, *crudivolo.*

Lente, *lintecchia.*

Lero
 Moco } dolica.
 Rubiglia,
Orzo, *uergio*.

---

16. VIGNETO

Anguillare, *impalata*.

Cacchio, *cacciata*.

Capaia, *capiddi (in)*.

Ceppo, *cippone*.

Ciglionare, *intravare*.

Cursoncello, *testa*.

Fittone, *vituso*.

Foccata, *custarola*.

Grappolo, *grappola*.
 Fiocina, *scarpa*.
 Graspo, *raspa*.
 Piccanello, *pidicino*.
 Vinacciuoli, } *griddi graniiddi*.

Magliuolo }
Margolato, } *magghiola*.

Novelleto }
 Pastino, } *pastano*.

Penzolo, *privularo*.

Pergola, *prevola*.

Pergoleto, *privulito*.

Propaggine, *prubascino*.

Racimolo }
 Raspollo, } *raciueppo*.

Raspollare }
 Gracimolare. } *raciuppare*.

Raspollatura, *raciuppatura*.

Saeppolo }
Saettolo, } *pedarola*.

Succidere, *tagghiar' u sicco*.

Tondatura, *attunnatura*.

Vite, *cippone*.

Viticci, *cimili*.

---

17. UVE

Alamanna }
 Seralamamma, } *muscaliddone*.

Bergo, *verdea*.

Galletta, *uva cornola*.

Grapposa, *pajadebiti*.

Lambrusca }
 Raverusto, } *uva sarvaggia*.

Moscadella, *muscatiiddo*.

N. B. *Essendo innumerevoli le specie di uve non possono determi-
narsi i nomi speciali.*

---

18. VENDEMMIA

Ammostare, *stumpare*.

Cofano, *scapula*.

Fescina, *panaro*.

Follare }
 Pigiare, } *stumpare*.

Roncola, *runcedda*.

Vendemmia, *vinnegna*.

Vinaccia, *vinazzo*.

19. PALMENTO

Calcatojo, *parmintiiddo.*

Fune sottile, *pasturedda.*

Fusi, *fusoli.*

Gabbia, *fiscolo.*

Grassa

    Vinaccia, } *pasta.*

Mosto

    Crovello

    Grillare

    Presmone

    Torchiatico, } *musto.*

Palmento, *parmiento.*

Pancone, *chianca.*

Perno, *palomma.*

Pilaccia

Pozzo, } *palacio.*

Strettoio

    Torchio

    Zaccarale, } *piirso.*

26. VINO

Aceto, *acito.*

Acquerello, *acquata.*

Cerboneca, *cifeca.*

Innacquare, *addacquare.*

Posca

Vinello, } *acquata.*

Vino secco, *vino latino.*

Vino cotto

    Caroeno

    Defritto

    Sapa, } *vinocuetto.*

21. AJA

Aja, *era.*

Ajata, *pisatura.*

Barcone, *era.*

Barca

    Bica, } *pignone.*

Bullaccio

    Pagliccio

    Pula, } *josca.*

Cantiere, *meta.*

Cavalletto, *mannucchiaro.*

Colo, *cirnituro.*

Covone

    Gregna

    Manella, } *mannucchio.*

Diloccare, *munacedde.*

Forcone, *tridente.*

Lolla

    Loppa, } *spuegghio.*

Paglia, *pagghia.*

Spagliare, *spagghiare.*

Spulare, *ventilare.*

Trebbiatoio

Trebbia, } *pisara.*

Trebbiatura, *pisa.*
Vagliatura, *scagghie.*
Ventilabro, *tridente.*
Vigliuolo, *puviredda.*

----

22. ALVEARI

Alveare
Arnia
Coviglio, } *avucchio.*
Castrar le arnie, *tagghiare u mele*
Favo
Favomele, } *pettine di mele.*

----

23. PASTORIZIA

Accagliare, *quagghiare.*
Agghiaccio, *jazzo.*
Caccavo, } *caccavo / caccolo.*
Cacioricotta, *casoricotta.*
Caciuola, *paddilto.*
Caglio, *quagghio.*
Cucchiaio, *cazza.*
Fistella, *fesca.*
Fistellina, *fiscariiddo.*
Formaggiarìa, *casularo.*
Formella
Girella, } *pezza.*
Giuncata, *sciuncata.*
Latte rappreso, *quagghiato.*

Madia, *manganiiddo.*
Matterello
Spino } *ruzzulaturo.*
Melote, *piddizzone.*
Molgere
Mugnere, } *mongere.*
Moltra, *secchia.*
Mozza, *vorsa.*
Ovile
Caprile
Greggia, } *curti.*
Pampanella
Latteruolo, } *pampanedda.*
Presame, *zuzo.*
Radunare il gregge, *accarrare.*
Ricotta piccante, *ricott' asquante.*

----

24. FATTOIO

Busca
Buscola
Gabbia, } *fiscolo.*
Camino, *sciaja.*
Fattoio
Frattoio
Trappeto, } *trappilo.*
Fune di pelo, *pulegna.*
» sottile, *pasturedda.*
Inferno, *sintinaro.*
Lucerna, *delfino.*
Morchia
Morcia, } *moria.*

20

Olio, *uegghio.*

Olio onfacino, *uegghio fino.*

Osso, *nuzzolo.*

Perno, *palomma.*

Piatto
Pila
Fondo, } *vasca.*

Pilata
Macina, } *cazzatora.*

Sansa
Sansena, } *nuzzo.*

Strettoio
Verrocchio, } *mamma.*

Tanso (prender), *asciajare.*

Tinello, *angelo.*

Verrucana, *macina.*

---

25. VOCI GENERALI

Annataccia, *malannata.*

Appendizie, *pristaziuni.*

Busta
Cestone, } *cistone.*

Capanno, *pagghiaro.*

Capponata, *cappcanale.*

Caria, *bufone.*

Cespite, *sciarcina.*

Copertura di pampini, } *appampanatura.*

Cocomeraio
Paponaio, } *uerto.*

Coprir di pampini, *appampanare.*

Debbio, *macenita.*

Decorticare, *scurciare.*

Frascato
Ombracolo, } *mbracchio.*

Giardino, *sciardino.*

Golpe, *verdesicco.*

Gorra
Vimine
Vinco, } *vinchio.*

Granellino, *acino.*

Imbrucare
Sbrucare
Spicciolare, } *spigghiazzare*

Libbia, *stroma.*

Melarangeto, *marangito.*

Orto, *uerto.*

Pagliaio, *pagghiaro.*

Paio, *paricchio.*

Pastoia, *pastora.*

Resta
Rezza, } *jetta.*

Rigaglia, *rispico.*

Rispigolare
Ristoppiare, } *rispicare.*

Ruggine, *resina.*

Scorte, *capitanie.*

Sgranare, *svunculare.*

Stoppio
Seccia
Biaduli, } *ristuccio.*

Tallire
Impiolare, } *cigghiare.*

SEZIONE 9.ª

IL MARE

§ 1.º NAVIGAZIONE

1. NAVE E SUE PARTI

Aguglia, *vugghia.*

Babordo } *fianchi di prura*
   Tribordo, } *e di puppa.*

Baglio, *vanco.*

Becco, *naso di prura.*

Boccaporto, *vuatpòrt.*

Boccatura, *chiano.*

Bompresso, *spuntaletto.*

Chiglia, *primo.*

Cubie, *uecchie di prura.*

Discolato, *murata.*

Falla, *fadda,*

Felze, } *capanna*
   } *sottacuverta.*

Forca, *pica.*

Fregiate, *pulema.*

Grue, *centoni.*

Guida, *jascio.*

Lapazza, *apito.*

Losca, *timunera.*

Naso, *naso.*

Pagliotto, *bascio a puppa.*

Pagliuolo, *pagghiulo.*

Parrucchetto, *pinnone.*

Proda } *prura.*
Prua, }

Quadrone, *lumbrice.*

Schiocca, *croce di puppa.*

Sprone, *pulema.*

Stella, *burnale.*

Stoja, *cannizza.*

Tolda, *cuverta.*

Torello, *pascimi.*

Trasto, *sidile.*

Traversi, *bai.*

Trigante, } *contrarota*
   } *rota di puppa.*

Trozza, *pagghitto.*

Tuga, *camera di cuverta.*

Vena, *pumetto.*

Voltigliole, *serpe.*

2. ATTREZZI

Agucchia, *zaffaraño.*

Arpione, *miinzmarinaro.*

Bandiera } *pannera.*
   Gagliardetta, }

Branda, *rancio.*

Bremo } *piliiddo.*
   Sparto, }

Chiesola, *chjsiola.*

Crona, *manta a campana.*

Dragone, *tromba.*

Fanale, *lampione.*

Grappino, *ancarotta.*

Guardafuoco
Focone, } *fucone.*

Manovella
Leva, } *manuedda.*

Mocca, *mamozio.*

Fuso, *miulo.*

Tornicolo, *coscia.*

Traversa, *tagghio.*

Orbiculo,
Bozzello, } *puzziiddo.*

Radazza, *truttazza.*

Rancio, *stramazzo.*

Rinfranto, *frischera.*

Scarsellame, *ncazzulatura.*

Tendale, *tenna.*

Tisio
Gavitello, } *grippia.*

Tonneggio, *lavuro.*

Verticchi, *rozzole.*

_____

3. VELE

Artimone
Treguo, } *maistra.*

Cecarola, *cicarola.*

Coltellaccio; *scopamare.*

Mezzana, *minzana.*

Parrucchetto, *barrucchetto.*

Penna, *vel' a cappiiddo.*

Spazzacoverta, *sacco.*

Tarchia, *vela latina.*

Tasseruolo
Terzaruolo, } *ntirzaruolata e tirzaruolata.*

Treo, *quaria.*

Trinchetto, *balaccone.*

Vela, *vela.*

_____

4. SARTIAME

Drizza
Cordino
Fionco, } *sciunco.*

Gambadona, *stralli fermi.*

Gherlino, *candellizza.*

Gomena, *vumena.*

Mantiglia di pennone
Trozza, } *crona.*

Manto, *mante.*

Mura, *mbrogghia.*

Paranco
Sinale, } *paragnili.*

Prodano
Poggia
Quinale, } *paragniletti.*

Provese, *brudese.*

Quadernale, *turtizza.*

Ralinga, *cazzame.*

Salmastre
    Gaschette } *malafuni.*
    Sartie,

Sartiame, *sarsiame.*

Scotta, *ostia.*

Staffe, *canestredde.*

Straglio, *stralli.*

Stroppolo, *paroma.*

Tarrozzi, } *cumanni spilacci.*

Ternale, *ntennale.*

Tornavira, *arganiiddo.*

Tosso, *arriva.*

Trinelle, *tirnedde.*

Viradore, *crudo di prura.*

5. PERSONE

Guardastiva } *nostrame.*
    Nostromo,

Lastratore } *stivatore.*
    Penese,

Marinaro, *naviligiante.*

Treviere, *nostromo.*

6. VOCI COMUNI

Abboccato, *ammuccato.*

Alidore, } *siccarezza levezza*

Bonoccia } *vunazza.*
    Calmeria,

Calcese, *scer' a riva.*

Calumare, *accalummar' a cima.*

Ch'assare, *alare.*

Corrente } *vurfo.*
    Golfo,

Distivare, *scaricare.*

Flottamento, *funno.*

Flusso, *chioma.*

Fortiere, *cala.*

Ghiaia, *rasciddo.*

Inamidare, *vagnare.*

Lapillo
    Ciottolo } *rapiddo.*
    Ghiarotto,

Mar grande, *mare mascio.*

Molo, *muervolo.*

Notare } *natare.*
    Remare,

Paraggio, *praja.*

Porto, *puerto.*

Riflusso } *serra.*
    Zozana,

Rimbatto *abbatto.*

Risacca, *azzueppo.*

Risucchio, *ritragnola.*

Rullio, *arrullesce.*

Strancare, *sarpare.*

Scia, *surchio.*

Scoglio } *pentimà.*
    Rupe,

Sivertare

Ribandare } *virare*

Travirare, } *appuggiare.*

Soglia, *sicco.*

Stallia, } *stalie o stareje.*

Tonfo, *accattuso.*

Tonfolare, *accattusare.*

Zavorra

Soro, } *savorra.*

---

§ 2.° **PESCAGIONE**

—

1° **PESCI**

Acciughe, } *alici questuma.*

Aguglia, *aco.*

Anguilla, *angidda.*

Bianchini) *culinudi.*

Bianchetti,) *ciciniiddi.*

Boga

Boope, } *vopa.*

Cao, *vove.*

Capidoglia

Fissale, } *capiduegghio.*

Carpina

Regina, } *rigina.*

Cavedine, *capozza.*

Cefalo, *cefalo.*

Centrina

Pesce porco, } *pesce puerco.*

Cheppia

Laccia, } *alosa.*

Cobio, *trascina.*

Congro

Gongro, } *gruengo. ruengo.*

Crovello

Ombrina, } *surviiddo.*

Delfino, *graffino.*

Dentice, *dentato.*

Fagro, *fraio.*

Ferraccia, *piscatrice.*

Fragolino, *lutrino.*

Frugaglia

Calcide

Paraso

Parazzo, } *faloppa fragaglia minoscia.*

Ghiozzo

Merluzzo, } *mazzone.*

Glave,

Pesce spada, } *pesce spala.*

Gobbietto

Mazzone, } *cugione.*

Ianchetto, *curnale.*

Lacerto, *traulo.*

Lamia

Lamio, } *pescecane.*

Lampreda, *lamprera.*

Luccio, *luzzo vocca d'oro.*

Lucerna

Pesce forca, } *lucerna.*

Lupino, *arciola.*

Menide, *mamma di graffini.*

Morena, *murena.*

Mormillo
    Marmero, } *gosciolo.*

Orato, *arata.*

Pelamide, *palamita.*

Perca, *perchia.*

Pompilo
    Lampuga, } *lampuca.*

Razza, *rascia.*

Rombetto di rena
        Passerina, } *praizza.*

Rombo, *rummo.*

Salpa, *sarpa.*

Sargo, *sario.*

Scaro, *sparo.*

Scombro, *naccariiddo.*

Scorpena
Scorpione } *scorfano.*
Scrofano,

Sogliola, *palaia.*

Spigola
    Ragno, } *spina.*

Squalo
    Squadro
    Lima
    Rina, } *squatro.*

Suace
    Cazzerella, } *pettine.*

Torpedine
    Torpiglia, } *tremola.*

Triglia
    Mullo, } *tregghia.*

2. MOLLUSCHI

Calamaio
    Lolligine } *calamaro.*
    Totano,

Polipo, *vurpo.*

Seppia, } *ceccia*
         seccia.

3. PARTI DI PESCI

Branchie, *garze.*

Granfie, *ciirri.*

Inghiostro, *melana.*

Latte, *lattima.*

Mucosità, *fioma.*

Squama
    Lamella, } *scama.*

4. CROSTACEI

Aliusta, *caravitla.*

Astaco
    Locusta, } *ragosta.*

Carabo, *morte.*

Carlino
    Lupicante, } *earlo.*

Gambaro, } *gammaro*
          jamiro.

Grancevola, *corsa.*

Granchiessa, *cauredda.*

Granchio, *cauro.*

Granciporro, *sentinella.*

Ricoio, *rizzo.*

Squilla, *doniadinia.*

Testudine
Chelidro } *cilona.*
Galana,

---

5. ZOOFITI

Carnume
Spondilo, } *spuenzolo.*

Corallo, *euraddo.*

Fillidie } *minghiariiddi*
minghiuezzili
patate.

• Fungomarino, *furticiddo.*

Idra, *virmiciiddo.*

Ippopotamo, *cavaddo di mare.*

Medusa, *cappiiddo di mare.*

Ortica, *virdicla.*

Pincio marino, *pizzamarina.*

Serpe, *scurzone.*

Spugna, *sponza.*

Stella, *stedda.*

---

6. INSETTI MARINI

Granchiello, *cauriiddo.*

Granchiuolo
Guardapinna, } *cauredda.*

Scorpione, *cristallo.*

Serpula
Teredo } *vescia*
ricignate.
Teredono,

Verme, *minghiariiddo.*

5. PESCI SALATI E SECCHI

Aringa, *arenga.*

Meletto, *marmisola.*

Salacca, *saraca.*

Scombro, *scummro.*

Spinelli
Avannotti, } *scartapiiddi.*

Stocco fisso
Pesce bastone, } *stocca pesce.*

---

8. CONCHIGLIE

UNIVALVI

Argonauta
Nautilo, } *maistrale.*

Buccina, *cozzamummola.*

Chiocciolino, *cuccilicchio.*

Lumaca, *lumaca.*

Murice, *quecciolo.*

Nerita, *nerila.*

Patella, *patedda.*

Pelagio, *porpora.*

Porcellana
Porcelletta ciprea, } *purcidduzzo.*

Strombo, *strumolo.*

Troco
Nacchero, } *caraquero.*

Turbine, *quecciolo a tofa.*

Vite, *curruculo.*

BIVALVI

Arca di Noè, *javalone.*

Cannolicchio } *canilicchio.*
Coltellaccio,

Conca, *conca di Venere.*

Conche } *cuquigghi.*

    Telline, } *scognadiinti.*

Embrice, *irmice.*

Gamadia)

    Arsella } *gamaria.*

    Cama,)

Gongola)

    Balano, } *dattilo.*

Mitolo, } *cozza pilosa tullipano.*

Muscolo, *cozzanera.*

Noce, *noce.*

Onica, *furno.*

Ostrica)

    Croccia, } *ostrica oscra.*

Pettine, *cozza giagnacula.*

Pinna, *paricedda.*

Rondine)

    Rondinella, } *rininedda.*

Solene, *discito.*

Tellina, *conca di li pitturi.*

. . . . . . *marogghia.*

. . . . . . *scatapuenzolo.*

9. ERBE E PIANTE

Caracia, *lippo di jume.*

Foladina, *vonola.*

Retepora, *pizzillo.*

Spartea, *piliiddo.*

Stilobasi, *grivo.*

10. BARCA DA PESCA SUE PARTI

Baglietto, *vanco.*

Barca, *varca.*

Chiglia, { *prime spina.*

Corbame, *corve*

Forcola, *vocca di rascie.*

Fori, *zura.*

Frenello, *stroppia.*

Giglione, *ricigghione.*

Madiere, *matera.*

Pala, *pala.*

Panchette, *carrate.*

Ponte, *sanola.*

Scalmo, *scarmone.*

Stanimali)

    Staminare, } *staminali.*

Stanga, *palanca.*

Tamburetto, *tammurriiddo.*

11. ATTREZZI

Ago da guaine)

    Modano, } *cucedda.*

Amo, *amusciiddo.*

Bigonciuolo, *rigghiulo.*

Branca, *vrancuzza.*

Coltello, *grammedda.*

Coppo, *puescia.*

Facella
Facellina, } *rera.*

Filaccione
  Palamite, } *cuenzo.*

Fiocina, *foscia.*

Fornuolo
Frugnolo, } *frizzuliiddo.*

Funicelle, *culari.*

Gradella, *virtullina.*

Lavario, *cista.*

Lenza
  Càteta, } *togna.*

Nassa
  Ritrosa
  Graticcio, } *nassa.*

Piombino, *chiummara.*

Segnale, *camare.*

Sferzina, *zuculliddo.*

Spilorcia
  Soga
  Libano, } *zoca.*

Tentenno, *jacca.*

Vasetto d'olio, *chiarola.*

Votazza, *sessola.*

12. RETI

Cannaio, *incannata.*

Degagna, *menaida.*

Giacchio, *cucuzzo.*

Grifo
  Gripo
  Sagena, } *sciabica.*

Guada
  Gangamo
  Negossa, } *vuadola e guadola.*

Impetratura, *impetratura.*

Peza
Ripale, } *rusacchio.*

Saltatoia, *intamacchiata.*

Tartanone, *sciabichiiddo.*

Tramaglio, *tramagghia.*

13. ATTREZZI DELLA GIAVA

Coppia, *cunucchiedda.*

Crociera, *crucera.*

Gatto, *mamozio.*

Giava, *sciaja.*

Libani
  Sarzie, } *ricchile ventia.*

Penzolo, *privularo.*

Soga, *zoca.*

14. PERSONE

Pescatore, *chiuddo.*

Classe piscatoria, *chiuddea.*

15. VOCI COMUNI

Barba, *mustazza.*

Declinàre, *attummare.*

Embrione, *ambrome.*

Favaggini, *miinulo.*

Garello, *suvarata.*

Lanciare, *lanzare.*

Lanciata, *lanzata.*

Lanciatore
Fiociniere, } *lanzatore.*

Latticinoso
Lattifero, } *allattimato.*

Maestra, *fune di rite.*

Nicchio, *scuerciolo.*

Palpitare
Agitarsi, } *vuddicare.*

Peschiera, *piscara.*

Rappezzare, *busciare.*

Regalo, *guanciatura.*

Ripulire, *scuzzulare.*

Sbrancare, *sgrazare.*

Scagliare, *scamare.*

Sguizzare, *sprusciare.*

Sito, *sione.*

Spruzzo, *sciona.*

Tassone, *muntone d'alica.*

Tirar la lenza, *scet frura.*

Torre le barbe, *smustazzare.*

Vogare, } *naugare sij.*

FINE

SOMMARIO
DELL' INDICE METODICO

— 818 —

FINE